逐条解説シリーズ

逐条解説

電子記録債権法
債権の発生・譲渡・消滅等

法務省大臣官房審議官
萩本　修
弁護士
仁科秀隆
編著

商事法務

●はしがき

　電子記録債権法の施行（平成20年12月）から5年半が経過しました。この間、複数の電子債権記録機関が開業し、電子記録債権の利用は順調に拡大しています。

　電子記録債権制度の運用に当たって拠り所とすべきは、言うまでもなく電子記録債権法の条文です。電子記録債権の普及に伴って、電子記録債権法の条文を正確に理解し、解釈・適用することの重要性もまた飛躍的に高まっています。しかし、電子記録債権法については立案担当者による逐条注釈書がなく、その刊行が待たれる状況にありました。

　本書は、このような期待に応えるべく、電子記録債権法のうち私法上の規律、すなわち電子記録債権の発生・移転・消滅等に関する規定を逐条的に解説したものです。

　本書の特色は、次のとおりです。
◇　立案担当者による解説
　国会における審議や法制審議会電子債権法部会における審議はもとより、条文立案過程における法務省民事局内部の検討結果等も踏まえて、立案担当者が個々の条文の文言をどのように理解していたかを明らかにするように心がけました。これは、電子記録債権法を解釈する際に立ち返るべき出発点となるものであり、それを記録として残すことにも重要な意義があると考えたからです。
◇　最新の実務上の論点についての解説
　その一方で、解釈上予想される最新の論点についても解説を試みています。
　法務省民事局には、電子債権記録機関の設立・開業の準備の過程等で生じたさまざまな実務上の質問が寄せられています。また、編著者の仁科秀隆弁護士（元法務省民事局付）は、弁護士としても電子債権記録機関や事業者からの多くの実務的な相談に対応しています。そこで、実務上生じたこれらの具体的・専門的な論点を可能な限り取り上げ、本書が実務的な指針としても役立つように努めました。
◇　法律・政令・省令の一体的な解説
　法律だけでなく政省令も取り上げ、両者の対応関係がひと目で分かるように、関連する規定をまとめて解説しています。
◇　横断的・派生的な事項についての解説
　逐条解説の形式では十分な解説がしづらい複数の条文にまたがる横断的な事項や、条文には直接触れられていない他制度との関係その他の関連事項等につ

いては、「補説」という項目を設けて解説を加えています。

　本書の執筆には、法務省民事局で電子記録債権法の条文立案事務に携わった仁科秀隆弁護士が主として当たりましたが、その際、法務省民事局で電子記録債権法の担当者であった岡山忠広東京高等裁判所判事（前民事局参事官）、本條裕東京地方裁判所判事（前民事局付）、遠藤啓佑東京地方裁判所判事補（前民事局付）、そして現在の担当者である松井信憲民事局参事官、若山政行係長の全面的な協力を得たほか、法務省民事局におけるこれまでの検討・研究の成果の蓄積から多くの教示・示唆を得ました。また、本書の刊行に当たっては、株式会社商事法務の岩佐智樹氏に大変お世話になりました。多くの関係者の皆さまに心より感謝申し上げます。もっとも、本書の解説そのものは編著者らの個人的見解にとどまるものであり、その内容についての責任もひとえに編著者らが負うべきものです。

　本書が、電子記録債権を利用する事業者や電子債権記録機関等の関係者、法律実務家や研究者など多くの方々に活用され、電子記録債権法の理解の一助になるとともに、電子記録債権制度が、条文の正確な理解の下で立法の目的に則って適切に解釈・適用され、健全な発展を遂げることに寄与することを、切に願っています。

平成26年5月
　　　　　　　　法務省大臣官房審議官（民事局担当）　　萩本　修

逐条解説 電子記録債権法
もくじ

序 …………………………………………………………………………… 1
 立法の経緯 ……………………………………………………………… 1
 制度の特徴 ……………………………………………………………… 3
 原因債権と電子記録債権の関係 ……………………………………… 4
 従前の制度との異同 …………………………………………………… 8
 電子記録債権の活用方法 ……………………………………………… 13

第1章　総則 ……………………………………………………………… 15
 第1条（趣旨） ………………………………………………………… 15
 第2条（定義） ………………………………………………………… 16
 規則第2条（磁気ディスクに準ずる物） …………………………… 25
 補説　電子記録債権に関するコスト ……………………………… 26

第2章　電子記録債権の発生、譲渡等 ……………………………… 27
 第1節　通則 …………………………………………………………… 27
  第1款　電子記録 …………………………………………………… 27
   第3条（電子記録の方法） …………………………………… 27
   第4条（当事者の請求又は官公署の嘱託による電子記録） … 27
   政令第11条（電子記録の嘱託） ……………………………… 29
   第5条（請求の当事者） ……………………………………… 30
   第6条（請求の方法） ………………………………………… 36
   政令第1条（電子記録の請求に必要な情報） ……………… 37
   政令別表（第一条関係） ……………………………………… 40
   第7条（電子債権記録機関による電子記録） ……………… 44
   第8条（電子記録の順序） …………………………………… 48
   第9条（電子記録の効力） …………………………………… 52
   補説　電子記録債権の流通を確保するための規定 ……… 55
   第10条（電子記録の訂正等） ………………………………… 57

政令第9条（電子記録の訂正）……………………………………………… 62
政令第10条（電子記録の訂正等をする場合の記録事項）………………… 63
第11条（不実の電子記録等についての電子債権記録機関の責任）……… 64
　補説　不実の電子記録がされた場合の救済①——ハッキングによる改ざんや債権記録の滅失 ……………………………………………… 67
　補説　不実の電子記録がされた場合の救済②——無権代理・なりすまし … 70
第2款　電子記録債権に係る意思表示等……………………………………… 73
　第12条（意思表示の無効又は取消しの特則）……………………………… 73
　第13条（無権代理人の責任の特則）………………………………………… 75
　第14条（権限がない者の請求による電子記録についての電子債権記録機関の責任）……………………………………………………………… 76
第2節　発生…………………………………………………………………… 78
　第15条（電子記録債権の発生）……………………………………………… 78
　第16条（発生記録）…………………………………………………………… 79
　　補説　発生記録における任意的記録事項 ………………………………… 100
　　補説　利息債権の取扱い …………………………………………………… 103
　　補説　個人・消費者と電子記録債権 ……………………………………… 107
第3節　譲渡…………………………………………………………………… 110
　第17条（電子記録債権の譲渡）……………………………………………… 110
　第18条（譲渡記録）…………………………………………………………… 112
　第19条（善意取得）…………………………………………………………… 118
　第20条（抗弁の切断）………………………………………………………… 122
第4節　消滅…………………………………………………………………… 126
　総説 ……………………………………………………………………………… 126
　第21条（支払免責）…………………………………………………………… 127
　第22条（混同等）……………………………………………………………… 129
　第23条（消滅時効）…………………………………………………………… 132
　第24条（支払等記録の記録事項）…………………………………………… 132
　第25条（支払等記録の請求）………………………………………………… 139
　　補説　口座間送金決済に係る支払等記録 ………………………………… 146
第5節　記録事項の変更……………………………………………………… 154
　総説 ……………………………………………………………………………… 154
　　補説　会社分割の取扱い …………………………………………………… 157
　第26条（電子記録債権の内容等の意思表示による変更）………………… 158
　第27条（変更記録の記録事項）……………………………………………… 159
　第28条（求償権の譲渡に伴い電子記録債権が移転した場合の変更記録）… 161

第29条（変更記録の請求）……………………………………………………… 163
　　　補説 一般承継が生じていた場合の中間省略的な記録の可否とその方法
　　　　　　　　…………………………………………………………………… 169
　　第30条（変更記録が無効な場合における電子記録債務者の責任）……… 171
第6節　電子記録保証……………………………………………………………… 174
　　第31条（保証記録による電子記録債権の発生）……………………………… 174
　　第32条（保証記録）……………………………………………………………… 176
　　第33条（電子記録保証の独立性）……………………………………………… 183
　　第34条（民法等の適用除外）…………………………………………………… 185
　　第35条（特別求償権）…………………………………………………………… 188
　　　補説 特別求償権の事例による説明 ……………………………………… 194
　　　補説 混同と特別求償権の関係 …………………………………………… 197
第7節　質権………………………………………………………………………… 201
　　第36条（電子記録債権の質入れ）……………………………………………… 201
　　　補説 同一の被担保債権についての複数の電子記録債権への質権設定 … 206
　　　補説 根抵当権者が取得した電子記録債権と根抵当権の関係 ………… 208
　　第37条（質権設定記録の記録事項）…………………………………………… 211
　　第38条（善意取得及び抗弁の切断）…………………………………………… 219
　　　補説 質権に関する民法の準用規定の読替表 …………………………… 222
　　第39条（質権の順位の変更の電子記録）……………………………………… 233
　　第40条（転質）…………………………………………………………………… 235
　　第41条（被担保債権の譲渡に伴う質権等の移転による変更記録の特則）… 237
　　第42条（根質権の担保すべき元本の確定の電子記録）……………………… 239
第8節　分割………………………………………………………………………… 243
　　総説 ……………………………………………………………………………… 243
　　第43条（分割記録）……………………………………………………………… 246
　　第44条（分割記録の記録事項）………………………………………………… 249
　　第45条（分割記録に伴う分割債権記録への記録）…………………………… 254
　　第46条（分割記録に伴う原債権記録への記録）……………………………… 261
　　第47条（主務省令への委任）…………………………………………………… 265
　　規則第3条（分割記録の請求）………………………………………………… 269
　　規則第4条（分割記録の記録事項）…………………………………………… 271
　　規則第5条（分割記録に伴う分割債権記録への記録）……………………… 272
　　規則第6条（分割記録に伴う原債権記録への記録）………………………… 275
　　規則第7条（分割記録の請求）………………………………………………… 277
　　規則第8条（分割記録の記録事項）…………………………………………… 277

規則第9条（分割記録に伴う分割債権記録への記録）……………… 279
規則第10条（分割記録に伴う原債権記録への記録）……………… 281
規則第11条（分割記録の請求）……………………………………… 283
規則第12条（分割記録の記録事項）………………………………… 283
規則第13条（分割記録に伴う分割債権記録への記録）…………… 285
規則第14条（分割記録に伴う原債権記録への記録）……………… 287
規則第15条（分割記録の請求）……………………………………… 289
規則第16条（分割記録の記録事項）………………………………… 291
規則第17条（分割記録に伴う分割債権記録への記録）…………… 292
規則第18条 …………………………………………………………… 298
規則第19条（分割記録に伴う原債権記録への記録）……………… 299
規則第20条 …………………………………………………………… 302
規則第21条 …………………………………………………………… 303

第9節　雑則……………………………………………………………… 305

第48条（信託の電子記録）…………………………………………… 305
政令第2条（信託の電子記録の記録事項）………………………… 306
政令第3条（信託の電子記録の請求）……………………………… 307
政令第4条（受託者の変更による変更記録等）…………………… 310
政令第5条（信託財産に属しないこととなる場合等の電子記録）… 312
第49条（電子記録債権に関する強制執行等）……………………… 314
政令第6条（強制執行等の電子記録の記録事項）………………… 316
政令第7条（強制執行等の電子記録の削除）……………………… 318
政令第8条（仮処分に後れる電子記録の削除）…………………… 322
第50条（政令への委任）……………………………………………… 323

第4章　雑則……………………………………………………………… 325

第86条（債権記録等の保存）………………………………………… 325
第87条（記録事項の開示）…………………………………………… 328
規則第43条（債権記録に記録された事項を表示する方法）……… 341
規則第44条（電子記録の請求をした者の同意による記録事項の開示）…… 342
補説　開示の範囲に関する具体例 ………………………………… 343
第88条（電子記録の請求に当たって提供された情報の開示）…… 346
規則第45条（電磁的記録に記録された事項を表示する方法）…… 348
規則第46条（電磁的方法）…………………………………………… 348

事項索引　351
判例索引　353

●凡例

法	電子記録債権法（平成19年法律第102号）
令	電子記録債権法施行令（平成20年政令第325号）
規則	電子記録債権法施行規則（平成20年内閣府・法務省令第4号）
動産・債権譲渡特例法	動産及び債権の譲渡の対抗要件に関する民法の特例等に関する法律（平成10年法律第104号）
社債株式等振替法	社債、株式等の振替に関する法律（平成13年法律第75号）
執行法	民事執行法（昭和54年法律第4号）
執行規則	民事執行規則（昭和54年最高裁規則第5号）
保全規則	民事保全規則（平成2年最高裁規則第3号）

なお、条文番号は、特に断りがない場合には法の条文番号を示す。

序

立法の経緯

1　法案提出までの経緯

　事業者の資金調達の手法として、売掛債権等の金銭債権を活用することの有用性が指摘されて久しいが、金銭債権を利用した資金調達をより安定的で利用しやすいものとするためには、現在の金銭債権の譲渡の主な方法である指名債権の譲渡や手形の譲渡について指摘されている課題（後記「従前の制度との異同」参照）を克服する必要があった。また、経済社会のIT化が進展する中で、電子的な手段を用いた商取引や金融取引が発達してきており、これに対応して、金銭債権の電子的な手段を用いた譲渡について、利便性とともに法的安定性を確保する必要性が高まっていた。

　そのため、電子的な手段による債権譲渡を推進する施策の検討を進めるべきことが、e-Japan戦略Ⅱ（平成15年7月2日）以降のIT戦略本部決定に挙げられてきた。そこで、これを受けて法務省、金融庁、経済産業省において電子債権法制（仮称）の整備に向けた検討が行われてきた。そして、平成17年12月に、この三省庁により「電子債権に関する基本的な考え方」が取りまとめられ、電子記録債権制度の創設に当たっての基本的視点や、電子記録債権法制の骨格が明らかにされた。

　このような状況を背景として、法務大臣より、平成18年2月8日に開催された法制審議会第148回会議において、「金銭債権について、その取引の安全を確保して流動性を高めるとともに、電子的な手段を利用した譲渡の法的安定性を確保する観点から、別紙『電子債権制度（仮称）の骨子』に記載するところを基本として整備することにつき検討の上、その要綱を示されたい。」（別紙省略）との諮問が行われ、これを受けて、法制審議会において、専門の部会として、電子債権法部会（部会長・安永正昭前神戸大学教授）を設置し、同部会において調査・審議を行うことが決定された。

　電子債権法部会では、平成18年2月から調査・審議が開始され、同年7月には「電子登録債権法制に関する中間試案」が決定されて、パブリック・コメントの手続に付され、一般からの意見募集が行われた。その後、同部会において

は、意見募集の結果等を踏まえさらに審議が進められ、平成19年1月16日に開催された第14回会議において「電子登録債権法制の私法的側面に関する要綱案」が決定された。この要綱案は、同年2月7日に開催された法制審議会第152回会議の審議に付され、全会一致で原案どおり「電子登録債権法制の私法的側面に関する要綱」として採択され、同日、法務大臣に答申された。

一方、金融庁においても、金融審議会金融分科会第二部会・情報技術革新と金融制度に関するワーキンググループ合同会合（座長は、第二部会長である岩原紳作前東京大学教授）において、平成18年6月から電子債権記録機関のあり方についての検討が行われ、同年12月21日、「電子登録債権法（仮称）の制定に向けて～電子登録債権の管理機関のあり方を中心として～」が取りまとめられた。

2　法案の提出

法務省および金融庁において、上記の2つの審議会の審議結果を踏まえて法律案の立案作業が進められ、平成19年3月13日の閣議決定を経て、同月14日、「電子記録債権法案」（閣法第85号）が第166回通常国会に提出された。

同法律案は衆議院先議とされ、同年6月7日に衆議院財務金融委員会に付託され、同月13日に趣旨説明が行われ、同月15日、法務委員会との連合審査が行われた後、質疑・採決がされて、賛成多数で原案のとおり可決すべきものとされた。そして、同法律案は、同日の衆議院本会議において、賛成多数で可決され、参議院に送付された。

参議院では、同日中に参議院財政金融委員会に付託されて趣旨説明が行われた後、同委員会において、同月19日に質疑・採決がされて、賛成多数で原案のとおり可決すべきものとされた（附帯決議については（注）参照）。そして、同法律案は、翌20日の参議院本会議において、賛成多数で可決され、法律として成立した。

そして、このようにして成立した電子記録債権法（以下「本法」という）は、同月27日、平成19年法律第102号として公布された。

（注）　参議院財政金融委員会の附帯決議
「政府は、次の事項について、十分配慮すべきである。
一　電子記録債権制度の導入に当たっては、事業者の資金調達の円滑化等を図るという法律の趣旨にかんがみ、特に中小企業の資金調達等に配慮しつつ、適切な金融インフラの整備に努めること。また、電子金融取引に係るインフラとして、他の電子的な取引に係る決済機関・クリアリング機関等との連携を図ることにより、我が国金融市場の効率性を高め、経済の活性化に資するよう努めること。
一　法施行までに電子債権記録機関の業務規程や口座間送金決済契約等の詳細について慎重な検討を行い、債務者の二重払いのリスクが回避されるよう同期的管理の確実な実施を含め、電子記録債権制度全般の信頼性を確保すること。また、取

引参加に当たっては、本人確認の徹底及び悪質業者等の排除、債権の期限に支払えない債務者への対応措置の検討を行うこと等により取引全体の安全性と健全性の確保に努めること。さらに、電子記録債権の譲渡禁止特約については、中小企業金融の円滑化の阻害要因とならないよう、制度の運用状況等を検証し、必要があると認められるときは、適切な対応を行うこと。
- 電子債権記録機関の指定に当たっては、適切な人材の確保等による業務運営の適正性と財務面における長期的健全性の確保等に配慮すること。また、電子債権記録機関の設立・運営にかかる費用が過剰にならず中小企業も安価に利用できるよう環境整備に努めること。さらに、利用者利便の向上に向けて、実務関係者が記録様式等の必要な標準化等を検討する際には、適切な連携に努めること。
- 電子債権記録機関の公正性・中立性や円滑な業務運営の確保、破綻防止の観点から、体制の整備を含め、適切な検査・監督に努めること。その際、記録原簿は、電子記録債権の権利の内容が記録され、取引先名等の重要な営業情報等も含むため、電子債権記録機関のセキュリティ面について、なりすましなど外部からの不正アクセスの防止策や、情報漏えい等を防ぐための内部管理態勢の構築が図られるよう、格別の注意を払うこと。
- 電子記録債権が普及するためには、とりわけ債務者である大企業などの協力が不可欠であるため、その利用が図られるような環境整備に努めること。

右決議する。」

制度の特徴

電子記録債権は、次のような特色を有している。

(1) 電子記録債権は、当事者の請求に基づき、電子債権記録機関が調製する記録原簿に電子記録をするという手続を経ることによって初めて発生する（第15条、第31条、第35条）。売掛債権等の指名債権が当事者の合意のみによって発生するのとは異なり、電子記録を要件とすることにより、債権の可視性を高めている。

電子記録債権の譲渡についても、譲渡記録をしなければ、その効力を生じないこととして（第17条）、債権の所在についての可視性を高めるとともに、債権の二重譲渡が生じないようにしている。すなわち、電子記録債権の譲渡記録は、記録原簿上の現在の名義人と譲渡を受けようとする者の双方の請求によってすることになる（第5条第1項、第2条第7項・第8項）。したがって、AがBに電子記録債権を譲渡した場合、譲渡記録によって、記録原簿上の名義人はBとなるため、もはやAは、Cに当該電子記録債権を二重に譲渡することはできない。

このほか、電子記録債権の取引の安全を図るために、手形と同様に、善意取

得（第19条）や人的抗弁の切断（第20条）、支払免責（第21条）等の仕組みを認めることとしている。

　(2)　電子記録債権は、売買契約によって発生した売掛債権等の電子記録債権の発生の原因となる債権とは別個の債権である。この点は、手形債権が、売掛債権等の原因債権とは別個の債権とされているのと同様である。

　また、電子記録債権の発生の原因となった原因関係の存否やその有効性は、電子記録債権の効力には影響を与えない（無因性）。これも手形と同様である。

　(3)　電子記録債権は金銭債権であって、物の引渡請求権等の金銭の支払を求める請求権以外の債権を電子記録債権として記録することはできない。

　(4)　電子記録債権は、手形や指名債権等の既存の債権とは異なる種類の債権として新たに創設されるものであって、手形や指名債権は、今後も存続する。したがって、電子記録債権が創設された後も、手形を利用したり、現在行われている指名債権を活用した資金調達の手法を用いることは、何ら妨げられない。

原因債権と電子記録債権の関係

　上記のとおり、電子記録債権は、売買契約によって発生した売掛債権等の電子記録債権の発生の原因となる債権とは別個の債権であるから、売掛債権等の原因債権がそのまま電子記録債権になるものではないことは留意する必要がある。

　すなわち、例えば、売掛債務の支払のために電子記録債権の発生記録がされた場合には、売掛債務の支払のために手形が振り出された場合と同様に、2つの債権が併存するが、いずれか一方が支払われれば、他方の債権も消滅することになる。

　なお、原因債権と電子記録債権の関係は、原因債権と手形債権の関係と同様に、下記のように解される。

1　発生段階

　電子記録債権は、その発生の原因となった原因債権とは別個の債権である以上、原因債権の支払の手段として電子記録債権を発生させる場合であっても、当然に原因債権が消滅するものではなく、原因債権が消滅するかどうかについては、当事者がいかなる効果を欲して電子記録債権を発生させたかによることから、当事者の意思によって定まるものと解される。

　そして、当事者の意思が不明である場合には、電子記録債権は原因債権の支

払のために発生されたもので、当該発生によっては原因債権は消滅しないと解される(注)。これは、債権者は現実に支払を受けなければ原因債権の満足を受けることができず、電子記録債権の支払が常に確実であるとは限らないこと等から、特段の意思が存在しない限り、電子記録債権の発生の段階で原因債権を消滅させることは相当ではないと考えられることに基づくものである。

なお、原因債権の支払の手段として、他人が発生させた電子記録債権を譲渡する場合も、以上と同様に解される。

> (注) 手形に関する大判大正7年10月29日民録24輯2079頁参照。

2 行使段階

本法では、電子記録債権の発生により、原因債権を消滅させるかどうか、原因債権を存続させるとして、原因債権と電子記録債権のどちらを先に行使しなければならないこととするかについて、法律上規定を設けていない。

そのため、原因債権と電子記録債権が併存する場合には、原因債権と電子記録債権のいずれを先に行使すべきかが問題となるが、これも、原因債権が消滅するかどうかと同様に、当事者の意思によって定まるものと解される。そして、当事者の意思が不明である場合には、例えば、口座間送金決済に関する契約に係る支払による旨の記録（第16条第2項第1号）がされているときは、債務者としては電子記録債権を先に行使することを期待するのが通常といえること等から、電子記録債権を先に行使すべきとする意思であると解される(注)。

> (注) 手形においては、原因関係上の債務者が第一次的に手形の支払をする者であって、かつ、第三者方払の記載がないものであるときは「支払担保のために」交付されたものであり、債権者は、原因債権と手形債権とのいずれを先に行使してもよく（最判昭和23年10月14日民集2巻11号376頁参照）、それ以外のものであるときは「狭義の支払のために」交付されたものであり、債権者は手形債権を先に行使しなければならないと解するのが一般的である。

3 行使と支払等記録

原因債権と電子記録債権が併存し、かつ、原因債権を行使することが許容される場合において、債権者が原因債権を行使するときは、支払等記録をせずに原因債権を弁済してしまうと、その後に当該電子記録債権を取得した者から請求を受け、二重払の危険が生じる。

したがって、債務者は、債務者が支払等記録の請求をすることについて債権者が承諾するのと引換えに支払う旨の抗弁（第25条第3項）を主張することができる。そのため、債権者が売掛債権を行使するには、電子記録債権について支払等記録の請求の承諾（第25条第1項第3号）をしなければならないと解さ

れる$^{(注)}$。

> （注） 手形についての最判昭和33年6月3日民集12巻9号1287頁参照。

4 原因債権の譲渡と電子記録債権$^{(注)}$

　原因債権と電子記録債権は、以上のように併存する関係にあるが、では、原因債権が譲渡されているにもかかわらず、債務者と譲渡人との間で電子記録債権を発生させる場合や、電子記録債権を発生させた後で原因債権のみが譲渡された場合には、どのような法律関係になるであろうか。

> （注） この点を検討するものとして、池田真朗『債権譲渡の研究第4巻　債権譲渡と電子化・国際化』（弘文堂、2010年）201頁以下がある。

(1) 原因債権が譲渡された後に、債務者と譲渡人との間で電子記録債権を発生させた場合

　電子記録債権の発生記録が、原因債権の譲渡についての債務者対抗要件（民法第467条第1項、動産・債権譲渡特例法第4条第2項）が具備されるよりも前にされた場合には、当該原因債権に基づき電子記録債権を発生させたことが「通知を受けるまでに譲渡人に対して生じた事由」（民法第468条第2項、動産・債権譲渡特例法第4条第3項）に該当する。したがって、債務者は、原因債権の譲受人に対して、電子記録債権の発生に際して原因債権を消滅させる旨の特約が譲渡人との間でされていた場合（支払に代えて電子記録債権を発生させた場合）には、原因債権の消滅の抗弁を主張することができる。また、そのような特約がない場合（支払のために電子記録債権を発生させた場合）には、原因債権を行使することが許容されるときであっても、電子記録債権について債務者が支払等記録の請求をすることの承諾をすることができる地位（当該電子記録債権の債権者としての地位）を取得して当該承諾をするのと引換えでなければ支払わない旨の抗弁を主張することができると考えられる（上記3参照）。ただし、債務者が原因債権の譲渡につき異議をとどめない承諾をした場合は、この限りではない（民法第468条第1項）。

　他方で、電子記録債権の発生記録が、原因債権の譲渡についての債務者対抗要件が具備された後にされた場合には、電子記録債権の発生は、債務者が譲渡の通知を受けた後に譲渡人に対して生じた事由であり、譲受人には対抗できないので（民法第468条第2項参照）、債務者は、電子記録債権の発生を主張して、原因債権の譲受人からの権利行使を拒むことはできない。

　そして、電子記録債権についても、当該電子記録債権が有効に成立し、また、その行使を否定すべき事情がなければ、当然に行使は可能である。

　もっとも、債務者が、原因債権が譲渡されていることを知りながら、譲渡人を債権者とする電子記録債権を発生させることは通常は考えにくいことから、

他の抗弁が成立するかどうかについて慎重に検討する必要がある。すなわち、単純に債務者が原因債権の譲渡はされていないと誤信した場合には電子記録債権の発生自体につき錯誤が問題になり、債務者の重過失の有無等を検討する必要がある（民法第95条参照）と考えられる。

また、当事者間の特段の事情に基づき、電子記録債権を発生させた場合には、当該特段の事情の内容に応じて、発生記録における債権者（すなわち、原因債権の譲渡人）による電子記録債権の行使の可否を決することになる。

なお、当該電子記録債権が第三者に譲渡された場合には、電子記録の請求に係る意思表示に錯誤等の無効・取消しの原因がある場合には第12条等の規定により、当事者間に別段の合意がされていた場合には第20条の規定により、それぞれ電子記録債権の譲受人は保護されることになると考えられる。

(2) 電子記録債権を発生させた後に原因債権のみが譲渡された場合

電子記録債権を発生させたことに基づく抗弁は、債務者が「通知を受けるまでに譲渡人に対して生じた事由」（民法第468条第2項、動産・債権譲渡特例法第4条第3項）に該当し、債務者が異議をとどめない承諾をしない限り、譲受人にもこれを対抗することができる。

この場合に対抗することができる抗弁の内容も、電子記録債権が「支払に代えて」発生した場合か、「支払のために」発生した場合かで異なる。すなわち、まず、「支払に代えて」電子記録債権を発生させた場合には、原因債権は消滅するから、債務者は、原因債権の譲受人に対して、原因債権が消滅したことをもって対抗することができる。他方で、「支払のために」電子記録債権を発生させた場合には、債務者は、原因債権の譲受人に対して、電子記録債権が先に行使されるべきである旨の抗弁や、原因債権の行使が許容されるときであっても、電子記録債権について債務者が支払等記録の請求をすることの承諾をすることができる地位を取得して当該承諾をするのと引換えでなければ支払わない旨の抗弁を主張することができる。

一方、この場合に、電子記録債権の発生後に原因債権のみを譲渡した発生記録における債権者が、原因債権の譲渡後に電子記録債権を行使することの可否については、まず、原因債権の支払に代えて電子記録債権を発生させた場合には、当該発生の時点で原因債権は消滅し、電子記録債権の行使しか認められないことから、発生記録における債権者は、電子記録債権を行使することができる。

原因債権の支払のために（支払の担保のための場合を含む）電子記録債権を発生させた場合も、債務者は、電子記録債権の支払をすれば原因債権を免れることができ、債務者において電子記録債権の支払を拒む理由はないことから、発生記録における債権者は、債務者に対し、電子記録債権の請求をすることがで

きる。

ただし、原因債権の譲受人は、譲渡人である電子記録債権の発生記録における債権者に対して、不当利得返還請求や損害賠償請求等をすることができると考えられる。

(3) 原因債権の譲受けに当たり留意すべき事項

以上のように、電子記録債権の発生によって生じた原因債権への影響を原因債権の譲受人に対抗することができるかどうかは、それが原因債権の譲渡の「通知を受けるまでに譲渡人に対して生じた事由」に該当するかどうかによって区別されることになることから、債務者に対する原因債権の譲渡の通知と電子記録債権の発生との先後によって定まるものと考えられる。

そのため、例えば、債権譲渡登記を利用して、債務者に債権譲渡の事実を通知せずに指名債権を譲渡した後に、当該指名債権を原因債権として、譲渡人を債権者とする電子記録債権を発生させた場合、原因債権である指名債権の譲渡を受けていた者は、当該指名債権を原因債権とする電子記録債権を取得しない限り、権利行使をすることができないことになってしまうこと（動産・債権譲渡特例法第4条第3項、民法第468条第2項参照）から、原因債権の譲渡を受けようとする者は、この点に留意しておく必要があることになる。

もっとも、これは、債権譲渡がされた後、債務者に通知がされない間に、手形が譲渡人に対して振り出された場合と同様であって、電子記録債権の創設により新たに発生する問題ではない。

(4) 発生記録における対処の方法

なお、以上で述べたような問題を避けるために、発生記録において、原因債権の譲受けを同時に受ける者でない限り、電子記録債権を譲り受けることができないという譲渡記録の制限の記録を発生記録において行い（第16条第2項第12号。これにより、当該譲渡記録の制限に反する譲渡記録の請求がされても、譲渡記録は行われない（第18条第4項）ことになる）、原因債権の債権者と電子記録債権の債権者が同時に移転されるような仕組みを設けておくことも可能である。

従前の制度との異同

1 従前の制度の問題点

本法以前に成立した法律のもとにおいて金銭債権を活用して資金調達をしようとする場合には、法形式としては、売掛債権等の指名債権を譲渡・質入れする方法か、債務者から手形を振り出してもらい、これを譲渡・質入れする方法による必要があった。

しかし、指名債権の譲渡・質入れの方法による場合には、指名債権の性格上、そもそも譲渡等の対象となる債権が存在するかどうか、存在するとして誰に帰属しているのかの確認に手間とコストを要する上、同一の債権が二重に譲渡されるリスクや、譲渡人に対する人的抗弁が譲受人に対して主張されるリスクがある等の問題点がある。

また、手形の譲渡・質入れの方法による場合については、手形が紙媒体を利用するものであるという性格上、盗難や紛失といったリスクがある上、手形の作成・交付や、受け取った手形を保管するためのコストがかかる等の問題点がある。

電子記録債権は、このような指名債権譲渡や手形にまつわるリスクやコストを削減することによって、金銭債権を活用した資金調達を行いやすくすることを目指すものである。

例えば、電子記録をすることを電子記録債権の発生や譲渡の要件とすることによって、債権の存在と帰属を可視化するとともに、二重に譲渡される事態が生じないようにして、債権の存在・帰属についてのリスクや二重譲渡のリスクを排除できるようにしている。

また、記録原簿への電子記録によって電子記録債権の発生や譲渡をすることができるようにして、手形の作成や交付に要するコストを削減し、電子債権記録機関という信頼できる第三者が債権に関する電子データを管理することにより、盗難や紛失のリスクを回避することができるようにしている。

なお、上記のような既存の制度の問題点を克服するには、理論的には、本法のような新法を制定するほかに、既存の制度を改正するという方途もあり得るところであった。

もっとも、手形とは、手形法に基づき発行された証券をいうが、手形法は、ジュネーブ統一手形法条約に基づいて制定されたものであるため、手形の無券面化は、同条約を廃棄しない限り困難であると考えられた。そこで、本法の立案に当たり、手形の電子化という方法は、採用されなかった。

他方で、指名債権については、譲渡の方式に制限はなく、確定日付のある通知もしくは承諾または債権譲渡登記をすることが第三者対抗要件とされているが、二重譲渡を回避するには電子記録を譲渡の効力要件とする必要があった。また、電子記録債権には、善意取得や人的抗弁の切断等の指名債権譲渡には認められない効力を認めることが要請されていた。そこで、指名債権の電子化という方法も採用されず、電子記録債権は指名債権とも異なるものとして整理されることになった。

2 手形との異同
(1) 実体面での異同
ア 共通点

電子記録債権は、債務者が債権者に対し一定の金額を一定の期日に支払うことを内容とするものであり、その点では、約束手形と類似している。

そして、電子記録債権は、その取引の安全を保護するため、手形におけるのと同様に、善意取得（第19条）、人的抗弁の切断（第20条）、支払免責（第21条）、電子記録保証の独立性（第33条）を認めることとしている。また、意思表示が無効であり、または取り消された場合に第三者を保護すること（第12条）や、相手方に悪意または重大な過失がない限り無権代理人は責任を免れないとすること（第13条）も、手形と同様である。

このほかにも、債務者が電子記録債権を取得しても原則として混同によっては消滅しないこと（第22条第1項）、消滅時効の時効期間を3年とすること（第23条）等について、電子記録債権と手形とで同様の取扱いが想定されている。

イ 相違点①――券面の不存在

他方で、手形は権利内容を紙面に記載することを要するものであるのに対し、電子記録債権は権利内容を電子データとして記録するものである点が異なっている。これにより、電子記録債権は、手形について指摘されている書面の作成・交付・保管に要するコストや盗難・紛失のリスクを解消または削減することとしている。

また、電子記録債権は、電子データとして記録するものであるという特徴を活用して、①記載事項が限定されている手形とは異なり、多様な記録事項の記録を認めることとし（第16条、第18条、第32条等）、②手形債権の一部のみを譲渡することができない手形とは異なり、電子記録債権の一部を分割して（第43条以下）、その一部を譲渡することができるようにしている。

このように、電子記録債権は、手形と同程度の債権の流通保護が図られるとともに、手形について指摘されている問題点の解消も図られている(注)。

　　（注）　萩本修ほか「座談会　電子手形移行に当たっての実務上の諸問題（上）」NBL931号14頁以下〔萩本修〕参照。

ウ 相違点②――為替手形

電子記録債権と手形との相違点として、電子記録債権には、発生記録における当事者が、一定の金額の支払を他人に委託し、当該他人が引受けをすることによって支払義務を負うとする為替手形類似のものが設けられていない点も挙げられる。

これは、①日本の国内取引においては、約束手形の利用が圧倒的多数で、為替手形はほとんど用いられていないこと、②電子記録債権は手形の電子化の機

能を有するにとどまらず、通常の売掛債権と同様の機能を有するものとしても活用可能なものとして創設されたものであるが、このような機能を持たせる関係でも為替手形類似の電子記録債権を設ける必要性はないこと、③こうしたことから、制度の立案の検討過程においても、為替手形類似の機能を有する電子記録債権を創設するニーズがあるとの意見は出されなかったこと等によるものである。

　もっとも、保証記録を利用したり、発生記録における債務者を複数にすることで、手形でいうところの振出人以外の者に債務を負担させること自体は、電子記録債権制度においても認められている。

　また、発生記録は債権者となる者と債務者となる者の双方が請求する必要があるが（第5条第1項の解説参照）、債権者から記録請求を行い、受け付けた電子債権記録機関から債務者に通知をして、一定期間以内に債務者が承諾した場合に発生記録が成立するという方策を電子債権記録機関の業務規程で採用することによって（規則第25条第2号参照）、実質的に為替手形と同様の方法で電子記録債権を発生させることも可能である[注]。

　　（注）　岩原紳作「金融法制の革新——資金決済法と電子記録債権制度」ジュリ1391号14頁参照。

エ　相違点③——利得償還請求権

　手形より生じた権利が手続の欠缺または時効によって消滅した場合には、手形の所持人に利得償還請求権が認められている（手形法第85条）が、これは、手形債権については時効期間が短く、また、手形の遡求権保全のためには厳格な手続が必要なことから、手形債権者は手形上の権利を失いやすくなっており、これによって債務者が完全に免責されて原因関係上得た利得を保持するのは不公平であるという趣旨に基づくものと説明されている。

　電子記録債権においては、譲渡人は電子記録保証をしない限り、当然に債務者の支払を担保する遡求義務を負うものではなく、また、電子記録保証人に対して履行を請求したり、電子記録保証債務を履行した電子記録保証人が特別求償権を取得するためには、特別の手続を取る必要はない。

　また、電子記録債権の消滅時効期間は一律に3年であるが（第23条）、民法の短期消滅時効等と比較して、特に時効期間が短いということもないので、特別の請求権を認めて公平を図る必要性は乏しいと考えられる。

　そこで、電子記録債権については、手形における利得償還請求権類似の請求権は認めていない。

(2) 手続面での異同

ア 訴訟制度

手形においては、証拠を書証に制限する等の簡易な訴訟制度である手形訴訟が設けられている（民事訴訟法第350条以下）が、電子記録債権については、手形訴訟類似の簡易な訴訟制度は設けていない。

これは、

① 電子記録債権は、券面に振出人が記載事項を記載して署名押印をする手形とは異なり、当事者の請求に基づき電子債権記録機関が電子記録をすることによって発生するもので、電磁的記録を基礎とするものであって、書面の存在を前提としていないことから、記録事項について改ざんがされていないかどうかや、当事者の電子記録の請求の真正性（無権代理や他人名義の冒用が行われたのではないかなど）について争いが生じた場合に、書証に証拠を制限する簡易な訴訟（同法第352条第1項参照）での審理にはなじまないおそれがあること、

② 電子記録債権は、手形とは異なり、多様な任意的記録事項が認められ、その解釈や効力の有無をめぐって手形に関する訴訟とは異なる類型の争いが生じることも予想されること、

③ 最近の司法制度改革によって民事訴訟の迅速化が進んでおり、特別の訴訟制度を設けなくても、適正・迅速な裁判手続が行われるものと予想されること

等によるものである。

イ いわゆる不渡制度

手形については、手形交換所を設けて、手形交換を通じて手形の取立て・支払が行われており、手形交換により支払呈示がされたにもかかわらず、支払が拒絶された場合には、不渡となり、資金不足等の振出人の信用に関する事由により6か月以内に2回手形が不渡になった場合には、当該振出人は、銀行取引停止処分を受け、手形交換所に参加しているすべての銀行は、当該振出人と2年間当座勘定取引および貸出取引をすることを禁止される。

この手形の不渡および銀行取引停止処分は、各地の銀行協会等によって設置されている手形交換所が定めた自治ルールである手形交換所規則に基づく取扱いであり、法令上の制度ではない。

また、どのような信用状態にある債務者と取引を行い、また、どのような信用状態にある債務者との取引を禁止すべきかという問題は、まさに、電子債権記録機関や銀行等の金融機関が、その経営判断として、どのような者を電子記録や銀行取引等をすることができる者とするかを決すべきものであって、法令において規制をすべきものではない。

したがって、電子記録債権についても、手形における不渡や取引停止処分類似のものを設けるかどうかについては、各電子債権記録機関や銀行等の金融機関の判断に委ねる趣旨で、法律上、規定は設けていない。

なお、実際に本書執筆時点で指定を受けている電子債権記録機関の中には、手形における不渡や取引停止処分類似の制度を設けているものがある(注)。

> (注) 例えば、株式会社全銀電子債権ネットワークは「支払不能処分制度」を設けている。この制度は、同一の債務者について、支払不能が6か月以内に2回以上生じた場合(一定の場合を除く)には、その旨が全参加金融機関に通知されるとともに、債務者に取引停止処分というペナルティーが科されるという点で、手形における不渡や取引停止処分と類似している。

3 本法の制定による他の制度への影響

電子記録債権は、手形とも指名債権とも異なる類型の債権として創設するものであって、手形や指名債権については、何らの変更を行うものではない。したがって、電子記録債権を利用するかどうかは当事者の自由であり、電子記録債権を利用せずに、従前どおり、手形や指名債権を利用することも可能である。

もっとも、当事者が電子記録債権制度を利用して電子記録債権を発生させた場合には、これにより、原因債権の存続および行使に影響を与えることになる。この点については、上記「原因債権と電子記録債権の関係」参照。

電子記録債権の活用方法

1 制定当時から想定されていた活用方法

(1) 手形に代替する活用方法(手形の電子化)

電子記録債権は、債務者が、債権者に対し、一定の金額を、一定の期日に支払うことを基本的な内容としており、特段の記録をしない限り、善意取得や人的抗弁の切断等の手形と同様の流通保護のための制度も認められていることから、手形を電子化するのと同様の機能を果たすことが可能である。

そこで、手形に代替するものとして活用することが期待されており、電子記録債権が俗に「電子手形」と呼ばれているように、このような活用方法は既に相当程度普及しているものと思われる。

(2) 一括決済方式への活用

銀行等が提供する手形レス商品として、親事業者、下請業者および金融機関等との間の三者契約に基づき、下請業者の親事業者に対する下請代金債権を金融機関等に債権譲渡したり、金融機関が当該下請代金債務について債務引受をすること等によって、下請業者は金融機関から下請代金相当額の金銭の支払を

受け、親事業者は、当該金融機関等に下請代金相当額を支払うという一括決済方式が用いられているが、指名債権の譲渡等に伴うコストとリスクを軽減するために、電子記録債権を一括決済方式に用いる例がみられる[注]。

 (注) 池田真朗『債権譲渡の研究第4巻　債権譲渡と電子化・国際化』(弘文堂、2010年)236頁以下参照。

(3)　シンジケート・ローン等の融資契約への活用

手形貸付で借入人が手形を振り出しているのに代えて、借入人が電子記録債権を発生させることが提言されている。

また、大型の資金調達ニーズに対し複数の金融機関が協調してシンジケート団を組成し、1つの融資契約書に基づき同一条件で融資を行う資金調達手法であるシンジケート・ローンに電子記録債権を活用するとともに、ローン債権の流動化を図ろうとする動きもある。

2　その他の活用方法

このほかにも、様々な活用方法が考えられるところであるが、本法は、これらの特定の利用方法のみを想定して立法されたものではなく、多様な記録事項を認め、また、善意取得等の流通保護規定の適用を排除することを認める等、利用者の利用方法に合わせて必要な機能のみを有する電子記録債権を発生させることができるようにすることによって、今後の金融界や経済界等の工夫により、様々な活用の仕方が可能となるように制度設計がされている。

第1章　総則

> （趣旨）
> **第1条**　この法律は、電子記録債権の発生、譲渡等について定めるとともに、電子記録債権に係る電子記録を行う電子債権記録機関の業務、監督等について必要な事項を定めるものとする。

1　趣旨

　本条は、本法の趣旨について規定したものであり、内容としては、本法全体の構成を概観するものとなっている。

　本法では、事業者の資金調達の円滑化等を図る観点(注)から、電子記録債権という新たな種類の債権を創設しているため、まずその新たな種類の債権について、どのような理由で発生し、どのような理由で譲渡されるのかといった、債権の性質についての一連の規定を設けることが不可欠である。そこで、まず本条の前半では、本法がこうした電子記録債権の発生、譲渡等について定めていることを明らかにしている。

　次に、電子記録債権は、後述するように、電子債権記録機関が調製する記録原簿が存在しないとそもそも発生等の法的効果が認められない債権として規定されている。そのため、権利の発生や譲渡といった重要な法的効果を発生させることとなる記録原簿を調製する電子債権記録機関について、その業務・監督等の規定（なお、これらの規定が原則として本書の対象でないことは、はしがきで述べたとおりである）が設けられており、本条の後半ではその旨を明らかにしている。

　　（注）　本法が内閣提出法案として第166回通常国会に提出された際の理由は、「金銭債権について、その取引の安全を確保することによって事業者の資金調達の円滑化等を図る観点から、電子債権記録機関が調製する記録原簿への電子記録をその発生、譲渡等の要件とする電子記録債権について定めるとともに、電子記録債権に係る電子記録を行う電子債権記録機関の業務、監督等について必要な事項を定めることにより、電子記録債権制度を創設する必要がある。これが、この法律案を提出する理由である。」というものであった。その他、本法の立法の経緯については、前記「序　立法の経緯」参照。

2 解説

 このように、本条は「電子記録債権の発生、譲渡等」と「電子記録債権に係る電子記録を行う電子債権記録機関の業務、監督等」という2つの構成要素によって本法が成り立っていることを法律の冒頭で明確化する意義を有しているが、この2つの規定の順序として、本法では、目次からも明らかなように、前者（第2章）、次いで後者（第3章）という順序を採用している。

 これは、電子記録債権自体が新しい種類の債権であるため、まずその私法的な性質について規定した上で、こうした私法的な性質を前提として電子債権記録機関について規定することとした方が論理的に明快であると考えられたためである。これに対して、例えば社債株式等振替法においては、先に振替機関についての諸規定を置いた上で（同法第2章）、社債や株式の振替に関する私法上の規律が設けられているが（同法第4章、第7章等）、これは、同法が対象とする各種有価証券についての私法上の規定が既に当該有価証券の根拠法（社債や株式であれば会社法）において規定されており、その性質が他の法令で明らかにされているという違いがあることによるものであると考えられる。

（定義）
第2条 この法律において「電子記録債権」とは、その発生又は譲渡についてこの法律の規定による電子記録（以下単に「電子記録」という。）を要件とする金銭債権をいう。
2 この法律において「電子債権記録機関」とは、第五十一条第一項の規定により主務大臣の指定を受けた株式会社をいう。
3 この法律において「記録原簿」とは、債権記録が記録される帳簿であって、磁気ディスク（これに準ずる方法により一定の事項を確実に記録することができる物として主務省令で定めるものを含む。）をもって電子債権記録機関が調製するものをいう。
4 この法律において「債権記録」とは、発生記録により発生する電子記録債権又は電子記録債権から第四十三条第一項に規定する分割をする電子記録債権ごとに作成される電磁的記録（電子的方式、磁気的方式その他人の知覚によっては認識することができない方式で作られる記録であって、電子計算機による情報処理の用に供されるものをいう。以下同じ。）をいう。
5 この法律において「記録事項」とは、この法律の規定に基づき債権記録に記録すべき事項をいう。
6 この法律において「電子記録名義人」とは、債権記録に電子記録債権の債権者又は質権者として記録されている者をいう。

> 7　この法律において「電子記録権利者」とは、電子記録をすることにより、電子記録上、直接に利益を受ける者をいい、間接に利益を受ける者を除く。
> 8　この法律において「電子記録義務者」とは、電子記録をすることにより、電子記録上、直接に不利益を受ける者をいい、間接に不利益を受ける者を除く。
> 9　この法律において「電子記録保証」とは、電子記録債権に係る債務を主たる債務とする保証であって、保証記録をしたものをいう。

1　趣旨

本条は、他の一般的な法令の例にならい、趣旨・目的規定（第1条）に続いて、本法における定義に関する規定を設けたものである。

定義の配列は、基本的に、登記・電子記録制度を司る他の法令（例えば、不動産登記法）における配列順序にならっているが、いくつかの点について、本法固有の事情に基づき、異なる取扱いをしている。

まず、「電子記録債権」の定義を冒頭に置いているほか、電子記録債権に関する各種の電子記録を行う機関である「電子債権記録機関」の定義を置いている。これは、電子記録債権そのものおよび電子債権記録機関の2つが本法の規律の中心であることに鑑み（この点については第1条の解説を参照されたい）、これらの事項の定義を、定義条項の冒頭に掲げることが合理的であると考えられたものと思われる。

続いて、これら2つの定義条項に付随する意義を有するものとして、電子債権記録機関が調製する「記録原簿」、記録原簿の定義の中で用いられる「債権記録」、債権記録に記録すべき事項である「記録事項」という定義が置かれている。これらは、電子記録債権が記録される場所や電子記録債権を構成する内容を示す用語であり、電子記録債権それ自体の性質と密接に結びついている用語であるため、冒頭の2つの最も重要な事項の次にこれらの定義規定を設けたものと考えられる。

さらに、その後に、電子記録債権の権利者として「電子記録名義人」を、さらに、電子記録により利益を受ける者と不利益を受ける者である「電子記録権利者」と「電子記録義務者」が並べられている。

最後に、電子記録債権を用いて、単純な支払約束だけでなく、保証をすることもできることから、「電子記録保証」の定義が設けられている。

2　第1項

第1項は、「電子記録債権」についての定義規定である。

そもそも電子記録債権には、発生記録により発生する債権（一般的には電子記録債権のほとんどはこの形で発生することになると予想されるので、以下、本書ではこのような電子記録債権を、「通常の電子記録債権」という）、電子記録保証に基づく保証債務の履行請求権、特別求償権の3つの種類が存在するが、これらは、それぞれ発生記録、保証記録、支払等記録をすることがその発生のために必要な要件となる。

ただし、電子記録債権のうち、通常の電子記録債権および特別求償権については譲渡記録によって譲渡されることになるのに対して、電子記録保証に基づく保証債務の履行請求権は、保証債務としての性質上、当然に主たる債務に対して随伴性を有することから、独立して譲渡の対象とはならない。

そのため、電子記録債権の定義を、「その発生及び譲渡についてこの法律の規定による電子記録を要件とする金銭債権」とすると、電子記録保証に基づく保証債務の履行請求権が電子記録債権に含まれないことになってしまうため、本項では、「発生又は譲渡について」という文言が用いられている。

なお、電子記録債権の定義としては、上記のような発生の要件となる電子記録に着目して、例えば、「発生記録、保証記録又は支払等記録をその発生のために必要な要件とする金銭債権」といった文言とすることも考えられないではない。

このような文言であったとしても、定義条項として不正確とはいえないであろうが、特に特別求償権を意味する「支払等記録をその発生のために必要な要件とする金銭債権」という部分については、権利の消滅を証明する機能を有する支払等記録をすることによって何ゆえに権利が発生するのかとの疑問を招き、定義条項が何を規定しようとしているのかのイメージが一般的につかみづらいようにも思われるところであり[注]、その意味で現在の定義条項は、明確性に配慮をしたものと考えられる。

> （注）規則において、特別求償権の発生の原因である支払等が記録された支払等記録を、「特別求償権発生記録」と定義づけられている（規則第1条第3号）のも、同様の趣旨に基づくものと思われる。

3 第2項

第2項は、「電子債権記録機関」についての定義規定であり、電子債権記録機関となるためには、主務大臣の指定を受ける必要があることおよび株式会社であることが必要とされることを明らかにしている。なお、株式会社であるだけでは電子債権記録機関となり得る要件を充たすことができず、取締役会等の一定の機関を設ける必要があることに注意を要する（第51条第1項第1号）。

4　第3項

(1)　本項の内容

　第3項は、「記録原簿」についての定義規定であるが、「記録原簿」は、債権記録が記録される帳簿であり、ちょうど不動産登記における「登記簿」(不動産登記法第2条第9号)に相当するものである。

　本条第1項で定義されている「電子記録」という文言は、電子記録債権に関する各種のデータのインプットそのものを意味しているが、一定の電子記録債権についての各種の電子記録の集合体が「債権記録」と定義され、そして、その債権記録を記録する磁気ディスクが「記録原簿」と定義されている。

　したがって、債権記録と記録原簿とでは、債権記録が電子データそのものを指すのに対して、記録原簿は記録される媒体のことを指している点で異なっている。

　次に、「電子債権記録機関が調製するもの」と規定することによって、記録原簿は誰が作成してもよいものではなく、あくまでも電子債権記録機関において調製されるものを指すことを明らかにしている。例えば、多くの企業では、取引先に対する売掛債権等の自社の有する債権を会計管理システムに記録しているものと思われるが、このような記録は、発生した債権を記録しているデータではあるが、当然のことながら債権記録としての法的性質を有するものではない。このように、たとえ電子債権記録機関と全く同様のシステム・帳簿を作成したとしても、電子債権記録機関としての指定を受けていない者が調製するのであれば、法律上は「記録原簿」とは評価されないことになる。

(2)　媒体

　記録原簿の記憶媒体については、磁気ディスクのほか、法務省令でその範囲を拡大することができるようになっている。これは、このような記憶媒体としては、ハードディスク等の磁気ディスクが用いられることが多いと思われるものの、それ以外の記憶媒体を利用することも考えられ、また、今後の技術発展等によって新たな記憶媒体の利用を認める必要が生ずる可能性があることを念頭に置いたものである。

(3)　記録原簿の備置について

　なお、社債株式等振替法では、振替機関の業務を規定している箇所において、振替口座簿の備付けの規定を設けている(同法第12条)。

　これに対して、本法では、電子債権記録機関が記録原簿を備え付けなければならない旨の規定は存在しない。

　これは、社債株式等振替法においては、振替口座簿の定義規定が設けられていないのに対して、本法では、記録原簿について、「債権記録が記録される帳簿であって、磁気ディスク……をもって電子債権記録機関が調製するもの」と

いう定義が設けられており、電子債権記録機関が備え付けるものであることが明確にされている以上、あえて電子債権記録機関が記録原簿を備えることを規定する条文を、独立した条として設ける合理性に乏しいことによるものである。

5 第4項
(1) 債権記録の概念
第4項は、「債権記録」についての定義規定であり、これは、不動産登記における「登記簿」に相当する記録原簿に対して、不動産登記における「登記記録」（不動産登記法第2条第5号）に相当するものである(注)。

第3項の解説のとおり、「記録原簿」という概念に対して、債権記録は電子データのことを指し、特定の電子記録債権についての発生記録、譲渡記録等の電子記録が集積されたものを指すものである。

そして、債権記録を構成する各電子記録には、それぞれ記録事項が定められており（第16条、第18条、第24条、第32条等）、電子記録をするには、当該電子記録の記録事項を記憶媒体である記録原簿に記録することが必要である。このように、記録原簿、債権記録および記録事項は、記録事項の集合が電子記録となり、電子記録の集合が債権記録となり、債権記録を記録する媒体が記録原簿という関係に立っている。

　（注）　不動産登記法上の登記簿と登記記録の概念については、例えば、清水響編著『Q&A不動産登記法』（商事法務、2007年）36頁参照。

(2) 債権記録の作成
債権記録は、発生記録または分割記録をする際に、新規に記録番号を付して作成される（第16条第1項第7号参照）。

そして、発生記録または分割記録がされた後、当該債権記録に記録されている電子記録債権についてのすべての電子記録は、当該債権記録に行われることになる。すなわち、債権記録には、発生記録により発生する電子記録債権または電子記録債権から分割をする電子記録債権について、発生記録または分割記録およびこれに伴う記録を行う（第45条）ほか、譲渡記録、支払等記録、変更記録、保証記録、質権設定記録等の当該電子記録債権に係る権利の発生、譲渡、変更、消滅等に係る一連の電子記録がされることになる。

なお、1つの不動産に1つの登記記録が作られる不動産とは異なり、電子記録債権においては、①発生記録において、複数の債権者による不可分債権として電子記録債権を発生させる旨の記録をする場合や、②電子記録債権の債権者が死亡して、これが複数の相続人に分割債権として相続された結果、各相続人名義の分割債権に変更記録がされる場合(注1)のように、1つの債権記録に複数

の電子記録債権が記録されることもあり得ること^(注2)、債権記録が作成されるのは発生記録がされる時または分割の時であることから、不動産登記法における登記記録の定義のように、「一の電子記録債権ごとに」作成されるといった文言は設けられていない。

> (注1) この場合は、各相続人の分割債権として複数の電子記録債権が一の債権記録に記録されることになり、各相続人が分割記録をしない限り、新たに債権記録が作成されるものではない。
>
> (注2) 本文で述べた場合のほか、例えば、ある通常の電子記録債権について電子記録保証人により一部弁済がされた後は、当該電子記録債権が記録されていた債権記録には、もとの通常の電子記録債権の残額部分および一部弁済により発生した特別求償権の2つが記録されることになる。

(3) 債権記録は電磁的記録に限られる

本項は、債権記録は、電磁的記録によるものに限ることとしているが、これは、次のような理由に基づくものである。

① 電子記録債権の制度は、金銭債権を利用した資金調達をより円滑に行うことができるようにするために創設されたものであるが、この目的を達成するためには、現在の金銭債権の譲渡の主な方法である指名債権の譲渡や手形の譲渡について指摘されている課題を克服する必要があるところ、特に手形について指摘されている課題を克服するためには、電磁的記録を活用して、紙を利用しないこととするのが相当と考えられること、

② 金銭債権は、個別に内容が異なったものが、多数発生・譲渡・消滅等を繰り返すものであることから、これを迅速かつ適正に管理するためには、電子的手段による必要があると考えられること、

③ 電子記録債権の信頼性を確保するためには、債権内容が適切に記録される必要があり、そのためには、債権内容が記録される帳簿の管理に、一定の基準以上のセキュリティが確保される必要がある。そして、債権内容の記録を電磁的記録によって行う場合には、電子債権記録機関の人的信頼性に加えて、システムのセキュリティ水準という客観的基準によって、記録内容の信頼性の有無を判断することが可能となること。

6 第5項

第5項は、「記録事項」についての定義規定であり、不動産登記における「登記事項」（不動産登記法第2条第6号）に相当するものである。

なお、記録事項については、原則として「この法律に」規定されている一方、一部の記録事項については政令または主務省令に委任することとされているが、そのような事項であってもこの法律における委任がなければ記録事項とはなり得ないのであるから、あえて「この法律又はこれに基づく命令の規定に基

づき」といった書き方をせず、「この法律の規定に基づき」という現状の書き方であっても、政省令において規定された事項は法律上も記録事項として分類されることになる。

7 第6項

第6項は「電子記録名義人」の定義であり、これには、発生記録における債権者、譲渡記録における譲受人、特別求償権を取得した者、電子記録債権の質権者等が含まれる。

この電子記録名義人に該当するか否かは、あくまでも債権記録からみて形式的に判定されるものであるという点に注意が必要である。

すなわち、「債権者である者」、「質権者である者」といった文言ではなく、単に「債権者又は質権者として記録されている者」とされているのは、債権者であるか否かという実質によって電子記録名義人に該当するか否かが判断されるのではなく、債権者として記録されているか否かという形式によってのみ判断されることを明確にするためである(注)。

なお、債権者または質権者として「記録されている者」という文言からも明らかなように、かつて債権者または質権者として記録されていたが譲渡済みまたは質権の処分済みである者は、電子記録名義人に含まれない。

  (注)　電子記録名義人が必ずしも当該電子記録名義人に係る電子記録債権の債権者とは限らないものとして整理されていることは、「電子記録名義人は、電子記録に係る電子記録債権についての権利を適法に有するものと推定する。」という推定規定（第9条第2項）が存在することからも明らかである。

8 第7項

第7項は、「電子記録権利者」の定義であり、電子記録をすることにより、電子記録上、直接に利益を受ける者をいい、間接に利益を受ける者を除くこととしている。

これは、不動産登記法の登記権利者の定義（同法第2条第12号）と同様の概念に基づくものである。

「直接に利益を受ける者」とは、電子記録債権やこれを目的とする質権を取得する者等をいい、例えば、発生記録における債権者や譲渡記録における譲受人、質権設定記録における質権者、支払等記録における債務者が典型である。

また、「間接に利益を受ける者」を除いているが、その例としては、第1順位の質権設定記録を削除する旨の変更記録における後順位質権者等が挙げられる。先順位の質権設定記録を削除する旨の変更記録がされれば後順位質権者は結果的に順位の関係で利益を受けることになるが、これは変更記録がされるこ

とによる直接的な利益ではなく、変更記録が削除されることによる波及的な効果が後順位質権者に間接的に及ぶのにすぎないから、本項にいう「直接に」には該当しないと考えられるためである。

なお、「電子記録上」という要件を付しているのは、利益または不利益を受けるかどうかは実質で判断するのではなく、電子記録権利者があくまでも債権記録からみて形式的に判定される概念であることを明らかにするためである。

このように、電子記録権利者（次項の電子記録義務者も同様である）に該当するかどうかは、電子記録上、直接の利益または不利益を受けるかどうかによって決まるものであって、実体法上の権利者または義務者とは必ずしも一致せず、実体法上の権利者が電子記録義務者になること（例えば、譲渡記録における譲渡人や支払等記録における債権者は、電子記録義務者である）や、その逆に、実体法上の債務者が電子記録権利者となることがある（例えば、支払等記録における債務者は、電子記録権利者である）。

9　第8項
(1)　概念

第8項は「電子記録義務者」の定義を設けているが、これも、第7項の「電子記録権利者」と同様、不動産登記法の概念（具体的には、「登記義務者」（同法第2条第13号））を参考にしたものである。

ただし、不動産登記法上の「登記義務者」が、「権利に関する登記をすることにより、登記上、直接に不利益を受ける登記名義人をいい、間接に不利益を受ける登記名義人を除く。」としているのに対して、本項の電子記録義務者は、電子記録名義人に限らず、一般的に「不利益を受ける者」としている。

これは、電子記録義務者には、不動産登記における登記義務者とは異なり、発生記録のように、電子記録上不利益を受ける者が債務者である場合があることによるものである。

(2)　具体例

本項で「電子記録上」という要件を付しているのは、電子記録権利者と同様の趣旨である。

また、この点も電子記録権利者と同様であるが、「直接に不利益を受ける者」には、権利を失う者（例えば、譲渡記録における譲渡人等）や債務等を負担する者（例えば、発生記録における債務者や、質権設定記録における質権設定者）等が含まれることになる。

一方、「間接に不利益を受ける者」を除いているが、その例としては、質権の順位の変更の電子記録をする場合における順位を下位に変更する質権の転質権者や、質権設定記録を削除する旨の変更記録をする場合におけるその質権に

ついての転質権者が挙げられる。

　なお、前者の転質権者については順位の変更についての承諾（第36条第3項において準用する民法第374条第1項ただし書参照）が必要とされており、また、後者の転質権者については「電子記録上の利害関係を有する者」として質権設定記録を削除する旨の変更記録の請求権者となるから（第29条第1項）、これらの者が「電子記録義務者」の定義に含まれないからといって、これらの者の保護に悖ることはないと思われる。

10　第9項

　本項は電子記録保証の定義であり、その内容として、「電子記録債権に係る債務を主たる債務とする保証で」あることと、「保証記録をしたもの」であることの2つの点が規定されている。

　このうち、「電子記録債権に係る債務」とは、通常の電子記録債権に基づく債務、他の電子記録保証によって生じた債務（本法では電子記録保証債務と定義されている。第22条第2項）および特別求償権に基づく債務を意味している。

　電子記録保証の主債務を電子記録債権に係る債務に限ったのは、次のような理由による。すなわち、電子記録債権に係る債務以外の債務（例えば通常の指名債権である売掛金債権に基づく債務や手形債務）を主たる債務とするものは、当該主たる債務には本法が適用されない以上、これらの債務の内容が債権記録の記録内容どおりには定まらないことから、そのような債務を主債務とする保証債務を債権記録に記録したとしても、保証債務の内容が債権記録に記録されているとは言い難く、結局、権利を債権記録にすべて記録することによって可視化するという本法の趣旨にそぐわず、電子記録保証として評価すべきことにはならないためである。

　次に、電子記録保証として認められるために保証記録を要件とするのは、電子記録保証も電子記録債権に関する債務負担行為であることから、他のものと同様に、電子記録を要件とすることを明らかにするためである。

　逆にいえば、電子記録債権に係る債務も債務である以上、当該債務を主たる債務とする保証であって、電子記録保証でないもの（つまり保証記録をしない態様で保証をするもの）も、民法上の保証（以下「民事保証」といい、民事保証をした保証人を「民事保証人」という）に相当するものとして、当然に可能である。

規則
(磁気ディスクに準ずる物)
第2条 法第二条第三項に規定する主務省令で定める物は、光ディスクとする。

　電子記録債権は、記録原簿に記録事項を記録することによって債権の発生・譲渡等の効力が生ずるものであるから、債権記録を記録する記録原簿は、電磁的記録を確実に記憶させることができる媒体であることが必要である。

　そこで、本条では、第2条第3項における主務省令への委任に基づき、記録原簿の媒体として、光ディスクを追加的に認めている。

　なお、本条は単に「光ディスク」とのみしており、例えば不動産登記規則51条3項2号が、「日本工業規格Ｘ〇六〇六に適合する一二〇ミリメートル光ディスク」といった限定を付していることと比べると、その範囲が広い。

　これは、不動産登記規則の場合には、行政の画一的な処理の観点から、当事者が申請情報に用いる磁気ディスクの規格を特定する必要があるのに対し、民間の株式会社が指定されることが想定されている電子債権記録機関が調製する記録原簿については、その要件として磁気ディスクの規格まで特定する必要はない（当事者の任意に委ねればよい[注]）と考えられたことによるものと思われる。

　　[注]　もちろん、不適切な規格のディスクを使うことについては、そもそも電子債権記録機関としての指定の要件を充たすか、または指定後に健全な業務運営ができるかといった業法上の観点からの問題を惹起する可能性は否定できない。

補説 **電子記録債権に関するコスト**

　これまで電子記録債権を利用していなかった者が新たに電子記録債権制度を利用しようとする場合に、どのようなコストが発生するであろうか。

1　公租公課

　印紙税は、「文書」に課されるものであること（印紙税法第2条）から、電子記録には、印紙税は課されないと解される。

　また、登録免許税は、「登記、登録、特許、免許、許可、認可、認定、指定及び技能証明」について課されるものであること（登録免許税法第2条）から、電子記録には、登録免許税は課されないと解される。

　したがって、新たに電子記録債権制度を利用することによって生じる税負担は存在しない。

2　電子記録を請求する際の費用(注)

　電子記録債権は、当事者の請求に基づき民間の株式会社である電子債権記録機関が電子記録を行うことによって発生・譲渡等が行われるので、電子記録債権を利用しようとする者は、電子記録の請求に際し、電子債権記録機関に対して、当該電子債権記録機関が定める利用料金を支払わなければならない。

　また、インターネット等の電子的な手法により電子記録の請求を行う場合には、そのためのソフトウェアの費用等を要することになる。

　電子記録をするための利用料がいくらになるかは、それぞれの電子債権記録機関が、自ら提供するサービスや需要予測等に応じて定めることになるから、統一的な料金が定められるわけではない。したがって、利用者は、電子記録債権制度を利用しようとする際には、各電子債権記録機関のビジネスモデル（手数料もこれに含まれるが、それに限らず、例えば請求できる電子記録の範囲や、利用できる者の範囲等）を比較検討し、ニーズに最も合致した電子債権記録機関を利用することになろう。

　　（注）　費用の点も含めて、電子記録債権制度を利用していなかった者が利用するに当たっての実務上の留意点について検討したものとして、萩本修ほか「座談会 電子手形移行に当たっての実務上の諸問題（下）」NBL932号48頁以下参照。

第2章　電子記録債権の発生、譲渡等

第1節　通則

第1款　電子記録

(電子記録の方法)
第3条　電子記録は、電子債権記録機関が記録原簿に記録事項を記録することによって行う。

　本条は、電子記録は、電子債権記録機関という主体が、記録原簿という客体に、記録事項という一定の事項を記録することによって行うものであることを規定するものであって、不動産登記法第11条、動産・債権譲渡特例法第7条第2項と同趣旨の規定である。
　本条は、電子記録の方法を定めたものであり、当然のことではあるが、①電子債権記録機関でない者が勝手に記録原簿に記録事項を記録しても「電子記録」とは評価されないことや、②電子債権記録機関が当事者から請求を受けたものの記録事項に未だ記録がされていない段階においては「電子記録」がされたと評価されることはないことを意味しているものである。

(当事者の請求又は官公署の嘱託による電子記録)
第4条　電子記録は、法令に別段の定めがある場合を除き、当事者の請求又は官庁若しくは公署の嘱託がなければ、することができない。
2　請求による電子記録の手続に関するこの法律の規定は、法令に別段の定めがある場合を除き、官庁又は公署の嘱託による電子記録の手続について準用する。

1　趣旨

本条は、電子記録は、法令に特段の定めがある場合を除き、当事者の請求又は官公署の嘱託によらなければすることができないこと（第1項）、官庁または公署の嘱託による電子記録の手続には、当事者の請求による電子記録の規定を準用すること（第2項）を規定するものである（不動産登記法第16条参照）。

なお、当事者が行う行為を「申請」ではなく「請求」としているのは、一般的に法令用語上、「申請」とは、「広く国又は公共団体の機関に対して、許可、認可その他一定の行為を求めることをいう。」と考えられていること(注)に鑑み、電子債権記録機関が民間企業であって、その電子記録業務も公の業務ではないことから、「申請」という用語を用いることが適切でないと考えられることに基づくものである。

　（注）　吉国一郎ほか『法令用語事典〔第9次改訂版〕』（学陽書房、2009年）448頁。

2　第1項

(1)　「別段の定め」

本項は、電子記録は、法令に別段の定めがある場合を除き、当事者の請求または官庁もしくは公署の嘱託がなければすることができないこととしているが、これは、電子記録は、電子記録債権の発生・譲渡等の効力要件であることから、原則として、当事者の意思に基づいて行うのが相当であると考えられることに基づくものである。

本項は、逆に、法令の「別段の定め」があれば、当事者の請求や嘱託がなくとも電子記録をすることを認めている。典型例としては、第49条第1項の規定による強制執行の電子記録（最高裁判所規則の定めの内容に応じて電子記録がされることになる）、第63条第2項の規定による口座間送金決済についての支払等記録や否認の電子記録等を削除する旨の変更記録（破産法第262条において準用する同法第260条第2項から第4項まで）が挙げられる。

(2)　「官庁若しくは公署」

「官庁」とは、国の役所を意味し、本省、外局等の機関、地方支分部局を含み、また、行政機関以外の国の諸機関を含む(注1)。「公署」とは、地方公共団体の諸機関その他の公の機関をいう(注2)。

「官庁若しくは公署」の嘱託による電子記録の例としては、官庁または公署が発生記録や譲渡記録等の当事者となる場合のほか、執行法の規定による差押えの電子記録の嘱託をするときや（同法第150条参照）、個人について破産手続開始の決定がされ、その破産財団に電子記録債権が帰属する場合における破産手続開始の決定の電子記録の嘱託をするとき（破産法第262条、第258条）等がある。「嘱託」とは、公の機関が電子記録を依頼するという意味で用いている。

(注1) 吉国一郎ほか『法令用語事典〔第9次改訂版〕』（学陽書房、2009年）107頁。
(注2) 前掲（注1）254頁。

3 第2項

　官庁または公署が電子記録の当事者となる場合については、一般の私人が電子記録の当事者となる場合と区別する必要はない。また、差押えの電子記録等の嘱託についても、電子債権記録機関は嘱託の内容に従って電子記録を行うのであるから、その実質においては、私人による電子記録の請求の場合と異なるものではない。そこで、第2項において、電子記録の請求に関する規定を、官庁または公署の嘱託による電子記録の手続について包括的に準用することとしている（動産・債権譲渡登記令第5条第2項、後見登記等に関する政令第4条第2項参照）。

　具体的に準用される条文としては、第5条から第8条まで、第12条、第13条、第25条等が考えられるところである。

　なお、法令の「別段の定め」の例としては、破産法第258条第1項の規定による破産手続開始の電子記録（電子記録権利者、電子記録義務者の双方の請求がされなければならないことに対する「別段の定め」に該当する）や、国税徴収法第121条等（同）がある。

> 政令
> （電子記録の嘱託）
> 第11条　この政令に規定する電子記録の請求による電子記録の手続に関する法の規定には当該規定を法第四条第二項において準用する場合を含むものとし、この政令中「請求」及び「請求者」にはそれぞれ嘱託及び嘱託者を含むものとする。

　本条は、電子記録の嘱託について定めた規定である（不動産登記令第23条参照）。

　法第4条第2項は、上記のとおり、請求による電子記録の手続に関する規定を官庁・公署の嘱託による電子記録の手続に包括的に準用している。

　そこで、政令においても、当該政令に規定する電子記録の請求による電子記録の手続に関する法の規定（具体的には、第6条、第29条、第10条第5項）には、当該規定を法第4条第2項で準用する場合を含むものとし、また、「請求」には嘱託を、「請求者」には嘱託者を含むものとしたものである。

（請求の当事者）
第5条　電子記録の請求は、法令に別段の定めがある場合を除き、電子記録権利者及び電子記録義務者（これらの者について相続その他の一般承継があったときは、その相続人その他の一般承継人。第三項において同じ。）双方がしなければならない。
2　電子記録権利者又は電子記録義務者（これらの者について相続その他の一般承継があったときは、その相続人その他の一般承継人。以下この項において同じ。）に電子記録の請求をすべきことを命ずる確定判決による電子記録は、当該請求をしなければならない他の電子記録権利者又は電子記録義務者だけで請求することができる。
3　電子記録権利者及び電子記録義務者が電子記録の請求を共同してしない場合における電子記録の請求は、これらの者のすべてが電子記録の請求をした時に、その効力を生ずる。

1　趣旨

本条は、電子記録の請求の当事者を定めるものである。

2　第1項

(1)　双方請求の義務付け

電子記録債権の発生記録や譲渡記録をするためには、債務者・譲渡人および債権者・譲受人の双方の請求があることを要するか、それとも債務者・譲渡人の単独請求で足りるかについては、法制審議会電子債権法部会における審議において大きく意見が分かれた論点の1つであったが、最終的には、債務者・譲渡人および債権者・譲受人の双方の請求があることを要することとされた。

これに基づき、本項も、電子記録は、原則として、電子記録によって利益を受ける者である電子記録権利者と、電子記録によって不利益を受ける者である電子記録義務者（これらの者について相続その他の一般承継があったときは、相続人その他の一般承継人）の双方がしなければならないとしている。

双方の請求を要求したのは、①例えば、電子記録が発生記録・保証記録であれば、これによって権利義務が生じるものであり、電子記録が譲渡記録であれば権利の移転が生じるものであることから、当事者双方の意思表示に基づくものとするのが、権利の発生・移転は当事者の契約によるという民法の原則と整合的であること、②電子記録債権の取得によって原因債権の消滅や行使に影響が生じることからすれば、電子記録債権を取得するかどうかについて、債権者の意思を無視するのは相当ではないと考えられること等に基づくものである。

これに対して、双方請求が義務付けられると、電子記録義務者である債務者が、電子記録権利者である債権者が発生記録の請求をしたことを確認したり、請求をすることを促したりする必要が生じて、債務者にとって煩雑にならないかとの問題が提起され得る(注1)。

　この点については、双方請求が義務付けられるとしても、当事者が代理人や使者を用いることは禁じられていないから、例えば、債権者が債務者に電子記録債権の発生記録の請求についての包括的な代理権を授与しておくことや、債務者による電子記録の請求を債権者に通知した後一定期間内に債権者から連絡がない場合には債権者も請求をしたものとみなす旨(注2)の業務規程を電子債権記録機関が定めること等の実務的な工夫により、解消することが可能であると考えられる(注3)。

　なお、電子記録債権の発生・譲渡の効力が生じるためには、電子記録権利者および電子記録義務者の電子記録の請求とこれに基づき電子債権記録機関による電子記録がされることが要件であり、これ以外に電子記録債権の発生や譲渡についての当事者間の合意や契約が成立することは要件とはされていない(注4)。

　したがって、当事者の意思表示は電子記録の請求しかないことになるが、これは、電子記録の請求という1つの行為の中に、電子債権記録機関に対して電子記録をすることを求める意思表示という性質と、相手方との間で当該電子記録によって生じる法律効果を生じさせる意思表示という性質の双方があるということを前提としているからである。第12条第1項および第13条が「電子記録の請求における相手方に対する意思表示」という用語を使っているのは、このような電子記録の請求の意思表示の性質に基づくものである。

　なお、電子記録の請求に電子債権記録機関に対する意思表示と相手方に対する意思表示の双方が含まれているとはいえ、例えば相手方の詐欺により電子記録債権の発生記録を請求した債務者が、詐欺を理由に電子記録の請求を取り消そうとする場合に、別途電子債権記録機関に対する意思表示についても取消事由がなければ発生記録を取り消すことができないというわけではない。AがBの代理人であると称してAを債務者としBを債権者とする電子記録債権の発生記録を請求し、当該発生記録がされた後、Bが無権代理を理由に発生記録の無効を主張する場合についても同様である（BがAに対しては発生記録の無効を主張することができるにもかかわらず、電子債権記録機関に対しては表見代理等によって発生記録が有効と取り扱われると解することは、Bの保護に欠けるばかりか、法律関係を錯綜させることにもなり、合理的でないと思われる）。

　（注1）　実際、法制審議会電子債権法部会においても、手形と同様に、振出人となる債務者の行為のみで債権を発生させることができるようにすべきではないかという

議論が最大の争点の1つとなった。この点については、安永正昭「電子記録債権法をめぐる議論——法制審議会部会審議を中心に」ジュリ1345号10頁参照。
(注2) なお、このようなみなし規定を設けることについては、債権者の請求のみなし効果が生じる前に電子記録債権について差押えがあった場合にどのように解するかという問題が生じ得るとする指摘がある。岩原紳作「金融法制の革新——資金決済法と電子記録債権制度」ジュリ1391号14頁参照。
(注3) 萩本修ほか「座談会 電子手形移行に当たっての実務上の諸問題(下)」NBL932号51頁〔萩本修〕。
(注4) 当事者間の合意や契約の成立を要件としないのは、①これを要件とすれば、当事者間の合意・契約の内容と電子記録の請求および電子記録の内容とが食い違った場合の法律効果およびその場合の第三取得者保護の問題が生じてしまうこと、②電子記録債権の債権者が訴訟手続によって電子記録債権の請求をする場合は、自己が電子記録名義人であること、電子記録債権が有効に発生したことを主張・立証する必要があるところ、電子記録がされたことおよび電子記録の請求がされたことの証明は債権記録および電子債権記録機関が保存する情報(第86条)によって行うことが可能であるが、当事者間の合意・契約がされたことも電子記録債権の発生や譲渡の効力要件として取り扱うと、その証明を当該電子記録の当事者以外の者(例えば、当該当事者からさらに譲渡を受けた電子記録名義人)がすることは困難であるため、電子記録債権の流通性を阻害することになること、③他方で、電子記録の請求という1個の意思表示の中に、相手方当事者との間で発生記録や譲渡記録によって生ずる法律効果を生じさせる意思表示もされていると考えられることから、当事者双方から同一内容の電子記録の請求がされた場合には、その当事者間で電子記録債権の発生等についての意思の合致があるとみることができ、これと別個に合意・契約を要求する必要はないこと等に基づくものである。

(2) 一般承継人の取扱い

電子記録債権の債権者が死亡した場合には相続が生じるが、相続人は、相続を理由とする相続人名義への変更記録をしなくても、相続により当然に電子記録債権を取得する。これは、相続の場合には、裏書を経なくても、手形上の権利が相続人に移転するのと同様である。

そして、電子記録権利者または電子記録義務者は、電子記録をすることにより、電子記録上、直接に利益または不利益を受ける者をいうところ(第2条第7項・第8項)、相続人その他の一般承継人は、自己の名義が債権記録には記録されていないため、「電子記録上」、利益・不利益を受ける者には該当しないが[注1]、本項は、電子記録権利者または電子記録義務者について「相続その他の一般承継があったときは、その相続人その他の一般承継人」が電子記録の請求をすることができることとしている。

つまり、本項は、一般承継人について、電子記録上の債権者や債務者の地位を一般承継するから請求権者となるのではなく、一般承継人であることをもって直ちに請求権者として認めている。そのため、相続人その他の一般承継人は、

自らの名義への変更記録をしなくても、電子記録の請求をすることが認められる。

　これは、相続人が自己名義への変更記録の請求（第29条第2項参照）をした上で譲渡記録等の請求をする場合であっても、被相続人名義のまま譲渡記録等の請求をする場合であっても、相続人は、電子債権記録機関に対して、自己が当該電子記録債権を相続によって取得したことを証明して電子記録の請求をしなければならないことは同じである上、電子記録債権の譲渡には原則として善意取得が認められているので、変更記録の中間省略を認めても、取引の安全を害することはない(注2)から、あえて変更記録を経る必要はないと考えられるためである。

　したがって、電子記録債権を相続により取得した者は、いったん自己名義に変更記録をしなくても、譲渡記録の請求をして、当該電子記録債権を譲渡することができることになる。なお、共同相続の場合において、各相続人が自己の相続分に相当する債権を譲渡したいときは、まず、共同相続人全員の名義の可分債権への変更記録をし、その上で、自己が相続した債権を他の相続人の債権と分割する分割記録を経た上でなければ、譲渡記録をすることはできない。他方で、共同相続の場合であっても、相続した電子記録債権を相続人全員が共同して第三者へ譲渡しようとするときは、変更記録を経ることなく、譲渡記録の請求をすることができる。

　　（注1）　もちろん、相続人その他の一般承継人が相続を理由に自己名義への変更記録をした後に電子記録の請求をする場合には、当該一般承継人の名義が債権記録に記録されることになるから、当該一般承継人が、電子記録権利者または電子記録義務者に該当することになる。

　　（注2）　なお、厳密にいえば、譲渡人が消費者であるか、または個人事業者であってもその旨の記録をしていない場合には、善意取得の規定の適用はないから（第19条第2項第3号）、本文で述べた理由が該当しないようにもみえる。しかし、電子記録名義人の相続人が譲渡人となる場合には、譲渡記録において、譲渡人の氏名および住所を必要的記録事項とする（第18条第1項第2号）とともに、譲渡人が個人事業者であるときはその旨を任意的記録事項としている（同条第2項第2号）ので、相続人名義への変更記録を経なくても、これによって取引の安全が害されるおそれはないと考えられる。

(3)　双方請求と共同請求

　電子記録の請求は、電子記録権利者および電子記録義務者の「双方」からされればよいので、別々に行われることも許容され、不動産登記の申請のように（不動産登記法第60条参照）、両者が「共同」してすることは要しない（本条第3項参照）。

　これは、共同で電子記録の請求をしなければならないこととすると、双方の

当事者が共同して請求書や請求のための電磁的記録を作成する手間を要することとなり煩雑であること、他方で、電子債権記録機関には、電子記録権利者と電子記録義務者の電子記録の請求が別々にされた場合には、各請求を照合する手間が生じることになるが、当該電子債権記録機関がこの手間を甘受するのであれば、共同して電子記録の請求をすることを法律上要求する必要はないことによるものである。

ただ、電子債権記録機関の業務は、この法律のほか、業務規程の定めるところによって行われるので（第56条）、電子記録の請求が各請求者から別々に行われることによる事務処理上の不便やミス発生のおそれを回避したいと考える電子債権記録機関は、業務規程中に、請求権者の共同の請求によるものでなければ受け付けない旨を定めることも可能である（規則第25条第2号参照）。逆に、電子債権記録機関が別々に請求することを認める場合には、これらの者のすべてが電子記録の請求をした時に、電子記録の請求の効力が生じることになる。

(4) 「別段の定め」の例

法令の「別段の定め」の例としては、次のようなものが挙げられる。

① 電子記録権利者または電子記録義務者に電子記録の請求をすべきことを命ずる確定判決がある場合（本条第2項）

② 支払等記録（第25条第1項）

支払等記録については、電子記録義務者（債権記録に電子記録債権の債権者または質権者として記録されている者である電子記録名義人がこれに当たる）、電子記録義務者全員の承諾を得た電子記録債務者や支払等をした者だけで、電子記録の請求をすることができる。

③ 変更記録（第29条第1項）

変更記録の請求は、当該変更記録につき電子記録上の利害関係を有する者の全員がしなければならない。

④ 否認の電子記録（破産法第262条、第260条第1項）

否認の電子記録の請求は、破産管財人が単独ですることができる。

⑤ 口座間送金決済に基づく支払等記録（第63条第2項）

⑥ 信託の電子記録（第48条第2項、令第3条第1項）。

信託の電子記録の請求は、受託者が単独ですることができる。

3 第2項

第2項は、電子記録権利者もしくは電子記録義務者またはこれらの者の一般承継人の一部に、電子記録の請求をすることを命ずる確定判決（通常の不服申立手段（上訴等をいう）によって争うことができなくなった判決をいう）がある場合には、判決により電子記録の請求をすることを命じられた者以外の請求の当

事者による請求があれば足りるとするものであり、不動産登記法第63条第1項と同様の規定である。

なお、同項と異なり、確定判決の内容を「登記手続をすべきこと」ではなく「電子記録の請求をすべきこと」としているのは、判決で命じる対象となるのは意思表示であるところ、電子記録の手続における意思表示とは、「電子記録の請求」であることに基づいている。

また、判決により電子記録の請求をすることを命じられた者以外の者が複数あることもあり得ることから、不動産登記法第63条第1項のように「単独で」という文言は用いておらず、「だけで」という文言が用いられている。

第2項が典型例として想定しているのは、次のような場合である。すなわち、電子記録債権の譲渡契約を締結し、譲渡記録を請求することが売買契約上義務付けられているにもかかわらず、譲渡人が譲渡記録の請求をしない場合に、譲受人としては、譲渡人が譲渡記録の請求をすることを求めて訴えを提起することになる。裁判所は、この請求を認容するときは、「被告（譲渡人）は、原告（譲受人）に対し、（特定の）電子記録債権について、譲渡記録の請求をせよ。」との判決をすることになる。

これは被告に譲渡記録の請求をすることを命ずる判決であり、このような判決が出された場合には、被告が別途請求をしなくても、被告の請求がされたのと同様に取り扱われることになる。

そこで、このような場合には、原告（譲受人）は、自分だけで譲渡記録の請求をすることができることとするのが、本項の規定である。

4 第3項

第3項は、電子記録の請求の効力が生じる時を明らかにするものである。

第1項の規定により、電子記録権利者および電子記録義務者双方の電子記録の請求がされて初めて電子債権記録機関は電子記録をすべき義務を負うことになるから、これを規定上も明確にするために、電子記録権利者および電子記録義務者の全員が電子記録の請求をした時に、電子記録の請求の効力が生ずることとしている。

なお、本項の要件を充たさなければ電子記録の請求としての効力が生じない以上、例えば第8条にいう「二以上の電子記録の請求がされた」といえるには、二以上の電子記録について、本項の要件を充たす請求がされたことが当然の前提となる。

5 具体的な請求の方法

本条は、以上のように、電子記録における請求の当事者について定めている

が、書面や口頭、FAX等による請求を認めるか、電子的な方法による請求に限るか等の電子記録の請求の方法については、法律上、特に規定を設けておらず、各電子債権記録機関が業務規程で定めるところによることになる（第56条参照）。したがって、電子記録の請求をする者は、自己が利用する電子債権記録機関が定める請求の方法による必要がある。

　また、上記のとおり、電子記録の請求をする者が使者や代理人を利用することは可能であるほか、電子債権記録機関が電子記録の請求の受付業務を銀行等に委託することも可能であるから（第58条）、代理人または業務の委託を受けた銀行等と電子債権記録機関との間の連絡・通信は電子的な方法に限ることとしながら、利用者と代理人または業務の委託を受けた銀行等との間は書面等によるやりとりをすることも可能である。

　なお、情報技術革新と金融制度に関するワーキング・グループの座長メモ「金融システム面からみた電子債権法制に関する議論の整理」や、金融審議会金融分科会第二部会・情報技術革新と金融制度に関するワーキング・グループ合同会合の報告書「電子登録債権法（仮称）の制定に向けて～電子登録債権の管理機関のあり方を中心として～」においては、電子記録の請求について、いわゆる「経由機関」を利用して電子記録をすることが提言されているが、代理や業務委託を利用することにより、このような経由機関を実現することも可能であると考えられる。

（請求の方法）
第6条　電子記録の請求は、請求者の氏名又は名称及び住所その他の電子記録の請求に必要な情報として政令で定めるものを電子債権記録機関に提供してしなければならない。

　本条は、電子記録の請求は、一定の情報を電子債権記録機関に提供してしなければならないこと、提供しなければならない情報は政令で定めることを規定するものである。

　電子記録債権は、債権記録の記録によって、その内容が定まり、また、権利の帰属も推定されること（第9条参照）から、本法でも、債権記録を構成するものである電子記録を中心に規定を設け、電子記録にどのような事項を、どのような手続で記録をするかという点を法律事項として規定している。

　一方、電子記録の請求において電子債権記録機関に提供しなければならない情報については、政令に委任することとしている。

　これは、請求に際して提供すべき情報としては、①請求者（代理人を含む）

の氏名または名称および住所等の請求者等を特定するために必要な情報のように、すべての電子記録の請求に共通して請求事項となる事項もあるものの、②各電子記録の請求に固有の請求事項（各電子記録の記録事項）のように、電子記録の種類によって区々に分かれてくるものもあるため、細目的事項に及ぶものとして、政令に委任されたものである。

　なお、電子債権記録機関は、記録原簿とは別に、本条の規定により提供された情報と、請求を受け付けた日時を記録する請求受付簿を作成し、これを10年間保存しなければならない（第67条、規則第27条）。

政令
（電子記録の請求に必要な情報）
第1条　電子記録の請求をする場合に電子債権記録機関に提供しなければならない電子記録債権法（以下「法」という。）第六条の情報の内容は、次に掲げる事項とする。
　一　請求者の氏名又は名称及び住所
　二　請求者が法人であるときは、その代表者の氏名
　三　代理人によって電子記録の請求をするときは、当該代理人の氏名又は名称及び住所並びに代理人が法人であるときはその代表者の氏名
　四　民法（明治二十九年法律第八十九号）第四百二十三条その他の法令の規定により他人に代わって電子記録の請求をするときは、請求者が代位者である旨、当該他人の氏名又は名称及び住所並びに代位原因
　五　請求者が電子記録権利者、電子記録義務者又は電子記録名義人の相続人その他の一般承継人であるときは、その旨
　六　前号の場合において、電子記録名義人となる電子記録権利者の相続人その他の一般承継人が電子記録の請求をするときは、電子記録権利者の氏名又は名称及び一般承継の時における住所
　七　前三号の場合を除き、請求者が電子記録権利者又は電子記録義務者（電子記録権利者及び電子記録義務者がない場合にあっては、電子記録名義人）でないときは、電子記録権利者、電子記録義務者又は電子記録名義人の氏名又は名称及び住所
　八　前各号に掲げるもののほか、別表の電子記録欄に掲げる電子記録の請求をするときは、同表の電子記録の請求に必要な情報欄に掲げる事項

1　趣旨
　本条は、第6条の「電子記録の請求に必要な情報」（以下「請求情報」という）

について定めた規定であり、不動産登記令第3条と同趣旨の条文である。
　第1号から第7号までは、すべての電子記録の請求に共通する事項に関するものを定めており、第8号は、各電子記録の固有の記録事項に関するものを定めている。

2　第1号
　第1号は、「請求者の氏名又は名称及び住所」を請求情報とするものであり、請求者が自然人であるときは氏名および住所が、請求者が法人であるときは名称および住所がそれぞれ請求情報となる。法第6条が例示として規定しているものである（不動産登記令第3条第1号参照）。

3　第2号
　第2号は、請求者が法人であるときは、その法人における代表権のある者が有効に請求していることを表す趣旨から、「その代表者の氏名」を請求情報としたものである（不動産登記令第3条第2号参照）。

4　第3号
　第3号は、代理人によって電子記録を請求するときは、その本人の代理権を有する者が有効に請求していることを表す趣旨から、「代理人の氏名又は名称及び住所並びに代理人が法人であるときはその代表者の氏名」を請求情報としたものである（不動産登記令第3条第3号参照）。

5　第4号
　第4号は、他人に代わって電子記録を請求するときは、請求者が自己の名で当該他人の電子記録請求権を行使することとなるため、その点を明らかにする趣旨から、「請求者が代位者である旨、当該他人の氏名又は名称及び住所並びに代位原因」を請求情報としたものである（不動産登記令第3条第4号参照）。
　他人に代わって電子記録を請求する者がいる場合には、当該請求者の氏名等については、既に本条第1号で請求情報とされている。そのため、本号では請求者自体ではなく、当該他人の情報が請求情報として盛り込まれている。

6　第5号
　第5号は、請求者が電子記録権利者、電子記録義務者または電子記録名義人の相続人その他の一般承継人であるときは、その旨を請求情報としたものである（不動産登記令第3条第11号ロ参照）。
　既に第5条の解説で述べたとおり、これらの者は、一般承継人であることを

もって請求の権利を有するのであり、いったん被承継人の名義を自己の名義に変更すること等は不要である。

7　第6号

　第6号は、電子記録名義人となる電子記録権利者の一般承継人が電子記録の請求をするときは、請求者の氏名等のみでは、請求を受け付ける電子債権記録機関の側で、当該電子記録名義人の氏名等が明らかにならないことから、「電子記録権利者の氏名又は名称及び一般承継の時における住所」を請求情報としたものである（不動産登記令第3条第11号ハ参照）。

8　第7号

　第7号は、第4号から第6号までの場合を除き、請求者が電子記録権利者または電子記録義務者（電子記録権利者および電子記録義務者がない場合にあっては、電子記録名義人）でないときは、請求者の氏名等のみでは請求者でない電子記録権利者、電子記録義務者または電子記録名義人の氏名等が明らかにならないことから、「電子記録権利者、電子記録義務者又は電子記録名義人の氏名又は名称及び住所」を請求情報としたものである（不動産登記令第3条第11号イ参照）。

　なお、「電子記録権利者及び電子記録義務者がない場合」とは、質権の順位の変更の電子記録（第39条第2項）のように、電子記録名義人が請求者となるべき電子記録を請求する場合である。

　次に、「請求者が電子記録権利者又は電子記録義務者……でないとき」とは、例えば、電子記録権利者または電子記録義務者に電子記録の請求をすべきことを命ずる確定判決による電子記録の請求をする場合（第5条第2項）が典型である。「請求者が……電子記録名義人……でないとき」も、同様である。

9　第8号

　第8号は、令別表の電子記録欄の電子記録の請求をするときは、本条第1号から第7号までに掲げる事項のほか、同表の電子記録の請求に必要な情報欄に掲げる事項を請求情報としたものである。

政令別表（第一条関係）

項	電子記録	電子記録の請求に必要な情報
一	発生記録	イ　法第十六条第一項第一号から第六号までに掲げる事項
		ロ　法第十六条第二項第一号から第十四号までに掲げる事項
二	譲渡記録	イ　当該譲渡記録がされることとなる債権記録の記録番号
		ロ　法第十八条第一項第一号から第三号までに掲げる事項
		ハ　法第十八条第二項第一号から第四号までに掲げる事項
三	支払等記録	イ　当該支払等記録がされることとなる債権記録の記録番号
		ロ　法第二十四条第一号から第五号までに掲げる事項
四	変更記録	イ　当該変更記録がされることとなる債権記録の記録番号
		ロ　法第二十七条第一号から第三号までに掲げる事項
		ハ　被担保債権の一部について譲渡がされた場合における質権又は転質の移転による変更記録の請求をするときは、当該譲渡の目的である被担保債権の額
五	保証記録	イ　当該保証記録がされることとなる債権記録の記録番号
		ロ　法第三十二条第一項第一号から第三号までに掲げる事項
		ハ　法第三十二条第二項第一号から第九号までに掲げる事項
六	質権設定記録（次項の電子記録を除く。）	イ　当該質権設定記録がされることとなる債権記録の記録番号
		ロ　法第三十七条第一項第一号から第三号までに掲げる事項

		ハ	法第三十七条第二項第一号から第七号までに掲げる事項
七	根質権の質権設定記録	イ	当該根質権の質権設定記録がされることとなる債権記録の記録番号
		ロ	法第三十七条第三項第一号から第四号までに掲げる事項
		ハ	法第三十七条第四項第一号から第五号までに掲げる事項
八	質権の順位の変更の電子記録	イ	当該電子記録がされることとなる債権記録の記録番号
		ロ	法第三十九条第一項第一号から第三号までに掲げる事項
九	転質の電子記録（次項の電子記録を除く。）	イ	当該転質の電子記録がされることとなる債権記録の記録番号
		ロ	転質の目的である質権の質権番号
		ハ	法第四十条第二項において準用する法第三十七条第一項第一号から第三号までに掲げる事項
		ニ	法第四十条第二項において準用する法第三十七条第二項第一号から第七号までに掲げる事項
十	根質権を設定する転質の電子記録	イ	当該転質の電子記録がされることとなる債権記録の記録番号
		ロ	転質の目的である質権の質権番号
		ハ	法第四十条第二項において準用する法第三十七条第三項第一号から第四号までに掲げる事項
		ニ	法第四十条第二項において準用する法第三十七条第四項第一号から第五号までに掲げる事項
十一	根質権の担保すべき元本の確定の電子記録	イ	当該電子記録がされることとなる債権記録の記録番号
		ロ	法第四十二条第一項第一号から第三号までに掲げる事項
十二	分割記録	イ	原債権記録の記録番号
		ロ	電子記録債権の分割をする旨
		ハ	法第四十四条第一項第三号に掲げる事項
		ニ	法第四十五条第一項第二号から第四号までに掲

			げる事項
		ホ	法第四十六条第一項第三号及び第四号に掲げる事項
		ヘ	法第四十七条各号に掲げる場合にあっては、ハからホまでの規定にかかわらず、これらの規定の例に準じて主務省令で定める事項
十三	信託の電子記録	イ	当該信託の電子記録がされることとなる債権記録の記録番号
		ロ	第二条第一号及び第二号に掲げる事項
十四	強制執行等の電子記録	イ	当該強制執行等の電子記録がされることとなる債権記録の記録番号
		ロ	第六条第一号から第四号までに掲げる事項

1　趣旨

　令別表は、各電子記録の請求に必要な情報について定めるものである。

　いずれの電子記録についても、原則的な整理としては、①当該電子記録がされることとなる債権記録の記録番号と、②請求の対象となる各電子記録の記録事項が請求情報となる。

　したがって、①で債権記録の記録番号が請求情報となっており、当該記録番号は各電子債権記録機関が発生記録に当たって付番するものである以上、例えばある電子債権記録機関が発生記録を行った電子記録債権について、当該電子債権記録機関とは別の電子債権記録機関に対して譲渡記録の請求を行うことはできない。

　なお、上記②のうち、(a)電子債権記録機関が職権で記録すべき事項（例えば、電子記録の年月日等）および(b)現時点で定めるべき事由がない政令で定める事項（現時点では空振りとなっている記録事項）については、請求情報に含まれていない。

　以下、特筆すべき点のみ説明する。

2　2の項

　譲渡記録の必要的記録事項（第18条第1項）のうち、譲渡人が電子記録義務者の相続人であるときの譲渡人の氏名等（第2号）を請求情報としていない。これは、この情報が、令第1条第1号および第5号の請求情報によって既に明らかになるためである。

3 9の項・10の項
(1) 「根質権を設定する転質の電子記録」
10の項の「根質権を設定する転質の電子記録」とは、転質自体が根質権の設定を内容とする転質の電子記録をいう。
(2) 「転質の目的である質権の質権番号」
転質の電子記録においては、転質の目的である質権の質権番号をも記録しなければならないこと（第40条第3項）から、これを請求情報としたものである。

4 12の項
(1) 電子記録債権の分割をする旨
電子記録債権の分割は、原債権記録および分割債権記録に分割記録をすると同時に原債権記録に記録されている事項の一部を分割債権記録に記録することによって行うものであり（第43条第2項）、分割債権記録には「原債権記録から分割をした旨」が（第44条第1項第1号）、原債権記録には「分割をした旨」が（同条第2項第1号）、それぞれ記録されることとなる。

そこで、分割記録の請求であることを明確にするため、「電子記録債権の分割をする旨」を請求情報としたものである。
(2) 第44条第1項第3号に掲げる事項
分割記録においては、原債権記録に記録された債権額のうち、いくらを分割債権記録に記録される電子記録債権の債権額とするのかが記録事項とされていること（第44条第1項第3号、第46条第1項第2号参照）から、分割記録の記録事項のうち、発生記録における債務者であって分割債権記録に記録されるものが一定の金額を支払う旨を請求情報としている。
(3) 第45条第1項第2号から第4号までに掲げる事項
分割記録に伴って分割債権記録に記録をすべき事項のうち、①分割払の電子記録債権についての各支払期日（第45条第1項第2号）、②当該各支払期日ごとに支払うべき金額（同項第3号）、③分割債権記録における記録可能回数（同項第4号）については、分割に伴って改めて記録をし直す必要があることから、これらを請求情報としている。
(4) 第46条第1項第3号および第4号に掲げる事項
分割の対象となる電子記録債権が分割払のものとされている場合には、原債権記録における従前の支払期日の記録を削除し（第46条第1項第1号）、分割債権記録におけるのと同様に、原債権記録においても支払期日を新規に書き下ろすこととされ（同項第3号）、さらに、その新規に記録した支払期日も複数となるときは、発生記録と同様に、当該各支払期日に支払うべき金額をも記録事項として書き下ろすこととされていること（同項第4号）から、これらを請求情

報としている。

(5) 第47条各号に掲げる場合にあっては、ハからホまでの規定にかかわらず、これらの規定の例に準じて主務省令で定める事項

　第47条は、分割記録に伴う処理が複雑化する場合における特別な処理を技術的・細目的事項として主務省令に委任している。

　そのため、第47条の委任に基づく主務省令で定められた分割記録、これに伴う分割債権記録・原債権記録の各記録事項のうち、電子債権記録機関が職権で記録すべき事項以外の事項は、当事者が電子債権記録機関に提供すべきこととする必要がある。

　もっとも、令別表の12の項イ・ロの事項は、このような処理が複雑化する分割記録の場合においても常に必要となる情報であり、第47条の適用の対象となるか否かにかかわらず分割記録の請求情報とすべきであることから、この12の項へにおいても適用除外をしていない。

　そこで、第47条の場合における分割記録の請求情報のうち、令別表の12の項イ・ロ以外の事項について、この12の項へで適用除外を設け、そのような場合における請求情報は、ハからホまでの規定の例に準じて主務省令で定める事項としたものである。

　なお、この政令による委任を受けて、主務省令では規則第21条が、このような場合における請求情報についての規定を設けているが、説明の便宜上、この点については本書の分割記録に関する箇所（本書303頁以下）で述べる。

（電子債権記録機関による電子記録）

第7条　電子債権記録機関は、この法律又はこの法律に基づく命令の規定による電子記録の請求があったときは、遅滞なく、当該請求に係る電子記録をしなければならない。

2　電子債権記録機関は、第五十一条第一項第五号に規定する業務規程（以下この章において単に「業務規程」という。）の定めるところにより、保証記録、質権設定記録若しくは分割記録をしないこととし、又はこれらの電子記録若しくは譲渡記録について回数の制限その他の制限をすることができる。この場合において、電子債権記録機関が第十六条第二項第十五号に掲げる事項を債権記録に記録していないときは、何人も、当該業務規程の定めの効力を主張することができない。

1 第1項
(1) 電子記録をする義務

　第1項は、当事者から法律や法律の委任に基づく政省令の規定に従った適式な電子記録の請求がされた場合における電子債権記録機関の電子記録の義務を定めたものである。

　すなわち、電子記録債権は、その発生や譲渡について電子記録を効力要件とする債権であるので、請求がされた以上は速やかに電子記録をして発生や譲渡の効力を生じさせ、電子記録債権の取引の安全を確保する必要があることから、本項で、当事者の請求がされた場合には、電子債権記録機関が、遅滞なく、その内容を電子記録しなければならないとするものである。

　同時に、本項は、法令の規定に従った適式な請求がされて初めて電子記録を行う義務が生じ、不適式な請求がされても電子記録を行う義務はないことをも明らかにしている。例えば、電子記録をするためには電子記録権利者および電子記録義務者の双方の請求が必要であり（第5条第1項）、これらの者が電子記録の請求を共同してしない場合には、電子記録の請求は、これらの者のすべてが電子記録の請求をした時に、その効力を生じること（第5条第3項）からすれば、①これらの者が共同で電子記録の請求をした場合にはその時に、②これらの者が別々に電子記録の請求をした場合には後の請求がされた時に、請求の効力が生じることとなり、この段階で、電子債権記録機関は電子記録をすることができるとともに、電子記録をしなければならない義務を負うことになる。

　なお、第1項の電子債権記録機関の電子記録の義務は、電子記録債権の発生および譲渡のみならず、変更記録、支払等記録、保証記録、質権設定記録その他のすべての電子記録にも適用されるべきものであるため、第2章第1節の通則の中で規定を設けている。

(2) 電子記録をすべき時期

　「遅滞なく」とするのは、請求する当事者の事務処理上の便宜等の観点から、電子記録の予定日の数日前に電子記録の請求をしておき、予定日当日に電子記録をすることも多数予想されるところ、このような処理も、多数の電子記録を一時に処理するための方策として合理性を有するものであることから、これを許容する必要があることに基づくものである。

　なお、法令上、「直ちに」も「遅滞なく」も時間的に「すぐに」という意味で用いられるものであるが、「直ちに」の方が時間的即時性が強いものであり、この場合には一切の遅滞が許されない趣旨で用いられるのに対して、「遅滞なく」は、正当な、または合理的な理由による遅滞は許容される趣旨で用いられるのが一般的である。

　したがって、「遅滞なく」であっても、合理的な理由がない遅滞は許容され

ないことから、すぐに電子記録を行わない合理的な事情がないにもかかわらず、すぐに電子記録を行わないことは許されない。

2 第2項
(1) 業務規程による記録の制限
　第2項は、電子債権記録機関における電子記録のシステムのコスト負担を軽減するため、各電子債権記録機関が、業務規程において、保証記録、質権設定記録もしくは分割記録を全面的に禁止する旨を定めたり、または譲渡記録、保証記録、質権設定記録もしくは分割記録について回数その他の制限をする旨を定めたりすることを許容した規定である。

　これは、受け付ける電子記録の種類やその回数を制限することによって、当該電子債権記録機関が想定する電子記録債権の活用方法に応じた電子記録のシステムの構築を可能にし、これによって電子記録のシステムのコスト負担の軽減・最適化を図ることができるようにするためである。

　もっとも、このような定めは、電子記録債権の内容にかかわるものであることから、取引の安全を図るため、発生記録において当該定めを記録させる必要がある。

　さらに、その上で、その旨が発生記録に記録されていなければ、当該電子債権記録機関はもちろん、当該電子記録債権の当事者も、その効力を主張することはできないこととしている。これは、これらの電子記録の禁止または制限は、個々の電子記録債権の内容を構成することから、当該定めの存在を電子記録債権の債権記録上明らかにする必要がある（第9条第1項参照）とともに、そのような定めが記録されていないときは禁止や制限の効果が生じないものとすることによって、電子記録債権の取引の安全を確保しようとするものである。

　その結果、当該定めの電子記録をしていなければ、これに抵触する電子記録の請求がされた場合においても、電子債権記録機関は、当該請求に応じて電子記録をしなければならないことになる。

　電子記録の禁止または制限は業務規程で定めることを要することとしたのは、電子記録の禁止または制限は、当該電子債権記録機関を利用しようとする者全員の利害に関係するものであり、また、当該電子債権記録機関において電子記録をすることができる電子記録債権の内容にかかわる重大な事項であることから、業務規程に定めなければならないこととして、主務官庁がチェックすることができるようにする（第51条第1項第5号、第70条）ためである。

　なお、この業務規程は、電子債権記録機関が業務を行う際の準則であり、電子債権記録機関が単独で定めるものであるから、電子債権記録機関と当事者との間で、その業務規程が当然に私法上の効力を有することにはならない。ただ、

業務規程を前提に電子債権記録機関と当事者との間で利用契約が締結されれば、業務規程の内容が、電子債権記録機関と当事者との間を規律する効力を持つことを、本法自身も予定していると考えることができる(注)。

 (注) 萩本修ほか「座談会　電子手形移行に当たっての実務上の諸問題（上）」NBL931号10頁〔萩本修〕。

(2)　譲渡記録の制限の可否

本項において電子記録をしないことを定めることができる電子記録は、「保証記録、質権設定記録若しくは分割記録」であり、譲渡記録は含まれていない。

これは、電子記録債権は、金銭債権を活用した資金調達等の円滑化を図ろうとして創設されるものであり、電子債権記録機関はそのために電子記録を行う機関である以上、自らの都合により、電子記録債権の自由譲渡性を全面的に奪う旨の業務規程を定めることまでは許されないとするものである。

ただし、譲渡の制限をすることは合理的であると考えられるため（例えば、譲渡記録の回数を一定の合理的な回数に制限することは、電子記録債権の自由譲渡性を奪うことには必ずしもならない）、譲渡記録の制限については、禁止しないものとしている。

(3)　支払等記録の制限の可否

また、支払等記録は、電子記録の禁止または制限の対象とされていないから、電子債権記録機関が、業務規程で、支払等記録の禁止または制限を定めることはできない。

支払等記録は、電子記録債権が適切に支払われたことの証憑となる記録であり、支払があった後、支払等記録がされるまでの間に、債権が依然として消滅していない旨の債権記録を信じて債権を譲り受ける者が登場する可能性があり、このような者に対しては、当該支払による債権の消滅を対抗することができないことにもなる（第20条第1項(注)）。

にもかかわらず、支払等記録を電子債権記録機関が一方的に記録しないこととするのを認めれば、支払等記録ができないことによって債務者が二重払の危険を負うことになり、ひいては、電子記録債権が権利の内容を忠実に反映しているものであるとの制度に対する信用を害するおそれがある。そこで、支払等記録については、業務規程による禁止も制限も許容しないこととしている。

 (注) なお、支払期日以後の譲渡については、この限りではない（第20条第2項第2号）。

(4)　変更記録の制限の可否

変更記録も、電子記録の禁止または制限の対象とされていないから、電子債権記録機関が、業務規程で、変更記録の禁止または制限を定めることはできない。

変更記録には、①誤った電子記録の訂正等を理由とするもの、②一般承継が

生じた場合に行われるもの、③当事者間の合意による電子記録債権の内容の変更を理由とするもの（第26条の規定によるもののほか、第28条または第41条の規定によるもの等）が含まれる。

　しかし、まず、①や②の趣旨で行う変更記録を制限することは、正しい権利義務関係を示すための電子記録を電子債権記録機関が一方的に制限することができてしまうことを意味するので、妥当ではなく、許されないと考えられる。

　そして、変更記録の請求が②の理由で行われる場合には、その理由が比較的明確であるが、①の趣旨で行われているものか、③の趣旨で行われているものかは、電子債権記録機関には判断することができないことから、結局、③の趣旨の請求を禁止しても、①の趣旨の請求であるとして変更記録の請求がされた場合には、これを拒絶することはできないことになる。

　また、電子債権記録機関が①や②の趣旨の請求に対応するコンピュータシステムを構築するのであれば、③の趣旨による請求にも対応することが可能であると考えられる。

　以上のような考えから、変更記録については、①から③までのいずれについても、業務規程による禁止も制限も許容しないこととしている。

（電子記録の順序）
第8条　電子債権記録機関は、同一の電子記録債権に関し二以上の電子記録の請求があったときは、当該請求の順序に従って電子記録をしなければならない。
2　同一の電子記録債権に関し同時に二以上の電子記録が請求された場合において、請求に係る電子記録の内容が相互に矛盾するときは、前条第一項の規定にかかわらず、電子債権記録機関は、いずれの請求に基づく電子記録もしてはならない。
3　同一の電子記録債権に関し二以上の電子記録が請求された場合において、その前後が明らかでないときは、これらの請求は、同時にされたものとみなす。

1　趣旨

　本条は、電子記録の請求等を受けた電子債権記録機関が行うべき電子記録の順序について定めるものである。

　1つの電子記録債権についてされた二以上の電子記録の請求の内容が相互に矛盾するときは、一の電子記録のみを行い、他の電子記録の請求に基づく電子記録はしないことになること[注]や、電子記録債権を目的とする質権について

は質権設定記録の順序によって質権の順位が定まること（第36条第3項において準用する民法第373条）等から、同一の電子記録債権についてされた二以上の電子記録の請求について電子記録を行う順序については、法令において、明確かつ客観的な基準を定めておく必要がある。

そこで、本条において、電子債権記録機関が行うべき電子記録の順序の基準が定められている。

> （注） 例えば、電子記録名義人AからBへの譲渡を内容とする譲渡記録の請求がされた後、AからCへの譲渡を内容とする譲渡記録の請求がされた場合には、電子債権記録機関は、本条第1項に基づき、まず、AからBへの譲渡記録をすることになる。その結果、AからCへの譲渡を内容とする譲渡記録の請求は、電子記録名義人がBとなっていることから、電子記録義務者の請求を欠く不適法な請求となり、電子債権記録機関は、AとCの請求に基づくCへの譲渡記録をしてはならないことになる（第7条第1項）。

2 第1項

(1) 電子記録の順序の原則

第1項は、電子記録は、電子記録の請求があった順序に従ってしなければならないとするものである（不動産登記法第20条参照）。

電子記録を行う順序は、電子債権記録機関に同一の電子記録債権について電子記録をすべき義務が複数生じた場合に初めて問題になる。そして、電子記録の請求は、電子記録権利者と電子記録義務者のすべてが電子記録の請求をした時にその効力を生じ（第5条第3項）、この段階で電子債権記録機関に電子記録をすべき義務が生じることから、第8条第1項にいう「電子記録の請求があったとき」とは、電子記録権利者と電子記録義務者のすべての電子記録の請求があったときをいう。

したがって、本項の「同一の電子記録債権に関し二以上の電子記録の請求があったとき」とは、ある電子記録債権について、電子記録権利者と電子記録義務者のすべての電子記録の請求がされたものが二以上ある場合をいい、第8条第2項の場合とは異なり、二以上の電子記録の請求の内容が相互に矛盾するかどうかを問わない。

そして、本項にいう「請求の順序」とは、電子記録権利者と電子記録義務者のすべての電子記録の請求が揃った順序を意味することになる。

(2) 口座間送金決済についての支払等記録

なお、口座間送金決済についての支払等記録は、銀行等からの通知を受けて電子債権記録機関が自動的に行うべきものとされているが（第63条第2項、第65条）、ここで銀行等からされる「通知」は、第8条との関係では、電子記録の請求とみなすこととされている（第66条）。

これは、第63条第2項および第65条の通知に基づく支払等記録は、当事者からの請求に基づかずに行われるため、「請求」がないものの、第63条第2項または第65条に基づく支払等記録を行う際に、同一の電子記録債権について別の電子記録の請求がなされた場合における電子記録をする順序や、別の電子記録との前後が明らかでない場合における電子記録の方法を明確にしておく必要があるため、第63条第2項および第65条の通知を電子記録の請求とみなすことにより、電子記録をする順序について明確かつ客観的な基準を定めたものである。

したがって、電子債権記録機関は、口座間送金決済についての支払等記録に関して、銀行等からの通知を受けたとしても、それよりも前に請求を受け付けていた電子記録があれば、当該電子記録の方を優先して処理しなければならない。

また、例えば、ある電子記録債権について、支払に関する通知を銀行等から受けたときには既に譲渡記録等の請求を受けているがまだ電子記録をしていないものがある場合には、その譲渡記録等をした後に、通知に基づく（当事者の請求に基づかない）支払等記録をすることになる。逆に、譲渡記録等の請求がなされたときには既に支払に関する通知を銀行から受けていた場合には、支払等記録をした後に譲渡記録等をすることになる。

また、支払に関する通知を銀行等から受けた時と譲渡記録等の請求を受けた時との前後が明らかでない場合には、通知と請求が同時にされたものとみなされる（第8条第3項）ので、これらの電子記録の内容が相互に矛盾するときは、電子債権記録機関は、いずれの電子記録もしてはならないことになる（同条第2項）。

3　第2項
(1)　矛盾する請求がされたとき

第2項は、相矛盾する内容の電子記録の請求が同時にされた場合には、二以上の電子記録の請求に係る電子記録の内容が相矛盾することから、両方の電子記録をすることはできず、また、同時であることからいずれか一方のみを優先させる基準もないことから、いずれの電子記録もしてはならないこととしているものである（不動産登記令第20条第6号参照）。

本項にいう「同一の電子記録債権に関し同時に二以上の電子記録が請求された場合」とは、同時に電子記録の請求の効力が生じた場合をいうが、電子記録の請求は電子記録権利者と電子記録義務者双方の請求があった時に効力が生じるので（第5条第3項）、「同時に電子記録の請求の効力が生じた場合」に当たるかどうかは、共同でされた電子記録の請求がされた時か、電子記録権利者ま

たは電子記録義務者の請求のうち、いずれか遅い方の電子記録請求がされた時を基準に判断することになる。

(2) **具体例**

「電子記録の内容が相互に矛盾するとき」とは、例えば、AからBに対する譲渡記録とAからCに対する譲渡記録のように、双方の電子記録の内容が両立しない場合をいう。

なお、第2項との関係でも、口座間送金決済についての支払等記録に当たっての「通知」は、請求とみなされる（第66条）。もっとも、譲渡記録等は電子記録をすることによって譲渡の効力が生じることになり、同一の電子記録債権について二重の譲渡記録をすることは両立しないから、矛盾した内容の電子記録と評価されるが、他方で、支払等記録は事実が先行した上で行う電子記録であって、例えば、払込みの通知と譲渡記録の請求が同時にされたとしても、通知に先行して払込みがされているのであるから、譲渡記録と支払等記録の両方が記録されても、その支払の事実を譲受人に対抗することができるかどうかという問題が生じるに過ぎず、電子記録としては両者は両立する。

また、支払等記録について通知と請求が同時にされた場合であっても、事実として二度の支払がされたのであれば、事実としてはもちろん、電子記録としても両立して矛盾せず（後の弁済について不当利得の返還を請求することができるのみである）、また、このことは、事実として1つの支払である場合であっても同様である。

そのため、支払等記録については、本項が適用される場面は比較的限定的ではないかと思われる。

4 第3項

第3項は、請求の前後が不明な場合には、同時にされたものとみなすとするものである（不動産登記法第19条第2項参照）。

本項にいう「同時に電子記録の請求の効力が生じた場合」の具体例としては、二以上の電子記録の請求が、いずれも共同請求かつ郵送の方式で行われ、郵便が同じ日時の1回の配達によって電子債権記録機関に届けられたような場合等が挙げられる。

このように、本項が適用されるのは、あくまで、請求がされたタイミングを基準として前後関係が不明である場合のみである。

これに対して、例えば、4月1日に、4月6日を電子記録の日とする請求がされた後で、4月2日に、4月5日や4月6日を電子記録の日とする請求がされた場合であっても、請求がされたのは前者の請求の方が明らかに先であるから、「請求の前後が不明」ということにはならず、電子債権記録機関は4月1

日に行われた請求を先に処理しなければならない（その結果、4月2日にされた請求については適式な請求でないものとして取り扱うべき場合もあり得る。上記1（注）参照）。

　これは、本条と類似の規定である不動産登記法第20条について、「同一の不動産に関し権利に関する登記の申請が複数された場合には、申請に不備があるため相当の期間を定めて補正を命じられたときも含め、受付番号の若い事件の処理が完了するまでは、後に受け付けた事件を処理することはできない。」と解されており、登記の効力発生希望日を問わず、すべからく事実上受付がされた順番のとおりに登記を行うべきものとされていることと同様である[注]。

　実際、本条第1項についても、例えば、AからBに対する譲渡記録の請求がされた後、AからCへの譲渡を内容とする譲渡記録の請求がされた場合においては、前者の請求と後者の請求における電子記録の希望日を考慮することなく、電子債権記録機関は常に（事実として先に請求がされた）前者の請求のみ受け付けて後者の請求は受け付けてはならないと解される。

　以上からすれば、電子債権記録機関は、同一の電子記録債権に関し複数の電子記録の請求があったときは、たとえその請求に係る電子記録の希望日が同じ日であったとしても、請求の順序に従って電子記録をしなければならない。

　　（注）　鎌田薫＝寺田逸郎『新基本コンメンタール不動産登記法』（日本評論社、2010年）74頁〔後藤博〕、清水響編著『Q&A不動産登記法』（商事法務、2007年）75頁。

（電子記録の効力）
第9条　電子記録債権の内容は、債権記録の記録により定まるものとする。
2　電子記録名義人は、電子記録に係る電子記録債権についての権利を適法に有するものと推定する。

1　第1項

　電子記録債権には、発生記録によって発生する通常の電子記録債権（第15条）、保証記録によって発生する電子記録保証に係る電子記録債権（第31条）および支払等記録をすることによって発生する特別求償権（第35条）の3種類があり、これらの電子記録は、それぞれの電子記録債権の発生の効力要件となっている。

　また、電子記録債権の譲渡は、譲渡記録をしなければその効力を生じないものであり（第17条）、譲渡記録は、電子記録債権の譲渡の効力要件となっている。

　さらに、電子記録債権の内容を意思表示により変更するには、変更記録をしなければならず（第26条）、変更記録は、電子記録債権の内容の変更の効力要

件となっている。
　このほか、電子記録債権を目的とする質権の設定も質権設定記録をすることが効力要件となっている（第36条第1項）。
　第1項は、このように、電子記録債権が、その発生・譲渡や内容の変更等が電子記録によって効力を生じるものであり、電子記録によって創設される債権であることから、電子記録債権の内容は、記録原簿の記録のみによって定まり、当事者間の電子記録外の合意があったとしても、それらが当該電子記録債権の債権記録に記録されなければ、電子記録債権の内容を構成するものとはならないことを明示した規定である。
　本項は、いわば当然のことを規定したものであるが、債権記録の内容がそのまま電子記録債権の内容となるという電子記録債権制度の特徴を確保するために設けられた規定である。

2　第2項

　第2項は、電子記録債権の債権者として記録されている者はその電子記録債権を、電子記録債権の質権者として記録されている者はその質権を、それぞれ適法に有するものと推定して、電子記録名義人に権利推定効を認めるものである。
　これは、電子記録によって電子記録債権の発生・譲渡の効力が生じるため、債権記録に電子記録債権の債権者として記録されている者は真実の債権者である蓋然性が高いことから、手形の所持人に関する手形法16条1項前段[注]および振替口座簿の口座名義人に関する社債株式等振替法第76条と同趣旨の規定が設けられたものである。
　本項の結果、電子記録名義人の権利を争う者が、当該電子記録名義人が無権利者であることを主張・立証する必要があることになる。
　もちろん、例えばハッキング等によって一方的に記録が書き換えられてしまったとしても、それによって電子記録債権の債権者が法律的に権利を失ってしまうわけではない。
　しかし、債権記録の内容がそのまま電子記録債権の内容となるという電子記録債権制度の特徴からすれば、基本的には電子記録名義人は電子記録債権の債権者であるという可能性が高く、また、そのような信頼に基づいて、電子記録債権の取引安全を図るための種々の規定が設けられていることからしても、電子記録名義人には、単なる名義人であるというだけではなく、実体として権利を有しているものとの推定を与えるべきである。
　このような観点から本項が設けられている。

　　（注）　手形法16条第1項前段は、「適法ノ所持人ト看做ス」という文言を用いているが、これは推定するとの意味に解すべきであるとするのが判例である（最判昭和36年11

月24日民集15巻10号2519頁)。

3　支払等記録の効力

なお、支払等記録には、債務の消滅の効力要件としての効果はないから（第4節総説参照）、電子記録保証人以外の者が弁済等をした場合における支払等記録は、何ら効力要件としての効果を持つものではない。

もっとも、弁済をするについて正当な利益を有する第三者が弁済をした場合には、その旨の支払等記録をすることによって、当該電子記録債権が弁済によって弁済者へ移転したこと（法定代位。民法第500条）が表示されることになり（第24条第5号）、これによって、当該弁済者は電子記録債権を適法に有するとの推定を受けられるようになる（第9条第2項）。

補説　電子記録債権の流通を確保するための規定

　電子記録債権は、金銭債権の流通性を確保し、金銭債権を活用した資金調達をしやすくするために新たに創設されたものである。
　そこで、本法では、手形法の規定または手形についての解釈論を参考にしながら、民法上の指名債権については認められていない、次のような諸規定を設けることで、電子記録債権の流通性を確保しようとしている。

1　権利の内容や権利の帰属の明確化（第9条）
　電子記録債権の権利内容は債権記録の記録によって定まり（第9条第1項）、債権記録に電子記録債権の債権者または質権者として記録されている者は電子記録債権に係る権利者であると推定することとして（同条第2項）、電子記録債権の内容および帰属が債権記録によって明らかになるようにしている。

2　意思表示の無効、取消しの場合の第三者保護（第12条）
　心裡留保（民法第93条ただし書）または錯誤（同法第95条）により意思表示が無効となる場合の第三者や、詐欺（同法第96条第1項・第2項）または強迫（同法第96条第1項）により意思表示が取り消された後の第三者について、民法上は保護規定が設けられていないが、本法では、当該第三者が善意・無重過失であれば、これを保護することとしている。

3　無権代理人の責任についての特則（第13条）
　民法上は、無権代理人の相手方が無権代理行為であることを知り、または過失によって知らなかった場合には、無権代理人は責任を負わないとされているが（民法第117条第2項）、本法では、無権代理人が電子記録の請求をした場合には、相手方に重大な過失がない限り、無権代理人の免責を認めないこととしている。

4　電子債権記録機関の損害賠償責任の要件の厳格化（第11条、第14条）
　電子債権記録機関が不実の電子記録をしたり、無権代理人等の請求に基づく電子記録をしたことによって損害が生じた場合には、その損害を受けた者の当該電子債権記録機関に対する損害賠償請求については、民法上の不法行為責任（民法第709条）とは過失の証明責任を転換し、電子債権記録機関の代表者および使用人その他の従業者が無過失であったことを電子債権記録機関が証明しない限り、電子債権記録機関が損害賠償責任を負うこととしている。

5 善意取得(第19条)および人的抗弁の切断(第20条)

電子記録債権の譲渡について、手形の裏書による譲渡と同様に、権利者として債権記録に記録されている者が無権利者であっても、そのことを知らずに電子記録債権を譲り受けた者を保護する善意取得の規定(第19条)や、債務者は、原則として、電子記録債権を譲り受けた者に対し、権利発生の原因となった事情等を理由に支払を拒むことができないという人的抗弁の切断の規定(第20条)を設けている。

6 支払免責(第21条)

債務者が債権記録に電子記録債権の債権者または質権者として記録されている者に支払をした場合には、悪意または重大な過失がない限り、たとえその者が無権利者であったとしても、その支払は有効であるとする支払免責の規定を設けている。

7 電子記録保証の独立性(第33条)

電子記録保証に手形保証と同様の独立性を認めており(第33条第1項)、主たる債務者として記録されている者がその主たる債務を負担しない場合であっても、電子記録保証人は、電子記録保証債務を負担することとしている。

なお、個人事業者である旨の記録がされていない場合や、その旨の記録がされていても真実は消費者である場合には、電子記録債権の流通の確保よりも個人(消費者)の保護を優先することとして、上記2、5および7の規定は適用しないこととしている。

（電子記録の訂正等）
第10条 電子債権記録機関は、次に掲げる場合には、電子記録の訂正をしなければならない。ただし、電子記録上の利害関係を有する第三者がある場合にあっては、当該第三者の承諾があるときに限る。
　一　電子記録の請求に当たって電子債権記録機関に提供された情報の内容と異なる内容の記録がされている場合
　二　請求がなければすることができない電子記録が、請求がないのにされている場合
　三　電子債権記録機関が自らの権限により記録すべき記録事項について、記録すべき内容と異なる内容の記録がされている場合
　四　電子債権記録機関が自らの権限により記録すべき記録事項について、その記録がされていない場合（一の電子記録の記録事項の全部が記録されていないときを除く。）
2　電子債権記録機関は、第八十六条各号に掲げる期間のうちのいずれかが経過する日までに電子記録が消去されたときは、当該電子記録の回復をしなければならない。この場合においては、前項ただし書の規定を準用する。
3　電子債権記録機関は、前二項の規定により電子記録の訂正又は回復をするときは、当該訂正又は回復後の電子記録の内容と矛盾する電子記録について、電子記録の訂正をしなければならない。
4　電子債権記録機関が第一項又は第二項の規定により電子記録の訂正又は回復をしたときは、その内容を電子記録権利者及び電子記録義務者（電子記録権利者及び電子記録義務者がない場合にあっては、電子記録名義人）に通知しなければならない。
5　前項の規定による通知は、民法（明治二十九年法律第八十九号）第四百二十三条その他の法令の規定により他人に代わって電子記録の請求をした者にもしなければならない。ただし、その者が二人以上あるときは、その一人に対し通知すれば足りる。

1　趣旨

本条は、電子債権記録機関が当事者の請求によることなく、電子記録の訂正等をすることができるための要件およびその手続を規定するものである（不動産登記法第67条参照）。

2　第1項

第1項は、電子債権記録機関が電子記録の訂正をすることができる場合およ

びその要件を規定するものである。本項各号に列記する場合は、電子記録に誤りがあることが客観的に明確であることから、当事者の請求を待たずに、電子債権記録機関が訂正しなければならないとすることによって、早期に正しい内容の電子記録がされることを確保しようとするものである。

逆にいえば、本項各号に列記した場合以外の場合には、電子債権記録機関は、電子記録の訂正をすることができないから、このような場合には、変更につき利害関係を有する者の全員の請求に基づき、変更記録をすることになる（第29条）。

(1) 第三者の承諾

本項の柱書ただし書で「利害関係を有する第三者……の承諾」を要件とするのは、利害関係を有する第三者は訂正によって自己の権利内容に影響を受けることになり、また、誤った電子記録を前提とする善意取得等の第三者保護規定によって既に保護されている場合もあることから、その承諾なしに訂正をすることはできないこととするものである。

なお、「電子記録上」の利害関係に限るのは、利害関係はあくまで債権記録からみて形式的に判断できるものでなければ、利害関係の有無を電子債権記録機関が判断することができないためである。

また、訂正の対象となる電子記録の電子記録権利者および電子記録義務者の承諾は不要としている。これは、電子記録権利者および電子記録義務者にとっては、電子記録の内容が、自己がした請求の内容と異なっているかどうかは自明であるとともに、誤った電子記録に基づき新たに利害関係を有する者ではないためである。

(2) 第1号

第1号は、電子記録の請求に当たって電子債権記録機関に提供された情報の内容と、現在記録されている記録事項とが客観的に異なっている場合をいい、当初から電子債権記録機関が誤って電子記録をした場合や、当初は正確に記録されていたものの、後日ハッキングによって改変された場合等のいずれをも含むものであって、その内容が異なることとなった原因を問わない。

例えば、1億円の発生記録が請求されたにもかかわらず10億円の発生記録がされている場合には、電子記録の請求に当たって電子債権記録機関に提供された情報の内容と、現在記録されている記録事項とが客観的に異なっているから、第1号の規定により電子記録の訂正をすることになる。

(3) 第2号

第2号は、電子記録は、法令に別段の定めがない限り、請求がなければすることができないのが原則であるところ（第4条第1項参照）、法令に別段の定めがある場合ではないのに、請求がないのに電子記録がされている場合をいい、

ハッキング、電子債権記録機関の内部者による不正等、その原因を問わない。
　例えば、質権設定記録の請求をしたのに譲渡記録がされている場合には、当該譲渡記録については請求がないことになるから、第2号の規定により電子記録の訂正をすることになる。
　(4)　第3号
　第3号は、電子債権記録機関が自らの権限で記録すべき記録事項（電子記録の年月日や、譲渡・分割等の制限、金融機関の通知による支払等記録等）について、電子記録すべき内容と異なる内容の記録がされている場合をいう。
　当初から電子債権記録機関が誤って電子記録をした場合や、当初は正確に記録されていたものの、後日ハッキングによって改変された場合等のいずれもを含むものであって、その内容が異なることとなった原因を問わない。
　(5)　第4号
　第4号は、電子債権記録機関が自らの権限で記録すべき事項（具体例は第1項第3号の解説参照）について記録がされていない場合をいい、その原因を問わない。
　なお、本号の適用対象から本号カッコ書の場合を除いたのは、訂正ができるのは、業務規程で譲渡制限を定めていたにもかかわらずその電子記録をしなかった場合等、電子記録の一部について記録事項が欠けている場合（当該電子記録について職権により電子記録すべき事項のうちの全部であるか、一部であるかを問わない）をいい、例えば、銀行等からの通知に基づき口座間送金決済についての支払等記録をしなければならないにもかかわらずそれを怠った場合等、電子記録全体をすることを怠った場合を除く趣旨である。
　このような場合を除いているのは、電子記録全体をしていない場合は、電子債権記録機関は電子記録義務を履行していないことになるから、特段の規定を要することなく、電子記録義務の履行として電子記録をしなければならない（訂正をするのではなくこれから電子記録をすればよい）と考えられることに基づくものである。

3　第2項

　第2項は、電子債権記録機関は、電子記録が消去された場合には、電子記録の回復をすることができることとするものである。
　なお、記録が消去されたとしても、それが記録の保存期間が経過したことによるものであれば、特段法令上の問題を生じさせないから、本項では、保存期間が経過していないにもかかわらず記録が消去された場合のみが回復の対象となることを明確にしている。逆にいえば、第86条各号に掲げる期間のすべてが経過したわけではないにもかかわらず、電子記録が消去された場合には、その理由が何であるかを問わず、電子記録の回復を行わなければならないことにな

る。
　「電子記録が消去」されたとは、譲渡記録、質権設定記録等の特定の電子記録の全部が消去されたことをいい、特定の記録事項の一部が消去された場合は除かれている。これは、第1項第1号や第4号の適用範囲との重複を避けるためである。
　特定の電子記録の全部が消去されることと、変更履歴を残して行われる削除する旨の記録（第27条第3号）がされることは、異なる概念である。例えば、ハッキング等によって、当事者の請求がないのに、ある電子記録を削除する旨の変更記録がされた場合には、第1項第2号の規定により、当該削除する旨の変更記録を削除する等の電子記録の訂正を行うことになる。
　また、不動産登記法第13条のように「債権記録の全部又は一部」とせずに「電子記録」としているのは、ただし書で規定する利害関係人の範囲は、各電子記録ごとに異なることから、電子記録ごとの回復手続を考える必要があること、「債権記録の全部又は一部」とすると、特定の電子記録の記録事項の一部のみが消去された場合について、第1項第1号や第4号の規定の適用範囲と重複が生じること、債権記録は、これに譲渡記録その他の電子記録がされるものであって（第2条第4項）、電子記録の集合体であることに基づく。
　さらに、本項ただし書で第1項ただし書を準用しているのは、電子記録が消去されていることを前提に、電子記録債権を譲り受けた者等がいる場合があることから、電子記録の回復をするに当たり、その者の利益を保護するために、その承諾を要件とするものである。

4　第3項

　第3項は、電子記録の訂正または回復の結果、これと矛盾する電子記録が存する場合には、その両方の電子記録をそのまま記録しておくことはできないことから、電子債権記録機関は、職権で矛盾する電子記録を削除する旨の記録または訂正をしなければならないとするものである。本項にいう電子記録の「訂正」とは、電子記録の内容の一部を矛盾しないように訂正することのほか、当該電子記録の全部を削除する旨の訂正を行う場合を含む概念である。
　本項の適用の結果として電子記録を削除する旨の記録をするのは、前2項の規定による訂正または回復の結果、他の電子記録が全く両立しないことになる場合である。他方で、本項の適用の結果として電子記録の訂正をするのは、当該他の電子記録の全部を削除しなくても、その内容の一部を訂正すれば足りる場合である。
　なお、本項で、電子債権記録機関の職権で矛盾する電子記録を削除する旨の記録または訂正をすることができるとし、当該訂正について、利害関係を有す

る者の承諾を得ることを要求していないのは、電子記録の結果矛盾することになる電子記録の当事者は、第1項ただし書（第2項ただし書きにおいて準用する場合を含む）の「電子記録上の利害関係を有する第三者」に該当し、訂正または回復をすることについて、その同意を既に得ていることからすれば、訂正または回復により内容が矛盾することとなる電子記録を訂正することについて、改めてその承諾を要求する必要はないと考えられることに基づく。

5　第4項
(1)　通知の対象

第4項は、電子記録の訂正または回復をしたときは、その内容を電子記録権利者および電子記録義務者等に通知し、これらの者に訂正または回復をしたことを知らしめて、適切な対応を取る機会を与えようとするものである（不動産登記法第67条第3項参照）。

「電子記録権利者及び電子記録義務者」とは、当該訂正または回復の対象となった電子記録の電子記録権利者および電子記録義務者をいう。

これらの者に対しては、事前に通知をしたり、その承諾を得ることは要しないものとされているから（第1項の解説参照）、その代わりに、本項によって事後的な通知を行わせることで、訂正または回復が行われたことを知る機会を与えているものである。

(2)　電子記録名義人の取扱い

これに対して、電子記録名義人には原則として通知がされない。

これは、電子記録名義人は、通常は、訂正の対象となる電子記録の電子記録権利者もしくは電子記録義務者であるか、または電子記録上の利害関係を有する第三者（第10条第1項ただし書）に該当するから、既に事前の承諾を行っていることが前提となっており、仮にこのいずれにも該当しない場合があるとしても、何らの利害関係も有しないのであれば、通知をして不服を述べる機会を与える必要もないことによるものである。

もっとも、例外的に、「電子記録権利者及び電子記録義務者がない場合」（具体例としては、電子記録名義人の氏名等の変更の電子記録（第29条第4項）、分割記録（第43条）等が訂正または回復の対象となった場合が挙げられる）には、いずれの電子記録も、電子記録権利者および電子記録義務者が観念できないことから、電子記録名義人に通知することとしている。

(3)　電子記録債権の債務者

なお、訂正または回復がされた電子記録債権の電子記録債務者であっても、電子記録権利者または電子記録義務者でなければ、本項の通知はされない。

これは、訂正または回復の対象となった電子記録を当該債務者の関与なしに

行うことができる以上、その訂正または回復についても関与させる必要はない（訂正または回復についてだけ通知をしてこれに不服を述べる機会を与える必要はない）ことによる。

6 第5項

　第5項は、代位して電子記録の請求をした者がある場合には、当該者も訂正または回復について電子記録権利者や電子記録義務者と同様の利害関係を有することから、通知を要することとしたものである（不動産登記法第67条第4項参照）。

　なお、代位者が2人以上あるときは、その1人に対して通知をすれば足りることとしているのは、代位の場合には代位者相互の協力関係が期待できること、代位者相互間の利害対立は、電子記録上は存しないことによる。

政令
（電子記録の訂正）
第9条　電子債権記録機関は、発生記録に法第十六条第二項第十二号又は第十五号に掲げる事項が記録されている場合において、その記録の内容に抵触する譲渡記録、保証記録、質権設定記録又は分割記録がされているときは、電子記録の訂正をしなければならない。ただし、電子記録上の利害関係を有する第三者がある場合にあっては、当該第三者の承諾があるときに限る。
2　法第十条第三項から第五項までの規定は、前項の規定による電子記録の訂正について準用する。

1　趣旨

　本条は、譲渡記録の回数制限等に抵触する電子記録がされている場合においては、電子債権記録機関が職権で電子記録の訂正をすべきことおよびその手続を定めた規定である。

2　第1項

　第1項は、譲渡記録の回数制限等に抵触する電子記録は、本来されるべきでない電子記録であることから、当該電子記録に電子記録上の利害関係を有する第三者の承諾があることを条件として、電子記録機関が職権で電子記録の訂正をすべきこととしたものである。

第1款　電子記録　第10条（電子記録の訂正等）　63

(1)　「発生記録に法第十六条第二項第十二号又は第十五号に掲げる事項が記録されている場合」

「発生記録に法第十六条第二項第十二号又は第十五号に掲げる事項が記録されている場合」とは、発生記録に、

① 　譲渡記録等をすることができないこととし、もしくはこれらの電子記録について回数の制限その他の制限をする旨の定め（第16条第2項第12号）または

② 　電子債権記録機関が第7条第2項の規定により保証記録等をしないこととし、もしくはこれらの電子記録もしくは譲渡記録について回数の制限その他の制限をする旨の定め（同項第15号）

がされている場合をいう。

この場合、電子債権記録機関は、これらの定めに抵触する譲渡記録（第18条第4項）、保証記録（第32条第5項）、質権設定記録（第37条第5項）、分割記録（第44条第3項）をしてはならないものとされている。

(2)　「当該第三者の承諾があるときに限る。」

当該電子記録に電子記録上の利害関係を有する第三者は、訂正によって自己の権利内容に影響を受けることになり、また、誤った内容の電子記録を前提に、善意取得等の第三者保護規定によって保護される場合がありうることから、法第10条第1項ただし書にならい、当該第三者の承諾を要することとしている。

3　第2項

第1項による電子記録の訂正においても、当該訂正後の電子記録の内容と矛盾する電子記録について電子記録の訂正をすべきこと（第10条第3項）、電子記録の訂正をした場合には、その内容を電子債権記録機関が電子記録権利者等や代位者に通知すべきこと（同条第4項・第5項）は、法第10条による電子記録の訂正・回復の場合と同様である。

そこで、第2項は、第1項による電子記録の訂正について、法第10条第3項から第5項までの規定を準用することとしたものである。

> 政令
> （電子記録の訂正等をする場合の記録事項）
> 第10条　電子債権記録機関は、法第十条第一項若しくは前条第一項の規定により電子記録の訂正をし、又は法第十条第二項の規定により電子記録の回復をするときは、当該訂正又は回復の年月日をも記録しなければならない。

本条は、電子記録の訂正・回復をする場合における訂正・回復の年月日をその記録事項とするものである。

訂正・回復の年月日は、電子記録の履歴としても重要な情報であると考えられることから、電子記録の訂正・回復をする際の記録事項としたものである。

> （不実の電子記録等についての電子債権記録機関の責任）
> 第11条　電子債権記録機関は、前条第一項各号に掲げる場合又は同条第二項に規定するときは、これらの規定に規定する事由によって当該電子記録の請求をした者その他の第三者に生じた損害を賠償する責任を負う。ただし、電子債権記録機関の代表者及び使用人その他の従業者がその職務を行うについて注意を怠らなかったことを証明したときは、この限りでない。

1　趣旨

本条は、第10条第1項各号に掲げる場合または同条第2項に規定する場合の電子債権記録機関の損害賠償責任について、通常の不法行為責任とは証明責任を転換して、電子債権記録機関が無過失の証明責任を負うとするものである。

2　本条が設けられた理由

電子記録の請求に当たって提供された情報の内容と異なる内容の記録がされた場合等の不実の電子記録がされたことによって、当該電子記録の請求をした者その他の第三者が損害を受けた場合には、当該損害を受けた者は、不正な改ざん行為を行った者に対して、損害賠償請求をすることができること（民法第709条参照）はいうまでもない。

また、不実の電子記録がされた場合において、電子債権記録機関に過失があるときは、電子記録債権の当事者が、通常の不法行為責任に基づき、当該電子債権記録機関に対して損害賠償請求をすることができることも、当然である。

しかし、電子債権記録機関に対して民法第709条の規定に基づき損害賠償の請求をするためには、損害賠償の請求をする者において、当該電子債権記録機関の故意・過失を主張・立証する必要があるが、損害を受けた者にとっては、不実の電子記録がされた原因が何であるかを特定することすら困難であることが多く、このような主張・立証をすることは極めて困難であると考えられる。

また、電子記録の請求と異なる内容の電子記録がされたということや、請求がないにもかかわらず電子記録がされているということ等は、電子債権記録機関の支配領域内で生じたものであるから、損害賠償の請求をする者にとっては、いかなる原因によって請求内容と異なる電子記録がされているのかについて、

証明することはもちろん、原因を特定して主張することすら困難である。
　他方で、電子債権記録機関は、その性格上、請求の内容に従って正確に電子記録を行い、また、電子記録がされた内容について不正に消去・改ざんがされないように、債権記録を適切に管理する義務を負っており、この義務を適切に履行することが、電子記録債権制度が機能するための不可欠の前提であるといえるから、不実の電子記録がされた場合には、原則として重い責任を負うべきであると考えられる。
　そこで、通常の不法行為に基づく損害賠償請求とは異なり、過失の証明責任を転換して、電子債権記録機関は自らの無過失を証明しない限り、その責任を負担するとするものである(注)。

> (注)　なお、この点に関し、法制審議会電子債権法部会における審議の過程では、電子債権記録機関は無過失責任を負うべきであるとの意見も出された。しかし、電子債権記録業が新たに創出される業務であることから、保険等によってリスクをカバーすることは困難であって、電子債権記録機関に過度の負担を負わせることになり、ひいては電子債権記録機関を引き受けようとする企業が現れなくなるおそれがあること等から、過失の証明責任を転換するとの意見でまとまったところである。

3　「その他の第三者」の範囲

　本条にいう「その他の第三者」とは、電子債権記録機関とハッキング等をした者以外の者をいう。
　なお、本条ただし書において、電子債権記録機関の免責の要件として、「電子債権記録機関の代表者『及び』使用人その他の従業者」がその職務を行うについて注意を怠らなかったことが必要であるとして、「電子債権記録機関の代表者『又は』使用人その他の従業者」とはしていないのは、これらの者のいずれかにおいて過失がある場合には、電子債権記録機関は責任を負うべきことを示す趣旨である。

4　電子債権記録機関から委託を受けた者の過失について

　電子債権記録機関は、その業務の一部を主務大臣の承認を受けて銀行等その他の者に委託することができるが（第58条）、電子債権記録機関がその業務の一部を委託するかどうかは、当該電子債権記録機関の都合・判断により行われるものである以上、電子債権記録機関は、業務の一部の委託を受けた者の行為により第三者に損害が生じた場合であっても、自らが業務を行った場合と同様の責任を負うとするのが相当である。
　そして、その業務の一部の委託を受けた者は、電子債権記録機関の業務として委託を受けた業務を行うものであるから、委託を受けた者は、当該電子債権

記録機関の業務を行う者として、「電子債権記録機関の従業者」に該当するということができる。

したがって、電子債権記録機関が業務の一部を委託をした者の過失により第三者が損害を受けた場合の損害賠償請求についても、本条の規定が適用されることになると考えられる。

5 本条の適用対象

また、本条は、電子記録債権の流通を確保するための規定の一環であるところ、こうした電子記録債権の流通を確保するための規定（補説「電子記録債権の流通を確保するための規定」参照）の中には、支払期日後の行為には適用されないものもあるが、本条は、一定の責任を負うべき行為をしたことに基づく責任についてのものであり、当該行為が支払期日前にされたか、支払期日以後にされたかで、その適用の有無を区別する理由はないから、支払期日後であっても適用がある。

補説　不実の電子記録がされた場合の救済①——ハッキングによる改ざんや債権記録の滅失

　ハッキングや電子債権記録機関の内部者の不正行為等によって電子記録が改ざんされるなどして不実の電子記録がされたり、さらには債権記録が滅失してしまったりすることは、あってはならないことであるが、万一、改ざん等がされた場合には、下記の規定が適用されることになる。

1　記録内容の修正

　電子記録が改ざんされていることが発覚した場合には、速やかに正しい記録内容に修正する必要がある。

　そこで、電子債権記録機関は、請求に当たって電子債権記録機関に提供された情報の内容と債権記録の内容とが異なっている場合や、請求がなければすることができない電子記録が、請求がないのにされている場合には、その原因の如何を問わず、職権で電子記録の訂正をしなければならないこととしている（第10条第1項第1号および第2号）。電子債権記録機関が自らの権限により記録すべき記録事項が改ざんされた場合等も同様である（同項第3号・第4号）。

　なお、第10条の要件を満たすにもかかわらず電子債権記録機関が同条の規定に基づく訂正をしない場合には、電子記録債権の当事者は、電子債権記録機関に、同条の規定により訂正をするように求めて、職権の発動を促すことが考えられるほか、同条の規定により訂正すべきことは、電子債権記録機関の義務であることから、電子記録債権の当事者は、主務官庁にその旨を通告して、業務改善命令等の監督権限の行使を促すことも考えられる。

　また、第10条の要件を満たすか否かにかかわらず、改ざんされた電子記録を正しい記録内容に修正することについて電子記録上の利害関係を有する者は、改ざん前の正しい内容の電子記録に戻すように、変更記録の請求をすることができる（第29条第1項）。

　もっとも、変更記録の請求は、電子記録上の利害関係人を有する者の全員がしなければならないこと（第29条第1項）から、一部の者が変更記録の請求をすることを拒む場合には、任意の請求によることは困難である。このような場合には、変更記録の請求を拒む者に対して、実体法上、変更記録の請求をすることを求める権利があるときは、訴えを提起して、変更記録の請求をすることを求め、その認容判決を得て、変更記録の請求をすることになる（第29条第3項において準用する第5条第2項）。

2　電子記録の回復

さらに、不実の電子記録を超えて、債権記録が減失してしまった場合はどうであろうか。

まず、債権記録が減失したとしても、電子記録債権は、いったんされた債権記録が維持されることを債権の存続のための要件とはしていないので、そのことをもっては、電子記録債権は消滅しない。

もっとも、電子記録債権は、債権記録の記録により債権の内容が定まり（第9条第1項）、その譲渡も譲渡記録をしなければ効力が生じないこと（第17条）から、債権記録が減失してしまうと、電子記録債権の行使が困難になったり（第25条第3項参照）、その譲渡ができなくなったりする（第17条参照）等、電子記録債権の関係者に大きな影響を及ぼすことになる。

そこで、電子債権記録機関は、原因が何であるかを問わず、債権記録が破壊・消去され、債権記録に記録された電子記録が消去された場合には、電子記録の回復をしなければならないこととしている（第10条第2項）。

したがって、電子債権記録機関としては、電子記録の回復を速やかに行うことができるように、債権記録のバックアップのための措置等を講じておくことが必要になる（第51条第1項第5号、第59条）。

3　損害を受けた者の損害賠償請求

不正に電子記録が改ざんされたり債権記録が減失したりしたことによって当該電子記録の請求をした者その他の第三者が損害を受けた場合には、当該損害を受けた者は、不正な改ざん行為を行った者に対して、損害賠償請求をすることができる（民法第709条参照）。また、電子債権記録機関に故意または過失がある場合には、当該電子債権記録機関に対しても、電子記録の改ざん等により生じた損害について、損害賠償請求をすることができる（同条参照）。

しかしながら、損害を受けた者にとっては、電子記録が改ざんされた原因が何であるかを特定することすら困難であることが多いと考えられる。また、電子債権記録機関は、債権記録を適切に管理する義務を負う者として、電子記録が改ざんされた場合には、重い責任を負うべきである。

そこで、通常の不法行為に基づく損害賠償請求とは異なり、過失についての証明責任を電子債権記録機関が負担することとして、電子債権記録機関は、その代表者および使用人その他の従業者が職務を行うについて注意を怠らなかったことを証明しない限り、損害賠償責任を負うこととしている（第11条）。

4　罰則による対応

まず、ハッキング等により電子記録を不正に改ざんした者は、電磁的記録不

補説　不実の電子記録がされた場合の救済①──ハッキングによる改ざんや債権記録の滅失

正作出罪により、5年以下の懲役または50万円以下の罰金に処せられる（刑法第161条の2第1項）。

また、虚偽の電子記録をした電子債権記録機関の従業員等は、3年以下の懲役もしくは300万円以下の罰金に処せられ、またはこれらを併科される（第93条）。

さらに、従業員等が虚偽の電子記録を行った電子債権記録機関は、3億円以下の罰金刑に処せられる（第98条第1号）。

5　指定制

本法においては、上記のように、改ざん等が起こった場合に関係者を保護するための仕組みが設けられているが、電子記録債権が安心して利用されるために最も重要なのは、いったんされた債権記録が滅失したり不実の電子記録がされたりすることがないように、電子債権記録機関において、適切に債権記録を管理することであることは、いうまでもない。

そこで、債権記録が滅失するような事態が生じることを可能な限り防止すべく、電子債権記録機関については指定制を採用し、指定の要件として、人的・物的信頼性を有することや、業務規程が電子債権記録業を適正かつ確実に遂行するために十分であると認められること等を要求するとともに（第51条第1項第5号から第7号まで参照）、主務大臣は、電子債権記録業の適正かつ確実な遂行のために必要があると認めるときは、業務等に関し報告等を命じたり、立入検査等を行う（第73条）等の監督を行うこととしている。

補説 不実の電子記録がされた場合の救済②——無権代理・なりすまし

前の補説に続き、不実の電子記録がされた場合のうち、無権代理やなりすましの場合に、どのような責任追及をすることができるかをまとめると、下記のとおりである。

1 無権代理の場合

電子記録の請求も私法上の意思表示であるから、電子記録の請求には、民法の代理に関する規定が適用される。したがって、無権代理の場合の責任の追及も、本法に特則がない限り、民法の規定によることになる。

(1) 本人に対する責任追及

本人は、代理人として電子記録の請求をした者に対し代理権を授与していないから、本人に対しては、原則として、当該電子記録債権についての責任を追及することはできない。もっとも、本人が追認(注1)をした場合には、責任を負う（民法第116条）。

また、無権代理人による電子記録の請求の相手方は、表見代理（民法第109条、第110条、第112条）の要件を満たす場合には、本人の責任を追及することができる。

なお、表見代理の規定が、無権代理人の請求により発生した電子記録債権を譲り受けた者についても適用があるかどうかについては、特に手形行為における無権代理について解釈上争いがあるのと同様、民法の規定の解釈論に委ねている(注2)。

また、本人と無権代理人の関係によっては、本人に対し、民法第715条の使用者責任の規定による損害賠償を請求することが考えられる。

(注1) この追認や逆に追認の拒絶の方法については、①民法上は、無権代理人が行った電子記録の請求についての本人の追認または追認拒絶は、相手方に対して行うか、相手方以外の者に対して行った場合には相手方がその事実を知らなければ、その相手方に対抗することができないとされているが（民法第113条第2項）、②一方で、手形法の解釈においては、追認または追認拒絶は無権代理行為の直接の相手方でなくても、現在の所持人やその途中の者に対してもすることができるとする見解が有力であることから（大判昭和7年7月9日民集11巻1604頁、大判昭和8年9月28日民集12巻2362頁）、法制審議会電子債権法部会の中間試案では、この点を明確にすべく、現在の債権者に対してしなければならないものとする案を掲げていた。しかし、無権代理行為の相手方には、無権代理行為を追認するかどうかの催告権（民法第114条）や取消権（同法第115条）があること等をも考慮して、追認または追認拒絶の相手方については、民法の原則によることとして、何らの特則も設けないこととすることで同部会の意見が最終的にまとまった。そのため、本法においても、追認や追認拒絶の方法について、特段の規定は設けていない。

(注2) 最判昭和36年12月12日民集15巻11号2756頁は、民法第110条は、受取人に限って適用されるとしているが、学説では、直接の相手方に限らず、譲受人も含めてよいとする見解が有力である。

(2) 無権代理人に対する責任追及

相手方は、無権代理人に対し、履行または損害賠償の請求を求めることができる（民法第117条第1項）。もっとも、代理権を有しないことを知っていたか、または重大な過失により知らなかった相手方は、同項に基づく請求をすることができない（この点について、民法第117条第2項の特則が置かれ、相手方が保護される要件が無過失ではなく無重過失とされている。第13条）。

(3) 電子債権記録機関に対する責任追及

無権代理人による請求であることを看過して電子債権記録機関が電子記録をした場合には、電子債権記録機関に対して、損害賠償を請求することができる。この場合、電子債権記録機関は、その代表者等の無過失を証明しない限り、その責任を免れることはできない（第14条第1号）。

2 なりすましの場合

なりすましとは、他人が、何ら権限がないにもかかわらず、名義人本人による請求であると偽って、電子記録の請求をする場合をいう（手形でいえば偽造に当たる）。なりすましの場合も、権限を有しない者が他人に効果が帰属するかのように偽って行為をした点で、無権代理と同様であるから、これと同様に考えるのが相当である。したがって、各関係者に対する責任追及は、無権代理の場合と同様に、以下のようになるものと考えられる。

(1) 名義人に対する責任追及

他人になりすました者は、名義人に効果を帰属させる何らの権限も有しないのであるから、名義人に対しては、原則として、当該電子記録債権についての責任を追及することはできない。もっとも、名義人が追認をした場合には、責任を負う（民法第116条の適用または類推適用）[注1]。

また、他人になりすました者による電子記録の請求の相手方は、表見代理（民法第109条、第110条、第112条）の規定の適用または類推適用により、本人の責任を追及することができる[注2]。

なお、表見代理の規定が、他人になりすました者の請求により発生した電子記録債権を譲り受けた者についても適用または類推適用されるのかどうかについては、無権代理の場合と同様である。

また、名義人と当該名義人になりすました者との関係によっては、名義人に対し、民法第715条の使用者責任の規定による損害賠償を請求することが考えられることも、無権代理の場合と同様である。

(注1) なお、遡及効のある追認が認められるかどうかについては、手形の偽造と同様の議論があり得るものと考えられる。手形の偽造につき、最判昭和41年7月1日裁判集民84号1頁参照。
(注2) 手形の偽造については、表見代理の規定が類推適用されるとするのが判例（最判昭和43年12月24日民集22巻13号3382頁）・通説であるから、電子記録債権についても本文のように考えることができると思われる。

(2) なりすましをした者に対する責任追及

相手方は、他人になりすました者に対し、履行または損害賠償の請求を求めることができる（民法第117条第1項の適用または類推適用）。もっとも、他人になりすました者による請求であることを知っていたか、または重大な過失により知らなかった相手方は、同条に基づく請求をすることができない（第13条、民法第117条第2項の適用または類推適用）[注]。

(注) 手形の偽造者については、手形法第8条の類推適用により責任を負うとするのが判例（最判昭和49年6月28日民集28巻5号655頁）・通説である。

(3) 電子債権記録機関に対する責任追及

他人になりすました者による請求であることを看過して電子債権記録機関が電子記録をした場合には、電子債権記録機関に対して、損害賠償を請求することができる。この場合、電子債権記録機関は、その代表者等の無過失を証明しない限り、その責任を免れることはできない（第14条第2号）。

第2款　電子記録債権に係る意思表示等

> **（意思表示の無効又は取消しの特則）**
> **第12条**　電子記録の請求における相手方に対する意思表示についての民法第九十三条ただし書若しくは第九十五条の規定による無効又は同法第九十六条第一項若しくは第二項の規定による取消しは、善意でかつ重大な過失がない第三者（同条第一項及び第二項の規定による取消しにあっては、取消し後の第三者に限る。）に対抗することができない。
> 2　前項の規定は、次に掲げる場合には、適用しない。
> 　一　前項に規定する第三者が、支払期日以後に電子記録債権の譲渡、質入れ、差押え、仮差押え又は破産手続開始の決定（分割払の方法により支払う電子記録債権の場合には、到来した支払期日に係る部分についてのものに限る。）があった場合におけるその譲受人、質権者、差押債権者、仮差押債権者又は破産管財人であるとき。
> 　二　前項の意思表示の無効又は取消しを対抗しようとする者が個人（当該電子記録において個人事業者（消費者契約法（平成十二年法律第六十一号）第二条第二項に規定する事業者である個人をいう。以下同じ。）である旨の記録がされている者を除く。）である場合

1　趣旨

　本条は、民法の意思表示の無効または取消しの場合の第三者保護についての民法の特則を定めるものである。

2　第1項

(1)　内容

　第1項は、電子記録債権の取得者を保護して取引の安全を図るために、電子記録の請求の意思表示について、心裡留保もしくは錯誤による無効または詐欺もしくは強迫による取消しは、善意・無重過失の第三者（詐欺または強迫による取消しにあっては、取消し後の第三者に限る）に対抗することができないこととしている。

(2)　本項の対象

　本項の対象となるのは、心裡留保もしくは錯誤による無効または詐欺もしくは強迫による取消しが問題となる場合における第三者（しかも、詐欺または強迫による取消しにあっては、取消後の第三者に限る）である。
　これは、通謀虚偽表示における第三者や、詐欺による取消し前の第三者につ

いては、既に民法上で第三者を保護する規定が設けられていることによるものである。しかも、これらの規定上は、解釈論上はともかく、第三者の保護要件が「善意」としか規定されておらず、本項のように無重過失を要件とすると、少なくとも文言上は、民法と比べて本法の方が第三者保護のための要件が厳格であるようにも読めてしまう。

そこで、民法上、第三者保護規定がないものに限って、本法において、特別の第三者保護規定を設けようとするものである。

また、強迫については、取消し前の第三者については、民法上、詐欺と異なり、表意者を保護する要請が強いとして何らの第三者保護規定は設けられていないのを考慮して、電子記録債権法上も第三者保護規定は設けないこととするのが相当と考えられる。これに対し、取消し後の第三者については、判例・学説上、詐欺の場合と同様に、一定の要件で保護されることは確定した解釈であることから、取消し後の第三者に限って、保護することとしている。

(3) 「第三者」の範囲

本項にいう「第三者」とは、無効または取り消されるべき請求に基づく電子記録を前提に利害関係を有することとなった者をいう。

3 第2項

第2項は、第1項の規定による第三者保護規定の適用がない場合について定めるものである。本項が適用される場合における第三者は、本条第1項の規定による保護を受けることができないため、民法第94条第2項、第96条第3項や消費者契約法第4条第5項等の他の法令における第三者保護規定の定める保護要件を充足しない限り、保護されないことになる。

(1) 第1号

第1号は、支払期日以後の譲受人等について、第1項の第三者保護規定の適用はないとするものである。

これは、支払期日以後は、もはや権利の通常の流通期間を経過していることから、流通保護のための特別な効力を認めないとするものであり、手形における期限後裏書（手形法第20条第1項）と同様の趣旨に基づくものである。

なお、本号で、「（分割払の方法により支払う電子記録債権の場合は、到来した支払期日に係る部分についてのものに限る。）」とあるのは、分割払の場合には、支払期日以後かどうかは個別の支払期日ごとに判断するという趣旨に基づくものである。すなわち、既に支払期日が到来した部分については、本項が適用される結果として第1項の適用はないが、未だ支払期日が到来していない部分については、第1項の適用があるということになる。

(2) 第2号

　第2号は、電子記録の請求の意思表示の無効または取消しを対抗しようとする者が個人である場合であって、個人事業者である旨の記録をしていないときは、取引の安全よりも消費者（個人）保護を優先するために、第1項の第三者保護の規定の適用はないこととするものである。

　なお、個人事業者である旨の記録がされている者を除いたのは、第1項が適用されないことを債権記録の記録によって判別できるようにして、当該電子記録債権を取得しようとする者が第三者保護規定の適用の有無について調査・検討する手間を省くとともに、消費者が、消費者であるか個人事業者であるかという問い合わせを受ける負担を負わないようにするためである。

　もっとも、個人事業者である旨の記録がされている場合であっても、真実は消費者であるときは、当該記録は無効であるので（第16条第4項等）、実際に意思表示の無効または取消しを対抗しようとする者が消費者である場合には、結局、どのような記録がされていようとも、第1項の規定は適用されないことになる。

（無権代理人の責任の特則）

第13条　電子記録の請求における相手方に対する意思表示についての民法第百十七条第二項の規定の適用については、同項中「過失」とあるのは、「重大な過失」とする。

　民法第117条第2項は、無権代理人の責任について、相手方が悪意・有過失の場合に免責を認めている。しかし、本条は、この民法の規定を修正し、電子記録債権については、相手方に悪意または重大な過失がない限り、無権代理人は責任を免れないこととして、電子記録債権の流通を保護しようとするものである。

　これは、手形法第8条についての解釈論（手形法においては、所持人が無権代理について悪意であった場合には、無権代理人が悪意の抗弁を主張できるとの解釈が一般的である[注]）を参考にしたものである。

　なお、本法においては、電子記録債権の流通保護のための第三者保護規定（第12条、第19条、第20条および第33条）に関して、消費者保護との調和を図るため、個人事業主である旨の記録が有効にされている者以外の個人については、こうした取引の安全のための規定を適用しないものとしている。

　これに対して、本条も、やはり電子記録債権の流通保護のための規定ではあるが、本条は、無権代理人の免責の要件を厳しくするものであるところ、この

ような規定によって不利益を受けるのは、自らが無権代理行為という不正な行為を行った個人のみであることから、他の第三者保護規定と異なり、本条について、消費者保護の観点に特段の配慮をする必要はない。

そこで、本条については、個人事業者である旨の記録の有無によって適用の有無を区別しないこととしている。

また、本条の責任については、支払期日以後にされたか否かで、その適用の有無を区別する理由はないため、前条のように、支払期日以後に適用されない旨の規定は設けられていない。

なお、本条に関しては、補説「不実の電子記録がされた場合の救済②——無権代理・なりすまし」も参照されたい。

(注) 例えば、森本滋編著『手形法小切手法講義〔第2版〕』(成文堂、2010年) 172頁。なお、手形の偽造についても手形法8条が類推適用されるとするのが判例であるが(最判昭和49年6月28日民集28巻5号655頁)、悪意の取得者に対しては手形法8条の類推適用はないとされていること(最判昭和55年9月5日民集34巻5号667頁)も参照。

(権限がない者の請求による電子記録についての電子債権記録機関の責任)
第14条　電子債権記録機関は、次に掲げる者の請求により電子記録をした場合には、これによって第三者に生じた損害を賠償する責任を負う。ただし、電子債権記録機関の代表者及び使用人その他の従業者がその職務を行うについて注意を怠らなかったことを証明したときは、この限りでない。
一　代理権を有しない者
二　他人になりすました者

本条は、無権代理人または他人になりすました者による請求であることを看過して電子記録をした電子債権記録機関の損害賠償責任について、過失の証明責任を転換するものである。

電子債権記録機関は、当事者の請求に基づき電子記録をするに当たって、請求権限を有する者によってされたものであることを確認する義務があるところ、この義務を怠った場合には、当事者に対して、不法行為に基づく損害賠償責任を負うことは当然である。

そして、電子債権記録機関が適正に請求権限を確認する義務を履行することは、ひいては電子記録債権制度全体に対する信頼にかかわることから、電子債権記録機関は、権限を有しない者による電子記録の請求に基づき電子記録をした場合には、厳格な責任を負うべきである。

もっとも、その反面、権限を有しない者の請求に基づき電子記録がされる原

第2款 電子記録債権に係る意思表示等 第14条（権限がない者の請求による電子記録についての電子債権記録機関の責任）

因としては、例えば、請求の名義人とされた者のID・パスワードの管理がずさんであった場合等、電子債権記録機関の責任に帰すのは相当ではない場合もあり得るところであり、どのような場合であっても電子債権記録機関が免責されることがない無過失責任を負わせるのは、相当ではない。

そこで、本条では、第11条と同様、過失についての証明責任を転換して、電子債権記録機関が無過失であることを証明した場合に限って免責を認めることとしたものである。

なお、第11条の責任と同様、電子債権記録機関から委託を受けた者の過失により第三者に損害が生じた場合も、本条が適用されるものと解される。

また、本条は、電子記録債権の流通を確保するための規定の一環であるところ、こうした電子記録債権の流通を確保するための規定（補説「電子記録債権の流通を確保するための規定」参照）の中には、支払期日後の行為には適用されないものもあるが、本条は、一定の責任を負うべき行為をしたことに基づく責任についてのものであり、当該行為が支払期日前にされたか、支払期日以後にされたかで、その適用の有無を区別する理由はないから、支払期日後であっても本条の適用があることとされている。

第2節　発生

> **（電子記録債権の発生）**
> **第15条**　電子記録債権（保証記録に係るもの及び電子記録保証をした者（以下「電子記録保証人」という。）が第三十五条第一項（同条第二項及び第三項において準用する場合を含む。）の規定により取得する電子記録債権（以下「特別求償権」という。）を除く。次条において同じ。）は、発生記録をすることによって生ずる。

　電子記録債権は、「その発生又は譲渡についてこの法律の規定による電子記録……を要件とする金銭債権をいう。」と定義されている（第2条第1項）。
　本条は、この電子記録債権のうち、保証記録によって生ずるもの（第31条。電子記録保証人に対する電子記録保証債務の履行請求権）および特別求償権（特別求償権は、第35条により、支払等記録をすることによって発生する）以外のもの、すなわち通常の電子記録債権の発生の効力要件が、発生記録である旨を明らかにした規定である。
　発生記録は、債務者となる者（電子記録義務者）と債権者となる者（電子記録権利者）の双方からの請求（第5条第1項）を受けて行われることになる（第7条第1項）。
　これに対して、電子記録債権のうち電子記録保証人に対する保証債務履行請求権を発生させるには保証記録が（第31条）、電子記録債権のうち特別求償権を発生させるには支払等記録が（第35条）、それぞれ必要となる。
　本条により、電子記録債権を発生させる意思表示をしただけでまだ発生記録がされていない段階においては、本条の対象となる電子記録債権の発生の効果は認められないことが明確にされている。電子記録債権について、民法の原則に従って当事者の意思表示のみによって発生の効力が生じるものとすると、債権の存在および内容を記録原簿の記録事項の確認以外の方法によって確認する必要が生じる結果、電子記録債権を譲り受けようとする者に確認のためのコストが生じ、また、その確認に誤りがあるというリスクが生じてしまう。このようなコストとリスクが発生するとすれば、事業者の資金調達の円滑化を図るという本法の趣旨が害されることとなるため、記録原簿への記録をもって電子記録債権の発生の効力要件とすることとしている。

（発生記録）
第16条　発生記録においては、次に掲げる事項を記録しなければならない。
　一　債務者が一定の金額を支払う旨
　二　支払期日（確定日に限るものとし、分割払の方法により債務を支払う場合にあっては、各支払期日とする。）
　三　債権者の氏名又は名称及び住所
　四　債権者が二人以上ある場合において、その債権が不可分債権であるときはその旨、可分債権であるときは債権者ごとの債権の金額
　五　債務者の氏名又は名称及び住所
　六　債務者が二人以上ある場合において、その債務が不可分債務又は連帯債務であるときはその旨、可分債務であるときは債務者ごとの債務の金額
　七　記録番号（発生記録又は分割記録をする際に一の債権記録ごとに付す番号をいう。以下同じ。）
　八　電子記録の年月日
2　発生記録においては、次に掲げる事項を記録することができる。
　一　第六十二条第一項に規定する口座間送金決済に関する契約に係る支払をするときは、その旨並びに債務者の預金又は貯金の口座（以下「債務者口座」という。）及び債権者の預金又は貯金の口座（以下「債権者口座」という。）
　二　第六十四条に規定する契約に係る支払をするときは、その旨
　三　前二号に規定するもののほか、支払方法についての定めをするときは、その定め（分割払の方法により債務を支払う場合にあっては、各支払期日ごとに支払うべき金額を含む。）
　四　利息、遅延損害金又は違約金についての定めをするときは、その定め
　五　期限の利益の喪失についての定めをするときは、その定め
　六　相殺又は代物弁済についての定めをするときは、その定め
　七　弁済の充当の指定についての定めをするときは、その定め
　八　第十九条第一項（第三十八条において読み替えて準用する場合を含む。）の規定を適用しない旨の定めをするときは、その定め
　九　債権者又は債務者が個人事業者であるときは、その旨
　十　債務者が法人又は個人事業者（その旨の記録がされる者に限る。）である場合において、第二十条第一項（第三十八条において読み替えて準用する場合を含む。）の規定を適用しない旨の定めをするときは、その定め

十一　債務者が法人又は個人事業者（その旨の記録がされる者に限る。）であって前号に掲げる定めが記録されない場合において、債務者が債権者（譲渡記録における譲受人を含む。以下この項において同じ。）に対抗することができる抗弁についての定めをするときは、その定め

十二　譲渡記録、保証記録、質権設定記録若しくは分割記録をすることができないこととし、又はこれらの電子記録について回数の制限その他の制限をする旨の定めをするときは、その定め

十三　債権者と債務者との間の通知の方法についての定めをするときは、その定め

十四　債権者と債務者との間の紛争の解決の方法についての定めをするときは、その定め

十五　電子債権記録機関が第七条第二項の規定により保証記録、質権設定記録若しくは分割記録をしないこととし、又はこれらの電子記録若しくは譲渡記録について回数の制限その他の制限をしたときは、その定め

十六　前各号に掲げるもののほか、電子記録債権の内容となるものとして政令で定める事項

3　第一項第一号から第六号までに掲げる事項のいずれかの記録が欠けているときは、電子記録債権は、発生しない。

4　消費者契約法第二条第一項に規定する消費者（以下単に「消費者」という。）についてされた第二項第九号に掲げる事項の記録は、その効力を有しない。

5　第一項及び第二項の規定にかかわらず、電子債権記録機関は、業務規程の定めるところにより、第一項第二号（分割払の方法により債務を支払う場合における各支払期日の部分に限る。）及び第二項各号（第一号、第二号及び第九号を除く。）に掲げる事項について、その記録をしないこととし、又はその記録を制限することができる。

1　趣旨

(1)　第1項と第2項の関係

　第1項は、発生記録における必要的な記録事項について定めた規定である。電子記録債権の内容は電子記録された内容によって定まるものとしている（第9条第1項）ことから、発生記録では、当該発生記録により発生する電子記録債権（すなわち通常の電子記録債権）の内容を形成する事項を記録事項としている。

　記録事項のうち、第1項各号に掲げる事項は、電子記録債権（特に第1号か

ら第6号までについては債権一般）にとって必要不可欠な情報であるため、必要的な記録事項としている。すなわち、第1項第1号から第6号までに掲げる事項のいずれかの記録が欠けていれば、電子記録債権は発生しないこととしている（本条第3項）。

　これに対して、第2項各号に掲げる事項は、債権にとって必要不可欠な情報とまではいえないが、当事者が記録事項とすることに合意して電子債権記録機関により記録がされれば、電子記録債権の内容を形成することとなる事項（任意的な記録事項）である。第2項で、「……定めをするときは、その定め」としているのは、これらの事項が任意的な記録事項であることを文理上も明らかにするためである。

　以上のほか、第1項では、発生記録の記録事項として、電子債権記録機関が請求によらずに電子記録する記録事項（第1項第7号および第8号）を定めている。
　なお、本条の対象となるのは、電子記録債権の中でも、通常の電子記録債権のみである（前条のカッコ書で、「次条において同じ」との文言があることおよび本条第3項）。したがって、電子記録債権の中でも、電子記録保証の履行請求権および特別求償権については、（当然ではあるが）本条に従って記録事項を整える必要はない。

(2)　必要的記録事項と任意的記録事項

　電子記録債権制度は、金銭債権の取引の安全を確保することによって事業者の資金調達の円滑化等を図る観点から創設されるものであり、広く金銭債権一般を対象とするものであるが、金銭債権の中には、単純な支払約束に基づく単純な内容のものもあれば、当事者間で定めた詳細な特約に基づく複雑な内容のものも存在する。そのため、電子記録債権制度においては、複雑な内容を有する金銭債権であっても電子記録債権として発生させることができるようにするため、当事者間で定めた詳細な特約を発生記録の記録事項として記録原簿に記録することができるようにしている（その理由については、補説「発生記録における任意的記録事項」参照）。

　このように、発生記録においては多様な事項の記録が可能であるから、どのような内容の金銭債権を電子記録債権として発生させようとするかによって、記録事項を当事者が選択すべきことになる。

　しかし、記録事項の中には、例えば債権の金額のように、単純な支払約束に基づく債権であっても詳細な特約に基づく複雑な内容の債権であっても、金銭債権が成立するためには不可欠なものが含まれており、これらの事項については、どのような金銭債権を電子記録債権として発生させるかを問わず（したがって当事者の選択の余地なく）記録をしなければならない。また、電子記録債権としての性質上、記録原簿に記録をしておくことが必要となる事項（電子記

録の年月日等）についても、当事者の選択の余地なく記録をしなければならない。

　他方で、記録事項のうち、金銭債権が金銭債権として成立するために不可欠であるもの以外のものについては、それを記録するかどうかを当事者の選択に委ねるべきことになる。

　以上のような理由で、本法では、発生記録の記録事項を、記録をしなければならない事項（必要的記録事項。第16条第1項各号）と、記録をすることができる事項（任意的記録事項。同条第2項各号）とに分けている。

　なお、任意的記録事項は、発生記録がされれば電子記録債権の内容となるので、発生記録における債権者からの譲受人も、当該記録事項の内容に従うべきことになる。

2　第1項

　第1項に掲げられる事項は、①「いつ」（第2号）、②「誰に」（第3号および第4号）、③「誰が」（第5号および第6号）、④「いくら支払う」（第1号）かに関するものであり、債権としての基本的な事項が列挙されている。各号の順序については、約束手形の記載事項（手形法第75条第2号、第3号、第5号および第7号）の順序に従っている。

(1)　債権額（第1号）

　ア　まず、本項第1号では、電子記録債権の債権額は確定した金額でなければならないため、「一定の金額」を必要的記録事項としている。

　これは、電子記録債権の内容はあくまでも電子記録された内容によって定まるものとされている（第9条第1項）以上、例えば、「甲は乙に対して、平成○○年○月○日までに甲と乙が別途合意して定める金額を支払う。」という記録のように、債権記録の内容以外の事項によって電子記録債権の内容が決定されることは認められないため、電子記録債権の債権額について、発生段階で確定した金銭債権である必要があるからである。

　したがって、将来に発生する債権を原因債権として発生記録をしても、電子記録債権としては、既に発生した現在の債権ということになる。そのため、電子記録債権自体が将来に発生するものとして、あらかじめ発生記録を行って譲渡するという意味では、将来債権譲渡に電子記録債権を活用することは、その性質上、不可能である。

　もっとも、将来に発生する債権の見込額および最終の支払期日を電子記録債権の債権額および支払期日として発生記録を行い、これを譲渡することによって、将来債権譲渡に電子記録債権を活用することは可能である。なお、この場合は、現実に発生した債権額は、人的抗弁にすぎないので、原則として譲受人

には対抗することができなくなる（第20条）ことに留意する必要がある。

イ　「債務者が……を支払う旨」という支払約束文言をも電子記録させることとしたのは、約束手形における支払約束文言と同様に、電子記録の請求自体に、発生記録において債務者として記録される者の、電子記録債権に係る債務負担の意思表示が含まれているという趣旨を示したものである。

ウ　なお、本号は、あくまで債権額を記録事項とするものであり、債権の残高（例えば、10回払の電子記録債権のうち3回までの支払が終わった段階における、残債権額）は、（電子債権記録機関が参考情報として記録原簿に記録することが禁止されるわけではないものの）法律上の記録事項ではない。

したがって、電子債権記録機関が当事者（典型的には債権者または債務者）に対してこの残高を開示する手続は、第87条の規定による開示請求に応じて行われる手続ではなく、法令外の任意の手続ということになる[注]。

　　（注）　その場合でも、残高の情報の提供は、電子債権記録機関による情報の提供には該当することになるから、業務規程の記載事項には該当する（規則第25条第8号）。

(2) 支払期日（第2号）

電子記録債権の内容は電子記録された内容によって定まるものとされている以上、電子記録債権は支払期日が不確定な債権であってはならず、いつ支払われるかが確実な債権でなければならないから、確定した支払期日を記録事項としている。

したがって、「甲は乙に対して、丙が死亡した日の〇日後までに金10万円を支払う。」といった不確定な支払期日の記録をして電子記録債権を発生させることはできない。これは、電子記録債権の内容は債権記録の内容によって定まるものとされている（第9条第1項）以上、債権記録の内容以外の事項によって電子記録債権の内容が決定されることは認められないためである。

また、当該電子記録債権が分割払の方法により債務が支払われる場合には、支払期日が複数となるから、各支払期日を記録事項としている。分割払の電子記録債権については、①一括払だけではなく分割払の約定を有する電子記録債権のニーズも考えられることおよび②電子記録債権が磁気ディスク等をもって調製される記録原簿において管理される債権であることからすれば、紙面をもって表章される手形債権のように分割払を禁止（手形法第77条第1項第2号、第33条第2項参照）する必要もないことから、原則としてこれを認めているものである。

ただし、分割払の電子記録債権の記録を認めると、電子債権記録機関による記録原簿への電子記録のシステムの構築および維持のコストが増加するので、電子債権記録機関が、業務規程によって、自らの備える記録原簿において分割払の電子記録債権の記録を認めるか否かを選択できるものとしている（本条第

5項)。

(3) 債権者 (第3号および第4号)

第3号は、債権者の存在が債権にとって必要不可欠であることから、その氏名または名称および住所を記録事項としたものである。当然のことながら、債権者が個人の場合には氏名および住所を、債権者が法人その他の団体である場合には名称及び住所を記録すべきことになる (法人の代表者の氏名は、請求情報ではあるが (令第1条第2号)、記録事項ではない)。

これに対して、第4号は、債権者が複数である電子記録債権には、可分債権 (民法第431条) である場合と不可分債権 (同法第428条) である場合とがあり、そのどちらであるかによって債権の内容が異なる (可分債権であるときは、債務者は債権者にそれぞれ当該債権者が有する債権額に相当する金額を支払う必要があるが、不可分債権の場合にはこのような必要はない) ので、可分債権の場合には債権者ごとの債権の金額を、不可分債権の場合にはその旨を記録する必要があることとしたものである。

(4) 債務者 (第5号および第6号)

第5号は、債務者の存在が債権にとって必要不可欠であることから、その氏名または名称および住所を記録事項としたものである。債権者の場合と同様、個人の場合には氏名および住所を、法人その他の団体である場合には名称および住所を記録すべきことになる (法人の代表者の氏名は、請求情報ではあるが (令第1条第2号)、記録事項ではない)。

第6号は、債務者が複数である電子記録債権には、可分債務 (民法第431条) である場合、連帯債務 (民法第432条) である場合と不可分債務 (同法第430条) である場合とがあり、そのいずれかによって債権の内容が異なる (例えば、可分債務であるときは各債務者が自己の債務の額をそれぞれ債権者に支払う必要がある) ので、可分債務の場合には債務者ごとの債務の金額を、不可分債務または連帯債務の場合にはその旨を電子記録することとしたものである。

なお、第6号に対して、債権者に関する規定である第4号は不可分債権と可分債権の場合についてしか触れていない。これは、民法上「連帯債務」については規定があるのに対して、「連帯債権」については規定がないためである。

(5) 記録番号 (第7号)

「債権記録」とは、発生記録により発生する電子記録債権または分割をする電子記録債権ごとに作成される電磁的記録と定義され (第2条第4項)、「記録番号」とは、発生記録または分割記録をする際に一の債権記録ごとに付す番号をいうものと定義されている (第16条第1項第7号)。

したがって、電子債権記録機関は、発生記録をする際に、新たに作成する債権記録に番号を付し、他の債権記録と区別しなければならないので、本号が、

この新たに付される記録番号を、必要的な記録事項としているものである。この記録番号により、同一当事者間で、支払金額と支払期日が同一の電子記録債権の発生記録が同一の日に複数行われた場合であっても、各電子記録債権を区別することができる。

　本号は、その性質上、当事者の請求によらずに記録される記録事項である。

(6)　電子記録の年月日（第8号）

　発生記録が電子記録債権を発生させる効果を有する以上、権利の発生日は電子記録日ということになるから、電子記録の年月日は電子記録債権をめぐる法律関係にとって重要な情報となる。

　そこで、本号において、電子記録の年月日（当事者が電子記録を希望した年月日がいつであるかに関係なく、実際に電子記録がされた年月日を意味する。以下すべての電子記録について同じ）を必要的な記録事項としている。

　本号も、当事者の請求によらずに記録される記録事項である。

3　第2項

　債権は、当事者や債権額といった不可欠の構成要素（前項参照）以外に、当事者間で約定を締結することで、多種多様な要素を債権の内容に組み込んでいくことができる。

　そこで、本項は、債権の内容を構成する約定として実務上よく用いられるものを任意的に発生記録の記録事項とすることを認めることで、多様な電子記録債権を作出できるようにしているものである。

(1)　第1号から第3号まで

ア　概観

　電子記録債権の支払の方法に関する事項は、電子記録債権が発生するために必要不可欠な事項ではない。これは、電子記録債権も債権である以上、支払方法について特段定めなければ、民法第484条や商法第516条により、債権者の住所や営業所に持参して支払われることとなるからである。したがって、支払の方法は、必要的記録事項としては整理されていない。

　しかし、実務上は、現代の取引慣行を踏まえれば、ほぼすべての電子記録債権について、支払方法の定め（そして、その中でも払込みの方法により支払う旨の定め）がされることが想定される。

　このような商慣行からすれば、発生記録における債務者と債権者との間で、電子記録債権の支払方法について合意がされた場合（具体的には、支払先口座として電子記録された口座に払い込む方法で支払をする場合）には、この電子記録を認め、発生記録における債務者が、債権者からの譲受人に対しても同様の方法をもって支払を行うことができることとするのが有用であると考えられる。

そこで第1号から第3号までは、支払方法についての定めを、任意的記録事項の最初に列挙している。中でも第1号および第2号（口座間送金決済その他の同期的管理に係る支払等記録（すなわち、当事者の請求によらずに、電子債権記録機関が、銀行等からの通知を受けて、支払とリンクした形で行う支払等記録）を利用する際の定め）は、利用頻度が高いと考えられるものであるから独立した号としてこれを設け、第3号においてこれ以外の支払方法についての定め一般を規定している。

イ　第1号

当事者が支払方法として口座間送金決済によることを選択した場合には、口座間送金決済が、電子記録債権に係る債務について、支払期日に銀行等が債務者口座から債権者口座に対する払込みの取扱いをすることによって行われる支払（第62条第2項）を意味する以上、当該支払方法に基づく電子債権記録機関の支払等記録（第63条）を実効性のあるものとするには、債務者口座と債権者口座を記録してその情報を電子債権記録機関に把握させることが必須である(注)。

そこで、第1号では、当事者が口座間送金決済に関する契約に係る支払をするときは、その旨のほか、債務者口座および債権者口座を記録することとしたものである。

ここで預金のほかに「貯金」の口座としているのは、他の法令にならい、ゆうちょ銀行の口座を含めることを可能とする趣旨である。

なお、ここでいう債務者口座や債権者口座には、当該債務者や債権者の、当該電子記録債権に関する支払や弁済受領の権限を授与された代理人の口座（例えば代理人弁護士の預り金口座）も含まれるものと解される。

　　（注）　口座間送金決済を含む、同期的管理の制度の必要性およびその具体的な内容については、始関正光＝高橋康文編著『一問一答電子債権記録法』（商事法務、2008年）198頁以下を参照されたい。

ウ　第2号

当事者が第64条に規定する契約に係る支払をするときも、同期的管理に係る支払等記録が行われることが想定されるため（第65条）、当該支払等記録を実効性のあるものとするには、前号と同様、電子債権記録機関の側が、そのような契約に係る支払が行われることとなる電子記録債権であることを把握できるようにしておく必要がある。

そこで、このような支払をする場合には、その旨を発生記録の記録事項とするものである。

なお、第64条に規定する契約に係る支払は、口座間送金決済と同様、銀行等が債権者口座に対する払込みによる支払を行うことが想定されている（典型的

には振込送金などがこれに当たるであろう）のであるが、口座間送金決済のように、債務者口座と債権者口座の両方が必須とされているわけではないことや、今後の技術の進展によって様々な安全な送金方法が開発されれば第64条に規定する契約の類型も増加することが予定されているため、記録事項としても、当事者の口座を記録することまでは必要とせず、単に第64条に規定する契約に係る支払をする旨のみを記録事項としている。

　エ　分割払の約定（第3号）

　第1項第2号で述べたとおり、電子記録債権について分割払を禁止すべき必要性はないことから、分割払の電子記録債権についても記録することが認められている。

　そして、分割払の方法により債務を支払う約定がされた電子記録債権については、発生記録における債務者が、債権者からの譲受人に対しても、当該約定に従って支払を行うことができることとするため、各支払期日だけでなく、当該各支払期日において支払うべき金額をも記録事項としておく必要がある。

　そこで、第3号では、支払方法についての定めの典型例として、分割払の方法により債務を支払う場合における、各支払期日ごとに支払うべき金額を、記録事項としている。

　オ　その他の支払の方法（第3号）

　電子記録債権の支払方法については、当事者の合意次第で、上記イからエまでで述べてきた以外にも、多様な内容の定めを締結することができる。

　例えば、実際の電子記録債権の支払は、イやウで述べたように、同期的管理に係る支払等記録が行われることとなる形で行われることが大勢を占めると思われるものの、当事者があえてそれ以外の方法（例えば、現金を持参する方法や、相殺によって支払う方法）で支払うことに合意するのであれば、それを禁じる必要はなく、また、実際に（頻繁ではないにせよ）取引の内容や当事者の関係によって、様々な支払方法の定めがあり得るところである。

　このほか、期限前弁済を行うに際しては一定の方法が定められることも実務上はよくあるので、その旨も、支払期日に関する定め（本条第1項第2号）と本号を併用することで記録しておくことが可能となる。また、当該電子記録債権に物的担保が付けられる場合には、「期日に支払がされない場合には、担保権を実行することによって支払を行う」という意味で、本号と第6号を併用することで、当該担保権の存在を公示しておくことも考えられる[注]。

　そこで、本号では、発生記録の当事者間で、イからエ以外の支払方法についての定めがされた場合には、当該定めを任意的な記録事項として記録することを認めている。

　　（注）　もっとも、これは、担保権の存在を公示しておくという意味の記録になるものに

すぎず、担保権の成立や対抗要件の具備については、別途、当該担保権の根拠条文に基づく各種手続が必要となることは、いうまでもない。なお、その他にも、例えば個人の住宅ローンに係る金銭消費貸借契約においては、債務者が団体信用生命保険契約を締結することが別途義務付けられることが多いが、その点についても、本文で述べた担保権と同様に整理することができる。

(2) 利息、遅延損害金または違約金についての定め（第4号）

　第4号は、金銭債権については、割引債のような形式の場合を除いて、通常は利息、遅延損害金（遅延利息）または違約金についての定めが置かれるため、この電子記録を認め、発生記録における債権者から当該電子記録債権を譲り受けた者と債務者との間においても、これらの約定が適用されることを可能にしたものである。利息については変動利率によるものも含まれる（葉玉匡美＝坂本三郎「『電子債権に関する私法上の論点整理──電子債権研究会報告書』の概要」金法1760号10頁参照）。

　なお、本号に基づき記録された利息債権の帰趨については、補説「利息債権の取扱い」を参照されたい。

(3) 期限の利益の喪失についての定め（第5号）

　支払期日がいつであるかは、債権の特定のために必要な事項であるため、確定日をもって表現した支払期日を必要的記録事項としている（第1項第2号）。

　これに加えて、実務上は、金銭債権については、支払期日の約定とは別に、期限の利益の喪失についての定めを設けることが一般的である。

　また、実務上は、特に金銭消費貸借契約において、借入人に相当詳細な義務（作為義務と不作為義務の両方が含まれる。具体的には、資金使途に関する義務、届出事項の変更に関する義務、業況の報告に関する義務、各種費用の負担に関する義務のほか、ある財務指標について一定水準以上の状態を維持する義務、資金使途に関連して一定のコーポレート・アクションを一定の時期までに実施する義務等、金銭消費貸借の目的や内容に応じて様々なものが考えられる）が課され、借入人がこれらに違反した場合には期限の利益を喪失する旨が定められることが多い。こうした各種の義務についても、本号を利用することで、すべて記録することが可能になる。

　そこで、本号では、この事項を記録することによって、発生記録における債権者から当該電子記録債権を譲り受けた者と債務者との間においても、これらの約定が適用されるようにすることを認めたものである[注]。

　　(注)　本法制定当時から、本号や第12号をはじめとする本項各号の記録事項によって、典型的なシンジケート・ローンの契約書に盛り込まれるコベナンツについては多くが賄えていると説明されていた（高橋康文＝始関正光「電子記録債権法について」金融727号31頁〔始関正光〕）。

(4) 相殺または代物弁済についての定め（第6号）

実務上、特に売主の立場と買主の立場の両方を有することが多い者（典型的には商社）は、取引先との契約において、相殺についての定め（例えば、相殺について事前の通知を相殺の一定期間前に相手方に送ることを要求する定め）をすることが多い。

一方、金融機関は、貸付けを行う際に、債務者に対して債務者側からの相殺を禁じる約定を締結することが一般的である。

そこで、このように広く用いられている相殺についての定めを電子記録することを認めることによって、発生記録における債権者から当該電子記録債権を譲り受けた者と債務者との間においても、これらの約定が適用されることを可能にしたものである。

一方、相殺ほど頻繁にではないが、実務上、代物弁済についての定め（例えば、もとの債権が金銭債権の場合に、国債や社債による代物弁済を認める定め）がされることも少なくないことから、本号では、代物弁済についての定めも電子記録を認めている。

(5) 弁済の充当の指定についての定め（第7号）

金融機関は、同一の法人に対して繰り返し貸付けを行うことが多いことから、一般に、債務者となる法人との間で、弁済の充当の指定についての定め（債務者が同一の債権者に対して同種の給付を目的とする数個の債務を負担する場合において、弁済として提供した給付がすべての債務を消滅させるのに足りないときに、どの債務の弁済に充当するかを指定すること。充当を債権者の裁量に委ねるのが通常である）を締結することが一般的であることから、このような定めの電子記録を認めるものである。

(6) 債権者または債務者が個人事業者であるときは、その旨（第9号）

本法は、電子記録債権の流通を保護するため、意思表示の無効・取消しの場合の第三者保護規定（第12条）、善意取得（第19条）、人的抗弁の切断（第20条）または電子記録保証の独立性（第33条）等の規定を設けている。

他方で、電子記録債権を消費者が利用する場合にこれらの規定が適用されるとすると、消費者が害される場合が生じることから、消費者保護を図る必要がある。

しかしながら、消費者であるかどうかは、その定義（消費者契約法第2条第1項参照）に照らして、一義的に明確というわけではないため、単に消費者について上記の流通保護のための各規定の適用を除外するという規定だけを設けると、個人が電子記録債権の当事者となっている場合には、これらの規定の適用があるかどうかが不明確になる。その結果、個人が当事者となっている電子記録債権を取得しようとする者は、当該個人が消費者であるかどうかを常に調査

しなければならないことこととなってしまい、煩雑にすぎる。

そこで、電子記録債権の当事者が個人である場合には、個人事業者である旨の記録をすることを認めることとして、その旨の記録がされていない場合には、一律に意思表示の無効・取消しの場合の第三者保護規定（第12条第2項第2号）、善意取得（第19条第2項第3号）、人的抗弁の切断（第20条第2項第3号）または電子記録保証の独立性（第33条第2項）の規定の適用はないこととしている。これにより、これらの規定が適用されないことを債権記録の記録によって判別できるようにして、電子記録債権を取得しようとする者の調査の手間を省くとともに、消費者が、消費者であるか個人事業者であるかという問い合わせを受ける負担を負わないようにするものである。

(7) 善意取得または人的抗弁の切断の規定を適用しない旨の定め（第8号および第10号）

電子記録債権は、債権の流通性を高めるために新たに創設される制度であることから、本法では、譲渡記録の効果として、善意取得および人的抗弁の切断を認めることを原則としている（第19条第1項、第20条第1項）。

しかし、

① 電子記録債権については、債権の流通性を高める制度ではあるものの、電子記録債権が多様な用途で用いられることが想定されていることから、善意取得や人的抗弁の切断が認められないという性質を有する電子記録債権を禁止する必要まではなく、当事者がそのような性質の債権を利用したいと思うのであればその意思を尊重すべきこと、

② 債権の流通性を完全に奪ってしまう譲渡禁止特約も認められる（第12号参照）以上、善意取得や人的抗弁の切断が認められない電子記録債権も、流通性が高くないという意味では同じ性質なのであるから、こうした電子記録債権も認められて然るべきであること、

③ 同じく債権の流通性を高める制度であり、善意取得や人的抗弁の切断の制度を有する手形においても、これらの制度の適用を排除する仕組み（指図禁止手形）が存在すること（手形法第11条第2項）からすれば、善意取得および人的抗弁の切断の規定を適用しない旨の定めを電子記録することも認めてよいと考えられること

から、この電子記録を認めている。

なお、債務者が消費者である場合には、人的抗弁の切断の制度はそもそも適用されないから[注]、人的抗弁の切断の制度を適用しない旨の定めを記録事項として認める必要がない。

そのため、第10号では、「債務者が法人又は個人事業者（その旨の記録がされる者に限る。）である場合において」という条件節が設けられている。

これに対して、善意取得の制度も、やはり消費者には適用がないのであるが、仮に発生記録における債権者が消費者であったとしても、後の譲渡人が消費者であるとは限らず、その場合には、本法の原則に戻って善意取得の適用があり得ることになるので、第9号では、「債権者が法人又は個人事業者（その旨の記録がされる者に限る。）である場合において」という条件節は、設けられていない。

(注) 具体的には、債務者が個人（個人事業者である旨の記録がされている者を除く）の場合には、第20条第2項第3号の規定により、人的抗弁の切断の制度が適用されない。また、債権者が消費者であれば、例え個人事業者である旨の記録がされていても当該記録は無効であるから（本条第4項）、結局、その場合であっても、人的抗弁の切断の制度は適用されない。

(8) 債務者が債権者に対抗することができる抗弁についての定め（第11号）

電子記録債権の債務者や電子記録保証人が法人または個人事業者（その旨の記録がされた者に限る）である場合には、原則として人的抗弁の切断の規定の適用を受けるが、発生記録や保証記録において、当該規定の適用を排除する旨の定めを記録すること（第16条第2項第10号、第32条第2項第6号）により、債務者や電子記録保証人が、電子記録債権の譲受人に対してもすべての人的抗弁を対抗することができることは、前号の解説で述べたとおりである。

しかし、前号は、人的抗弁の切断の規定の適用を完全に遮断する旨の定めであるため、それでは債権の流通性は著しく減退することになる。

これに対して、実務では、人的抗弁の切断の規定を排除まではしなくてよいが、債務者が一定の抗弁を対抗できるものとしたい旨の要望が存在する（例えば、売掛債権を電子記録債権とする場合、買主である債務者が、同時履行の抗弁権だけは譲受人にも対抗できる旨を電子記録することや、当事者の間で、当該電子記録債権を根拠にした強制執行をしない旨の特約がある場合に、それを電子記録することが考えられる）。

そのため、上記第10号の定めの補完的な立場に立つものとして、債務者が債権者に対抗することができる抗弁についての定めの電子記録を認めるものである。

なお、この規定により記録することができるのは「抗弁についての定め」であることから、記録の内容として、抗弁の原因となる法律関係を記録するだけでは足りず、当該抗弁の具体的な内容および当該定めの具体的な内容（当該抗弁が対抗される要件等）が当該記録によって特定されている必要がある。

また、ここでは、抗弁の接続を認めることが目的で規定が設けられていることから、債務者が抗弁を対抗することができる債権者は、発生記録における債権者だけでなく、当然のことながら、譲渡記録における譲受人も含まれるべきであるため、条文上もその旨が明確にされている。

(9) 譲渡記録、保証記録、質権設定記録もしくは分割記録の禁止または制限についての定め（第12号）
ア　譲渡記録の禁止または制限
㋐　本号を設けた趣旨
　電子記録債権は、債権の流通性を高めるために新たに創設される制度であることから、原則として自由に譲渡をすることができる。
　しかし、
① 例えばシンジケート・ローンが電子記録債権化されたような場合を考えると、貸主である銀行は、融資の実行後も債権者団として債務者の経営の監視等を協力して行うことが多いため、各貸主が上記ローンに基づく債権を譲渡する際にも、一定の金融知識を有する金融機関のみに譲渡できることとして、債権者団の円滑な運営を保つ必要性が指摘されていること、
② 支払期日を控えて債務者が支払の準備をしていた場合に、直前になって債権者が債権を譲渡したようなときは、債務者の支払事務に支障をきたす（特に債権が巨額なものである場合、債務者は支払期日の相当程度前から資金繰りの準備を行うのが通常である）ことから、こうした事態を防ぐため、支払期日の前後の一定期間は譲渡を不可能とする約定を認める必要性・合理性があること

等から、発生記録の当事者が譲渡記録に制限を加えることを認めている。
　なお、譲渡の制限にとどまらず、譲渡の禁止まで認めてよいのかについては、別途の考慮が必要であるが、この点については、
① 譲渡禁止特約が様々な場面で用いられていることに照らせば、それを利用する当事者の意思（好ましくない者を債権者にしたくないという債務者の意思等）を電子記録債権の制度においても尊重すべきであること、
② 譲渡の制限を認めるのであれば譲渡の禁止も認めることが合理的である（譲渡の禁止はある意味で譲渡可能回数を0回とする譲渡制限と整理することもできる）こと、
③ 全面的に譲渡が禁止される電子記録債権といっても、それは債務者の個別の同意がないと譲渡の効力が生じない債権ということを意味するのであって、債権としての流通性が全くなくなるわけではないし、また、このような債権も、電子記録債権とすることによって、電子記録による債権の内容の可視化が確保されることになるので、このような債権を電子記録債権とする意義は依然としてないとはいえないこと

等から、譲渡を禁止する旨の電子記録も認めている。
㋑　本号の実務的な活用方法
　電子記録債権においては、本項各号によって多くの任意的記録事項が認めら

れており、任意的記録事項を組み合わせることによって相当程度詳細な内容を有する債権であっても電子記録債権化が可能である。

　もっとも、例えば、債権者が複数存在する契約であって、当該契約の中に、(i)債権者と債務者との関係に係る規律もあれば、(ii)債権者間の関係に係る規律も存在するものに基づき発生する債権を電子記録債権とする場合には、発生記録によって、(i)についてはほぼ電子記録債権の内容とすることで、譲渡記録によって承継することができると思われるが（本項第5号の解説参照）、(ii)については、譲渡記録によってすべてが承継することができるとは限らない場合があり得る。

　こうした場合には、(i)と(ii)を承継するには、(i)をその内容とする電子記録債権の譲渡（すなわち譲渡記録）と同じタイミングで、別途の合意（典型的には契約上の地位の移転の合意）を成立させて、(ii)も承継させる必要があるから、当該譲渡記録と当該別途の合意を同期的に管理する仕組みを構築することができれば、(i)と(ii)が実質的には常に一体となって承継されていくことを担保することができる。

　このような仕組みについては、本号の条項を用いることで、一定程度実現できるものと解される。例えば、ある契約（当該契約には上記(i)と(ii)の両方の条項が存在すると仮定する）に基づく債権について、(i)については任意的記録事項として記録された発生記録を行うとともに、(ii)も含めた当該契約の内容をすべてPDF等によって発生記録に添付しておき[注1]、発生記録の記録事項に含まれない債権債務[注2]として発生記録に添付された債権債務関係についても承継することを承諾する者に限って譲渡を行う旨の譲渡制限の記録をしておくことにより、発生記録の記録事項に含まれない債権債務関係に関する記載も含んだ契約上の地位の承継と、譲渡記録による電子記録債権の承継とを、リンクさせることが可能になる[注3]。

　なお、このような記録を認める場合には、当然ながら、譲渡記録の請求がされた際に、電子債権記録機関（電子債権記録機関から業務の委託を受けた者を含む）の側で、このような譲渡の制限に反しない譲渡記録の請求なのか否かを判断する態勢を整備しておく必要がある。

　　（注1）　このような方法を採ることで、記録原簿が、債権のみならず、当該債権を規律する契約の存在を証明するツールとしての役割をも果たすことになり、契約書作成事務の合理化を図ることも可能であろう。電子債権記録機関は、このような態様での記録を行っていくことで、電子記録債権それ自体はいうに及ばず、契約関係全体を電子的に保管して必要に応じて当事者からの照会に応じるという機能をも有する存在となることが可能である。
　　（注2）　当該債権債務は、その情報それ自体では純粋な意味での記録事項ではないということになる。

（注3）　ただし、譲渡人と譲受人との債権譲渡契約において、こうした契約上の地位についても承継することを約定することは、別途必要となるほか、契約上の地位の移転については債務者の承諾も必要となる。しかし、この債務者の承諾については、契約上の地位が電子記録債権の移転に伴って自動的に移転することをあらかじめ債権者団と債務者との間で取り決めておけば足りると説明されている（高橋康文＝始関正光「電子記録債権法について」金融727号32頁〔始関正光〕）。なお、このように事前に契約上の地位の移転の承諾を認めてしまうと、債務者が、誰が債権者なのかを把握できなくなるのではないかが一応問題となる。しかし、電子記録債権は、基本的に債権者口座への払込みによって自動的に払込みが行われ、支払に当たって債務者側がアクションを取る必要が生じる場面は実務上はほぼ想定できない上、債務者は、債権記録の開示（本法第87条第1項第2号）によって常に最新の債権者（と同時に金銭消費貸借契約上の貸付人としての地位を有する者）を把握することができるから、そのような懸念は当てはまらないと考えられる。

イ　その他の電子記録の禁止または制限

　上記アの譲渡記録のほか、保証記録、質権設定記録および分割記録についても、回数の制限その他の制限や、電子記録の禁止の定めを認める合理性がある。

　例えば質権設定記録については、債権者による電子記録債権の処分という意味で譲渡記録と同様の効果を有するから、譲渡記録と平仄を合わせるべきであるという点が指摘できる。

　また、分割記録については、分割記録が無数にされると、債務者にとっては支払先が無数に増加することになり、支払事務に支障をきたす可能性があるから、制限や禁止を認めることに合理性がある。

　このような点を考慮して、これらの電子記録についても譲渡記録と同様に、電子記録の禁止や電子記録の制限の電子記録を認めている。

(10)　債権者と債務者との間の通知の方法についての定め（第13号）

　債権が発生してから消滅するまでの間、債権者と債務者との間には様々なやりとりが発生する。

　例えば、実務上しばしば行われるものとして、債権者から債務者に対する支払受領の事実の通知、期限の利益の喪失についての通知および弁済の充当の結果についての通知等が挙げられる。

　こうした通知については、その方法についての定め（例えばファックスや電子メールでの通知の可否や、ファックスで通知した場合には後日書面を郵送すること等）が定められることが多いが、債務者からすれば、このような定めが発生記録における債権者のみならず、その後の債権の譲受人との間にも適用されることとする方が望ましい。

　そこで、このような定めの電子記録を認めることによって、発生記録における債権者から当該電子記録債権を譲り受けた者と債務者との間においても、こ

のような定めが適用されることを可能にしたものである。

(11) **債権者と債務者との間の紛争の解決の方法についての定め（第14号）**

実務上、債権については、債権者と債務者との間で、その紛争の解決の方法についての定め（典型的なものとしては、管轄裁判所の合意や、裁判によらず仲裁手続で紛争を解決する合意、更に具体的に仲裁人を指定した仲裁合意等）が定められることが多い(注)。

そして、債務者からすれば、このような定めが発生記録における債権者のみならず、その後の債権の譲受人との間にも適用されることとする方が望ましい。

そのため、このような定めの電子記録を認めることによって、発生記録における債権者から当該電子記録債権を譲り受けた者と債務者との間においても、このような定めが適用されることを可能にしたものである。

　　(注)　ほかに、一定の場合に公正証書を作成する定めも、紛争の解決の方法に関する約定の一種と考えることができるから、本号に基づき記録をすることが可能である。

(12) **業務規程による電子記録の制限（第15号）**

電子債権記録機関は、電子債権記録機関のシステムのコスト負担の軽減等のために、業務規程において、保証記録、質権設定記録もしくは分割記録をしないこととし、またはこれらの電子記録もしくは譲渡記録について回数の制限その他の制限をすることができるものの、取引の安全を保護するため、電子債権記録機関がその旨を記録事項として債権記録に記録していないときは、何人も、当該業務規程の定めの効力を主張することができないとされている（第7条第2項）。

本号は、これを受けて、電子債権記録機関が業務規程によって行っている電子記録の制限を、発生記録の記録事項としているものである。

本項第12号は発生記録における当事者の合意に基づくものであるが、本号は業務規程によるものであるという違いがある。

なお、電子債権記録機関は、このように電子記録単位で制限や禁止をすることも可能であるが、それにとどまらず、個別の記録事項単位でも、任意的記録事項（一部の記録事項を除く）については、その記録をしないこととすることや、記録についての制限をすることができる（本条第5項）。

(13) **政令で定める事項（第16号）**

上記のとおり、本法では多様な金銭債権を電子記録債権として発生させることができるように、金銭債権の内容として当事者間で合意されることが少なくない約定を任意的記録事項として列挙しているが、本号では、さらに、将来のIT技術や契約実務の発展等に備えて、政令で記録事項を増やす余地を残している。もっとも、現時点では該当する政令が設けられていない。

なお、本号と同様の条項は、他の電子記録においても設けられているが、本号においては、「電子記録債権の内容となるものとして」という文言が置かれている。この文言は、電子記録債権（通常の電子記録債権のみを指す。第15条参照）の内容は、債権記録の記録により定まるものであるから、電子記録債権の内容にならない事項を発生記録の記録事項として認めることは、第三者に権利の内容について誤解を与えることになって相当ではないことから、特に法律による政令に対する委任の範囲を厳格に画する意味で、設けられたものである。

4　第3項

　発生記録の記録事項のうち第1項第1号から第6号までは、債権にとって必要不可欠な情報であるため、必要的な記録事項としている。したがって、これら必要的記録事項を欠いた発生記録については、まず電子債権記録機関が請求を受け付ける段階で無効な請求として拒否すべきであり、仮に電子債権記録機関が誤って当該請求をもとに電子記録をしてしまったとしても、発生記録では債権として不可欠な構成要素を欠いてしまっていることになるから、このような発生記録があっても電子記録債権（通常の電子記録債権のみを指す。第15条参照）は発生しないことになる。

　本項は以上の理を明確にしたものである。

　なお、電子記録保証は原則として独立性を有するものの、例外的に電子記録債権の発生のために必要な記録事項の記録が欠けている場合には電子記録保証債務も成立しないこととされているが（第33条第1項）、この発生のために必要な記録事項の記録が欠けている場合とは、本項の場合を指すことになる。

　以上に対して、手形においては白地手形が有効であるため、電子記録債権においてもこのような状態を認めるべきではないかという議論もあり得る。

　しかし、

① 電子記録債権について白地手形類似のものを認めると、白地部分に関しては、発生記録に記録されることなくその内容が発生記録後に決せられることとなって、電子記録債権の内容が記録原簿への記録内容により決せられるという電子記録債権の概念と相容れないこととなるおそれがあること、

② ①の問題を解消する方法としては、白地部分の補充も記録原簿への記録によって行わなければならないものとすることが考えられるが、このような方法を採ると、電子債権記録機関が当該記録をするに当たって、白地補充権が適正に行使されているかどうかを判断することが困難であるという問題が生ずること、

③ 例えば、債権者が白地の電子記録債権は、手形の所持人を債権者として

扱えば足りる手形とは異なり、誰が現在の債権者なのかが全く分からなくなってしまい、これを認めるのは相当ではないことから、電子記録債権制度においては、白地手形類似の制度は認めていない。

5 第4項

本項は、発生記録における個人事業主である旨の電子記録が消費者についてされた場合には、当該記録は無効であることを規定するものである。

そもそも、個人事業主である旨の記録を発生記録の記録事項として認めたのは、これらの記録を認めることで、電子記録債権を取得しようとする者が、当該電子記録債権について第三者保護規定が適用されるか否かの調査の手間を省くとともに、消費者が、消費者であるか個人事業者であるかという問い合わせを受ける負担を負わないようにするためである。

とすれば、本当は消費者であるのに、債権者からの圧力等により、個人事業者である旨の記録がされてしまうという事態が生ずることも考えられるところ、このような場合にまで、意思表示の無効・取消しの場合の第三者保護規定、善意取得、人的抗弁の切断または電子記録保証の独立性の規定の適用があるとすれば、悪質な事業者によって消費者保護の趣旨が容易に潜脱されることになってしまう。

そこで、本項において、消費者保護の観点から、真実は消費者であるのに個人事業者である旨の記録がされたときは、当該記録は、その効力を有しないこととし、消費者保護の実質が確保されるように配慮しているものである。

6 第5項

(1) 概要

本条第2項は、既に述べたように、発生記録における任意的記録事項を列挙している。

同項に列挙されている事項は、いずれも発生記録によって電子記録債権が発生するために必要不可欠なわけではないが、債権の内容を構成する約定として実務上よく用いられるものであり、これらの約定を任意的に記録することを認めることで、当事者が多様な電子記録債権を作出できることを可能としたものである。

これに対して、第5項は、こうした任意的記録事項について、電子債権記録機関の定める業務規程において、その電子記録を制限または禁止できる旨を認めた規定である。

すなわち、電子記録債権が多様な用途で用いられる制度となることが想定されていることから、発生記録では、上記のとおり、多くの事項を任意的記録事

項として認めている。

　しかし、このように多様な事項を任意的に電子記録可能とすると、当事者には至便である一方で、電子記録時の情報量が増加し、電子債権記録機関による記録原簿への電子記録システムの構築および維持のコストが増加する。

　そこで、当事者の利便性と電子債権記録機関のシステムコストを調整するため、電子債権記録機関が、業務規程によって、自らの備える記録原簿において電子記録を認める任意的記録事項（分割払の電子記録債権の電子記録を認めるか否かを含む）を選択できることとしたものである。

(2)　第2項と第5項の関係

　第2項は、「発生記録においては、次に掲げる事項を記録することができる。」とするが、これは、同項各号に掲げる事項については、記録事項とすることができるが（法律上、記録事項として記録することが許容される範囲を定める）、これを記録しなくても、電子記録債権の発生の効力を妨げない任意的な記録事項であるという意味で、「記録することができる」という文言を用いているものである。

　したがって、同項各号に掲げる事項であっても、発生記録の当事者がこれを記録することを請求した以上は、電子債権記録機関は当該請求に基づいて当該事項を記録する義務を負うから（第7条第1項参照）、第2項の規定ぶりでは、電子債権記録機関が、当事者の請求があった任意的記録事項を記録することを拒むことができる旨が当然に導かれるわけではない。

　これに対して第5項は、記録原簿に記録することが許容される事項であっても、電子債権記録機関が記録しないこととすることができるようにするものであり、これによって、ある事項について発生記録の当事者の請求がされたとしても、電子債権記録機関は記録することを拒むことができることとなるものである。

　以上のとおり、第2項は記録事項の範囲を、第5項は記録事項について請求があっても記録を拒むことができることをそれぞれ規定したものであって、それぞれが独自の意味を有するものであり、相互に重複するものでも、矛盾するものでもない。

(3)　第7条第2項と本項の関係

　第7条第2項は、電子記録単位で制限や禁止をすることを認めるものであるが、本項は、そのような「ある種類の電子記録自体を制限したり禁止したりする」というのではなく、発生記録をすること自体は拒絶しない（というよりもできない）ものの、個別の記録事項単位で、一定の任意的記録事項（一部の記録事項を除く）については、その記録をしないこととすることや、記録についての制限をすることができることを認めるものである。

したがって、7条2項と本項とも、適用の対象が異なるのであり、重複するものではない。

(4) 制限が認められない記録事項

本項は、以上のように、一定の任意的記録事項について、その記録をしないこととすることや、記録についての制限をすることができることを認めるものである。

しかし、任意的記録事項の中には、その記録事項の記録が認められることとされた趣旨からすれば、電子債権記録機関の側から当該記録事項の記録の拒絶や制限を認めることが相当でないと考えられるものがあるため、そのようなものについては、下記のように本項の適用が認められないこととしている。

① 第2項第1号および第2号

第2項のうち、第1号と第2号は、電子記録債権の当事者が、支払方法として同期的管理に係る支払等記録が行われることとなる方法を選択した場合に限って電子記録がされるという意味では任意的な記録事項であるため、規定上も、必要的な記録事項とはされていない。

しかし、電子債権記録機関は、こうした同期的管理に係る支払等記録を何らかの方法で行うことを義務付けられている（このことは、電子債権記録機関が設ける業務規程の記載事項として、口座間送金決済に関する契約または第64条に規定する契約に係る事項が必要的な記載事項として掲げられていることからみても明らかである。第59条および規則第25条第4号参照）以上、電子債権記録機関の側から第1号・第2号に掲げる事項の記録を認めない措置を業務規程で講じることは許されない。

② 第2項第9号

個人事業者である旨の記録は、上記で述べたとおり、消費者保護の観点から設けられているものである。

このような目的で記録事項とされている以上、同号の記録事項は、当事者が記録をするか否かは自由という意味では任意的な記録事項であるが、電子債権記録機関の側から業務規程によって電子記録を制限することは認められない。

補説 発生記録における任意的記録事項

1　法制審議会の要綱との比較

　本法の第16条第2項は、前記のように、多数の任意的記録事項を定めているが、法制審議会が答申した要綱においては、発生登録（当時の仮称。以下同じ）の任意的登録事項（当時の仮称。以下同じ）として、同項の第3号から第5号まで、第8号、第10号、第12号、第15号および第16号に相当する事項が挙げられていた。これは、もともと要綱の段階では、要綱に列挙されていた上記の各事項以外に、法定外の任意的登録事項として、発生登録の当事者が、業務規程で認められる範囲であればどのような事項でも登録することができるものとしていたため、要綱においては、特に頻繁に用いられるであろう任意的登録事項のみに言及すれば足り、任意的登録事項を網羅的に列挙する必要まではないと考えられていたことによる。

　ところが、要綱が答申された後の法律案作成の過程において、電子記録債権の内容は債権記録の記録によって定まる（第9条第1項）のであるから、その記録事項は法令で定められるべきで、民間企業である電子債権記録機関の業務規程が任意的記録事項を定めることによって電子記録債権の内容を決することになるのは法制的に相当でないとの指摘がされた。

　この指摘からすれば、発生記録の当事者が、業務規程で認められる範囲であればどのような事項でも発生記録の対象とすることはできないことになるので、多様な金銭債権を電子記録債権として発生させることができるようにするためには、発生記録の記録事項として、特に頻繁に用いられるであろう事項のみを規定するのでは足りず、それ以外に、実務上金銭債権について用いられる可能性がある各種の約定を、任意的記録事項として網羅的に列挙する必要が生じた。

　以上の経緯から、本法においては、発生記録における任意的記録事項として、第16条第2項各号に掲げる事項を認めることとなったものであり、その結果として、要綱よりも任意的記録事項が相当数増えている。

2　任意的記録事項が設けられた理由

　電子記録債権制度は、金銭債権の取引の安全を確保することによって事業者の資金調達の円滑化等を図る観点から創設されるものであり、広く金銭債権一般を対象とするものであるが、金銭債権の中には、単純な支払約束に基づく単純な内容のものもあれば、当事者間で定めた詳細な特約に基づく複雑な内容のものも存在する。

　したがって、広く金銭債権一般について電子記録債権制度を利用することが

できるようにするには、複雑な内容を有する金銭債権であっても電子記録債権として発生させることができるようにする必要があり、そのためには、電子記録債権の内容として、当事者間で定めた詳細な特約を記録原簿に記録することができるようにする必要がある。

ところで、従来事業者の資金調達の用に供されてきた手形においては、手形用紙という券面を使用することが必須であるが、当該手形用紙に記載できる事項には物理的に限りがあるので、記載事項が手形法上制限されている。

これに対して電子記録債権は、磁気ディスクをもって調製される記録原簿に電子記録をすることによって発生する債権であるから、その性質上、記録できる事項に制限を設ける必要はない。

以上の理由から、電子記録債権の内容として、多様な事項を記録することができることとされた（第16条第2項各号、第32条第2項各号）。

ただし、電子記録債権の内容として、どの程度多様な事項の記録を認めるかは、電子債権記録機関によるシステムの構築・維持・管理のコストに多大の影響を及ぼすことになる。そこで、電子記録債権を発生・譲渡させるために最低限必要な事項以外の事項については、各電子債権記録機関が業務規程でその記録する範囲を限定することができることとされた（第16条第5項）。

3　法定外の事項の記録

本法第16条は、これまで述べてきたとおり、発生記録の必要的な記録事項と任意的な記録事項について、具体的に列挙して規定を設けている。

これは、ある事項が発生記録の記録事項として記録原簿に記録されるのは、当該事項が、ひとたび発生記録がされれば当該発生記録によって発生する電子記録債権の内容を構成することになるため、それがいかなるものであるかを法令で明確にする必要があることによるものである。

したがって、法律によって特別な効果が認められている電子記録の1つとしての発生記録において記録をすることができる事項は、第16条第1項および第2項各号に掲げる事項に限られることになる。

しかし、発生記録における記録事項が法律で認められている事項に限られるからといって、電子記録をする際に、当該電子記録に付随する一定の事項を、当該電子記録の参考となる事項として当該電子記録がされる債権記録に記録しておくことや、当該事項を債権記録に記録された事項の開示と併せて開示することまで禁じられているわけではない。

したがって、例えば、発生記録の当事者が、当該発生記録によって発生する電子記録債権の内容を構成するわけではないが当該電子記録債権にとって参考となる事項を記録しておくこと（例えば、支払期日に外貨建てで支払われる旨の

電子記録債権について、支払期日ではなく発生記録の請求がされた日における当該外貨と円貨との為替レートを、関係者の参考までに記録しておくこと）を希望する場合において、電子債権記録機関が当該記録をすることを許容するときは、発生記録と併せて、このような参考となる事項も記録することができる。

なお、このような参考となる事項の記録は、本法における「電子記録」の一部ではないので、法律上電子記録に認められている効果（発生記録でいえば、記録されることで当該発生記録によって発生する電子記録債権の内容を構成する効果）を有するわけではなく、あくまで当該電子記録債権に関連する記録として、当該電子記録債権の関係当事者の参考に供されるにすぎない点は注意が必要である(注)。

とはいえ、こうした事項についても譲渡記録に伴って電子記録債権の譲受人への承継がされることとすることも、発生記録において、譲渡記録の制限の内容として、こうした事項についても承継することに同意した者のみが当該電子記録債権を譲り受けることができる旨を記録する等の一定の工夫を行えば、可能である（第16条第2項第12号の解説参照）。

　　(注)　「シンポジウム　電子登録債権法制と金融」金融法23号62頁〔始関正光〕。

補説　利息債権の取扱い

1　利息債権と譲渡記録

　発生記録の任意的記録事項として利息の定めが記録された場合（第16条第2項第4号）、電子記録債権とは別個の債権として、利息債権が観念されることになる。

　そして、電子記録債権も債権である以上、この利息債権は、伝統的な利息債権に関する整理[注1]に基づき、未発生のもの（利払日到来前のいわゆる基本権たる利息債権[注2]）と、発生済みのもの（いわゆる支分権たる利息債権）とに分かれるものと解される。

　その上で、基本権たる利息債権は、元本債権である電子記録債権に随伴して、譲渡記録によって譲渡されることになる。

　一方、支分権たる利息債権は、債権の性質上、例え元本債権が支払により消滅したとしても存続する等、基本権たる利息債権よりも附従性が弱いものとされているから、元本債権と独立して譲渡することも想定されているものである。

　したがって、電子記録債権の譲渡に伴って支分権たる利息債権をも譲渡するのかどうかは、電子記録債権の譲渡を行う当事者間で個別に決すべき問題であるから、支分権たる利息債権については、これを電子記録債権の譲渡（すなわち譲渡記録）によって当然に譲渡されると解することはできない[注3]。

　本法において、
① 債権記録に記録されている電子記録債権のうち、支分権たる利息債権のみを本法第2章第8節の規定による分割の対象とし、その結果として当該利息債権のみの譲渡を可能とするような電子記録の制度が設けられていないこと、
② 支払等記録の記録事項において、支払等の内容として、利息については損害金等と峻別して記録することが求められていないこと（第24条第2号）、
③ 発生記録に変動金利が記録された場合において、支分権たる利息債権の内容を債権記録のみによって確定するには困難が伴うと考えられること
は、こうした解釈と整合的なものと思われる[注4]。

　以上からすれば、支分権たる利息債権が生じている電子記録債権を譲渡するに当たって、当事者間で、当該利息債権についても譲渡をすることを欲する場合には、譲渡記録とは別に譲渡の合意を行う必要がある。

　ただし、発生記録において、支分権たる利息債権が生じている場合には、当該支分権たる利息債権の譲受けを同時に受ける者でない限り、電子記録債権を譲り受けることができないという譲渡記録の制限の記録を発生記録において行

い（第16条第2項第12号。これにより、当該譲渡記録の制限に反する譲渡記録の請求がされても、譲渡記録は行われない（第18条第4項）ことになる）、支分権たる利息債権の債権者と電子記録債権の債権者が同時に移転されるような仕組みを設けておくことは可能と解される。

- （注1） 伝統的な整理については、例えば、我妻榮『新訂債権総論　民法講義Ⅳ』（岩波書店、1964年）43頁以下。
- （注2） ここでいう利払日到来前というのは、期間が経過したことと同義ではない。例えば、1年に2回、3月31日と9月30日に利払いが行われる利息債権があったとして、ある年の6月30日に譲渡をする場合には、直前の4月1日から6月30日までの期間に相当する利息債権も、まだ利払日が到来していない以上、支分権たる利息債権ではなく、基本権たる利息債権として整理される。また、発生記録の前の期間に相当するものであっても、その内容が発生記録から明らかなのであれば、利払日到来前のものについては、基本権たる利息債権に含めることができると解される。
- （注3） 電子記録債権法制の検討の初期段階で公表された「電子債権に関する私法上の論点整理－電子債権研究会報告書－」（平成17年12月）16頁においても、「弁済期が到来した利息債権は電子債権の譲渡に伴い当然には移転しないとすることについて、債権流動化の場面でも、弁済期が到来した利息債権を含めて譲渡する場合と、これを除外して譲渡する場合の双方が考えられ、弁済期が到来した部分については電子債権の譲渡に伴い当然には移転しないとしても、不都合はないと考えられる。
なお、弁済期が到来した利息債権についても当然に電子債権に組み入れられることとしてはどうかとの意見があったが、これに対しては、弁済期が到来した利息債権を登録する必要が生じ、金額の確定や利息の一部のみ支払があった場合の処理等電子債権管理機関の相当の負担が予測されるとの指摘があった。」とされており、支分権たる利息債権については電子記録債権と切り離して考えられていた。平成18年8月1日に公表された「電子登録債権法制に関する中間試案」13頁も、基本権としての利息債権のみが譲渡登録（当時）によって移転することを認めていた。
- （注4） 本法と同様に有価証券を電磁的な記録で管理することを定める法律である社債株式等振替法においては、支分権たる利息債権を分離する旨の規定が特別に設けられているが（同法第90条参照）、これは確認の趣旨の規定であると解されるから、本法で同様の文言がないからといって、支分権たる利息債権についても常に元本債権に付随および随伴すると解すべき必然性はないと考えられる。

2　利息債権と支払等記録

発生記録の任意的記録事項として利息の定めが記録された場合に、支払等記録はどのように行われることになるか。

(1)　利払いのみが行われる場合

まず、元本債権と異なり利息債権については電子記録債権そのものではない

が、利息の定めも電子記録債権の内容を構成する以上、利払いについても債権記録において記録を行い、当該電子記録債権の支払の状況を公示することを否定すべき理由はない。

したがって、利払いのみが行われる場合であっても、その旨の支払等記録を行うことは可能である（その場合には、支払われた利息の金額を記録することが多いと思われるが、同時に、消滅した元本の額が０円であることをも記録する必要がある（第24条第２号カッコ書））。

もっとも、利息債権については電子記録債権そのものではないことから、利払いは電子記録債権に係る債務の支払ではない以上、利払いのみが行われる場合には、口座間送金決済の対象とはならないので、電子債権記録機関としては、当事者からの請求に基づいて支払等記録をすることになる[注]。

> （注）　もちろん、電子債権記録機関が業務規程において、利払いについても銀行等から通知があれば、当事者から請求があったものとみなして支払等記録をすることとし、当事者がその旨を定めた契約を締結した場合に、事実上自動的に支払等記録をすることまで禁じられるものではない。

(2) 元本と利息の両方の支払が行われる場合
ア　元本が満期一括払の場合

この場合には、期中の利払い（もしあれば）は上記（1）の要領によることになり、元本の支払期日に、元本と、最終の利払い（もしあれば）について支払が行われるから、その旨を支払等記録に記録することになる。

イ　元本が分割払の場合
① 元本均等返済の場合

多くの企業向けのローンのように、元本を均等に返済する約定の電子記録債権（利払いのスケジュールも元本返済スケジュールと同じと仮定する）については、元本返済期日の度に元利払いが行われるから、電子債権記録機関は、銀行等からの通知を受けて、元利払いの金額（実際に払い込まれた金額）と、消滅した元本の額とを記録するのが典型であろうと思われる。

同様に、利息の支払をも記録する場合であっても、金額の記録が必須なのは消滅した元本の額であるから（第24条第２号の解説参照）、例えば変動金利が設定されている場合に、「上記支払等があった日において、発生記録において上記支払等があった日を支払期日として支払うべき金額として記録されている元本及び利息の全額を支払った。消滅した元本の額は●円である。」という記録をすることは、認められる（消滅した元本の額は具体的な金額を記録する必要がある）[注]。

> （注）　ただし、このような記録は、当事者からそのような請求があったことまたは銀行等から全額の支払についての口座間送金があった旨の通知があったことを前提とす

る。特に変動利息のような場合には、電子債権記録機関の側で、元本および利息の全額の支払があったか否かを判別することは困難だからである。

② 元利均等返済の場合

①に対して、個人向けのローン（典型的には住宅ローン）においては、支払総額の明確性を維持するため、支払の総額（元利の合計額）をきりの良い金額とし、当該金額を均等返済すべき旨が定められていることが多い。そして、このような場合（特に変動金利が設定されているような場合）には、毎回の元利払いの際に支払われる元本金額が、1円単位の金額になることが一般的である。

とはいえ、この場合にも、電子債権記録機関が記録をすべき金額が、消滅した元本の額を含む支払等の内容であることに変わりはない。

したがって、②においても、①のような記録をすることは認められるが、その場合でも、消滅した元本の額は厳密に記録をする必要がある。このように解さないと、債権記録において、その時点でいくらの電子記録債権が残存しているかが不明確になり、支払等記録としての機能を果たすことができないからである。

補説　個人・消費者と電子記録債権

1　個人の利用

　債権譲渡登記制度は、法人がする債権譲渡に限って適用されることとしているが（動産・債権譲渡特例法第1条等）、これは、債権の流動化・証券化によって企業が資金調達を円滑に行うことを可能とするという立法目的からすれば、法人がする債権譲渡を対象とすれば目的を達することができると考えられたことに基づくものと考えられる[注1]。

　一方、電子記録債権は、金銭債権を用いた資金調達の円滑化を目的とするものである点では債権譲渡登記制度と類似した趣旨に基づくものであるが、電子記録債権は、手形に代わる機能をも有するところ、手形については、個人事業者であっても、これを用いることによって金銭債権を活用した資金調達を行っていることからすれば、個人事業者も電子記録債権を活用することができるようにする必要があったことから、本法においては、電子記録債権の利用者を法人に限定していない。

　なお、法制審議会における審議の過程では、消費者を電子記録債権の利用対象者から除外すべきとの意見もあった。しかし、消費者とは、「事業として又は事業のために契約の当事者となる場合」以外の場合の個人をいい（消費者契約法第2条第1項）、事業を営んでいる者であっても、当該事業とは関係のない個人的用途のために契約の当事者となる場合には消費者に該当することとなり、電子債権記録機関などの第三者が消費者か否かの判断をすることが困難であるため、消費者を電子記録債権の利用対象者から除外することは、取引の安全を害する結果となってしまう。また、消費者を一律利用者になれないこととすれば、動産・債権譲渡特例法のように、利用対象者を法人に限定するしかないが、その場合には、上記のとおり、個人事業者の利用を排除することになってしまう[注2]。そこで、個人も利用対象者に含める一方で、消費者保護に反する事態が生ずることを防ぐため、取引の安全確保のための諸規定を消費者には適用しないこととした（下記2参照）。

　　（注1）　植垣勝裕＝小川秀樹編著『一問一答動産・債権譲渡特例法〔三訂版〕』（商事法務、2007年）25頁。
　　（注2）　中小企業団体からは、電子記録債権を個人事業者も利用することができるようにすべきとの強い意見が出されていた。

2　消費者と電子記録債権

　上記1のとおり、本法は、電子記録債権の利用者を法人に限定していないから、消費者も電子記録債権の債権者や債務者になり得ることになる。

電子記録債権は、金銭債権の取引の安全を確保することによって、金銭債権を活用した資金調達をしやすくするために新たに創設されるものであるから、取引の安全を保護するための様々な規定が設けられている（補説「電子記録債権の流通を確保するための規定」参照）。しかしながら、電子記録債権を消費者が利用する場合にまで取引の安全のための諸規定が適用され、消費者が不利益を受けるということは、消費者保護の観点から相当ではない。したがって、取引の安全を保護するための規定の適用によって消費者が不利益を受けることがないように、消費者を保護するための措置を講ずる必要がある。

もっとも、消費者であるかどうかは一義的に明確ではないため、消費者か否かで取引の安全を保護するための規定の適用があるかどうかを分けるとすれば、個人が当事者となっている電子記録債権を取得しようとする者は、当該個人が消費者であるかどうかを調査しなければならないこととなってしまい、煩雑にすぎる上、消費者が、消費者であるか個人事業者であるかという問い合わせを受ける負担を負うことにもなりかねない。

そこで、このような問題が生ずることを防ぐため、電子記録債権の当事者が個人である場合には、個人事業者である旨の記録をすることができることとして（第16条第2項第9号、第18条第2項第2号、第32条第2項第5号）、その旨の記録がされていない場合には、一律に、意思表示の無効・取消しの場合の第三者保護規定（第12条第2項第2号）、善意取得（第19条第2項第3号）、人的抗弁の切断（第20条第2項第3号）および電子記録保証の独立性（第33条第2項）の規定の適用はないこととしている(注)。

他方で、本当は消費者であるのに、債権者が債務者に対して個人事業者である旨の記録の請求をするように圧力をかけたり、債権者が消費者の知識不足等に乗じて電子記録の請求の代理権を授与させること等により、個人事業者である旨の記録がされてしまうという事態が生ずることも考えられるところ、このような場合にまで、取引の安全保護のための諸規定の適用があるとすることは、消費者保護の趣旨が容易に潜脱されることになってしまう。

そこで、消費者保護の観点から、真実は消費者であるのに個人事業者である旨の記録がされたときは、当該記録は、その効力を有しないこととしている（第16条第4項、第18条第3項、第32条第4項）。

なお、電子記録債権の取引の安全を保護するための規定のうち、次の規定については、個人事業者である旨の記録の有無によって、適用の有無を区別しないこととしている。

　　(注)　法制審議会が答申した要綱においては、取引の安全を確保するための規定は、消費者には適用しないものとしていたが、その後、電子記録債権は債権記録の記録によってその内容が定まる（第9条第1項）という債権であることからすると、消費

者かどうかという債権記録上に現れない事柄によって、規定の適用の有無が完全に左右されるのは相当でないことから、第一次的には、個人事業者である旨の記録の有無によって、規定の適否を定めることとなった。

(1) 無権代理人の責任の特則（第13条）および電子債権記録機関の損害賠償責任の特則（第11条、第14条）

これらの特則は、無権代理人の免責の要件や電子債権記録機関の責任の要件を厳しくするものであり、不利益を受けるのは無権代理人や電子債権記録機関であることから、消費者保護を考慮する必要はないためである。

(2) 支払免責の特則（第21条）

支払をした者を保護すべきことについては、支払をした者が消費者かどうかで区別する理由はない。また、真実の債権者が消費者である場合であっても、支払をする者としては、電子記録名義人が無権利者であることを証明しなければ支払を拒めない立場にあることは同じであるから、真実の債権者が消費者かどうかで、支払免責の規定の適用の有無を区別する合理的な理由は、やはりない。

3 外国人等の利用

本法においては、電子記録債権の利用者について、日本人や日本法人に限る旨の制限は設けられていないので、外国人や外国法人も利用することができる。

もっとも、外国人や外国法人が当事者となる場合には、渉外的要素を含むことになることから、準拠法の指定が必要になる。

そして、電子記録債権は、本法に従った請求に基づき、本法に従って電子記録をすることによって初めて発生するものであるから、準拠法として、日本法が指定されることが必要である。

また、電子記録債権は、債権者と債務者双方の電子記録の請求という形式でされた意思表示によって発生するものであるため、法律行為に基づく債権の一種として、当事者の選択した地の法による（法の適用に関する通則法第7条）と解される。

そこで、外国人や外国会社が電子記録債権を利用するには、日本法が準拠法として指定されることが必要である。もっとも、外国人や外国会社を含む電子記録債権の債務者および債権者が、電子記録債権法に従った電子記録の請求をしている場合には、当然に、日本法を準拠法とする指定があるものと考えられる。

なお、このことは、電子記録債権の原因債権も日本法を準拠法とするものでなければならないことまで意味するものではない。

第3節　譲渡

> （電子記録債権の譲渡）
> 第17条　電子記録債権の譲渡は、譲渡記録をしなければ、その効力を生じない。

1　趣旨

　本条は、譲渡記録が、電子記録債権の譲渡による移転の効力要件である旨を明らかにした規定である。

　電子記録債権について、民法の原則に従って当事者の意思表示のみによって譲渡の効力が生じるものとすると、二重譲渡のリスクが生じる結果、債権の帰属を記録原簿の記録事項の確認以外の方法によって確認する必要が生じるので、電子記録債権を譲り受けようとする者に確認のためのコストが生じてしまう。しかし、このようなリスクやコストが発生するとすれば、事業者の資金調達の円滑化を図るという本法の趣旨が害されることとなるので、記録原簿への譲渡記録をもって電子記録債権の譲渡の効力要件かつ対抗要件とすることとしたものである。

　譲渡記録は、譲渡人となる者（電子記録義務者）と譲受人となる者（電子記録権利者）の双方からの請求（第5条第1項）を受けて、行われることになる（第7条第1項）。

　譲渡の対象について、発生の規定（第15条）と異なり、「電子記録債権」とのみ規定することで、電子記録保証債務の履行請求権や特別求償権の譲渡についても、本条により譲渡記録が効力要件とされることとなることを明らかにしている[注]。

　なお、譲渡記録によって効果が生じるのは譲渡だけである。譲渡記録は、手形における裏書譲渡のように、当然に担保的効力を有するものではない。したがって、電子記録債権の譲渡人が、手形における裏書人と同じように、譲受人に対して遡求義務を負うこととするには、譲渡記録とは別に、保証記録を行う必要がある。

　　（注）　ただし、電子記録保証債務の履行請求権は、保証債務としての性質上、当然に主たる債務に対して随伴性を有することから、独立して譲渡の対象とはならない（第2条第1項の解説参照）。本条は、債権記録上、譲渡記録が行われれば、当然に主たる債務に係る電子記録債権のみならず電子記録保証債務の履行請求権についても譲

渡記録がされたことになり、その結果として電子記録保証債務の履行請求権にも移転の効果が生じることを意味するものである。なお、電子記録保証ではない民事保証がされていた場合には、当該民事保証債務の履行請求権は、譲渡記録に伴って当然に移転するものと解される（手形の裏書に関する最判昭和45年4月21日民集24巻4号283頁参照）。

2 本条の対象となる権利移転

譲渡記録が効力要件となるのは、「譲渡」であるから、本条の適用対象は、譲渡その他の特定承継に限られる。そのため、電子記録債権の債権者に相続その他の一般承継が生じた場合には、当該電子記録債権は、民法の原則どおり、法律上当然に移転することとなる。

したがって、債権記録上の債権者を被相続人から相続人に変更するためには、譲渡記録ではなく、変更記録によることとなる。

もっとも、一般承継人が当該電子記録債権を第三者に譲渡しようとする場合には、自己名義への変更記録を行わずに、被承継人名義のまま第三者への譲渡記録をすることも可能である（第5条第1項参照）。

3 債務者への通知

本条は、譲渡に関して、債務者への通知や債務者の承諾取得を要求していない。

民法が、債権譲渡について債務者への通知または債務者の承諾を債務者対抗要件としている（民法第467条第1項）のは、債務者に誰が債権者なのかを認識させることによって債務者の二重弁済を防止すること等を理由とするものである。ところが、電子記録債権については、譲渡記録が譲渡の効力要件とされている（第17条）ので、電子記録債権の債権者は債権記録上に表示されるため、債務者は、当該債権記録の開示を求めること（第87条）によって、いつでも債権者が誰であるかを把握することができ、効力要件とは別に債務者対抗要件を要求する必要はない。また、債務者への通知または債務者の承諾を要求しないことにより、債権譲渡に伴う当事者のコストを削減することができ、金銭債権の流動性を高めて資金調達を円滑化するという本法の趣旨にも資することにもなる。そこで、電子記録債権については、債権の譲渡に当たって債務者への通知または債務者の承諾を不要としている。

なお、その結果、債務者は、支払に当たって債権記録を確認する必要が生じるが、債務者が発生記録において、口座間送金決済に関する契約に係る支払をする旨等（第16条第2項第1号または第2号）を記録しておけば、支払期日において、電子債権記録機関と銀行等によって債権者口座への払込みおよびそれに

基づく職権による支払等記録がされるため、確認の必要はない。実際には、ほとんどすべての電子記録債権について上記の記録がされることが予想されるので、ほとんどの場合、債務者が債権記録を確認する必要は生じないものと考えられる。

4　求償権の譲渡

なお、第三者弁済（電子記録保証人が行った弁済を除く）などによって電子記録債権の債権者に法定代位が生じた場合にも、当該電子記録債権は、民法の原則どおり、法律上当然に弁済者へと移転することとなる。

この場合には、当該弁済者は、譲渡記録ではなく、支払等記録をすることによって、当該電子記録債権の債権者であることについての権利推定効を取得することができる。

この場合において、当該弁済者が法定代位した電子記録債権を第三者に譲渡しようとするときには、電子記録保証人でない以上、当該弁済者が取得したのは特別求償権ではないから、譲渡記録ではなく、変更記録によって「支払等をした者……の氏名又は名称」（第24条第4号）を譲受人名義に変更するとともに、変更の原因についても、その旨電子記録することとなる。

これは、当該弁済者は、確かに当該電子記録債権（原債権）を法定代位により取得してはいるものの、法定代位は弁済者の求償権を担保するために弁済者への移転を生じさせるものであることから、代位した原債権は求償権の譲渡に伴ってのみ第三者に移転することになる以上、譲渡記録によって原債権とは別々に譲渡の対象になると解すべきではないためである。

（譲渡記録）
第18条　譲渡記録においては、次に掲げる事項を記録しなければならない。
　一　電子記録債権の譲渡をする旨
　二　譲渡人が電子記録義務者の相続人であるときは、譲渡人の氏名及び住所
　三　譲受人の氏名又は名称及び住所
　四　電子記録の年月日
2　譲渡記録においては、次に掲げる事項を記録することができる。
　一　発生記録（当該発生記録の記録事項について変更記録がされているときは、当該変更記録を含む。以下同じ。）において債務の支払を債権者口座に対する払込みによってする旨の定めが記録されている場合において、譲渡記録に当たり譲受人が譲受人の預金又は貯金の口座に対する払

込みによって支払を受けようとするときは、当該口座（発生記録において払込みをする預金又は貯金の口座の変更に関する定めが記録されているときは、これと抵触しないものに限る。）
　二　譲渡人が個人事業者であるときは、その旨
　三　譲渡人と譲受人（譲渡記録後に譲受人として記録された者を含む。次号において同じ。）との間の通知の方法についての定めをするときは、その定め
　四　譲渡人と譲受人との間の紛争の解決の方法についての定めをするときは、その定め
　五　前各号に掲げるもののほか、政令で定める事項
3　消費者についてされた前項第二号に掲げる事項の記録は、その効力を有しない。
4　電子債権記録機関は、発生記録において第十六条第二項第十二号又は第十五号に掲げる事項（譲渡記録に係る部分に限る。）が記録されているときは、その記録の内容に抵触する譲渡記録をしてはならない。

1　趣旨

　電子記録債権制度においては、手形に類似した支払約束のみを内容とする単純な金銭債権から、シンジケート・ローンのような複雑な内容の金銭債権まで、様々な金銭債権の流動化のために電子記録債権を活用することができるようにするため、譲渡記録の記録事項についても、発生記録の記録事項と同様に、記録をしなければならない事項（必要的記録事項。本条第1項各号）と、記録をすることができる事項（任意的記録事項。本条第2項各号）とに分けて整理をしている。
　第1項は、譲渡記録における必要的な記録事項について定めた規定である。
　記録事項のうち、本項各号に掲げる事項は、電子記録債権（通常の電子記録債権、電子記録保証の履行請求権、特別求償権を問わない）の譲渡に当たって必要不可欠な情報であるため、必要的な記録事項としている。
　これに対して、第2項各号に掲げる事項は、譲渡にとって必要不可欠な情報ではないが、当事者が記録事項とすることに合意して電子債権記録機関により記録がされれば譲渡の内容を形成する事項（任意的な記録事項）として整理されているものである。第2項各号が、いずれも「……定めをするときは、その定め」等とされているのは、これらの事項が任意的な記録事項であることを文理上も明らかにするためである。

2　第1項

本項は、譲渡記録における必要的記録事項を定めた規定である。

(1)　譲渡をする旨（第1号）

譲渡記録がどのような効果を表す電子記録であるのかを明確にするために、まず、電子記録債権の譲渡をする旨を記録事項としている。

これによって、債権記録に含まれる多種多様な電子記録の中でも、当該電子記録が譲渡のための電子記録であることを明確にすることができるとともに、譲渡記録の請求をすること自体の中に電子記録債権の譲渡の意思表示が含まれることになる。

(2)　譲渡人の氏名および住所（譲渡人が電子記録義務者の相続人である場合のみ）（第2号）

譲渡人は、通常の場合、発生記録における債権者または直近の譲渡記録における譲受人であり、したがって、譲渡人が誰であるかは通常は債権記録上明らかであるから、譲渡人を記録事項とする必要は原則としてない。

しかし、例えば、個人事業者であった被相続人A（第16条第2項第9号に基づいて個人事業者である旨の電子記録をしていたと仮定する）が電子記録債権を保有していたが、Aが死亡し、個人事業者ではない（すなわち、消費者である）相続人Bが電子記録債権を取得したような場合に、Bが中間省略による譲渡記録（相続が生じた後に、相続人名義への変更記録を経ないでする譲渡記録。第5条第1項参照）をしてCに電子記録債権を譲渡したとする。

このような場合に、電子記録名義人A（債権記録上は、依然として電子記録名義人はAのままである）の相続人である譲渡人Bを記録しておかないと、Cからの債権の譲受けを検討しているDは、債権記録上は個人事業者たるAからCへと直接譲渡記録がされているようにみえることから、Aが消費者であるか否かの確認を行い、Aが個人事業者であることが確認できれば、当該電子記録債権については善意取得の成立が妨げられることはない（第19条第2項第3号がAには適用されないため）との合理的期待を有することになる。

しかし、この場合に、実際の譲渡人はBである以上、実際にはBからCへの譲渡を表している譲渡記録の後にDがCから譲渡記録により電子記録債権を譲り受けるに際して、善意取得の成立が妨げられる可能性がある。

そのため、Dのような譲受人候補者を保護して取引の安全を図るには、電子記録債権を譲り受けようとする者が、消費者による譲渡が介在しているか否かを債権記録によって知ることができるようにすることが必要である。

以上から、上記のように電子記録義務者の相続人が中間省略の形で譲渡記録を行う場合に限って、譲渡人を記録事項としている（第18条第1項第2号）。

なお、相続人が変更記録を経た上で譲渡記録をする場合には、相続人自身が

債権記録に現れていて電子記録名義人（すなわち譲渡記録における電子記録義務者）となり、被相続人は電子記録義務者でなくなるので、Dにとって、消費者による譲渡が介在していることを容易に確認できる以上、本号の適用はない。

(3) 譲受人の氏名または名称および住所（第3号）

第3号は、発生記録において債権者が必要的記録事項とされているのと同様、譲渡記録においては譲受人の存在が必要不可欠であることから、その氏名または名称および住所を記録事項としたものである。

(4) 電子記録の年月日（第4号）

譲渡記録が電子記録債権の譲渡の効力要件である以上、電子記録債権の譲渡日は電子記録日ということになるから、電子記録の年月日は電子記録債権をめぐる法律関係にとって重要な情報となる。

そこで、第4号で電子記録の年月日を記録事項としている。

本号は、当事者の請求によらずに記録される記録事項である。

3 第2項

本項は、譲渡記録における任意的記録事項を定めた規定である。発生記録と同様に譲渡人と譲受人の間で実務上よく締結される約定を任意的記録事項としているが、譲渡記録は譲渡人と譲受人の間で行われるもので、債務者が介在しないため、当然のことながら、電子記録債権の内容を構成するような事項は、譲渡記録の任意的記録事項とすることができない。

(1) 譲受人の支払先口座（第1号）

発生記録において、債務の支払を債権者の預金または貯金の口座に対する払込みによってする旨の定めが記録されている場合（第16条第2項第1号または第2号。実際には、大半の場合でこのような電子記録がされるものと思われる）には、譲渡人と譲受人との間で、譲渡記録による譲受人の変更に伴って、払込先の口座も変更する合意がされるのが通常である。

そのため、発生記録に上記のような定めが記録されている場合において、譲渡記録に当たり当該口座を変更しようとするときは、変更後の口座の番号その他の当該口座を特定するために必要な事項を電子記録することを認めている。これによって、債務者は譲渡記録後は変更後の口座に払込みを行うべきことになる。

ただし、発生記録において債務の支払を債権者の預金または貯金の口座に対する払込みによってする旨の定めが記録されている場合であっても、その定めの内容が、「発生記録以後に譲渡がされたとしても債権者の預金又は貯金の口座を変更しない」という趣旨のものである場合には、譲渡記録に伴って払込先の口座を譲受人の口座に変更することはできないから、変更後の口座を電子記

録することは認められない。

そこで、「（発生記録において払込みをする預金又は貯金の口座の変更に関する定めが記録されているときは、これと抵触しないものに限る。）」として、その旨を明確にしている。

例えば、シンジケート・ローンを電子記録債権化したような場合には、債権者団の代表であるエージェントが全債権者分の債権の支払をまとめて受領することが予定されているところ、このような場合にはエージェントの口座に対する払込みによってする旨の定めが発生記録にされることが想定されるから、譲渡記録により債権が譲渡されても口座の変更についての電子記録をすることは許されないことになる。

なお、発生記録について変更記録がされている場合において、発生記録自体には払込みによって支払う旨が記録されておらず、変更記録でその旨が追加されているようなときであっても、譲受人による支払先口座の指定を認める必要があるから、本号の「発生記録」には、発生記録についてされている変更記録を含む旨が明記されている。

(2) 譲渡人が個人事業者であるときは、その旨（第2号）

発生記録において、債権者または債務者が個人事業者であるときは、その旨を記録することができる（第16条第2項第9号）。

譲渡記録においても、譲渡人が個人事業者であるときは、当該譲渡について、意思表示の無効・取消しの場合の第三者保護規定（第12条）や善意取得（第19条）の規定が適用される余地がある。

そして、これらの規定の適用に当たっては、消費者が害される場合が生じることから、消費者保護を図る必要がある。

そこで、発生記録と同様に、譲渡記録においても、譲渡人が個人事業者であるときはその旨を記録することができることとして、電子記録債権を取得しようとする者の調査の手間を省くとともに、消費者が、消費者であるか個人事業者であるかという問い合わせを受ける負担を負わないようにすることとしている。

(3) 譲渡人と譲受人との間の通知の方法についての定め（第3号）

発生記録において、債権者と債務者との間に通知の方法についての定めがされるのと同様に、譲渡記録においても、譲渡人と譲受人との間で通知の方法についての定め（例えばファックスや電子メールでの通知の可否や、ファックスで通知した場合には後日書面を郵送すること等）が定められることが多い。

この点、譲渡人（Aとする）からすれば、このような定めが直接の譲受人（Bとする）のみならず、その後の譲受人（Cとする）との間にも適用されることとする方が望ましいと考えられる。

そこで、本号は、このような定めの電子記録を認めることによって、譲渡記録における譲受人Bから当該電子記録債権を譲り受けたCと譲渡人Aとの間においても、このような定めが適用されることを可能にしたものである。

(4) 譲渡人と譲受人との間の紛争の解決の方法についての定め（第4号）

発生記録において、債権者と債務者との間の紛争の解決の方法についての定めがされるのと同様に、譲渡記録においても、譲渡人と譲受人との間で紛争の解決の方法についての定め（典型的なものとしては、管轄裁判所の合意や、裁判によらず仲裁手続で紛争を解決する合意、さらに具体的に仲裁人を指定した仲裁合意等）が定められることが多い。

この点、譲渡人（Aとする）からすれば、このような定めが直接の譲受人（Bとする）のみならず、その後の譲受人（Cとする）との間にも適用されることとする方が望ましいと考えられる。

そこで、本号は、このような定めの電子記録を認めることによって、譲渡記録における譲受人Bから当該電子記録債権を譲り受けたCと譲渡人Aとの間においても、このような定めが適用されることを可能にしたものである。

(5) 政令で定める事項（第5号）

上記のとおり、本法では、電子記録債権の譲渡に多様な態様のものがあり得ることから、譲渡記録における任意的記録事項として多様な約定を列挙しているが、発生記録における第16条第2項第16号と同様、将来のIT技術や契約実務の発展によっては、金銭債権である電子記録債権の譲渡の内容として、各号で列挙されている約定以外のものを記録事項とするニーズが生じることもあり得る。

このようなニーズが生じた場合であっても、引き続き多様な金銭債権を電子記録債権として発生させ、かつ、それを譲渡させることができるようにするためには、新たな約定を電子記録債権の内容として取り込むことを可能にしておく必要がある。

第2項第5号は、このような理由から、将来的に政令で記録事項を増やす余地を残すために設けているもので、現時点で同号に規定する定めとして予定しているものはない。

4 第3項

本項は、譲渡記録において、譲渡人が個人事業主である旨の電子記録がされたとしても、譲渡人が実際には消費者であったときは、当該記録は無効であることを規定するものである。

これは、譲渡人が個人事業主である旨の記録を譲渡記録の記録事項として認めた趣旨からすれば当然の規定であり、発生記録に関する第16条第4項と同趣

5　第4項

　電子記録債権は、債権の流通性を高めるために新たに創設される制度であることから、原則として自由に譲渡をすることができるが、債権者と債務者の間の約定によって譲渡を禁止または制限することや、電子債権記録機関の業務規程の定めによって譲渡を制限することまたは譲渡記録の記録事項を制限すること（第7条第2項）は認められている。

　したがって、発生記録（変更記録も含まれる。本条第2項第1号参照）において、債権者と債務者の間の約定による譲渡の禁止もしくは制限の定め（第16条第2項第12号）または電子債権記録機関の業務規程の定めによる譲渡記録または譲渡記録の記録事項の制限の定め（同項第15号）が記録されている場合には、当該定めの効果として、当該定めに抵触する譲渡記録はすることができないことになる。

　本項は、この旨を明らかにするため、電子債権記録機関が、上記の定めの内容に抵触する譲渡記録をしてはならないものとしてするものである。

　万一、誤って、抵触する譲渡記録がされたときは、その譲渡記録は無効になると解される。

（善意取得）
第19条　譲渡記録の請求により電子記録債権の譲受人として記録された者は、当該電子記録債権を取得する。ただし、その者に悪意又は重大な過失があるときは、この限りでない。
2　前項の規定は、次に掲げる場合には、適用しない。
　一　第十六条第二項第八号に掲げる事項が記録されている場合
　二　前項に規定する者が、支払期日以後にされた譲渡記録の請求により電子記録債権（分割払の方法により支払うものにあっては、到来した支払期日に係る部分に限る。）の譲受人として記録されたものである場合
　三　個人（個人事業者である旨の記録がされている者を除く。）である電子記録債権の譲渡人がした譲渡記録の請求における譲受人に対する意思表示が効力を有しない場合において、前項に規定する者が当該譲渡記録後にされた譲渡記録の請求により記録されたものであるとき。

1　第1項

　民法上、債権について権利推定やそれに基づく善意取得を認める規定はない

（動産については存在する。権利推定について民法第188条、善意取得について同法第192条）。

そのため、債権者である外観を呈していたAとBとの間で債権譲渡契約が締結されたが実際にはAが債権者でなかった場合には、Bは債権を取得できず、Aに対して債権譲渡契約に基づく債務不履行責任を問うことができるのみである。

これに対して、電子記録債権においては、電子記録によってその発生・譲渡の効力が生じることから、債権記録に電子記録債権の債権者として記録されている者（電子記録名義人）は、当該電子記録債権を適法に有するものと推定することとしている（第9条第2項）。

したがって、電子記録債権に関する取引の安全を保護するためには、このような電子記録名義人たる外観を信頼して電子記録債権の取引に入った者に対して、その信頼を保護して取引の安全を図る必要がある。

そこで、本項では、譲渡記録の請求により電子記録債権の譲受人として記録された者（譲渡記録の電子記録義務者は電子記録名義人であるから、譲渡記録の請求により電子記録債権の譲受人として記録された者は、一般的には、電子記録名義人を債権者と信頼して当該電子記録名義人と共に譲渡記録をしたものといえる）は、悪意又は重大な過失がある場合を除き、当該電子記録債権を取得することとしている。

なお、電子記録債権の譲渡は、譲渡記録を効力要件としている（第18条）ため、本条の適用により善意取得が認められる者についても、単に電子記録債権を譲り受けようとするだけでは足りず、譲渡記録によって当該電子記録債権の譲受人として記録された者であることが必要となる。

2　第2項

本項では、第1項で原則として認められる善意取得の規定が、例外的に適用されないこととなる事由を列挙している。

これらの事由は、いずれも、取引の安全を保護するという善意取得の規定の趣旨を貫徹することが適切でないと思われる事情が存在する場合に関するものである。

(1)　第1号

債権記録中の発生記録において善意取得の規定を適用しない旨の定めが記録されている場合（第16条第2項第8号）には、発生記録の時点で債権者と債務者が、当該電子記録債権を、善意取得の認められないものとして利用したいと考えてその旨を記録したのであり、その上で、当該記録はそのまま当該電子記録債権の内容となっているのである。

このような事情からすれば、あえて電子記録債権の取引の当事者の明示的な意思に反して取引の安全の保護を徹底する必要まではないものと考えられるので、こうした電子記録債権を発生させた当事者の意思を尊重して、当該電子記録債権については善意取得の適用がないこととすべきであるから、本号で、その点を明確にしたものである。手形において指図禁止手形の振出が認められている（手形法第11条第2項）のと同様の趣旨に基づくものであるといえる。

(2) 第2号

支払期日以後に譲渡記録が行われる場合には、通常の譲渡の場合と同様に取引の安全を保護する必要性はない。

これは、支払期日を過ぎて電子記録債権を譲り受ける以上、譲受人も、譲渡人が既に支払を受けて無権利者になっているのではないかにつき、通常の譲渡の場合と比べて注意深く調査して譲り受けるべきであり、取引の安全を図る必要性が相対的に低くなるためである。

このことは、同様に善意取得の制度によって取引の安全が強く保護されている手形についても、期限後裏書には善意取得の効果が認められないこと（手形法20条1項ただし書、77条1項1号参照）との平仄を図ったものと考えることも可能である。

なお、債権記録中の発生記録において分割払の方法により債務を支払う電子記録債権として各支払期日が電子記録されている場合においては、善意取得の規定が適用除外されるのは、到来した支払期日に係る部分についてのみであって、期日未到来に係る部分については、善意取得の対象となる。

(3) 第3号

電子記録債権の譲渡人が個人であって、かつ、当該個人について個人事業者である旨の記録がされていない場合において、当該譲渡人にかかる譲渡記録の請求の意思表示が効力を有しないときには、通常の指名債権譲渡を行った場合よりも譲渡人に不利な取扱いをすることは相当ではない。

例えば、個人であるＡ（個人事業者である旨の記録がされていないものと仮定する）が電子記録債権を有していたが、Ｂの詐欺の被害にあって、Ｂに譲渡記録により当該電子記録債権を譲渡してしまったとする。この場合に、ＡがＡＢ間の譲渡を詐欺に基づき取り消した場合、Ａの譲渡記録の請求におけるＢに対する意思表示は効力を有しなかったことになる（民法第96条第1項）。

これに対して、Ｂから譲渡記録を受けたＣが存在する場合には、本条第1項により、原則として当該電子記録債権を善意取得してしまうので、Ａはもはや当該電子記録債権についての債権者たる地位を主張できないことになる。

しかし、通常の指名債権譲渡で同様の事態が起きた場合には、Ｃは、前述のとおり民法では債権の善意取得の制度がない以上、債権を取得できず、Ａが債

権者たる地位を取り戻すことができるのに、電子記録債権であればAが取り戻すことができないとするのは、相当ではない。

そこで、本号を設けて、消費者または個人事業者である旨の記録をしていない個人を譲渡人としてされた譲渡記録の請求における譲渡人の意思表示が効力を有しない場合には、当該譲渡記録における譲受人からさらに譲渡記録によって電子記録債権を取得した者（当該者以後の譲受人を含む）に、善意取得の規定を適用しないものとして、取引の安全よりも譲渡記録の請求の意思表示をした個人の利益保護を優先したものである。

なお、個人について、個人事業者であってもその旨の記録をしていない限り、善意取得の規定を適用しないこととしているのは、当該規定が適用されないことを債権記録の記録によって判別できるようにして、当該電子記録債権を取得しようとする者が善意取得の規定の適用の有無について調査・検討する手間を省くとともに、消費者が、消費者であるか個人事業者であるかという問い合わせを受ける負担を負わないようにするためである。

また、消費者保護の観点から、真実は消費者である譲渡人について個人事業者である旨の電子記録がされても、当該電子記録は無効であるから（第18条第3項）、譲渡人が消費者であった場合には、常に善意取得の規定は適用されないことになる。

このほか、本号はあくまで個人の保護の観点からの規定であるから、本号により善意取得の規定が適用除外されるのは、無効、取消しその他の事由により効力を生じない譲渡記録の譲渡人が個人であって、個人事業者である旨の記録がされていない場合に限られる。

したがって、当該譲渡記録の譲受人が個人（個人事業者である旨の記録がないもの）である場合であって、譲渡人が法人や個人（個人事業者である旨の有効な記録があるもの）であるときは、善意取得の規定が適用される。

これは、このような場合にまで善意取得を適用しないと、かえって譲受人である個人の保護にならないことがあり得るからである。

3　適用範囲

本条第1項は、電子記録債権について、手形と同様の取引の安全を確保するために設けたものであるから、この規定の適用範囲は、手形の善意取得規定（手形法第16条第2項）と同じであるべきと考えられる。

したがって、無権限者である電子記録名義人（電子債権記録機関の過誤によって譲渡記録における譲受人として記録された者等）が、自らが電子記録名義人である電子記録債権を第三者に譲渡した場合には、当該第三者が善意無重過失であれば、善意取得の規定が適用される。

ところが、手形の善意取得規定の適用範囲については、当該規定が譲渡人の無権利者の場合にのみ適用されるのか、それ以外の権利移転行為に瑕疵がある場合一般（例えば、裏書等の譲渡に係る意思表示が無効または取り消された場合）にも適用があるのかをめぐって、学説の解釈は分かれている状況にある。

また、判例についても、代理権・代表権のない者がした手形の裏書について善意取得を認めているものがあるが（最判昭和35年1月12日民集14巻1号1頁）、この判例が、善意取得規定が権利移転行為に瑕疵がある場合一般に適用されることを認めたものかどうかについては、評価が分かれているところである[注]。

そこで、第19条第1項の善意取得規定についても、これが、債権記録上の債権者が無権利者であった場合にのみ適用されるのか、それとも譲渡記録の請求に係る意思表示が無効または取り消された場合のように、電子記録債権の譲渡に瑕疵がある場合一般について適用されるのかについては、手形におけるのと同様に、解釈に委ねることとしている。

すなわち、電子記録債権についての善意取得規定である本条第1項は、電子記録債権の譲受人として記録された者は、悪意または重大な過失がない限り、当該電子記録債権を取得するとのみ規定し、どのような瑕疵を治癒するのかについて、文言上、明らかにしていないのは、このためであり、手形の善意取得についての解釈と同じ解釈が電子記録債権の善意取得についても採られるようにしようとしたものである。

　（注）　学説の状況については、例えば、大隅健一郎＝河本一郎『注釈手形法・小切手法』
　　　　（有斐閣、1977年）179頁以下。

（抗弁の切断）
第20条　発生記録における債務者又は電子記録保証人（以下「電子記録債務者」という。）は、電子記録債権の債権者に当該電子記録債権を譲渡した者に対する人的関係に基づく抗弁をもって当該債権者に対抗することができない。ただし、当該債権者が、当該電子記録債務者を害することを知って当該電子記録債権を取得したときは、この限りでない。
2　前項の規定は、次に掲げる場合には、適用しない。
　一　第十六条第二項第十号又は第三十二条第二項第六号に掲げる事項が記録されている場合
　二　前項の債権者が、支払期日以後にされた譲渡記録の請求により電子記録債権（分割払の方法により支払うものにあっては、到来した支払期日に係る部分に限る。）の譲受人として記録されたものである場合
　三　前項の電子記録債務者が個人（個人事業者である旨の記録がされてい

る者を除く。）である場合

1　第1項
(1)　制度趣旨

　電子記録債権について生じることがある抗弁には、当該電子記録債権の債務者がすべての者について対抗することができる抗弁（物的抗弁。例えば、発生記録において債務者が対抗することのできる抗弁として記録されたもの）と、当該電子記録債権の債務者が特定の債権者に対してのみ対抗することができる抗弁（人的抗弁。例えば、売買契約に基づく売掛債権の支払のために電子記録債権を発生させた場合における、当該売買契約に基づく同時履行の抗弁）の２つの種類がある。

　このうち人的抗弁については、債務者が債権者に対して人的抗弁を有していたからといって、当該債権者から当該電子記録債権を譲り受けた新たな債権者（譲受人）にも当該人的抗弁を対抗できることとすれば、人的抗弁が債権記録には現れてこない抗弁である以上、当該譲受人は譲受けの時点で予測していなかった抗弁を債務者から対抗されることになり、取引の安全を害される。

　そこで、手形と同様に（手形法17条本文、77条１項１号参照）、電子記録債権に係る債務の債務者は、譲受人に害意がある場合を除いて、譲渡人に対する人的関係に基づく抗弁をもって譲受人に対抗することができないものとしている。

　なお、本項は、手形法と同様に、取引の安全の保護のため、悪意・重過失よりもさらに進んで、債務者を害することを知りながら電子記録債権を取得した場合のみを保護の対象外としているものである。

　したがって、この「害意」の解釈についても、手形法における解釈（一般的には、「支払期日において債務者が抗弁を主張するのが確実であると認識しながら債権を譲り受けること」とされている）と同様に解すべきことになろう。

(2)　抗弁を対抗する方法

　指名債権譲渡においては、債務者が異議をとどめて承諾をした場合には、承諾をするまでに譲渡人に対して生じた事由をもって譲受人に対抗することができる（民法第468条第２項）。

　これに対し、電子記録債権の譲渡については、本項により、原則として、抗弁の切断が認められることになるが、電子記録債権の譲渡において、指名債権譲渡における異議をとどめる承諾がされた場合と同様、譲受人に抗弁を対抗することができるようにすることを債務者が欲することもあり得る。

　このような場合には、発生記録の当事者は、発生記録において抗弁の切断の規定を適用しない旨の記録をしておけば（第16条第２項第10号）、譲渡人に対する抗弁をすべて譲受人に対抗することができる。また、発生記録において、債

権者に対抗することができる特定の抗弁についての定めを記録すれば（同項第11号）、当該特定の抗弁について譲受人に対抗することができる。

したがって、電子記録債権の債務者は、これらの定めを発生記録の時点で記録する（または、発生記録の後に変更記録によって発生記録を変更してこれらの定めを記録する）ことにより、譲渡記録における譲受人にも、自己が譲渡人に対して有していた抗弁を対抗することができる。

2 第2項

(1) 第1号

債権記録中の発生記録（変更記録も含まれる）において人的抗弁の切断の規定を適用しない旨の定めが記録されている場合（第16条第2項第10号）においては、発生記録の時点で債権者と債務者が、当該電子記録債権を、人的抗弁が接続されるものとして利用したいと考えてその旨を記録したものであり、当該記録はそのまま当該電子記録債権の内容となっている。

同様に、債権記録中の保証記録において人的抗弁の切断の規定を適用しない旨の定めが記録されている場合（第32条第2項第6号）においては、電子記録保証の履行請求権が発生した時点で、債権者と電子記録保証人とが、当該電子記録保証の履行請求権を、人的抗弁が接続されるものとして利用したいと考えてその旨を記録したものであり、当該記録はそのまま当該電子記録保証の履行請求権の内容となっている。

本号は、このような事情からすれば、あえて電子記録債権の取引の当事者の明示的な意思に反して取引の安全の保護を徹底する必要まではないものと考えられるので、こうした電子記録債権を発生させた当事者の意思を尊重して、当該電子記録債権については人的抗弁の切断の適用がないこととしたものである。

(2) 第2号

支払期日以後に譲渡記録が行われる場合には、通常の譲渡の場合と同様に取引の安全を保護する必要性はない。

これは、支払期日を過ぎて電子記録債権を譲り受ける以上、譲受人も、譲渡人が既に支払を受けて無権利者になっているのではないかにつき、通常の譲渡の場合と比べて注意深く調査して譲り受けるべきであり、取引の安全を図る必要性が相対的に低くなるためである。

とすれば、このような譲受人との関係においてまで、債務者に二重払のリスクを負わせることは、取引の安全を理由としてであっても、相当ではないと考えられる。

そこで、このような場合には、債務者に、譲渡人に対する支払済みの抗弁そ

の他の人的抗弁をもって債権者に対抗することを認める必要性があることから、人的抗弁が切断されないとしたものである。

このことは、手形においても期限後裏書には人的抗弁の切断の効果が認められないこと（手形法20条1項ただし書、77条1項1号参照）との平仄を図ったものと考えることも可能である。

なお、債権記録中の発生記録において分割払の方法により債務を支払う電子記録債権として各支払期日が電子記録されている場合においては、人的抗弁が切断されないのは、到来した支払期日に係る部分についてのみとなる。

(3) 第3号

電子記録債権の債務者が消費者または個人事業者である旨の記録をしていない個人である場合には、人的抗弁を切断して取引の安全を保護するよりも、人的抗弁を有する個人の保護を図ることが望ましいので、この場合にも人的抗弁の切断の規定の適用はないものとしている。

なお、個人について、個人事業者であってもその旨の記録をしていない限り、人的抗弁の切断規定を適用しないこととしているのは、当該規定が適用されないことを債権記録の記録によって判別できるようにして、当該電子記録債権を取得しようとする者が人的抗弁の切断規定の適用の有無について調査・検討する手間を省くとともに、消費者が、消費者であるか個人事業者であるかという問い合わせを受ける負担を負わないようにするためである。

また、消費者保護の観点から、真実は消費者である者について個人事業者である旨の電子記録がされても、当該電子記録は無効であるから（第16条第4項）、電子記録債務者が消費者であった場合には、常に人的抗弁は切断されないことになる。

第4節　消滅

総説

1　支払の効力要件

　電子記録債権の消滅について、理論的には、債務者が債権者に電子記録債権に係る債務の支払をした場合であっても、支払等記録をしない限り、当該債務は消滅しないと考える法制（発生記録や譲渡記録と同様に、支払等記録を債務の消滅の効力要件として構成する法制）もあり得るところである。

　このような法制は、確かに、「権利の内容が債権記録にすべて反映されることによって権利の消長が債権記録により可視化される」という電子記録債権の特徴をさらに徹底することに資するものではある。

　しかし、いったん支払を受けた債権者について、再度の債権の請求を認める必要性はないと考えられるから、支払等記録がなければ債務が消滅しないとまで考える必然性は認められない。

　一方、債務者の側からすれば、いったん支払を行ったにもかかわらず、債権者が支払等記録に協力しないために債務が消滅しない状態が続くということになれば、二重払のリスクが顕現化してしまい、電子記録債権制度の信用を害することになりかねない。そのため、二重払のリスクの防止の観点からは、支払等記録を債務の消滅の効力要件として構成すべきではないということになる。

　さらに、そのような債務者の保護に対する反対利益として、取引の安全の保護にも注意を向けるべきであるが、支払等記録を債務の消滅の効力要件として構成しなくても、支払等記録がない状態で、支払を受けた債権者から電子記録債権を譲り受けた第三者との関係については、支払をしたことが人的抗弁になるという取扱いをすれば、①支払等記録がされていない状態で譲り受けた第三者は一定の要件を充たせば保護され[注]、②一方、支払等記録がされていれば、物的抗弁として債務者が支払済みの抗弁を当該第三者に対抗できるということになるから、取引の安全に欠けることになるおそれもない。

　以上から、電子記録債権に係る債務は、民法の原則のとおり、支払がされた時点で消滅し、債権が消滅した旨の記録をしなくても、支払を受けた債権者が、さらに支払の請求をすることはできないものとして整理されている（この取扱いは民法のとおりであるから、本法上は特段の規定を置いていない）。

　　（注）　支払期日前に支払がされていたにもかかわらず支払等記録がされていなかった場合における譲受人は、人的抗弁の切断の規定の適用を受けることができる（第20条

第1項)。これに対して、支払期日後であれば、譲受人は、人的抗弁の切断の規定の適用を受けることができないから(第20条第2項第2号)、別途、権利外観法理等の適用を主張するほかない。

2 支払の方法

　本法では、電子記録債権の支払方法について限定をしておらず、電子債権記録機関が業務規程で認める範囲内で発生記録の当事者が自由に選択することができることとしている(第16条第2項第3号参照)。

　したがって、発生記録の当事者が支払方法を定めなければ、民商法の原則に基づいて、債権者の住所や営業所に持参することによって支払われる(民法第484条、商法第516条第1項)ことになる。

　しかし、現在の実務においては、金銭債権の支払は、ほとんどが債権者口座への払込みによってされているので、電子記録債権についても、ほとんどの場合、債権者口座への払込みによって支払われることになるものと予想される。その中でも、電子記録債権の支払については、第62条第1項に規定する口座間送金決済に関する契約や、第64条に規定する契約に基づく払込みが利用されることが多いと考えられるため、発生記録においても、口座間送金決済に関する契約や第64条に規定する契約に基づく払込みの方法によって支払う旨の定めを、他の支払方法についての定めと区別して独立の記録事項としている(第16条第2項第1号・第2号)。

　これは、当事者がこれらの契約のいずれかに基づく払込みをする旨を選択すれば、電子債権記録機関が当該契約を締結した銀行等と連携して支払後自動的に支払等記録がされることとなり(口座間送金決済の場合には第63条、第64条に規定する契約の場合には第65条に従って、当事者の請求によらずに支払等記録がされるため)、電子記録債権の当事者にとって支払等記録の請求を行う手間がかからず、便宜であるためである。

(支払免責)
第21条 電子記録名義人に対してした電子記録債権についての支払は、当該電子記録名義人がその支払を受ける権利を有しない場合であっても、その効力を有する。ただし、その支払をした者に悪意又は重大な過失があるときは、この限りでない。

1 趣旨

　民法上、債権の準占有者に対する弁済は、弁済者が善意無過失であったとき

に限って有効となる（民法第478条）。そして、そのためには、弁済者の方が、自己が善意無過失であったことを立証する必要がある。

　これに対して、電子記録名義人は電子記録債権を適法に有すると推定される（第９条第２項）から、この外観を信頼して支払をした者（主として電子記録債務者が念頭に置かれているが、第三者弁済が行われた場合における当該第三者を含む[注]）が電子記録名義人に対して行った支払については、支払をした者を保護することとして、電子記録債権に係る取引の安全を図る必要がある。

　そこで、本条では、手形と同様に（手形法第40条第３項）、電子記録名義人に対してした支払は、たとえ電子記録名義人が実際には支払を受ける権利を有しない場合（具体的には、電子記録債権の債権者として電子記録されている者が当該電子記録債権を有しない場合や、電子記録債権の質権者として電子記録されている者が当該電子記録債権の取立権を有しない場合等が挙げられる。このような事態は、電子記録名義人への電子記録債権の譲渡や質権設定が詐欺によって取り消された場合、電子記録名義人への譲渡記録や質権設定記録が無権限の者によって勝手に行われた場合などに生ずることになる）であったとしても、当該支払をした者に悪意または重大な過失がない限り、効力を有するものとして、支払をした者の免責を認めている。

　なお、取引の安全を図るため、支払をした者ではなく、弁済が無効であることを主張する者が、支払をした者が悪意または重大な過失を有していたことについての立証責任を負うものと解される。

　　（注）　手形に関する学説（例えば、前田庸『手形法・小切手法』（有斐閣、1999年）556頁）参照。

2　免責が認められる要件

　本条は、免責が認められる要件として、「悪意又は重大な過失」を掲げている。

　この具体的な意義については、手形法第40条第３項に関する判例[注]・通説と同様、悪意とは、債権者として電子記録されている者が無権利者であることを知り、かつ、そのことを立証することができる確実な証拠を持っていながら故意に支払うことをいい、重大な過失とは、わずかな注意義務を尽くしたならば、債権者として電子記録されている者が無権利者であることを知ることができ、かつ、そのことを立証すべき確実な証拠方法も取得することができたにもかかわらず、これを怠ったことをいうと解すべきことになろう。

　　（注）　最判昭和44年９月12日裁判集民96号553頁。

3 他の取引安全のための規定との違い

本条は、電子記録債権の取引の安全を保護するための規定の1つであるが、他の規定（例えば善意取得（第19条）や人的抗弁の切断（第20条））と異なり、支払期日以後であっても適用される。

これは、支払は、支払期日以後にされるのが原則であることからすれば、支払期日以後にされた支払について適用しないとすることは相当でないことによるものである。

（混同等）
第22条 電子記録債務者（その相続人その他の一般承継人を含む。以下この項において同じ。）が電子記録債権を取得した場合には、民法第五百二十条本文の規定にかかわらず、当該電子記録債権は消滅しない。ただし、当該電子記録債務者又は当該電子記録債務者の承諾を得た他の電子記録債務者の請求により、当該電子記録債権の取得に伴う混同を原因とする支払等記録がされたときは、この限りでない。
2 次の各号に掲げる者は、電子記録債権を取得しても、当該各号に定める者に対して電子記録保証によって生じた債務（以下「電子記録保証債務」という。）の履行を請求することができない。
一 発生記録における債務者　電子記録保証人
二 電子記録保証人　他の電子記録保証人（弁済その他自己の財産をもって主たる債務として記録された債務を消滅させるべき行為をしたとするならば、この号に掲げる電子記録保証人に対して特別求償権を行使することができるものに限る。）

---

1 第1項

(1) 本文

債務者が債権を取得した場合には、混同が生じて債務が当然に消滅するというのが民法の原則である（520条本文）。

しかし、電子記録債権については、電子記録債務者が電子記録債権を取得した場合であっても、当該電子記録債務者が、流通性を強く保護されているという電子記録債権の性質を利用して、再度当該電子記録債権を譲渡する形で流用することを希望する可能性がある（手形においても、戻裏書後に裏書人が再度裏書をすることが認められている。手形法第11条第3項後段、第77条第1項第1号参照）。

そこで、本項本文では、混同に関する民法の例外として、電子記録債務者は、

当該電子記録債権を取得した場合であっても、原則として、混同による債務の消滅を主張することはできないものとした。

そして、この理は、電子記録債務者の一般承継人が電子記録債権を取得した場合も同様であるから、本項本文のカッコ書において、その旨を明確にしている。

なお、一般承継があれば、一般承継人は当然に当該電子記録債務者の負っていた債務を承継するのであるから、このようなカッコ書は不要のようにも思える。しかし、電子記録債務者は、「発生記録における債務者又は電子記録保証人」と定義されており（第20条第1項）、あくまで債権記録に記録された者のみが電子記録債務者として認識されることになることから、一般承継人が電子記録債権を取得しても混同が生じないことを明確にするため、このようなカッコ書が設けられている。

(2) ただし書
① 混同消滅が認められる場合

上記のような本文の規定にかかわらず、電子記録債権を取得した電子記録債務者が、債務の消滅を希望して、混同を原因とする支払等記録を行った場合には、その意思に反して混同による消滅の効果を認めない必要まではない。

そこで、電子記録債権の取得に伴う混同を原因とする支払等記録（支払等記録においては、支払等の内容が記録事項であるから、ここで混同の旨を記録することになる。第24条第2号参照）がされたときは、債務が消滅するものとしている。

これによって、電子記録債務者は、債務を消滅させる意図を有していれば、支払等記録を行えばよく、反対に、当該電子記録債権を再度譲渡する意図を有していれば、支払等記録をせずに譲渡記録等によって当該電子記録債権を処分することも認められることとなる。

なお、支払等記録は、発生記録や譲渡記録が電子記録債権の発生や譲渡の効力要件となっているのとは異なり、支払等記録をすることが電子記録債権に係る債務の消滅の効力要件となっているわけではないが（本節の総説参照）、この混同については、例外的に、支払等記録がされない限りは電子記録債権に係る債務が消滅しないのであるから、支払等記録が、債務の消滅の効力要件としての性質を有することになる。

② 支払等記録の主体

本項ただし書で、「当該電子記録債務者……の請求により」とあるのは、当該電子記録債務者が、債権者として、第25条第1項第1号に基づいて支払等記録を請求する場合である。

電子記録債務者が電子記録債権を取得しているのであるから、通常はこの請求によって支払等記録がされることになる。

もっとも、例外的に、連帯債務である旨が記録されている電子記録債権について（例えば、連帯債務者をAおよびBとする）、連帯債務者のうちのAが当該電子記録債権を取得した場合に、BがAの承諾を得て、第25条第1項第3号イに基づいて支払等記録を請求することもあり得るので、「当該電子記録債務者の承諾を得た他の電子記録債務者の請求により」という文言をも設けている。

2　第2項
(1)　第1号
　前項の規定により、電子記録債務者が電子記録債権を取得した場合で支払等記録をしないときは、当該電子記録債務者は当該電子記録債権の債権者としての地位を併有することになる。

　しかし、電子記録債権につき電子記録保証がされている場合において、発生記録（変更記録も含まれる。第18条第2項第1号参照）における債務者（Aとする）が当該電子記録債権を取得したときに、当該債務者が電子記録保証人（Bとする）に対して当該電子記録債権を行使できるとすれば、行使の対象となった電子記録保証人(B)は、当該債務者(A)に弁済をした後に、反対に特別求償権を当該債務者(A)に対して行使することとなるが、これでは決済の無駄な循環が生じてしまう。

　そこで、発生記録における債務者(A)は、最終的に債務を負担する者であることから、電子記録保証人(B)に対しては請求することができないこととして、このような決済の無駄な循環を防止している。

(2)　第2号
　第1号と同様に、電子記録保証人（Xとする）が電子記録債権の債権者としての地位を併有する場合であっても、Xに対して、第35条第1号から第3号までの規定に基づいて特別求償権を行使できる関係にある他の電子記録保証人（Yとする）に対しての債権の行使を認めたとすると、当該他の電子記録保証人(Y)は、電子記録債権を取得した電子記録保証人(X)に弁済をした後に、反対に特別求償権を当該電子記録保証人(X)に対して行使することとなり、やはり決済の無駄な循環が生じてしまう。

　逆に、同号に掲げる電子記録保証人(X)が支払をしたとすればXが特別求償権を行使することができる他の電子記録保証人（Zとする）に対しては、当該他の電子記録保証人(Z)の側から電子記録債権を取得した電子記録保証人(X)に対して特別求償権を行使することはできない以上、XのZに対する請求を認めても、決済の無駄な循環は生じない。

　そこで、他の電子記録保証人（YやZ）のうち、弁済等をしたとするならば、電子記録債権を取得した電子記録保証人(X)に対して特別求償権を行使できるも

の(Y)に対してのみ、電子記録債権を取得した電子記録保証人(X)による債権の行使を認めないこととして、決済の無駄な循環を防止している。

なお、本項と特別求償権の関係の詳細については、補説「混同と特別求償権の関係」を参照されたい。

（消滅時効）
第23条 電子記録債権は、三年間行使しないときは、時効によって消滅する。

　本条は、電子記録債権制度が、手形制度と並存しつつ、手形と同様の決済手段としての機能を果たすことなどに照らし、手形制度における消滅時効期間（手形法第70条第1項）と平仄を合わせて、電子記録債権の消滅時効の期間を支払期日から3年間と定めたものである。

　なお、電子記録債権も債権である以上、消滅時効については、本条が特則を設けている時効期間の点を除いて、民法の消滅時効に関する規定が適用される。

　したがって、例えば、時効の起算点については、民法第166条第1項により、支払期日が到来した時となる。

　また、手形においては、手形の裏書人が原則として担保責任を負担することとされている（手形法第15条第1項）ので、手形所持人の裏書人に対する遡求権について、振出人に対する権利とは別に1年の時効期間が定められている（手形法第70条第2項）。

　しかし、本法においては、電子記録債権の譲渡人が当然に発生記録における債務者の支払を担保することとはしておらず、電子記録債権の譲渡に当たって譲渡人による信用補完が必要となる場合には、譲渡人による電子記録保証（第31条以下参照）によって対応することとしており、自ら進んで電子記録保証を行った電子記録保証人に対する権利について、法律上当然に担保責任（遡求義務）を負担する裏書人に対する権利と同様に扱う必要はないと考えられる。

　そこで、電子記録保証人に対する権利については、通常の保証（民事保証）と同様に、主債務者に対する権利と同一の時効期間の定めに従うこととしており、特別の時効期間の定めは設けていない。

（支払等記録の記録事項）
第24条 支払等記録においては、次に掲げる事項を記録しなければならない。

一　支払、相殺その他の債務の全部若しくは一部を消滅させる行為又は混同（以下「支払等」という。）により消滅し、又は消滅することとなる電子記録名義人に対する債務を特定するために必要な事項
二　支払等をした金額その他の当該支払等の内容（利息、遅延損害金、違約金又は費用が生じている場合にあっては、消滅した元本の額を含む。）
三　支払等があった日
四　支払等をした者（支払等が相殺による債務の消滅である場合にあっては、電子記録名義人が当該相殺によって免れた債務の債権者。以下同じ。）の氏名又は名称及び住所
五　支払等をした者が当該支払等をするについて民法第五百条の正当な利益を有する者であるときは、その事由
六　電子記録の年月日
七　前各号に掲げるもののほか、政令で定める事項

1　支払等記録の効果

　支払等記録は、発生記録や譲渡記録が電子記録債権の発生や譲渡の効力要件となっているのとは異なり、混同の場合を除き、支払等記録をすることが電子記録債権に係る債務の消滅の効力要件となっているわけではない（本節の総説参照）。

　しかし、

ア　支払等の事実（支払済みの抗弁）は、原則として、当該支払等を受けた債権者からの譲受人との関係では人的抗弁にすぎないが[注]、支払等記録がされれば物的抗弁として取り扱われることになるので、支払等記録は、この支払済みの抗弁を第三者にも対抗可能なものとし、二重払の危険を防止する効力がある。

（注）　なお、時効については、その性質上、支払等記録がされなくても、実際には物的抗弁としての効力を有することになると思われる（この旨を指摘するものとして、弥永真生「電子記録債権と債権譲渡」ジュリ1414号92頁）。

イ　また、例外的に、混同による支払がされた場合には、支払等記録が債務の消滅の効力要件となる（第22条参照）。

ウ　次に、電子記録保証人が支払った場合には、支払等記録に二重払の危険を防止する効力があるほか、支払等記録によって特別求償権が発生するものとされている（第35条柱書）ことから、支払等記録は、特別求償権の発生の効力要件としての意義も有している。

エ　さらに、電子記録保証人に限らず、発生記録における債務者以外の第三

者が支払をした場合には、その旨の支払等記録がされることによって、法定代位が成立していることを公示する機能も有している。電子記録債権についての法定代位も、他の債権についての法定代位と同様、民法第500条の要件を充たす支払等が行われることによって法律上当然に生ずるものであって、支払等記録が法定代位の効力要件となるものではないものの、公示の機能は果たすことになる。

オ　このほか、電子記録債権に質権が設定されている場合には、質権の被担保債権についての支払等も支払等記録の対象とすることによって、質権についての権利関係も公示することを可能としている。例えば、質権の被担保債権について第三者が弁済をした場合には、当該第三者は被担保債権の債権者たる地位を法定代位によって取得することにより、それに随伴して当該質権の質権者たる地位を取得することになるが、そのことは、質権の被担保債権についての支払等記録をすることによって、公示することができることになる。

　以上のように、支払等記録は、支払等の電子記録債権の消滅原因事実の発生を記録するために行われる電子記録であり、同時に特別求償権や代位の関係についての記録の機能も果たしている。

　とすれば、支払がされた場合には、それを基づき支払等記録が行われることが、電子記録債権をめぐる債権債務関係が債権記録に適切に反映されるためにも、重要な機能を有している。

2　構成

　上記のように、支払等記録は電子記録債権をめぐる債権債務関係を債権記録に反映するために重要な機能を有している。

　そこで、本条は、支払等記録がこのような機能を十分に果たすことができるよう、権利の消滅原因事実およびその内容の特定に必要最小限の事項ならびに代位等の有無を、支払等記録の必要的な記録事項としている。

　なお、支払等記録においては、発生記録や譲渡記録と異なり、支払等をした者と支払等を受けた者との間で、当該支払等以後の当事者にも適用されるような約定が締結されることは想定し難いことから、任意的記録事項は置かれていない。

　したがって、支払等記録の記録事項はすべて必要的記録事項として整理されるので、他の電子記録と異なり、電子債権記録機関が業務規程で支払等記録や支払等記録の記録事項の制限をすることは許されず（第7条第2項参照）、また、そのような制限に基づいて支払等記録を行ってはならない旨の規定も存在しない（譲渡記録についての第18条第4項参照）。

3 記録事項

上記のような支払等記録の機能を踏まえて、本条では、以下の事項を支払等記録の必要的な記録事項としている。

(1) 消滅した債務を特定するために必要な事項（第1号）

ア　記録の必要性

支払等記録を行うには、債務の消滅原因事実の発生によって実際に消滅した（混同を原因とする場合には、消滅することとなる）債務を特定する必要があることから、支払等により消滅し、または消滅することとなる電子記録名義人に対する債務を特定するために必要な事項を記録事項とするものである。

具体的には、記録番号や、当該記録番号を有する債権記録に記録されている電子記録債権に係る債務のうちのどの債務であるか等が記録事項となる。また、例えば分割払の電子記録債権の場合には、支払等記録の対象となる債務を、支払期日をもって特定する必要がある。

なお、ここで、消滅する対象が「電子記録債権」または「電子記録債権に係る債務」ではなく、「電子記録名義人に対する債務」という書きぶりになっているのは、電子記録債権とは別個の債権である利息債権についても支払等記録の対象にすることを可能にするとともに（第2号の解説参照）、電子記録債権を目的とする質権の被担保債権について支払等があった場合も、支払等記録の対象とすることが考えられているからである。

すなわち、債権者をA、債務者をBとする電子記録債権が存在し、これにAに対する債権者であるCが質権の設定を受けて質権者となっていたと仮定する。この場合には、電子記録名義人は、債権者であるAと質権者であるCの両方となる（第2条第6項）。

そして、電子記録債権（AのBに対する電子記録債権）についてBが支払等を行ったときに支払等記録がされるのは当然であるが、それにとどまらず、質権の被担保債権（CのAに対する債権）についてAが支払等を行ったときも、やはり支払等記録がされることが予定されている（上記1のオ参照）。

このように、支払等記録の対象となるのは電子記録債権に限られないため、「電子記録名義人に対する債務」という文言が用いられている。

イ　「支払等」の定義

本号で支払等記録の対象となる行為を「支払、相殺その他の債務の全部若しくは一部を消滅させる行為又は混同」としているのは、支払等記録の対象となるのが債務の消滅原因事実一般であることから、支払、相殺のほか、免除、更改、代物弁済、時効等を広く含めるためである。

なお、混同を他の行為と別に規定しているのは、混同の場合は支払等記録が債務の消滅の効力要件となる以上（第22条）、混同を「消滅させる行為」とは

厳密にはいいがたいためである。

これに対して、第35条第1項柱書では、特別求償権の発生と関連して「出えん」という定義があるが、これは、特別求償権の取得が認められるためには、保証人が自己の財産をもって出捐をしたことが必要であることから、債務の消滅原因事実のうち、自己の財産をもって債務を消滅させるべき行為（支払、代物弁済および相殺）に限定する必要があるためである。混同と特別求償権との関係を調整する第22条第2項第2号にいう「弁済その他自己の財産をもって……債務を消滅させるべき行為」も、この「出えん」と同じ概念である。

(2) 支払等の内容（第2号）

ア 記録の必要性

第2号は、支払等記録の対象となる債務の消滅原因事実の内容を記録事項とするものである。

支払等に含まれるものには、(1)で述べたように支払、相殺、免除等の様々な行為があり得るので、その支払等記録が示す支払等はどの行為に当たるのかという支払等の態様を明らかにして電子記録する必要がある。

また、電子記録される消滅原因事実は必ずしも当該電子記録債権の全部を消滅させるものとは限らず、一部支払が行われた場合でも、その金額に応じた支払等記録が行われるべきことから、支払等の金額も支払等の内容として電子記録する必要があることになる。

イ 記録すべき内容

本号に基づき記録すべきなのは、「支払等の内容」である。

典型的には支払をした場合における支払金額がこれに該当するが、本号は、支払等をした金額「その他の」当該支払等の内容を記録すべきものとしており、「その他の」は例示を示す法令用語であること(注1)からすれば、支払等をした金額は、常に記録しなければならないわけではない。そのため、金額を記録しなくても、行われた支払等の内容が明確に示されるもの（例えば、「相殺による債権全部の消滅」、「混同による消滅」といった記録）であれば、記録事項として認められる。

さらに、発生記録において支払期日が、支払等記録において支払等があった日が記録されることを受けて、例えば、「上記支払等があった日において、発生記録において上記支払等があった日を支払期日として支払うべき金額として記録されている金額の全額を支払った。」という記録でも、債権記録上は発生記録と支払等記録を突合することで残債権額を明確に算出することができるから、本号の記録事項として認められるものと解される。

これに対して、一部支払が行われたような場合には、具体的な支払金額を記録しないと支払等の内容が特定できないから、具体的な支払金額を記録する必

要がある。
　ところで、利息、遅延損害金、違約金または費用のように、元本以外の金額が支払等の内容に含まれている場合には、支払等の総額を記録するか消滅した元本額を記録するかが問題となる。
　この点、支払等の総額だけを記録すると、特に一部支払があったような場合には、その支払が利息等に充てられると、発生記録における債権額から支払等の金額を控除した残額が必ずしも残存元本の額ではないことになる結果、残存元本の金額が不明になり、当該支払後に債権を譲り受けようとする者の信頼を害することになる。
　そこで、本号カッコ書では、こうした元本以外の金額が支払等の金額に含まれている場合には、消滅した元本の額を記録事項とすることとしている（この場合には、本号本文の場合と異なり、消滅した元本の具体的金額を記録することが必須である）(注2)。
　なお、以上の問題のほか、利息の定めがある場合における支払等記録については、補説「利息債権の取扱い」も参照されたい。
　　（注1）　法制執務研究会編『新訂ワークブック法制執務』（ぎょうせい、2007年）709頁。
　　（注2）　ただし、電子記録保証人による支払等がされた場合には、消滅した元本の額だけを記録すると、発生する特別求償権の額が不明になる（特別求償権は、弁済額その他の共同の免責を得た額のほか、弁済等をした日以後の遅延損害金の額および避けることができなかった費用の額を元本額として発生する。第35条第1項第1号）という問題があるので、この場合には、当事者は支払の総額を請求するものと考えられるから、電子債権記録機関は、当該請求に基づき支払の総額をも記録する必要がある。

(3)　支払等があった日（第3号）

　電子記録債権の発生や譲渡においては、発生記録や譲渡記録をすることが効力要件となっている（第15条、第17条）ので、発生記録や譲渡記録をした年月日が、そのまま電子記録債権の発生・譲渡の効力発生日になる。そのため、発生記録および譲渡記録においては、「電子記録の年月日」を記録事項とすれば、電子記録がされた年月日と権利の発生・譲渡の効力発生日の両方の事項を記録したことになる（第16条第1項第8号、第18条第1項第4号）。
　これに対して、支払等記録は、混同の場合を除いて、電子記録債権に係る債務の消滅の効力要件ではなく、電子記録債権に係る債務は、民法の原則どおり、支払等がされたことによって消滅する。したがって、支払等記録においては、電子記録の年月日（第24条第6号）を記録事項としただけでは、支払等があった日（すなわち、支払等の債務消滅原因事実がいつ生じたか）を明らかにすることができない。また、債務者が履行遅滞に陥っているか否かが、支払等があった日が支払期日以前であるか否かで判断されることになるなど、当該支払等が

あった日は電子記録債権をめぐる法律関係にとって重要な意味を有するので、支払等がされた日を電子記録の年月日とは別に記録事項としている。

(4) **支払等をした者（第4号）**

支払等記録は、電子記録債権につき支払等があったという事実を記録するものであるが、支払等をした者は発生記録における債務者とは限らない。

例えば、当該債務についての電子記録保証人や民事保証人が支払等をした場合、これら支払等をした者は、当該支払等記録によって求償権（電子記録保証人の場合は特別求償権）を取得するとともに、電子記録債権を法定代位によって取得することになるから、その氏名等を記録しておく必要がある。

そこで、第4号において、支払等をした主体を記録事項としている。

また、例えば、電子記録債権の債権者（Aとする）が発生記録における債務者（Bとする）に対して反対債務を負っている場合において、当該債権者(A)が電子記録債権を自働債権として相殺をしたときは、単に「支払等をした者」を記録事項としてしまうと、相殺をした債権者(A)が支払等をした者として記録されてしまい、あたかもAが、自己が有する債権についての弁済をしたかのような外観を呈する記録となり、当該相殺による効果（特別求償権の発生等）が記録からは明らかにならず、支払等記録の機能が十分に果たせない記録となってしまう。

そこで、このような場合には、「支払等をした者」として、相殺によって消滅した電子記録債権の債務者(B)が記録されることとなるよう、「電子記録名義人が相殺によって免れた債務の債権者」（上記の例でいえば、相殺をした電子記録債権の債権者(A)が免れた反対債務についての債権者、すなわち、発生記録における債務者(B)）が「支払等をした者」となるように文言を調整している。

なお、電子記録保証人は、自己が「支払等をした者」として記録される支払等記録をすることによって、特別求償権を取得することになる。

(5) **正当な利益を有する者が支払等をした場合におけるその旨（第5号）**

支払等記録は、支払等の電子記録債権の消滅原因事実の発生を記録するために行われるほかに、法定代位の関係についての記録の機能も果たしている。

この点、支払等をした者（なお、この文言は、相殺による支払等の場合には、前号に引き続き、相殺によって消滅した電子記録債権の債務者を意味する）が支払等をするについて民法第500条の正当な利益を有する者であれば、当該支払等に伴って法定代位が生じることから、法定代位の関係を公示するために、その旨を債権記録上も明らかにすることが必要である。

そこで、第5号において、正当な利益の有無を記録事項としている。なお、ここでいう「事由」としては、例えば、支払等をした者が民事保証人であるとか、当該電子記録債権を被担保債権とする抵当権の物上保証人である旨が考え

られる。
(6) 電子記録の年月日（第6号）

　支払等記録は、発生記録や譲渡記録とは異なり、混同の場合を除いて、電子記録債権に係る債務の消滅の効力要件となっているわけではない。

　そのため、発生記録や譲渡記録のように、電子記録の年月日が権利の得喪と直接結びついているわけではない（支払等記録において支払等の効力に影響するのは、むしろ第3号に基づき記録される支払等の日である）。

　しかし、その場合であっても、電子記録の年月日が当事者にとって重要な証拠的機能を有することは確かであるし、また、支払等記録は特別求償権の発生要件となっていることから、特別求償権との関係では支払等記録の電子記録の年月日は発生記録における電子記録の年月日と同様の重要性を有する。同様に、混同の場合も、支払等記録は、権利の消滅の効力要件であるから、電子記録の年月日は、重要な意味を有している。

　そこで、電子記録の年月日をも記録事項としているものである。

　なお、本号は、当事者の請求によらずに記録される記録事項である。

(7) 政令で定める事項（第7号）

　支払等記録においては、上記の発生記録や譲渡記録と異なり、特に当事者間で締結されることが予想される約定がないことから、任意的記録事項は置かれていないが、将来のIT技術や契約実務の発展等に備えて、政令で記録事項を増やす余地を残している。

　現時点では該当する政令が設けられていない。

（支払等記録の請求）
第25条　支払等記録は、次に掲げる者だけで請求することができる。
　一　当該支払等記録についての電子記録義務者
　二　前号に掲げる者の相続人その他の一般承継人
　三　次に掲げる者であって、前二号に掲げる者全員の承諾を得たもの
　　イ　電子記録債務者
　　ロ　支払等をした者（前二号及びイに掲げる者を除く。）
　　ハ　イ又はロに掲げる者の相続人その他の一般承継人
　2　電子記録債権又はこれを目的とする質権の被担保債権（次項において「電子記録債権等」という。）について支払等がされた場合には、前項第三号イからハまでに掲げる者は、同項第一号又は第二号に掲げる者に対し、同項第三号の承諾をすることを請求することができる。
　3　電子記録債権等について支払をする者は、第一項第一号又は第二号に掲

> げる者に対し、当該支払をするのと引換えに、同項第三号の承諾をすることを請求することができる。
> 4　根質権の担保すべき債権についての支払等をしたことによる支払等記録の請求は、当該支払等が当該根質権の担保すべき元本の確定後にされたものであり、かつ、当該確定の電子記録がされている場合でなければ、することができない。

1　第1項

本項は、支払等記録の請求権者について定めたものである。

(1)　電子記録義務者（第1号）

支払等記録も電子記録である以上、請求権者について何らの規定を置かなければ、原則どおり、電子記録権利者と電子記録義務者の双方の請求によって行わなければならないことになる（第5条第1項）。

しかし、支払等記録は、債務者（電子記録権利者）にとっては、支払が行われて電子記録債権に係る自己の債務が消滅したことを記録する手段であるから、債務者には利益のある電子記録であり、逆に電子記録義務者（すなわち債権者または質権者）としては、債権者または質権者として電子記録されているという地位を失うことになる不利益な電子記録である。

とすれば、電子記録義務者が支払等記録を請求するのであれば、あえてそのような自己に不利益な電子記録を請求してくるのであるから、当該請求の真実性は確保されていると考えることができる。

そこで、本号では、電子記録義務者は、単独で支払等記録の請求をすることができるものとしている。

(2)　一般承継人（第2号）

前号に基づき電子記録義務者は単独で支払等記録の請求をすることができるが、この理は電子記録義務者の相続人その他の一般承継人についても同様に当てはまる。

そこで、本号では、電子記録義務者の相続人その他の一般承継人についても、単独で支払等記録の請求をすることができるものとしている。

(3)　電子記録債務者等（第3号）

ア　第3号イについて

電子記録義務者（一般承継人がいる場合には、一般承継人を含む）の全員が、電子記録債務者が支払等記録を請求することを承諾している場合には、当該電子記録債務者による支払等記録の請求を認めても問題はない。

一方、支払等をしたのが電子記録債務者自身である場合には、電子記録債務

者は、できるだけ早く支払等記録を具備して二重払のリスクを防止する利益を有している。

特に、電子記録名義人に対する支払については支払免責の制度が適用される（第21条）ことからすれば、電子記録債務者としては、支払等記録をして支払免責の対象となる者を確定させることについて強い利益を有している。

したがって、このように支払等記録をするについて電子記録債務者が正当な利益を有していることからすれば、電子記録義務者が自ら支払等記録の請求をしない場合に、電子記録債務者が、電子記録義務者の承諾の意思表示に代わる確定判決等を取得し、これを添付して支払等記録をすることを許容しておく必要がある。

そこで、第3号イでは、電子記録義務者全員の承諾がある場合における電子記録債務者は、単独で支払等記録の請求をすることができるものとしている。

なお、電子記録債務者が支払等をして義務を履行したことからすれば、こうした電子記録債務者に単独での支払等記録の請求を認めることも考えられなくはないが、①電子債権記録機関が支払等のあったことの確認をするのは容易でないこと、②支払等記録は支払の効力要件とまではされていないことから、このような単独での支払等記録の請求は認めていない。

したがって、例えば、電子記録債務者が、電子記録債権の債権者に対して指名債権を有している場合に、当該債権者が当該指名債権に係る債務について期限の利益を喪失したときは、当該電子記録債務者は、指名債権を自働債権、電子記録債権に係る債務を受働債権として相殺をすることができるが、このような電子記録債務者であっても、単独で支払等記録を請求することはできず、債権者の承諾を取得する必要がある。

もっとも、電子記録債権についての支払のほとんどは金融機関を通じた債権者口座への払込みによりされることが予想されるので、本法では、これらの支払については当事者の請求によらずに支払等記録がされることとしている（第63条および第65条）。

イ　第3号ロについて

イの場合と異なり、支払等をしたのが電子記録債務者でない場合（例えば民事保証人が支払をした場合）であっても、当該支払者は、できるだけ早く支払等記録を具備することによって、二重払のリスクを防止する利益や、その後の債務の履行のために、当該支払等以後に債権者に支払わなければならない残額がいくらであるのかおよび当該支払等によって誰が（法定代位等により）債権者の地位を取得したのかといった事項を正確に公示させる利益を有している。

とすれば、このように、電子記録債務者以外の者（例えば民事保証人）が支払等をした場合についても、当該支払等をした者は、支払等記録の請求に当

たっては、上記の電子記録債務者と同様に取り扱われることが相当である。

そこで、第3号ロでは、電子記録義務者全員の承諾がある場合には、支払等をした者も、単独で支払等記録の請求をすることができるものとしている。

なお、同号ロで第1号に掲げる者を除くとしているのは、支払等をした者が電子記録義務者自身である場合（例えば免除を理由として支払等記録が行われる場合）には、当該電子記録義務者が第1号を根拠に単独で請求をすることができるから、第3号ロで重複して請求権を認める必要はないため、重複を省く趣旨で記載しているものである。同号ロで第2号に掲げる者を除くとしているのも同様の趣旨に基づくものである。

このほか、第3号ロでイに掲げる者を除くとしているのは、電子記録債務者自身が支払等をした者である場合における支払等記録の請求については、既に同号イで手当てしているので、重複を避けるために注記しているものである。

ウ　第3号ハについて

第3号イまたはロに基づいて電子記録債務者または支払等をした者は支払等記録の請求をすることができるが、この理はこれらの者の相続人その他の一般承継人についても同様に当てはまる。

そこで、電子記録義務者（第1号）について一般承継人による請求を認めている（第2号）のと同様に、第3号ハでは、同号イまたはロに掲げる者の相続人その他の一般承継人についても、支払等記録の請求をすることができるものとしている。

2　第2項

(1)　本項の必要性

第1項第3号イからハに掲げる者（電子記録債務者および電子記録債務者以外の者で当該支払等をしたものならびにこれらの一般承継人）は、上記1(3)で述べたように、支払等記録を請求するについて正当な利益を有している。

そのため、第1項第3号では、これらの者が、電子記録義務者全員の承諾を得て支払等記録をすることができることとしているが、電子記録義務者のいずれかが任意に承諾しない場合であっても、支払等があったことを裁判所で立証して承諾に代わる意思表示を命ずる判決を得て、支払等記録をする機会を保障する必要がある。

そこで、そのような判決を得る前提として、第2項では、電子記録債権について支払等があった場合には、前項第3号イからハに掲げる者は、前項第1号または第2号に掲げる者に対し、当該電子記録債権の支払等記録の請求をするについて承諾することを請求することができるものとしている。

(2) 質権の被担保債権

さらに、同様のことは、電子記録債権を目的とする質権の被担保債権（当該被担保債権それ自体は電子記録債権でなくても、支払等記録の対象となる）について支払等がされた場合にも当てはまる。

具体的には、支払等をした者が質権設定者であれば、支払等記録をして被担保債権が消滅し、それによって質権が効力を失ったことを公示する利益を有する。また、支払等をした者が質権設定者以外の者であれば、支払等記録をして当該被担保債権に代位したことを公示する利益を有する。

このような事情から、質権の被担保債権について支払等がされた場合に関しても、同様の請求権を認めている。

3 第3項

第2項では、支払等が先に行われた場合を念頭に置いて、そのような場合における支払等をした者の請求権について規定している。

しかし、これから支払が行われるという場合においては、電子記録名義人は、支払を受けられるのであれば、もはや債権者等として記録原簿上に記録されているべき正当な利益を有しない。

逆に、支払等記録の請求権について第2項の規定のみに委ねることとすれば、常に支払が先履行ということになり、支払が行われたにもかかわらず支払等記録がされず放置される期間が生じることになるから、支払をした電子記録債務者は、記録がされるまでの間は二重払のリスクにさらされる上、支払をしたのが電子記録保証人であれば、当該電子記録保証人は、記録がされるまでの間は特別求償権が取得できないことになるなど、支払をした者の利益を害することになる。

そこで、このような支払をする者の不利益を防止するため、本項において、支払をする者は、第1項第1号または第2号に掲げる者（電子記録義務者またはその一般承継人）に対して、支払と引換えに支払等記録の請求についての承諾をすることを請求することができることとして、支払と承諾との同時履行の抗弁権を付与している。

さらに、同様のことは、電子記録債権を目的とする質権の被担保債権について支払をする場合にも当てはまるので、質権の被担保債権についても同様の取扱いを認めている。

なお、同時履行の対象とすべきなのは債務の消滅原因行為の中でも支払の場面だけであり、相殺や免除等については同時履行を観念することはできないから、対象となる行為は「支払等」ではなく「支払」としている。

これに対して、第2項は、債務が消滅した場合一般について当てはまるもの

であることから、「支払等」という文言が用いられている。

4 第4項

　前述のように、電子記録債権に質権が設定されている場合には、質権への代位の関係を公示する等の理由から、当該質権の被担保債権についても支払等記録の対象とすることが予定されているが、本項は、この被担保債権のうち、根質権についての被担保債権となっているものについて支払等がされた場合についての規定である。

　根質権は、一定の範囲に属する不特定の債権を極度額の限度において担保するために設定されるものであり（第36条第3項で準用する民法第398条の2）、これを受けて、根質権の担保すべき債権の範囲および極度額が記録事項とされているから（第37条第3項第4号）、根質権の担保すべき債権について支払等がされたとしても、根質権の範囲が縮減することにはならず、代位の問題も生じないので（民法第398条の7第1項）、支払等がされた当該特定の債権について、支払等を根拠とする支払等記録を認める理由がない。むしろかえって支払等記録を認めれば、代位の効果が発生していないにもかかわらず、これが発生しているかのような誤解を生じさせかねない。

　これに対して、根質権について元本が確定されれば、根質権は当該確定時点で存在する債権を被担保債権とする通常の質権に転化するから、その後については、当該被担保債権を支払った者について代位等が生ずることになるため、当該被担保債権についての支払等記録を認める必要がある。

　そこで、根質権の被担保債権については、元本確定後に支払等がされた場合であることを支払等記録の要件とするとともに、元本が確定したかどうかは電子債権記録機関にとって明らかではなく、支払等記録を行ってよいかどうかを判断できないことから、当該支払等記録の請求は、元本確定の電子記録がされた後でなければ、することができないこととしている。

　なお、根質権の被担保債権についてされた譲渡を記録するための変更記録についても同様の規定が設けられている（第41条第2項）。

5 適用場面

　上記のように、支払等記録も電子記録の一種であり、電子記録は原則として当事者の請求がなければすることができない（第4条第1項）ことから、本条は、他の電子記録と同様に、当事者の請求に基づいて行う支払等記録の手続について定めている。

　しかし、実際には、電子記録債権についての支払のほとんどが金融機関を通じた債権者口座への払込み、その中でも、当該電子記録債権に係る電子債権記

録機関が提供する、第62条第1項に規定する口座間送金決済に関する契約または第64条に規定する契約に従った払込みによりされることが予想される。

　そこで、本法では、このような方法で支払が行われる場合には、電子債権記録機関が払込みのプロセスに深く関与するため、当該電子債権記録機関が当事者に代わって支払等記録を行うことができる立場にあること等の理由から、上記の方法での払込みによって行われる電子記録債権の支払がされた旨の通知を銀行等から受領した電子債権記録機関に、当事者の請求によらずに支払等記録をする義務を負わせている（第63条、第65条）。

　その結果、実際の取引では、支払等記録は、当事者の請求によらない方式で行われることが原則となるものと予想され、本条が適用される場面は実際には多くないものと予想される。

146　第2章　電子記録債権の発生、譲渡等　第4節　消滅

補説 口座間送金決済に係る支払等記録

　本法では、支払等記録の請求権者について第25条のとおり整理しているが、実務上は、口座間送金決済の仕組みを利用することによって、請求なしに支払等記録が行われることがむしろ通常であろうと思われる。

1　自動的に支払等記録がされる仕組みの必要性

　本法においては、支払等記録をすることを電子記録債権の消滅の効力要件とはしていないので、支払等記録がされないからといって電子記録債権が消滅しないわけではない。

　しかし、支払がされたにもかかわらず支払等記録がされずに放置されていると、債務者が期限前支払をした場合には支払済みの抗弁が切断されることにより二重払の危険が生じてしまう。また、債務者が期限以後に支払った場合には、支払済みの抗弁が切断されることはないものの、支払済みの抗弁を対抗するには支払の事実を自らが証明する必要があるところ、支払等記録がされている場合には支払の事実の有力な証拠となる。

　また、債権者の側からしても、支払等記録が適時にされれば、当該債権についての支払がされたことを容易に知ることができる。このような支払等記録の機能からすれば、支払がされた場合には、速やかに支払等記録がされることが望ましい。

　このように、電子記録債権の制度の信頼性を高めるためには、支払等記録と決済との同期的管理（支払と支払等記録とをできるだけ同時のタイミングで行うこと）を確保し、電子記録債権についての支払等と支払等記録ができる限り同時のタイミングで行われることにより、債権記録の内容と債権債務関係の実体とを整合させることが重要となる。

2　本法の各種施策

　この点、本法では、まず、債権者に単独での支払等記録の請求権を付与し、支払等記録を容易に可能としている（第25条第1項第1号）。また、支払等をした者や電子記録債務者は、債権者等の承諾を得た上でなければ、支払等記録の請求をすることができない（同条第1項第3号）が、支払等があった場合には、支払等をした者や電子記録債務者が、電子記録義務者に対し、当該承諾をすることを請求することができるものとしている（同条第2項）。

　しかし、支払を受領した債権者にとっては、債務者から支払等を受けてしまえば、支払等記録をせず放置しておいても債権者自身に不利益が生じないため、支払等記録の請求をするインセンティブが働かないので、債権者による支払等

記録の請求も期待できず、かつ、債権者から支払等記録をすることについての承諾を取得するにも時間がかかるおそれがある。

そこで、本法では、これから支払をする者についても、電子記録義務者に対して、支払をするのと引換えに、当該承諾をすることを請求することができるものとして（同条第3項）、債務者の側が支払等記録の請求をすることができるようにしている。

もっとも、実際の取引においては、電子記録債権の支払はほとんどが金融機関を通じた口座への払込みによりされることが予想されるところ、この方法で支払がされる場合には、債務者による資金送金と債権者による支払等記録の承諾に先立って行われることにならざるを得ないから、払込による支払の場合には、支払後速やかに支払等記録がされることが期待できなくなってしまう。

そのため、口座への払込みの方法で行われる支払について、支払と支払等記録との同期性を確保するための制度としては、2で述べたものだけでは必ずしも十分ではない[注]。

(注) この点について、萩本修ほか「座談会 電子手形移行に当たっての実務上の諸問題（下）」NBL932号54頁〔萩本修〕参照。

3 当事者の請求によらない支払等記録の制度の内容

(1) 制度の概要

上記2を踏まえ、本法の第62条および第63条では、払込みによる支払の場合における同期性を確保するための制度として、口座間送金決済の制度を設けている。

口座間送金決済とは、具体的には、通常の電子記録債権に係る債務について、①電子債権記録機関、債務者および銀行等の合意に基づき、②あらかじめ電子債権記録機関が当該銀行等に対し債権記録に記録されている支払期日、支払うべき金額、債務者口座および債権者口座に係る情報を提供し、③当該支払期日に当該銀行等が当該債務者口座から当該債権者口座に対する払込みの取扱いをすることによって行われる支払をいう（第62条第2項）。

このように、口座間送金決済は、銀行等の口座を利用した支払の場合に限って行われることが念頭に置かれている。

電子記録債権を消滅させる方法としては、銀行等の口座を利用した支払以外にも、現金の受渡しによる支払、代物弁済、相殺、免除等があるが、このうち、当事者からの請求以外の方法で、電子債権記録機関が、電子記録債権が消滅した事実を正確に把握するためには、その消滅の場面に電子記録義務者または電子記録債務者以外の信頼できる第三者が介在する必要がある。この点、銀行等の口座を利用した支払の場合には、銀行等がこの支払に介在していることから、

電子債権記録機関は、この銀行等から通知を得れば支払の事実を把握することが可能であり、また、銀行等にはこれまで送金業務を確実に遂行してきた実績がある。このため、銀行等の口座を利用した支払の場合に限って、電子債権記録機関が当事者からの請求に基づかない支払等記録を行う仕組みを設けているものである。

　また、現在、実際の取引における支払は、銀行等を通じた債権者口座への払込みによって行われている場合が大部分と考えられる。この方法で支払が行われる場合には、実務上、債務者による払込みが債権者による支払等記録の請求の承諾（第25条第3項）に先立って行われることとなるため、資金送金による支払と支払等記録が同時のタイミングで行われるための措置を講じる必要がある。そこで、この場合に対応すべく、銀行等の口座を利用した支払の場合に限って、当事者からの請求に基づかない支払等記録を行う仕組みを設けている。

　他方で、現金の受渡しによる支払や相殺などについては、電子債権記録機関が支払等の事実を確認することが実務上困難であるため、当事者からの請求に基づかない支払等記録の仕組みを設けていない。これらの場合には、原則どおり、支払等記録についての電子記録義務者が請求することによって、支払等記録が行われることになる。

(2) 制度の仕組み

　口座間送金決済は、次のような仕組みで成り立っている。

　ア　口座間送金決済に関する契約の締結

　まず、口座間送金決済により支払等記録を行うには、払込みの取扱いをする銀行等（すなわち債務者または債権者が口座を開設している銀行等）と電子債権記録機関との間で支払に関する情報を授受しなければならないが、そのためには、債務者の同意が必要である。

　そこで、まず、電子債権記録機関は、債務者および銀行等と口座間送金決済に関する契約を締結することができるものとされている（第62条第1項）。

　この契約を締結する時期は、各電子記録債権の発生段階でも構わないが、例えば、債務者が電子債権記録機関との間で当該電子債権記録機関の利用に関する取決め（利用契約等）を締結する際に、併せて締結することなども考えられる。

　この口座間送金決済に関する契約とは、第62条第2項の内容について、電子債権記録機関、債務者、銀行等の三者が合意することである。合意の方法については、例えば、具体的な契約書の形式が三者により締結されたものである必要はなく、記録機関と債務者、債務者と銀行等、銀行等と記録機関がそれぞれ契約を締結する等により、第62条第2項の内容が満たされていれば、口座間送

金決済に関する契約の締結となる。

　また、口座間送金決済は、電子債権記録機関、債務者および銀行等の三者による合意に基づくと規定されている（第62条第2項）が、口座間送金決済に関する契約に係る支払をする場合には、発生記録にその旨ならびに債務者口座および債権者口座を記録する必要があり（第16条第2項第1号）、また、発生記録の請求は、電子記録権利者および電子記録義務者の双方が行う必要がある（第5条第1項）ことを踏まえると、口座間送金決済の方法による支払を行うためには、債権者の同意も必要になる。具体的には、債権者は、銀行を通じた支払がされること、自ら設定した債権者口座に支払を受けること、この債権者口座に支払われたら債権者自身の意思にかかわらず支払等記録がされることについて、発生記録の請求をすることにより同意することになる。

　しかし、送金のさらに詳細な方法（例えば銀行等から電子債権記録機関に支払の事実を知らせる方法など）については、債権者が知らずとも、電子債権記録機関、債務者、銀行等の間で任意に定めればよいと考えられるため、こうした細かな支払方法も規定する口座間送金決済に関する契約は、債権者を含めず、電子債権記録機関、債務者および銀行等の三者により締結することと規定されている。

　イ　口座の記録

　上記アの契約を締結した者が債務者として個別の電子記録債権を発生させようとする際、債務者がアの口座間送金決済に係る支払をすることを望み、かつ、債権者もこれに同意する場合には、電子債権記録機関は、債権者・債務者双方からの請求に基づき、発生記録における任意的記録事項として、口座間送金決済に関する契約に係る支払をする旨および債務者口座・債権者口座を記録する（第16条第2項第1号）。

　この場合には、電子債権記録機関は、口座間送金決済に関する契約に基づき、当該債務者口座・債権者口座の記録をもとに、支払期日、支払うべき金額、債務者口座および債権者口座に係る情報を、あらかじめ、銀行等に提供する義務を負う（第63条第1項）。

　ウ　電子債権記録機関からの通知

　次に、支払期日が到来したら、銀行等は、口座間送金決済に関する契約に基づき、あらかじめ電子債権記録機関から提供された支払期日、支払うべき金額、債務者口座および債権者口座に係る情報（上記イ参照）をもとに、債務者口座から債権者口座への払込みを行う。

　エ　銀行等からの通知

　その上で、電子債権記録機関から情報の提供を受けた銀行等は、当該払込みが電子記録債権に係る債務の弁済のために行われるものであることを認識する

ことができるから、これを踏まえて、電子債権記録機関に対して、債務の全額についての払込みの通知を行うことになる。

なお、この通知は、条文上、書面による通知である必要はなく、システム上の何らかの電文や指図で構わないが、少なくとも何らかの通知が実際に行われることを前提としている。したがって、銀行等から、支払に支障が生じた旨の通知がない限りはこの**エ**の通知があったものと擬制する（何も通知がなかったことをもって**エ**の通知とみなす）ことは、文言に合致せず許されないと解される。

オ 電子債権記録機関による確認および支払等記録
① 電子債権記録機関は、**エ**に基づき、払込み等に係る銀行等からの通知を受領することになる。
② これを受けて、電子債権記録機関は、遅滞なく電子記録の請求によらずに支払等記録を行わなければならない義務を負うことになる（第63条第2項）。

このように、本法は、銀行等を利用して債権者口座に対する払込みによる支払が行われた場合、電子債権記録機関に対して、銀行等から支払が行われた旨の通知を受けることにより、支払が行われた事実を確認し、職権で支払等記録をすることを義務付けることにより、電子記録債権制度への信頼性を確保している。

なお、電子記録債権制度の信頼性を確保するためには、債権記録の内容と実際の債権債務関係の実体をできる限り一致させることが重要であるため、電子債権記録機関は、支払の事実について銀行等から通知を受けたら、できるだけ早期に支払等記録をすることが望まれる。このように考えると、この場合の支払等記録については「直ちに」行う義務を負うとすることも考えられるところである。

もっとも、支払の事実についての通知は、主として、債務者側の金融機関が行うことが考えられる。そして、債権者側の金融機関であれば、債権者口座への入金の事実を知っているが、債務者側の金融機関の場合は、債務者口座からの出金の事実しか知らないため、債務者側の金融機関からの通知に基づき支払等記録をするためには、電子債権記録機関は、債務者口座からの出金時点から債権者口座への入金時点までの間の譲渡記録の請求を禁じるなどの実務的対応によって、債務者が支払手続を行っている間に電子記録債権が別の者に譲渡されてしまうなどの事態を回避しておくことが重要になる。

こうした対応がなされていれば、支払等記録自体は、債権者口座への入金の完了時に行うことを基本としつつも、電子債権記録機関が債務者側の金融機関から送金の事実を伝達されることをもって支払の事実の通知を受けたものとすることも合理的な方法と考えられる。

このほか、同一の電子記録債権に関する二以上の電子記録の請求または本条の通知があったときは、当該請求または通知の順序に従って電子記録をしなければならない（第8条第1項）関係で、ある電子記録債権について本条に基づく通知がされたが、当該電子記録債権について通知よりも前にされた請求があるような場合には、当該請求に基づく電子記録が行われるのを待ってから当該通知に基づく電子記録を行う必要があるから、必ずしも常に「直ちに」電子記録を行わなければならないとも言い切れない。

これらを踏まえると、銀行等から支払の事実についての通知を受けてから、電子債権記録機関が支払等記録をするまでの間に一定程度の時間的な幅が設けられることも合理性を有する場合もあることから、「直ちに」ではなく、「遅滞なく」電子記録をしなければならないこととされている。

カ　口座間送金決済の対象

電子記録保証人による支払や質権者に対する支払が行われる場合には、支払に当たって、支払額の確定作業を始め当事者間での折衝を要するため、当事者間で支払と支払等記録の同時履行を確保するための措置を講じることができる状況にある。

また、電子記録保証人による支払が行われるのは、通常は支払期日後であると想定されるので、支払済みの抗弁は切断されない。

そして、電子記録保証人による支払や質権者に対する支払が行われる場合には、債務不履行状態にあるなど権利関係が錯綜している状態にあり、当事者間に争いがあることが考えられ、電子債権記録機関の業務の中立性の観点からは、電子債権記録機関がこの争いに巻き込まれることは避けるべきものと考えられる。

また、このような支払が行われた場合に、当事者からの請求に基づかない支払等記録をするためには、電子債権記録機関や銀行等がそれぞれの権利関係に応じて対応することが必要となり、電子債権記録機関や銀行等にとって大きな負担になることが想定される。

これらの事情を勘案すると、このような例外的な事例についてまで、当事者の請求に基づかない支払等記録の仕組みを設ける必要はないと考えられるため、銀行等を通じた債権者口座への払込みによる支払であっても、電子記録保証債務履行請求権および特別求償権の場合には、当事者の請求によって支払等記録をすることになる。

この点については、例えば、手形交換制度においては、銀行等を通じた手形交換によって交換できなかった手形については債権者にその手形を返却するだけであって、裏書人への支払請求等は当事者同士で行うことになっている。これを踏まえると、主たる債務者による支払についてのみ当事者からの請求に基

づかない支払等記録の仕組みを設け、それ以外の者への支払については当事者同士で処理することが、現在の実務にも適っていると考えられる。

4 その他の方法による同期的管理

　以上のように本法では口座間送金決済の方法を同期的管理の代表例として規定を設けているが、別に同期的管理の方法は口座間送金決済によるものだけではなく、ほかにも様々な方法が考えられる。

　そこで、将来のIT技術や支払事務の進展に備え、第64条で、口座間送金決済以外のものであっても、電子記録債権に係る債務の債権者口座に対する払込みによる支払に関する契約を締結することを認め、第65条で、電子債権記録機関が、このような契約に基づいても、当事者の請求によらずに支払等記録をすることができる旨を定めている。

　これを受けて、施行規則の第26条は、電子記録債権に係る債務について、①電子債権記録機関、債権者および債権者口座のある銀行等の合意に基づき、あらかじめ電子債権記録機関が、当該銀行等に対し支払期日、支払うべき金額、債務者および債権者に係る情報を提供し、②当該支払期日までの間において当該銀行等が、支払うべき電子記録債権に係る債務の全額について当該債務者による当該債権者口座に対する払込みの事実を確認した場合であって、③電子債権記録機関が当該事実に関する通知を当該銀行等から受けた場合に、当事者からの請求に基づかない支払等記録が行われることとしている。

　そして、上記①の合意に係る契約には、銀行等が、支払うべき電子記録債権に係る債務の全額について当該債務者による当該債権者口座に対する払込みの事実を確認した場合には、遅滞なく、当該事実を電子債権記録機関に通知する旨を定める必要があるものとされている。なお、口座間送金決済の場合、電子債権記録機関、債務者および銀行等の三者による契約に基づくものとして規定されているのに対して、第64条および第65条に規定される「契約」は、電子債権記録機関および銀行等に加え、債務者、債権者のどちらか一方もしくは両方が、契約当事者になる契約であり、三者による契約の場合と四者による契約の場合の両方が考えられる。

　ところで、口座間送金決済の場合には、債務者口座から債権者口座への払込みの取扱いが行われることが前提とされているが、第64条および上記の施行規則第26条については、債務者口座の介在は必須とはされていない。

　これは、例えば振込送金のように、債務者口座を介在しない場合であっても、債権者口座への払込みの取扱いがされるのであれば、その情報をもって支払等記録との同期的管理を構築することが考えられるためである。

　なお、すべての電子債権記録機関は、口座間送金決済についての支払等記録

（第63条第2項）またはその他の契約に係る支払についての支払等記録（第65条）のいずれかができることが必要である（第59条）。また、このうち、各電子債権記録機関が自らのビジネス・ニーズに即して選択して業務規程に定めた方法が、当事者からの請求に基づかない支払等記録の方法として実際に行われることとなる。つまり、当事者の請求に基づかない支払等記録の方法として法令に規定されている方法のうち、電子債権記録機関が業務規程で定めている方法が、実際に行われることとなる。

第5節　記録事項の変更

総説

1　「記録事項の変更」の範囲

　本節が対象とする「記録事項の変更」とは、記録原簿にいったん記録された記録事項の内容を変更すること一般を広く意味する。

　不動産登記においては「変更の登記」という概念と「更正の登記」という概念とに区分されている（不動産登記法第2条第15号および第16号）。しかし、電子記録債権においては、個々の事案において不動産登記法でいうところの変更と更正のどちらに該当するのかの判断が困難な場合もあり、そのような判断を民間の機関である電子債権記録機関に義務付けることには無理があるため、不動産登記法におけるような概念区分をすることなく、およそいったん電子記録した事項を当事者が変更することを、広く「記録事項の変更」として整理している。

　したがって、「記録事項の変更」には、①当事者の誤った請求に基づいて記録された記録事項を変更する場合、②当事者の合意によって支払期日や債権額を変更するなど電子記録債権の実質的内容を変更する場合、③商号変更による名称の変更や転居による住所、相続等によって当事者に一般承継が生じた場合における変更などのすべての場合を含むこととなる。

　このうち、②の当事者の合意によって電子記録債権の内容や電子記録債権を目的とする質権の内容を変更する場合には、その旨の変更記録をすることが効力要件となる（第26条）。

　一方、相続等によって当事者に一般承継が生じたときや当事者の名称や住所に変更が生じたときなどの場合には、それらは法律上当然に効力が生じるものであるから、変更記録は、効力要件として必要となるわけではなく、単に、起こった事象に債権記録の内容を合わせるために記録が行われることになる。例えば、電子記録の請求の意思表示に錯誤があったために当該電子記録が本来無効な場合（第12条）において、債権記録の内容を実態に合わせるために記録事項の内容を修正しようとするときも変更記録を行うことにはなるが、当該変更記録が錯誤無効の効力要件となるわけではない。

　したがって、債権記録に記録された事項の変更については、その効力発生のために「変更記録」という電子記録が必要となる場合と必要ではない場合とがあるということになる。

2 「変更」の対象となる電子記録

上記1のとおり「記録事項の変更」は、記録原簿に電子記録された事項を変更すること一般を広く含むものである。

そのため、記録事項を変更するための変更記録のもととなる電子記録には、発生記録、譲渡記録、支払等記録、保証記録、質権設定記録、分割記録など電子記録債権について行われるすべての種類の電子記録が含まれることとなる。

さらに、変更記録についての変更記録をすることも、当然あり得ることになる。

3 「変更」と「抹消」

また、「記録事項の変更」には、既存の記録事項が別の内容に変わる場合のみならず、電子記録の請求が錯誤等の理由で無効であったために、記録事項の全部または一部が削除される場合も含まれる。

不動産登記においては、いったんされた登記を削除するための登記として「登記の抹消」という概念が用いられている（不動産登記法第68条等）。これに対して、本法では、発生記録における債務者が電子記録債権を全額弁済したときには「支払等記録」によることとしたため、この場合には電子記録の全部を削除する必要がないことに加え、電子記録債権において抹消電子記録という概念を設けると、これに誤りがあった場合に対応するために、不動産登記における「抹消回復登記」（不動産登記法第72条等）に相当する概念をも設ける必要が生じ、概念区分が複雑なものとなってしまい、民間の機関が電子債権記録機関を担う電子記録債権制度にそぐわないきらいがある。

そこで、いったんされた電子記録の全部を削除するための電子記録についても、変更記録によることとしている。

なお、発生記録の請求に意思表示の瑕疵等があった場合のみならず、原因関係となる当事者間の契約が解除された場合にも、変更記録によって当該発生記録において記録された記録事項の全部を削除することとなるが、電子記録債権についての相殺や免除、代物弁済、更改がされた場合には、発生記録に基づいて発生した債務を消滅させる行為であるから、変更記録ではなく、支払等記録によることになる。

4 「変更」と「訂正」

記録事項の変更（第2章第5節）とは、債権記録に記録されている事項を変更するため、当事者からの請求に基づき、電子債権記録機関が変更記録を行うことをいい、原則として、利害関係者全員の請求に基づいて変更記録が行われることになる（第29条）。

記録事項の変更は、1で述べたように、当事者が電子記録債権の内容を実質的に変更するような合意をした場合（第26条）だけでなく、そもそも電子記録の請求の意思表示に錯誤があった場合や、商号変更等によって当事者の名称が変更された場合、電子記録債権の債権者について吸収合併等の一般承継が生じた場合など、およそ記録原簿にいったん記録された事項を変更する場合をすべて含む。

　これに対し、電子記録の訂正（第10条第1項）とは、電子記録の請求自体は有効にされているがその請求のとおりに電子記録がされていないときや、そもそも電子記録の請求がないのに電子記録がされてしまっているときなどのように、不実の電子記録がされている場合において、電子債権記録機関が職権で当該電子記録の内容を訂正することをいう。電子債権記録機関側の過誤やハッキング等により不実の電子記録がされていることが明らかな場合にまで、当事者の請求に基づいた変更記録によらなければならないとするのは迂遠であり、当事者に無用の負担を強いることになるので、当事者からの請求を待つことなく、職権による訂正が電子債権記録機関に義務付けられている。

補説 会社分割の取扱い

　会社法に基づく会社分割の効果について、包括承継であるとの説明がされることがある。しかし、不動産登記において、所有者に会社分割が行われた場合には移転登記を行う必要があるのと同様、電子記録債権の債権者に会社分割が行われ、分割による承継の範囲に当該電子記録債権が含まれていた場合には、変更記録ではなく、譲渡記録を行う必要がある。したがって、譲渡記録が行われない限り、会社分割によって分割承継会社に電子記録債権が移転したことにはならないから、電子記録債務者は、分割会社が電子記録名義人である限り、分割会社に支払をすれば足りることになる。

　電子記録債権の質権者に会社分割が行われた場合には、質権の移転による変更記録を行うことになる。

　一方、電子記録債権の債務者に会社分割が行われ、分割による承継の範囲に当該電子記録債権に係る債務が含まれていた場合には、債務の引受けに関する電子記録はないことから、債務者の変更のための変更記録を行わざるを得ないことになる。電子記録保証人に会社分割が行われた場合も同様である。

> **（電子記録債権の内容等の意思表示による変更）**
> **第26条** 電子記録債権又はこれを目的とする質権の内容の意思表示による変更は、この法律に別段の定めがある場合を除き、変更記録をしなければ、その効力を生じない。

1 趣旨

　記録事項の変更は、いかなる原因であるかにかかわらず、記録原簿にいったん電子記録された事項を変更する場合を広く含むものである。

　その上で、記録事項の変更のうち、「電子記録債権又はこれを目的とする質権の内容の意思表示による変更」については、当事者の合意によって電子記録債権の新たな内容を発生させることに等しい。

　とすれば、電子記録債権の発生が発生記録を効力要件としていることとの平仄をも考慮して、記録事項の変更により電子記録債権の新たな内容を発生させる場合においても、当事者の意思表示に加えて、これを電子記録することを効力要件とすべきである。

　本条は、以上のような考慮に基づき、意思表示による変更については、変更記録を効力要件とすることを明確にしたものである。

2 本条が適用されることとなる債権

　本条の適用対象となる「電子記録債権又はこれを目的とする質権の内容」の変更とは、例えば、債権額や支払期日、質権の被担保債権の額などの当該電子記録債権またはこれを目的とする質権の実質的内容の変更にかかわるものをいう。また、債務引受の目的で、債務者として記録されている者を他の者に変更する場合も、電子記録債権の意思表示による変更に該当する。

　例えば、いわゆる手形のジャンプの場合には、既に振り出した手形を回収した上で新たな支払期日の手形を振り出すことになるが、電子記録債権について同様の行為を行うには、発生記録に記録されている支払期日（第16条第1項第2号）を後の日に変更する旨の変更記録をすることによって、手形のジャンプと同じような支払の延期をすることができる。

　なお、質権設定記録がされた場合における当該質権の被担保債権は、電子記録債権ではないことがあるものの、その内容が当事者の合意によって変更された場合（例えば被担保債権額の増減や支払期日の延期）には、当該質権の内容に影響を及ぼすことになるから、やはり本条の対象となる。

　したがって、質権の被担保債権自体は電子記録債権ではなくても、その変更について当事者が合意しただけでは、当該質権の内容の変更の効力が生じるこ

ととならず、変更記録を経る必要があることに注意が必要である。
　他方で、既に述べたように、電子記録債権の当事者に相続等の一般承継が生じた場合などにおいては、電子記録債権の内容が「意思表示」によって変更される訳ではなく、当該変更は法律上当然に生ずることになるので、効力要件として変更記録が必要となることはない。

3　「この法律に別段の定めがある場合を除き」
　電子記録債権の譲渡や分割も、「当該電子記録債権の債権者として記録されている者を当事者の合意によって変更すること」や「既存の電子記録債権に代えて新たに2つの電子記録債権を存続させること」と考えることが不可能ではないから、とらえ方によっては、「電子記録債権の内容等の意思表示による変更」に該当し得る。
　しかし、これらについては、変更記録ではなく、それぞれ譲渡記録や分割記録という制度が設けられているので、「この法律に別段の定めがある場合」に該当し、その結果、変更記録による必要はない。
　本条では、この旨を明確にするため、別段の定めがある場合には変更記録がなくとも内容の変更の効力が生じることがあることを明記している。

（変更記録の記録事項）
第27条　変更記録においては、次に掲げる事項を記録しなければならない。
　一　変更する記録事項
　二　前号の記録事項を変更する旨及びその原因
　三　第一号の記録事項についての変更後の内容（当該記録事項を記録しないこととする場合にあっては、当該記録事項を削除する旨）
　四　電子記録の年月日

1　趣旨
　本条は、変更記録における記録事項について定めたものである。
　変更記録については、既に記録された事項を変更するというその電子記録としての性質上、すべての記録事項が必要的な記録事項である。

2　変更する記録事項（第1号）
　まず、変更の対象となる電子記録においても複数の記録事項が記録されているため、そのうち、どの記録事項を変更するのかを特定させる必要がある。
　そこで、変更の対象となる記録事項を、「変更する記録事項」としてその特

定を必要としている。

　なお、記録事項の変更においては、債権記録に既に記録されている特定の事項を変更することだけでなく、発生記録においては全く記録していなかった任意的記録事項を新たに追加して記録するような変更記録をすることも可能である。例えば、当初は、利息の定め（第16条第2項第4号）を記録しないで発生記録がされた電子記録債権について、その後、利息の定めを追加する旨の変更記録をすることも可能である。

3　記録事項を変更する旨およびその原因（第2号）

　次に、変更記録であることが記録上も明確になるよう、変更する旨を記録する必要がある。ここでいう「変更」とは、本条第3号で規定されているとおり、電子記録事項を削除する場合をも含む概念である。

　次に、変更の「原因」とは、例えば変更記録の原因となった意思表示や相続、錯誤などを指す。変更記録が意思表示によるものか、そうでないかを記録上明確にしようとするものである。

　変更の原因を記録しておく必要性が高い場面の1つとして、後述する第28条の規定による変更記録の場合（求償権の譲渡に伴い電子記録債権が移転した場合における変更記録）が挙げられる。この場合においては、支払等記録における「支払等をした者」の記録事項を譲受人名義へと変更する変更記録をすることとなるが、実際に「支払等をした者」との違いを明確にしておくためにも、当該変更の原因（ここでは求償権の譲渡）を記録原簿上も明らかにしておく必要がある。

4　変更後の内容（第3号）

　変更記録が、既に記録された事項を変更するという性質を持つものである以上、変更後の内容が記録事項となるのは当然である。

　なお、変更記録によって、それまで記録されていた記録事項の内容とは異なる新たな内容を記録する場合には、その「変更後の内容」を記録することとなるが、錯誤による電子記録の請求等があった場合のように、それまで記録されていた記録事項を単に削除すれば足りる場合には、「当該記録事項を削除する旨」を記録することとなる。この場合には、記録されている事項の電子データ自体を記録原簿から消去するのではなく、その履歴を残すために、当該記録事項を「削除する旨」の記録をすることとしている。

5　電子記録の年月日（第4号）

　記録事項の変更のうち、当事者の意思表示によって電子記録債権の内容を変

更する場合には、変更記録が効力要件となる以上、「電子記録の年月日」は、まさに電子記録債権の内容が変更された日ということになる。

これに対し、当事者の意思表示によらずに記録事項に変更が生じた場合には、必ずしも当該変更の生じた日と「電子記録の年月日」とが一致する訳ではないが、その場合でも、電子記録の年月日は、変更記録の履歴としての意味を有することとなる。

以上のように、変更がどのような原因によるものであっても、電子記録の年月日は重要な意味を有するから、電子記録の年月日を記録事項としている。

（求償権の譲渡に伴い電子記録債権が移転した場合の変更記録）
第28条　債権記録に支払等をした者として記録されている者であって当該支払等により電子記録債権の債権者に代位したものがした求償権（特別求償権を除く。）の譲渡に伴い当該電子記録債権が移転した場合における変更記録は、その者の氏名又は名称及び住所を当該求償権の譲受人の氏名又は名称及び住所に変更する記録をすることによって行う。

1　趣旨
(1)　本条が適用される場面

本条は、電子記録債権の債務者の民事保証人や物上保証人が、当該電子記録債権に係る債務を第三者弁済した場合を念頭に置いている。

この場合には、当該民事保証人等の支払をした者は、支払等記録を経るとともに、電子記録債権の債務者に対して求償権（電子記録保証人ではないので特別求償権ではなく、民法上の求償権。民法第459条、第462条）を取得するほか、法定代位により当該電子記録債権も取得することになる（民法第500条）。

もっとも、この求償権は電子記録債権である特別求償権（第35条第1項柱書本文）ではなく、通常の指名債権であるため、その譲渡につき譲渡記録によることはできず、指名債権譲渡の方式（民法第467条、動産・債権譲渡特例法第4条、第8条）によって譲渡することになる。

(2)　求償権の譲渡

(1)で述べたような第三者弁済をした者が、後日に民法上の求償権を第三者に譲渡する場合には、法定代位により取得した当該電子記録債権も譲受人に移転することになる。

かかる場合、第三者弁済により取得していた電子記録債権は、あくまでも求償権を担保する目的で法定代位が認められたにすぎず（民法第501条）、求償権と切り離して独立に当該電子記録債権を譲渡することはできない以上、譲渡記

録によって譲渡されるとする処理を採用することは合理的でない。なぜなら、この場合の電子記録債権の移転は、求償権の譲渡に伴って法律上当然に生じるものであるにもかかわらず、譲渡は、あくまで譲渡記録がされなければ効力を生じないものであり、こうした法律上当然の移転を適用対象とするものではないためである。

　以上から、求償権とともに電子記録債権が移転する場合には、譲渡記録によるのではなく変更記録によるべきことになる。

　その上で、変更記録によって既存の記録のどの部分を変更すればよいのかが次に問題となる。これについては、法定代位により電子記録債権が取得されたことを示しているのは、上記の民事保証人等が支払等記録において「支払等をした者」(第24条第4号)として記録されているという点にある。

　とすれば、法定代位により取得された電子記録債権の移転を表す変更記録において、その支払等記録の「支払等をした者」を譲受人名義に変更する変更記録を行えば、当該求償権および法定代位した電子記録債権が求償権の譲受人に移転した旨が債権記録に反映されることになる。

　以上から、本条では、求償権の譲渡に伴う電子記録債権の移転については、「支払等をした者」の記録事項を変更する変更記録によるべきことを明らかにしている。

　なお、求償権の譲渡の優劣自体は、あくまでも民法または動産・債権譲渡特例法上の債権譲渡の対抗要件の具備の有無および順序によって決せられることになる。

2　「債権記録に支払等をした者として記録されている者であって当該支払等により電子記録債権の債権者に代位したもの」

　上記1のとおり、民事保証人や物上保証人が電子記録債権について弁済をして支払等記録がされた場合、①「債権記録に支払等をした者として記録されている者」に該当することになる。さらに、その者は、求償権を取得するとともに、②「当該支払等により電子記録債権の債権者に代位した」者となるので、そのことについて規定したものである。

3　「求償権（特別求償権を除く。）の譲渡に伴い当該電子記録債権が移転した場合」

　民事保証人等が弁済したことにより代位取得した電子記録債権は、あくまでも民法上の求償権を担保するものにすぎないため、当該求償権の移転に随伴して当該電子記録債権も移転することになるので、その旨を規定したものである。

これに対して、支払等記録に支払等をした者として記録されたのが電子記録保証人の場合であっても、上記2の①②を充たすことになる。

しかし、電子記録保証人が取得した特別求償権については、電子記録債権の一種として独立して譲渡することが認められているので、したがって譲渡記録によって特別求償権が譲渡され、これに伴って、法定代位した原電子記録債権も特別求償権の譲受人に移転することになる。

そこで、本条でも、「求償権（特別求償権を除く。）」という文言を用いて、特別求償権は本条の適用対象ではない旨を明確にしている。

4 「その者の氏名又は名称及び住所を当該求償権の譲受人の氏名又は名称及び住所に変更する記録をする」

この部分は、変更記録の記録の方法について具体的に定めている。

すなわち、支払等記録における「支払等をした者」についての記録事項に記録されている「氏名又は名称及び住所」を、「当該求償権の譲受人」のものに変更する旨の変更記録をしなければならないことを規定したものである。

（変更記録の請求）

第29条　変更記録の請求は、当該変更記録につき電子記録上の利害関係を有する者（その者について相続その他の一般承継があったときは、その相続人その他の一般承継人）の全員がしなければならない。

2　前項の規定にかかわらず、相続又は法人の合併による電子記録名義人又は電子記録債務者の変更を内容とする変更記録は、相続人又は合併後存続する法人若しくは合併により設立された法人だけで請求することができる。ただし、相続人が二人以上ある場合には、その全員が当該変更記録を請求しなければならない。

3　第五条第二項及び第三項の規定は、第一項及び前項ただし書の場合について準用する。

4　第一項の規定にかかわらず、電子記録名義人又は電子記録債務者の氏名若しくは名称又は住所についての変更記録は、その者が単独で請求することができる。他の者の権利義務に影響を及ぼさないことが明らかな変更記録であって業務規程の定めるものについても、同様とする。

1　趣旨

本条は、変更記録についての請求権者について定めたものである。

2 第1項

本条第1項は、変更記録の請求権者についての原則を定めたものである。

すなわち、変更記録は、当該電子記録債権の内容に影響を及ぼす可能性が高いため、原則として「当該変更記録につき電子記録上の利害関係を有する者（その者について相続その他の一般承継があったときは、その相続人その他の一般承継人）」を請求権者とし、請求権者の全員による変更記録の請求が必要である旨を定めたものである。

(1) 「当該変更記録につき電子記録上の利害関係を有する者」

「当該変更記録につき電子記録上の利害関係を有する者」とは、変更記録をすることによって、記録原簿上、直接または間接的に利益または不利益を受ける者のことである。

まず、電子記録名義人と電子記録債務者は、その定義上、当該変更記録により直接利益または不利益を受ける立場にあるので、原則として「電子記録上の利害関係を有する者」に該当する。

このほか、例えば、発生記録における記録事項を変更しようとする場合には、現在の電子記録上の債権者および債務者のみならず、電子記録保証人も、保証の範囲を限定する旨の定め（第32条第2項第1号）が記録されていない限り、債権記録上、増額された債務の全額について保証していることになってしまうという不利益を受けることになるので、変更記録について「電子記録上の利害関係を有する者」に該当することとなる。

他方、譲渡記録等により、現在は電子記録上債権者でも債務者でもなくなっている者については、変更記録により間接的にも何らの影響を受けない立場にあるので、変更記録の請求権者には含まれないこととなる。

また、電子記録債権に係る債務を民法上保証したにすぎない者についても、たとえ変更記録によって主たる債務の内容が変更されることがあったとしても、その者が債権記録に全く現れていない以上は「電子記録上の利害関係」を有するとはいえないため、変更記録の請求権者とはならない。

このほか、質権設定記録を全部削除する旨の変更記録をしようとする場合においては、当該電子記録債権の現在の債権者や当該質権の質権者が当該変更記録によって直接的に利益または不利益を受ける立場にあるほか、当該質権について転質の電子記録（第40条参照）がされているときは、当該転質権者も間接的に不利益を受けることになるので、「当該変更記録について電子記録上の利害関係を有する者」として、当該変更記録の請求権者となる。

なお、「電子記録上の利害関係を有する者」に相続等の一般承継が生じた場合には、被承継人の地位を承継取得することになるので、「（その者について相続その他の一般承継があったときは、その相続人その他の一般承継人）」とし

て変更記録の請求権者に含めている。
　(2)　「全員がしなければならない。」
　変更記録の原則的な請求権者について「当該変更記録につき電子記録上の利害関係を有する者」とした以上、通常の場合には、変更記録の請求権者は2人以上存在することとなる。
　しかし、各請求権者に単独での変更記録の請求を認めれば、恣意的な内容の変更記録がされるおそれがあり、他の請求権者の利益が害されるため、変更記録の請求については、原則として請求権者の全員が請求をしなければならないものとしている。
　なお、ここでいう「全員が」とは、請求権者全員で共同して変更記録の請求をしなければならないという趣旨ではなく、請求権者が各別に変更記録の請求をした場合も含む趣旨である。このように各別に請求が行われた場合には、本条3項により準用される第5条第3項の規定により、請求権者の「すべてが電子記録の請求をした時に」、変更記録の請求としての効力が生じることとなる。

3　第2項

　本項は、第1項のように、変更記録は利害関係を有する者全員がしなければならないという原則論の例外として、電子記録債権の電子記録名義人または電子記録債務者に一般承継が生じた場合における変更記録の請求権者についての特則を定めたものである。
　(1)　本文
　電子記録債権またはこれに係る債務について「相続又は法人の合併による」一般承継が生じた場合には、民法の原則のとおり、当該債権または債務は当然に一般承継人に移転することとなる。
　そして、そのような一般承継による電子記録債権の帰属の移転を記録原簿上も明らかにするために変更記録をすることになる（一般承継による電子記録債権の移転には善意取得や人的抗弁の切断の生ずる余地がないので、譲渡記録によるのは相当でないことから、本項において、変更記録によることも明らかにしている）。
　しかし、変更されるべき電子記録上の名義人である被相続人や消滅会社が変更記録を請求することは、当然のことながら不可能である。
　そこで、本項本文は、不動産登記法第63条第2項の規定にならって、本条第1項の規定にかかわらず、一般承継人である「相続人又は合併後存続する法人若しくは合併により設立された法人」だけで自己を電子記録名義人または電子記録債務者とする旨の変更記録の請求を認めたものである。
　(2)　ただし書
　本項本文は、あくまでも一般承継人だけで変更記録の請求をすることを認め

たものにすぎず、「相続人が二人以上いる場合には」、本項ただし書の規定により、相続人全員が変更記録の請求をする必要がある。

すなわち、電子記録債権の債権者または債務者に共同相続が生じた場合には、誰が相続人であって、誰にいくらの債権・債務が帰属しているのかを電子債権記録機関が容易に認識することができない。

例えば、債権者の共同相続の場合には、遺言による相続分の指定や遺産分割等が行われる場合があるが、そのようなことが行われたのかどうか自体を電子債権記録機関には容易に知ることができず、債務者の共同相続の場合においても、相続の放棄がされることがあり、誰が債務者の地位を引き継いだのかなどが電子債権記録機関には容易に知りえない。

このような問題があるため、各相続人がそれぞれ単独で変更記録の請求をすることができることとすれば、一部の相続人の請求によって実体に符合しない変更記録がされる可能性があることから、共同相続人間の紛争に電子債権記録機関が巻き込まれることを防ぐとともに、誤った変更記録に引き続いて譲渡記録がされることによって生ずる善意取得の結果として他の相続人の相続分が害される事態が生ずることを防止する必要があることを踏まえて、本項ただし書において、電子記録名義人または電子記録債務者に共同相続が生じた場合における変更記録の請求については、共同相続人全員による変更記録の請求が必要であるとしたものである。

これに対し、法人の合併による一般承継が生じた場合には、吸収合併であるか新設合併であるかにかかわらず、そもそも合併後の法人は1つしか存在せず、共同相続のような問題は生じないので、ただし書が適用される余地はなく、存続法人または新設法人が単独で変更記録を請求することができる。

4　第3項

変更記録の請求権者が2人以上いる場合において、一部の請求権者が変更記録の請求に応じないときや変更記録の請求が共同してされなかったときについて、電子記録の通則規定である第5条第2項および第3項を準用するものである。

(1)　確定判決による単独請求

変更記録の請求は、原則として、当該変更記録について電子記録上の利害関係を有する者の全員がしなければならないが（第29条第1項）、実際には、請求権者の一部の者、とりわけ当該変更記録によって不利益を受ける者が変更記録の請求をしようとしないこともあり得る。このように、変更記録の請求権者が2人以上いる場合において、一部の請求権者が変更記録の請求に応じないときは、他の請求権者は、第5条第2項の準用により、変更記録の請求に応じない

者に対する電子記録請求を命ずる確定判決を得て、変更記録を請求することができる。
　したがって、例えば、変更記録の請求をしようとするＡは、変更記録の請求をしない請求権者Ｂを被告として、当該変更記録の請求をすることを求める訴えを提起し、その認容判決が確定すれば、Ａだけで当該変更記録の請求をすることができる。
　もっとも、ＡがＢに対して変更記録の請求をすべきことを命ずる判決を取得することができるかどうかは、ＡとＢとの間における実体関係によって個別に定まることになる。例えば、ＡとＢが、支払期日を延期する旨の合意をしたにもかかわらず、Ｂがその旨の変更記録の請求をしないときは、変更記録がされない以上、支払期日の変更の効力は生じないが、ＢはＡに対して、変更記録の請求をする契約上の義務を負うから、Ａは当該請求をすべきことをＢに命ずる判決を得ることができる。これに対して、そもそもＡとＢとの間にそのような合意がなければ、当該判決を得ることはできない。
　(2)　変更記録の請求が共同していない場合における請求の効力
　変更記録の請求権者が２人以上いる場合において、請求権者が別々に変更記録を請求したときには、第５条第３項の準用により、「これらの者のすべてが電子記録の請求をした時に、」当該請求の効力が生じることになる。

5　第４項
　本項は、改名等の他の者の権利義務に影響を及ぼさないことが明らかな変更記録については、その者が単独で請求できる旨の特則を定めたものである。
　(1)　前段
　本項前段は、電子記録名義人または電子記録債務者の改名や住所変更等のように、電子記録債権の権利義務の内容にかかわらない形式的な事項についての変更記録については、当該変更が生じた者以外の者の利益を害するものではなく、すべての請求権者に当該変更記録を請求させるのは迂遠なため、単独での請求を認めたものである。
　なお、単独請求が認められるのは、改名等が「電子記録名義人又は電子記録債務者」に生じた場合であって、それ以外の債権記録に記録されているにすぎない者（例えば、電子記録債権に質権設定記録がされている場合における当該質権の被担保債権の債務者や、過去の債権者）については、そもそも「電子記録上の利害関係を有する者」ではなく、変更記録の請求権を認めるべきではないため、本項の適用対象から除外されている。
　(2)　後段
　「他の者の権利義務に影響を及ぼさないことが明らかな変更記録」とは、例

えば債権記録に記録されている支払先口座の名称等が金融機関の統廃合により変更した場合などのように、他の請求権者の権利義務に影響がないことが明らかな形式的な事項の変更に係る変更記録のことをいう。

　このような事項についてまで、「電子記録上の利害関係を有する者」全員による変更記録の請求によらなければならないというのでは迂遠であるため、電子債権記録機関の定める「業務規程の定めるもの」の範囲内で単独請求ができることを許容したものである。

　なお、当該事項について「業務規程の定めるもの」としたのは、個別の請求に際して、当該変更記録が「他の者の権利義務に影響を及ぼさないことが明らかな」ものといえるかどうかの判断を電子債権記録機関に委ねることは酷であることから、あらかじめ電子債権記録機関に業務規程で定めて監督官庁の認可を受けたものについてのみ単独請求を認めることで、画一的な事務処理を図るものである。

補説　一般承継が生じていた場合の中間省略的な記録の可否とその方法

　電子記録名義人に相続や法人の合併等による一般承継が生じた場合における電子記録債権の移転の効果は、法律上当然に生じるものであって、当事者の意思表示による電子記録債権の内容の変更ではないので、必ずしも変更記録を経る必要はない（第26条参照）。

　そのため、電子記録名義人に一般承継が生じた場合、当事者としては、当該電子記録債権の債権者が一般承継人に変更したことを債権記録上に反映させたい場合に変更記録の請求をすれば足り、一般承継人がそのような反映をさせることなく、当該電子記録債権を第三者へ譲渡しようとするときは、電子記録名義人を自己に変更する旨の変更記録を経ることなく第三者への譲渡記録を請求することができる。

　同様に、一般承継人が当該電子記録債権についての支払等を受けた場合にも、変更記録を経ることなく、支払等記録の請求をすることができる。これは、変更記録をして記録上の債権者や債務者とならずとも、一般承継人という属性を有する者であれば、譲渡記録や支払等記録の請求権者と認められるからである（第5条第1項）。

　なお、通常の場合、電子記録債権を新たに譲り受けようとする者は、当該電子記録債権の発生記録の債権者または過去の譲渡記録の譲受人が個人であるか否か、個人事業者である旨の記録（第16条第2項第9号、第18条第2項第2号）がされているか否かを確認することによって、善意取得によって保護される可能性の有無を判断することが可能である（第19条第2項第3号参照）。

　しかしながら、電子記録名義人に相続が生じた場合において中間省略的な譲渡記録がされたときは、被相続人（つまり個人）が発生記録の債権者または過去の譲渡記録の譲受人として記録されたままの状態で譲渡記録がされるため、たとえ被相続人について個人事業者である旨の記録がされていたとしても、実際の譲渡人（つまり相続人）も個人事業者であるとは限らず、消費者である可能性も十分に考えられる。

　そこで、相続人が中間省略的な譲渡記録をしようとする場合においては、当該譲渡人の属性を債権記録上も明らかにするために、当該譲渡記録の必要的記録事項として「譲渡人の氏名及び住所」を記録しなければならない（第18条第1項第2号）。

　これに対し、法人の合併によって電子記録名義人に一般承継が生じた場合においては、その旨の変更記録がされることなく中間省略的な譲渡記録がされたとしても、実際の譲渡人（合併後存続する法人または合併により設立された法人）も個人でないことは明らかであり、善意取得の適用が除外されることはないの

で、通常の譲渡記録における場合と同様に、譲渡人の名称等を譲渡記録に記録する必要はない。

（変更記録が無効な場合における電子記録債務者の責任）

第30条　変更記録がその請求の無効、取消しその他の事由により効力を有しない場合には、当該変更記録前に債務を負担した電子記録債務者は、当該変更記録前の債権記録の内容に従って責任を負う。ただし、当該変更記録の請求における相手方に対する意思表示を適法にした者の間においては、当該意思表示をした電子記録債務者は、当該変更記録以後の債権記録の内容に従って責任を負う。

2　前項本文に規定する場合には、当該変更記録後に債務を負担した電子記録債務者は、当該変更記録後の債権記録の内容に従って責任を負う。

1　第1項

　本条は、変更記録の請求に瑕疵等があるために当該変更記録が無効な場合における電子記録債務者の責任について定めたものであって、第1項ただし書を除き、手形法第69条と同内容の規定である。

　まず、本項は、変更記録が無効な場合における「当該変更記録前に債務を負担した電子記録債務者」の責任について定めたものである。

(1)　本文

「変更記録がその請求の無効、取消しその他の事由により効力を有しない場合」には、下記の場合も含め、およそ変更記録の請求の要件を充たしていないすべての場合が含まれる。

① 変更記録の請求権者の一部について請求がないにもかかわらず変更記録がされた場合

② 変更記録を請求した者の一部の請求に係る意思表示に錯誤等があったために当該意思表示が無効であったり、当該意思表示が詐欺等によってされたものであるために取り消された場合

③ 当該請求が無権代理人等によって行われたものであって表見代理等が成立しない場合

④ 変更記録する権限のない者によるなりすましによって変更記録がされた場合

⑤ 変更記録の手続を経ることなく記録事項が変更された場合（ハッキング等のいわゆる変造に類する場合）

　本文は、このような場合には、そもそも当該変更記録は本来無効なものであるはずため、「当該変更記録前に債務を負担した電子記録債務者」については、原則として、「当該変更記録前の債権記録の内容」の範囲内で債務を負担すれば足りることを明示したものである。

(2) ただし書

本項本文で規定した「当該変更記録前に債務を負担した電子記録債務者」の責任についての特則として、例外的に変更記録の効果が及ぶ場合を規定したものである。

具体的には、「当該変更記録の……意思表示を適法にした者」とは、変更記録の請求権者が3人以上ある場合であって、そのうちの一部の者の請求のみについて意思表示の瑕疵がある場合における、当該一部の者以外の者をいう。

例えば、電子記録債権の債権額を増額する旨の変更記録がされた場合において、当該変更記録についての債権者および債務者の請求は有効にされたが、電子記録保証人の請求だけが無効なときにおいては、当該債権者および債務者のことを指す。

本項ただし書は、このような場合には、請求の「意思表示を適法にした者の間」つまり有効な請求をした債権者および債務者の間においてまで当該変更記録の効力を否定する必要はないので、「当該意思表示をした電子記録債務者」に限って、「変更記録以後の債権記録の内容」に従って債務を負担すべきものとしている。

2 第2項

本項は、変更記録が無効な場合における、「当該変更記録後に債務を負担した電子記録債務者」の責任についての特則を定めたものである。

(1) 本項が適用される場面

本項が適用される場面について、本項では「前項本文に規定する場合」と規定されているから、本条第1項本文の規定する「変更記録がその請求の無効、取消しその他の事由により効力を有しない場合」に、本項が適用されることになる。

このような場合、本来であれば当該変更記録は無効なものとして効力が生じないはずであるが、「当該変更記録後に債務を負担した電子記録債務者」については、無効な変更記録により記録された記録の内容を前提として有効な意思表示をした者であるから、当該変更記録の効力を否定する必要がないし、当該変更記録前の債権記録の内容に従わなければならないとすると、かえって当該電子記録債務者が不測の不利益を被るおそれもある（例えば、無効な変更記録の請求によって発生記録の債権額が減額された後に、電子記録保証をした者の場合、当該減額の変更記録の前の債務を保証するものとされることは、当該電子記録保証人に不測の不利益を負わせるおそれがある）。

以上から、変更記録後に債務を負担した電子記録債務者との関係では、当該変更記録の効力を認め、変更記録後の内容に従って責任を負うものとしてい

る。

(2) 本項の適用対象

　変更記録が無効な場合における「当該変更記録後に債務を負担した電子記録債務者」とは、無効な変更記録がされた後に保証記録がされた場合における電子記録保証人、無効な変更記録がされた後に発生記録における債務者についての変更記録により債務引受をした債務者などを指す。

　これらの者については、変更後の記録事項を前提として債務を負担する意思表示をしたのであるから、当該変更記録の効力を認めても支障がない上、逆にこれらの者が変更前の債権記録の内容に従わなければならないとすれば不利益が生じるおそれもある。

　そこで、手形の変造後に債務を負担した場合（手形法第69条）と同様に、「当該変更記録変更後の債権記録の内容」に従って債務を負担すべきものとした。

　なお、無効な変更記録がされた後に民事保証に係る債務を負担した者は、「電子記録債務者」ではないため、本条の適用はない。

　このような者については、民法の原則のとおり、基本的には、保証債務の附従性により、発生記録の債務者の責任に従って保証債務を負うことになる。

第6節　電子記録保証

> **（保証記録による電子記録債権の発生）**
> 第31条　電子記録保証に係る電子記録債権は、保証記録をすることによって生ずる。

1　本条の趣旨
　本条は、「電子記録保証に係る電子記録債権」すなわち電子記録保証人に履行を請求する権利（保証債務履行請求権）は、保証記録をすることによって発生することとし、保証記録を電子記録保証の効力要件とするものである。
　保証記録を効力要件としたのは、電子記録保証による債権・債務も債権記録に記録される債権・債務であり、発生記録により生じる債権・債務と同様、原因関係とは別個の債権・債務関係として生じるものであることによる。
　なお、手形保証についても、手形に署名することが要件とされている（手形法第31条参照）。

2　電子記録保証制度の概説
　次条以下で具体的に規律される電子記録保証制度について、その内容を概説すると、以下のとおりである。
(1)　電子記録保証の性質
　電子記録保証の主たる債務は、「電子記録債権に係る債務」であることが必要である。これには、発生記録における債務者の債務、電子記録保証債務、特別求償権に係る債務がある。
　次に、電子記録保証は、「保証記録をしたもの」であることが必要であり、保証記録をすることが電子記録保証の効力要件とされている（第31条）。したがって、電子記録債権に係る債務を主たる債務とする保証であっても、保証記録がされていなければ、民事保証にすぎないことになる。
(2)　電子記録保証の特徴
　電子記録保証には、次のとおり、民事保証とは異なる特別の効力が認められている。
　① 民事保証においては、保証の附従性により、主たる債務者がその主たる債務を負担しない場合には、民法第449条に該当するときを除き、保証人も保証債務を負担しないこととなるが、電子記録保証には独立性が認めら

れており、主たる債務者がその主たる債務を負担しない場合においても、電子記録保証人は、電子記録保証債務を負担する（第33条第1項）。もっとも、電子記録保証人が個人（個人事業者である旨の記録がされている者を除く）である場合については、独立性は認められないこととしている（第33条第2項）。

② 民事保証人は、債権者に対して、まず主たる債務者に催告すべき旨の請求をすることができ（民法第452条。催告の抗弁権）、また、主たる債務者に弁済する資力があり、かつ、執行が容易であることを証明して、債権者からの請求を拒むことができるが（同法第453条。検索の抗弁権）、電子記録保証人には、催告の抗弁権も検索の抗弁権も認められない（第34条第1項）。

③ 民事保証人が複数いる場合には、各民事保証人は、保証人の数に応じて分割された債務を負担するが（民法第456条）、電子記録保証人は、このような分別の利益を有しない（第34条第1項）。

④ 民法第457条は、主たる債務者に対する時効中断効が保証人にも及び、また、保証人は、主たる債務者の債権による相殺をもって債権者に対抗することができることとしているが、電子記録保証については、同条の適用を除外している（第34条第1項）。もっとも、電子記録保証人が個人（個人事業者である旨の記録がされている者を除く）である場合については、民法第457条第2項と同様の規定を設けて（第34条第2項）、消費者を保護することとしている。

⑤ 民事保証では、保証人が主たる債務者と連帯して保証債務を負担する連帯保証が認められ（民法第458条）、また、保証が商行為である場合等においては連帯保証となることとされているが（商法第511条第2項）、電子記録保証については、これらの規定の適用を除外している（第34条第1項）。

⑥ 民事保証人が支払った場合における求償については、主たる債務者の委託の有無等によって主たる債務者に対して求償することができる額が区別されており、また、他の保証人に対しては、原則としてその負担部分の範囲で求償することができることとされている（民法第459条以下）。これに対して、電子記録保証人が支払った場合の求償については、求償の要件およびその額について、特別の規定を設けている（第35条）。

3 電子記録保証制度の趣旨

このような特別の類型の保証を認めたのは、電子記録債権の取引の安全を図るために、独立性等の特別の効力を認める必要があること、電子記録債権は手形の代替として活用されることも想定されているところ、それを実現するためには、手形保証と同様の内容を持った特殊な保証を創設する必要があること等

によるものである。

4　電子記録保証と手形の裏書

　電子記録債権の譲渡については、手形の裏書人が原則として担保責任を負うとされている（手形法第15条第1項）のとは異なり、譲渡人が当然に発生記録における債務者の支払を担保することとはしていない。

　これは、電子記録債権の活用方法としては、手形に代替するものに限らず、様々な活用方法が考えられることからすれば、電子記録債権においては、譲渡人が担保責任を負うことを原則とするまでの必要はないと考えられること等によるものである。

　しかしながら、電子記録債権を譲渡するに当たって、譲渡人による信用補完が必要となる場合があることも想定され、そのような場合については、譲渡人が、発生記録における債務者の債務について電子記録保証（第31条以下）をすることにより対応することとしている。

　そして、電子記録保証について、民法の規定による保証とは異なり、次のような規定を設けることによって、裏書の担保責任と同様の実質を実現することができるようにしている。

① 　電子記録保証は、独立性を有し、主たる債務が無効である場合であっても、その効力を妨げられない（第33条第1項）。
② 　電子記録保証には、催告・検索の抗弁（民法第452条、第453条）や、分別の利益（同法第456条）を認めない（第34条第1項）。
③ 　電子記録保証人が支払った場合の求償についても、民法の規定による保証人の求償権とは異なる内容を有する特別求償権の制度を設けて、譲渡人が電子記録保証をして譲渡し、当該譲渡人（兼電子記録保証人）が支払をしたときは、手形の裏書人が前者に遡求する場合と同様に、譲渡人が電子記録保証をする前に電子記録保証をしていた他の電子記録保証人に対しては、支払った額の全額について求償権を行使することができる（第35条）。

（保証記録）
第32条　保証記録においては、次に掲げる事項を記録しなければならない。
　一　保証をする旨
　二　保証人の氏名又は名称及び住所
　三　主たる債務者の氏名又は名称及び住所その他主たる債務を特定するために必要な事項
　四　電子記録の年月日

2　保証記録においては、次に掲げる事項を記録することができる。
　一　保証の範囲を限定する旨の定めをするときは、その定め
　二　遅延損害金又は違約金についての定めをするときは、その定め
　三　相殺又は代物弁済についての定めをするときは、その定め
　四　弁済の充当の指定についての定めをするときは、その定め
　五　保証人が個人事業者であるときは、その旨
　六　保証人が法人又は個人事業者（その旨の記録がされる者に限る。）である場合において、保証記録をした時の債権者に対抗することができる事由について第二十条第一項（第三十八条において読み替えて準用する場合を含む。）の規定を適用しない旨の定めをするときは、その定め
　七　保証人が法人又は個人事業者（その旨の記録がされる者に限る。）であって前号に掲げる定めが記録されない場合において、保証人が債権者（譲渡記録における譲受人を含む。以下この項において同じ。）に対抗することができる抗弁についての定めをするときは、その定め
　八　債権者と保証人との間の通知の方法についての定めをするときは、その定め
　九　債権者と保証人との間の紛争の解決の方法についての定めをするときは、その定め
　十　前各号に掲げるもののほか、政令で定める事項
3　第一項第一号から第三号までに掲げる事項のいずれかの記録が欠けているときは、電子記録保証に係る電子記録債権は、発生しない。
4　消費者についてされた第二項第五号に掲げる事項の記録は、その効力を有しない。
5　電子債権記録機関は、発生記録において第十六条第二項第十二号又は第十五号に掲げる事項（保証記録に係る部分に限る。）が記録されているときは、その記録の内容に抵触する保証記録をしてはならない。

1　趣旨

　本条第1項は、保証記録の必要的な記録事項について定めた規定である。電子記録債権の内容は電子記録された内容によって定まるものとしている（第9条第1項）ことから、保証記録では、当該保証記録により発生する電子記録債権の内容を形成する事項を記録事項としている。
　記録事項のうち、第1項各号に掲げる事項は、保証債務履行請求権にとって必要不可欠な情報であるため、必要的な記録事項としている。すなわち、第1項第1号から第3号までに掲げる事項のいずれかの記録が欠けていれば、電子

記録債権は発生しないこととしている（本条第3項）。

これに対して、第2項各号に掲げる事項は、保証債務履行請求権にとって必要不可欠な情報とまではいえないが、当事者が記録事項とすることに合意して電子債権記録機関により記録がされれば、電子記録債権の内容を形成することとなる事項（任意的な記録事項）である。第2項で、「……定めをするときは、その定め」等としているのは、これらの事項が任意的な記録事項であることを文理上も明らかにするためである。

なお、本条の対象となるのは、電子記録債権の中でも、「電子記録保証に係る電子記録債権」のみである。

このほか、本条では、第4項で、他の電子記録と同様に個人事業者である旨の電子記録の効力について、第5項で、保証記録の制限または禁止が電子記録されている場合について、それぞれ定めるものである。

2　第1項

第1項には、保証記録の必要的な記録事項として、保証債務履行請求権の基本的な事項が列挙されている（不動産登記法第59条参照）。

(1)　保証をする旨（第1号）

「保証をする旨」は、電子記録の目的を明らかにするために必要な事項である。

なお、民事保証と明確に区別するため、同号は「保証をする旨」ではなく「電子記録保証をする旨」とすべきようにも思われるが、保証記録が行われれば当該保証は電子記録保証となる以上、あえて「電子記録保証をする旨」とまで規定する必要はないと考えられるので、本号は「保証をする旨」とのみ規定している。

(2)　電子記録保証人（第2号）

「保証人の氏名又は名称及び住所」は、電子記録保証人となる者を特定するために必要な事項である（発生記録に関する第16条第1項第5号参照）。

なお、債権者の特定に関する情報が記録事項とはされていないのは、保証記録の債権者は保証記録がされた時点における電子記録名義人であって、それが誰であるかは債権記録上明らかであることから、あえて記録事項とする必要はないことによる。

(3)　主債務（第3号）

「主たる債務者の氏名又は名称及び住所その他主たる債務を特定するために必要な事項」は、電子記録保証の主たる債務を特定するために必要な事項である。

電子記録保証の主たる債務となるのは、その定義上、電子記録債権に係る債

務であるのは当然であるが（第2条第9項）、発生記録により生じる通常の電子記録債権に限られず、電子記録保証債務が主たる債務となる場合もあり得る。

また、通常の電子記録債権が主たる債務である場合であっても、可分債権が電子記録されているときのように、1つの債権記録に複数の電子記録債権が電子記録され、そのうちの一部の電子記録債権のみを主たる債務として保証記録がされることもあり得る。

そこで、どの債務が主たる債務であるかを特定する必要があるため、本号でこれを必要的記録事項としている。

(4) 電子記録の年月日（第4号）

保証記録は、電子記録保証に係る電子記録債権を発生させる効果を有する以上、権利の発生日は電子記録日ということになるから、電子記録の年月日は電子記録債権をめぐる法律関係にとって重要な情報となる。

そこで、本号において、電子記録の年月日を必要的な記録事項としている。

本号は、当事者の請求によらずに記録される記録事項である。

3 第2項

第2項では、保証債務履行請求権にとって不可欠の構成要素ではないものの、当事者間で保証債務履行請求権の内容を構成する約定として実務上よく用いられるものを任意的な保証記録の記録事項とすることを認めることで、多様な電子記録債権を作出できるようにしているものである。

(1) 保証の範囲を限定する旨（第1号）

「保証の範囲を限定する旨の定めをするときは、その定め」は、電子記録債権の内容は記録原簿の記録によって定まるものであることから（第9条第1項）、電子記録保証の範囲を限定するときは、その定めも記録事項とするものである。

この「保証の範囲を限定する旨の定め」の内容としては、債務額の一部のみを保証する一部保証や、債権者の保証契約違反による保証人の保証債務の免責に関する定め等が考えられる。

(2) 遅延損害金または違約金についての定め（第2号）

「遅延損害金又は違約金についての定めをするときは、その定め」とは、電子記録保証人が主たる債務者と別個に遅延損害金等について定めをすることもあり得ることから（民法第447条第2項参照）、これを記録事項とするものである（第16条第2項第4号参照）。

なお、電子記録保証は、独立性を有するとはいえ、主たる債務に対する附従性を有するから、発生記録のように、利息の定めをすることはできない。

(3) 相殺または代物弁済についての定め（第3号）

「相殺又は代物弁済についての定めをするときは、その定め」は、実務上、保証債務履行請求権について、代物弁済や相殺予約・相殺制限についての合意がされることも多いことから、これを記録事項とするものである（第16条第2項第6号参照）。

(4) 弁済の充当の指定についての定め（第4号）

「弁済の充当の指定についての定めをするときは、その定め」は、当事者間の合意による弁済の充当の指定が認められており、実務上もこのような指定の合意がされることも少なくないことから、記録事項とするものである（第16条第2項第7号参照）。

(5) 保証人が個人事業者であるときは、その旨（第5号）

本法では、電子記録債権の流通を保護するため、意思表示の無効・取消しの場合の第三者保護規定（第12条）、善意取得（第19条）、人的抗弁の切断（第20条）または電子記録保証の独立性（第33条）等の規定を設けている。

他方で、電子記録債権を消費者が利用する場合にこれらの規定が適用されるとすると、消費者が害される場合が生じることから、消費者保護を図る必要がある。

しかしながら、消費者であるかどうかは、その定義（消費者契約法第2条第1項参照）に照らして、一義的に明確というわけではないため、単に消費者について上記の流通保護のための各規定の適用を除外するという規定だけを設けると、個人が電子記録債権の当事者となっている場合には、これらの規定の適用があるかどうかが不明確になる。その結果、個人が当事者となっている電子記録債権を取得しようとする者は、当該個人が消費者であるかどうかを常に調査しなければならないこととなってしまい、煩雑にすぎる。

そこで、電子記録債権の当事者が個人である場合には、個人事業者である旨の記録をすることを認めることとして、その旨の記録がされていない場合には、一律に意思表示の無効・取消しの場合の第三者保護規定（第12条第2項第2号）、善意取得（第19条第2項第3号）、人的抗弁の切断（第20条第2項第3号）または電子記録保証の独立性（第33条第2項）の規定の適用はないこととしている。これにより、これらの規定が適用されないことを債権記録の記録によって判別できるようにして、電子記録債権を取得しようとする者の調査の手間を省くとともに、消費者が、消費者であるか個人事業者であるかという問い合わせを受ける負担を負わないようにするものである。

本号も、この一環として、保証人が個人事業者である旨の記録を保証記録においてすることを認めるものである。

(6) 人的抗弁の規定を適用しない旨の定め（第6号）

　本号は、電子記録保証人が保証記録時の債権者に対抗することができた抗弁が、その後に譲渡記録がされることによって切断されることを防ぐためのものであって、手形における裏書禁止裏書（手形法第15条第2項）と同様の機能を電子記録保証においても認めようとするものである。

　「保証人が法人又は個人事業者（その旨の記録がされる者に限る。）である場合において」という条件節が用いられている理由は、第16条第2項第10号と同様であるから、同号の解説を参照されたい。

　なお、保証記録においては、発生記録のように、善意取得の規定を適用しない旨の定めを記録することはできない（第16条第2項第8号参照）。これは、保証の附従性からすれば、保証記録に係る電子記録債権の債権者が、通常の電子記録債権の債権者と分断されることはないため、保証記録に係る電子記録債権について、独立して、善意取得の規定の適用の有無を決めることはできないことによる。

(7) 保証人が債権者に対抗することができる抗弁についての定め（第7号）

　本号が設けられている理由は、発生記録における同種の記録事項（第16条第2項第11号）と同様、上記第6号の補完的な立場に立つものとして、電子記録保証人が、人的抗弁の切断の規定の適用を全面的に排除することまではしなくてよいが、一定の抗弁を対抗することができるようにしたいという場合に備え、特定の抗弁だけ留保することを認めるものである。

(8) 債権者と保証人との間の通知の方法についての定め（第8号）

　本号が設けられている理由は、発生記録における同種の記録事項（第16条第2項第13号）と同様、債権者（その後の債権の譲受人を含む）と保証人との間の通知の方法についての定めを記録することが有益と認められるためである。

(9) 債権者と保証人との間の紛争の解決の方法についての定め（第9号）

　本号が設けられている理由は、発生記録における同種の記録事項（第16条第2項第14号）と同様、債権者（その後の債権の譲受人を含む）と保証人との間の仲裁合意や裁判管轄の合意等の合意についての定めを記録することが有益と認められるためである。

(10) 政令で定める事項（第10号）

　以上のほか、本号では、将来のIT技術や契約実務の発展等に備えて、政令で記録事項を増やす余地を残しているが、現時点では該当する政令が設けられていない。

4　第3項

　保証記録の記録事項のうち第1項第1号から第3号までは、保証債務履行請求権にとって必要不可欠な情報であるため、必要的な記録事項としている。したがって、これら必要的記録事項を欠いた発生記録については、まず電子債権記録機関が請求を受け付ける段階で無効な請求として拒否すべきであり、仮に電子債権記録機関が誤って当該請求をもとに電子記録をしてしまったとしても、保証記録では債権として不可欠な構成要素を欠いてしまっていることになるから、このような保証記録があっても、電子記録保証に係る電子記録債権は発生しないことになる。
　本項は以上の理を明確にしたものである。

5　第4項

　本項は、保証記録における個人事業主である旨の電子記録が消費者についてされた場合には、当該記録は無効であることを規定するものである。
　本項の趣旨は、発生記録における同様の規定（第16条第4項）と同じである。

6　第5項

　電子記録債権は、債権の流通性を高めるために新たに創設される制度であることから、原則として債権の信用性を補完する保証記録が自由にできることとされているが、発生記録における債権者と債務者の間の約定によって保証を禁止または制限することや（第16条第2項第12号）、電子債権記録機関の業務規程の定めによって保証を禁止もしくは制限することまたは保証記録の記録事項を制限すること（第7条第2項）は認められている。
　したがって、発生記録（変更記録も含まれる。第18条第2項第1号参照）において、債権者と債務者の間の約定による保証の禁止もしくは制限の定め（第16条第2項第12号）または電子債権記録機関の業務規程の定めによる保証の禁止もしくは制限の定めまたは保証記録の記録事項の制限の定め（同項第15号）が記録されている場合には、当該定めの効果として、当該定めに抵触する保証記録はすることができないことになる。
　本項は、この旨を明らかにするため、電子債権記録機関が、上記の定めの内容に抵触する保証記録をしてはならないものとしてするものである。
　万一、誤って抵触する保証記録がされたときは、その保証記録は無効になると解される。

第33条（電子記録保証の独立性） 183

（電子記録保証の独立性）
第33条　電子記録保証債務は、その主たる債務者として記録されている者がその主たる債務を負担しない場合（第十六条第一項第一号から第六号まで又は前条第一項第一号から第三号までに掲げる事項の記録が欠けている場合を除く。）においても、その効力を妨げられない。
2　前項の規定は、電子記録保証人が個人（個人事業者である旨の記録がされている者を除く。）である場合には、適用しない。

1　趣旨

本条は、電子記録保証の独立性について定めるものである。

2　第1項

第1項は、電子記録保証債務が独立性（主たる債務者として記録されている者が電子記録の請求の無効、取消しその他の事由によりその債務を負担しない場合であっても、電子記録保証は無効とならないこと）を有することとしている規定である。これは、保証の附従性により主たる債務者が主たる債務を負担しない場合には保証人も保証債務を負担しないとすると、電子記録債権の取引の安全を害することになるので、手形保証におけるのと同様に（手形法第32条第2項）、主たる債務者が主たる債務を負担しない場合であっても電子記録保証人は保証債務を負担することとして、電子記録保証人の信用によって電子記録債権の流通を確保することができるようにするためである。

他方で、電子記録債権の発生のために必要な記録事項（具体的には、第16条第1項第1号から第6号まで）の記録が欠けていることにより、主たる債務者が主たる債務を負担しない場合（第16条第3項参照）には、主たる債務が無効であることは債権記録上も明らかであり、また、主たる債務の内容がそもそも特定できないことから、その場合には独立性は働かず、電子記録保証債務も無効となることとしている。

同様に、保証債務履行請求権として必要不可欠な記録事項（具体的には、第32条第1項第1号から第3号まで）が欠けている場合にも、保証債務履行請求権としての体を為さない以上（第32条第3項参照）、電子記録保証債務も無効となることとしている。

3　第2項

本項は、電子記録保証人が個人であって、個人事業者である旨の記録がされていないときは、取引の安全よりも消費者（個人）保護を優先して、電子記録

保証の独立性の規定の適用はないとするものである。この場合に独立性の規定の適用を認めない趣旨については、前条第2項第5号の解説を参照されたい。

なお、「個人事業者である旨の記録がされている者」を除いたのは、この電子記録がないことを電子記録保証の独立性の適用がないことの要件とすることによって、独立性の規定が適用されないことを債権記録の記録によって判別できるようにして、当該電子記録債権を取得しようとする者が電子記録保証の独立性の有無について調査・検討する手間を省くとともに、消費者が、消費者であるか個人事業者であるかという問い合わせを受ける負担を負わないようにするためである。

また、個人事業者である旨の記録がされている場合であっても、真実は消費者であるときは、当該記録は無効である（第32条第4項）ので、第1項の規定は適用されないことになる。

なお、本項の規定により電子記録保証の独立性の規定の適用がない場合であって、主たる債務が無効であるときは、民法の原則どおり、電子記録保証債務も無効となる。

4 本条の効果

電子記録保証人が、主たる債務者が有する人的抗弁を主張して、支払を拒むことができるかどうかについては、第34条第2項の場合を除き、規定が設けられていない。

しかし、電子記録保証は原則として独立性を有することとされている（第33条第1項）ところ、これと同様に独立性が定められている手形保証人は、主たる債務者が有する人的抗弁を主張して支払を拒むことはできないと解されていることや、電子記録保証の独立性の規定が適用される場合には、主たる債務者の債権による相殺をもって債権者に対抗することができるとする民法第457条第2項の規定の適用を除外していること（第34条第1項）からすれば、独立性が認められる電子記録保証人は、主たる債務者が有する人的抗弁を主張して、支払を拒むことはできないと解される。

もっとも、電子記録保証人が個人であって、個人事業者である旨の記録がされていないときは、電子記録保証の独立性の規定の適用はなく（第33条第2項）、また、主たる債務者の債権による相殺をもって債権者に対抗することができるとしていること（第34条第2項）から、民事保証と同様に、当該電子記録保証人は、主たる債務者が有する人的抗弁を主張して、支払を拒むことができると解される。

また、電子記録保証人が主たる債務者が有する人的抗弁を主張することができない場合であっても、例えば、原因関係が取り消された場合には、もはや、

電子記録名義人は、当該電子記録債権を行使する実質的な理由を失ったものであり、それにもかかわらず、自己が電子記録名義人であることを奇貨として、電子記録保証人に対し、電子記録債権の支払を請求することは、権利濫用に該当し、電子記録保証人は、支払を拒むことができると解される[注]。

(注) 手形保証についての最判昭和45年3月31日民集第24巻3号182頁参照。

5 他の取引安全のための規定との違い

本条は、電子記録債権の取引の安全を保護するための規定の1つであるが、他の規定（例えば善意取得（第19条）や人的抗弁の切断（第20条））と異なり、支払期日以後であっても適用される。

これは、支払期日以後にされる電子記録保証は、主たる債務である電子記録債権に係る債務が支払期日に支払われなかった後にされるものであるから、支払期日前にされる電子記録保証以上に、当該電子記録保証人の信用を重視して行われるのが通常であると考えられるところ、支払期日以後にされた電子記録保証であることを理由にこれを適用しないこととするのは相当ではないことによるものである。

（民法等の適用除外）
第34条　民法第四百五十二条、第四百五十三条及び第四百五十六条から第四百五十八条まで並びに商法（明治三十二年法律第四十八号）第五百十一条第二項の規定は、電子記録保証については、適用しない。
2　前項の規定にかかわらず、電子記録保証人が個人（個人事業者である旨の記録がされている者を除く。）である場合には、当該電子記録保証人は、主たる債務者の債権による相殺をもって債権者に対抗することができる。

---

1 趣旨

本条は、電子記録保証が独立性を有するという特徴を有すること（第33条）から、保証に関する民法の規定の一部について、適用除外等を定めるものである。

なお、保証に関する民法の規定のうち、求償権に関する規定の適用除外については、次条でまとめて規定している。

2 第1項

電子記録保証も保証である以上、特段の規定がない限り、民法の保証に関する規定に従うことになる。しかしながら、電子記録保証の性質上、民法の規定

をそのまま適用するのは相当でないものがある。そこで、本条は、電子記録保証の性質上、適用されないとするのが相当な民法の規定の適用除外を定めるものである。

各条項の適用除外の理由は次のとおりである。

(1) **民法第452条、第453条（催告・検索の抗弁）**

電子記録保証は、電子記録債権の流通保護のために特に認めるものであって、主たる債務とは個別に債務を負担したものである。

とすれば、補充性（保証は主たる債務者が履行しない場合の二次的に履行すべき債務であるということ）を前提とする民法第452条および第453条を適用すべきでないので、これらの規定の適用を除外している。

なお、実質的に催告・検索の抗弁を認めたい場合には、その旨を保証記録に記録すべきことになる（第32条第2項第7号）。

(2) **民法第456条**

電子記録保証は、電子記録債権の流通保護のために特に認めるものであって、各自が個別に保証債務を負担するものである。

とすれば、保証人が数人いる場合であっても、特段の電子記録をしない限り、全員がその全額について支払う義務を負うとするのが相当であることから、分別の利益（複数の保証人がいる場合、保証人の数に応じて均等に分割した割合の額のみ保証債務を負担すること）を規定する民法第456条の規定の適用を除外している。

なお、実質的に分別の利益を認めたい場合には、その旨を保証記録に記録すべきことになる（第32条第2項第1号）。

(3) **民法第457条**

ア　時効中断

電子記録保証は、電子記録債権の流通保護のために手形保証と同様の独立性のある保証として認めるものであって、主たる債務とは別個に債務を負担するものである。

とすれば、主たる債務に生じた事由は、電子記録保証債務には影響しないのが原則であることから、主たる債務者に対する時効中断の効果が保証人に及ぶとする民法第457条第1項の規定の適用を除外すべきである。

そこで、同項の規定の適用を除外している。

なお、実質的に時効の中断を認めることとする場合には、電子記録保証人に主債務に関する時効の援用を抗弁事由として認める必要があるので、その旨を保証記録に記録すべきことになる（第32条第2項第7号）。

イ　相殺

電子記録保証の独立性からすれば、電子記録保証人は主たる債務者が有する

抗弁を援用することはできないこととすべきであるから、保証人が主たる債務者の債権によって相殺することができるとする民法第457条第2項の規定の適用を除外することとしている。

なお、実質的に相殺を認めることとする場合には、電子記録保証人に相殺の抗弁を認める必要があるので、その旨を保証記録に記録すべきことになる（第32条第2項第7号）。

また、電子記録保証人が消費者である場合については、本条第2項参照。

(4) 民法第458条および商法第511条第2項

民事保証では、保証人が主たる債務者と連帯して保証債務を負担する連帯保証が認められ（民法第458条）、また、保証が商行為である場合等においては常に連帯保証となることとされている（商法第511条第2項）。しかし、電子記録保証は連帯保証とは異なる類型の保証であり、各自が個別に電子記録することによって債務を負担するものであることから、連帯保証の絶対効（主たる債務者または保証人に生じた事由が他方にも効力が及ぶこと）とは整合しない。

そこで、連帯保証の規定である民法第458条および商法第511条第2項の規定の適用を除外することとしている。

なお、実質的にこれらの規定を適用したい場合には、電子記録保証人に、その旨の抗弁を認める必要があるので、その旨を保証記録に記録すべきことになる（第32条第2項第7号）。

3 第2項

第1項の規定により、電子記録保証人については、保証人が主たる債務者の債権によって相殺することができるとする民法第457条第2項の規定の適用が除外されている。

しかしながら、電子記録保証人が個人事業者である旨の記録がされていない個人である場合については、当該電子記録保証人による電子記録保証に独立性がないにもかかわらず（第33条第2項）、相殺の権利が電子記録保証人にないということになってしまい、当該個人が民事保証より不利な取扱いを受けることになってしまう。

そこで、消費者保護の観点から民法よりも不利な取扱いをするのは相当ではないため、本条第2項において、いったん本条第1項によって適用除外とされた民法第457条第2項と同様の内容の規定を設け、原則に戻って、電子記録保証人が相殺の抗弁を有することとして整理している。

なお、以上に対して、民法第457条第1項についても、同様に原則に戻って同項を適用があるとしてしまうと、主たる債務者に対する時効中断の効果が及ぶことになってしまい、かえって、個人事業者である旨の記録がされていない

個人の方が、時効中断効について不利益を受けることになる。

　そこで、電子記録保証人が個人事業者である旨の記録がされていない個人である場合であっても、民法第457条第1項の規定の適用は引き続き除外することとしている。

（特別求償権）
第35条　発生記録によって生じた債務を主たる債務とする電子記録保証人が出えん（弁済その他自己の財産をもって主たる債務として記録された債務を消滅させるべき行為をいう。以下この条において同じ。）をした場合において、その旨の支払等記録がされたときは、民法第四百五十九条、第四百六十二条、第四百六十三条及び第四百六十五条の規定にかかわらず、当該電子記録保証人は、次に掲げる者に対し、出えんにより共同の免責を得た額、出えんをした日以後の遅延損害金の額及び避けることができなかった費用の額の合計額について電子記録債権を取得する。ただし、第三号に掲げる者に対しては、自己の負担部分を超えて出えんをした額のうち同号に掲げる者の負担部分の額に限る。

　一　主たる債務者
　二　当該出えんをした者が電子記録保証人となる前に当該者を債権者として当該主たる債務と同一の債務を主たる債務とする電子記録保証をしていた他の電子記録保証人
　三　当該主たる債務と同一の債務を主たる債務とする他の電子記録保証人（前号に掲げる者及び電子記録保証人となる前に当該出えんをした者の電子記録保証に係る債権者であったものを除く。）

2　前項の規定は、同項の規定によって生じた債務を主たる債務とする電子記録保証人が出えんをした場合について準用する。

3　第一項の規定は、電子記録保証債務を主たる債務とする電子記録保証人が出えんをした場合について準用する。この場合において、同項中「次に掲げる者」とあるのは、「次に掲げる者及びその出えんを主たる債務者として記録されている電子記録保証人がしたとするならば、次に掲げる者に該当することとなるもの」と読み替えるものとする。

1　趣旨

　本条は、電子記録保証人が出えんをした場合に取得する特別求償権を行使することができる相手方およびその内容を定めるものである。

　電子記録保証は、独立性を有することから、主たる債務が無効である場合で

あっても債務を負担することになるため、電子記録保証人が複数いる場合の請求等について、民法の求償権とは異なる独自の規律を設ける必要がある。

また、特別求償権においては、例えば、発生記録における債務者（Aとする）を主たる債務者とする電子記録保証人（Bとする）が負っている電子記録保証債務があり、さらにそのBが負っている債務を主たる債務として別の電子記録保証人（Cとする）が電子記録保証をした場合において、Cは、Bに対してだけでなく、Aに対しても求償権を行使することができることになるところ、電子記録保証の独立性の関係で、Bの電子記録保証債務が無効である場合であっても、CはAに対して求償権を行使することができるようにする必要がある。

さらに、電子記録保証は、手形保証類似の制度として創設するものであるとともに、手形における遡求制度をも賄おうとするものであるから、その権利内容も通常の民事保証の場合の求償権とは異なるものとする必要がある。

以上のように、他の電子記録保証人に対する求償や、主たる債務が電子記録保証債務である場合（電子記録保証債務を主たる債務として電子記録保証した場合）の求償等について、民法の特則を設ける必要があることから、本条で、民法上の求償権に関する規定の特則として、特別求償権を認めることとしている。

なお、電子記録債権には、①通常の電子記録債権（発生記録により発生）、②電子記録保証に係る電子記録債権（保証記録により発生）、③特別求償権（本条。支払等記録により発生）の3種類があるため、特別求償権が生じることとなった電子記録保証の主たる債務も、この①②③に応じて3種類に分かれることになる。

そこで、本条は、特別求償権が生じることとなった電子記録保証の主たる債務が上記①である場合を第1項で、主たる債務が上記③である場合を第2項で、主たる債務が上記②である場合を第3項で、それぞれ規定している。

2　特別求償権の発生の要件と民法の適用除外

(1)　特別求償権の要件

特別求償権の発生の要件は、

① 電子記録保証人が、主たる債務者として記録されている者に代わって出えん（弁済その他自己の財産をもって主たる債務として記録された債務を消滅させるべき行為）をすること

② 支払等記録がされること

である。

①で、出えんを要件とするのは、特別求償権も求償権である以上、当然である。

また、②で支払等記録がされることを要件とするのは、電子記録を要件とす

ることにより特別求償権を取得したことを明確にするとともに、特別求償権を譲渡し、または行使することを考えれば、その存在を示すためにも、発生について支払等記録がされていることが必要とするのが相当であることによる。②の支払等記録をするほかに電子記録をする必要はない。

(2) 民法の適用除外

特別求償権は、電子記録保証の性質に鑑み、民法の規定による保証人の求償権の特則として設けるものであって、求償権の範囲についても、以下で述べるとおり、求償権を行使する相手方との関係を考慮して、特別に規定を設けている。

そこで、以下のような理由で、求償権の範囲の制限について定める民法の規定（民法第459条、第462条、第463条および第465条）の適用を除外して、本条に従って求償権の範囲が画されることを明確にしている。

① 電子記録債権は高度の流通性を持つものであり、現在の手形と同様、譲渡人の信用で譲渡されることも想定されることに鑑みれば、譲渡人が主たる債務者の委託を受けずに電子記録保証をするという場合が多く生じることが想定される。そこで、手形保証や裏書人の遡求義務と同様に、主たる債務者からの委託の有無によって求償権の範囲を区別しないこととして、本条において求償権の範囲を規定することとしている。

そのため、求償権の範囲に関する民法第459条、第462条および第465条の規定の適用を除外している。

② また、通知を怠った保証人の求償の制限に関する民法第443条の規定を準用する同法第463条の規定についても、(i)電子記録保証人は主たる債務者が有する抗弁をもって支払を拒むことはできないことから、事前に通知をしなかった電子記録保証人が、主たる債務者から当該抗弁の対抗を受けるのは相当ではないこと、(ii)支払の事実は支払等記録を確認することによって明らかにすることができ、これに加えて通知を要求する必要はないと考えられることから、民法第443条についても準用しないことが相当と考えられるので、適用を除外することとしている。

3 特別求償権を行使することができる相手方およびその内容

(1) 通常の電子記録債権を主たる債務とする電子記録保証の場合（第1項）

第1項は、通常の電子記録債権（発生記録（変更記録を含む。第18条第2項第1号）によって生じた電子記録債権）に係る債務を主たる債務とする電子記録保証について出えんがされた場合の特別求償権の相手方および金額について定めるものである。

ア 主たる債務者（第1号）
① 相手方となる範囲
　電子記録保証人が主たる債務者（複数いれば全員）に対して求償することができることは当然である。
② 金額
　特別求償権の額は、出えんをした額の全額、遅延損害金、避けることができなかった費用であり、その範囲は、民法の委託を受けた保証人の求償権や裏書人の遡求権の範囲と同一である（民法第459条第2項、第442条第2項、手形法第49条参照）。
　なお、「共同の免責を得た額」とは、「自己の財産をもって主たる債務として記録された債務を消滅させるべき行為」によって消滅した債務額をいい、例えば、弁済に限らず、相殺や代物弁済によって消滅した債務額をいう。

イ 出えんをした者が電子記録保証人となる前に、その者を債権者として保証をしていた他の電子記録保証人（第2号）
① 相手方となる範囲
　第2号では、出えんをして特別求償権を有するに至った電子記録保証人が、保証記録によって電子記録保証債務を負担する前から、当該電子記録保証人に対して電子記録保証債務を負担したことがある共同電子記録保証人に対しても、主たる債務者に対するのと同額の請求をすることができることとしている。
　これは、手形の遡求における前者・後者の関係と同様の関係であり、例えば、発生記録における債務者（Aとする）が負担する電子記録債権に係る債務について、Bが電子記録保証をした後に、Cが当該電子記録債権を取得し、これをさらに、電子記録保証をした上でDに譲渡した場合において、Cが自己の電子記録保証債務をDに履行したときにおける、CのBに対する特別求償権を想定している。
　この場合、電子記録保証人Cは、いったんはBに対する電子記録保証債務の履行請求権を取得していたのであるから（すなわち、CがDに譲渡をする前は、Cは債権者として、債務者Aおよび電子記録保証人Bに対して電子記録債権を有する状態にあった）、Bからその全額を回収することができると期待するのが合理的であると考えられることに基づく。
② 金額
　特別求償権の額は、第1号と同じである。

ウ　主たる債務と同一の債務を主たる債務とする他の電子記録保証人（第3号）

① 相手方となる範囲

　出えんをした電子記録保証人の電子記録保証において主たる債務とされていた債務と同一の債務を主たる債務としていた他の電子記録保証人は、原則として特別求償権の相手方となる。

　しかし、まず、他の電子記録保証人のうち第2号に該当する者は、第3号ではなく第2号の規律によるべきであるからこれを除外している。

　さらに、他の電子記録保証人のうち、電子記録保証人となる前に当該出えんをした者の電子記録保証に係る債権者であったもの（イの例でいえば、Bが出えんをしたとした場合におけるC）は、出えんをした電子記録保証人とは、遡求・被遡求の関係にあって、現実に出えんをした電子記録保証人は、このような者から再遡求を受ける立場にある（第2号参照）ため、このような者に対する特別求償権の行使を認めると、第2号と第3号とが相克して決済の循環を招く。

　すなわち、このような共同電子記録保証人は、第2号の規定により、支払をした共同電子記録保証人から全額を回収できる期待を有している反面、支払をした共同電子記録保証人については、このような者から回収することを期待するのは合理的ではない。

　したがって、他の電子記録保証人のうち、電子記録保証人となる前に当該出えんをした者の電子記録保証に係る債権者であったものについても、特別求償権の相手方から除外している。

② 金額

　第3号に掲げる者に対する特別求償権の金額は、(i)出えんをした電子記録保証人が自己の負担部分を超えて出えんをした額（すなわち、実際に出えんをした金額から、当該電子記録保証人の負担部分を控除して得た残額）と、(ii)相手方である電子記録保証人の負担部分の額の、いずれか少ない額である。

　これは、第3号については、第2号とは異なり、遡求・被遡求の関係にない電子記録保証人相互間の求償であることから、民法の共同保証人に対する求償にならって負担部分の範囲内での求償を認めるものである。

　まず、(i)について、このような電子記録保証人は、自己の負担部分の範囲では、主たる債務者に対する求償だけで満足すべきとするのが共同保証の趣旨に適すること[注]からすれば、自己の負担部分を超えて出えんをしていない限り、他の共同電子記録保証人への求償を認めるべきでないことによる。

　そして、仮に(i)の金額があったとしても、相手方である共同電子記録保証人の負担部分を超えて求償を認めるべきではないと考えられるので、(ii)の規律をも設けている。

以上の結果、例えば、600万円の電子記録債権について、第3号に掲げる者に該当する電子記録保証人A、B、Cの3名がいた場合、それぞれの負担部分は200万円となり、Aは、200万円を超えて弁済した場合に限って、BおよびCに対して、特別求償権を行使することができることになる（上記(i)）が、その金額は、相手方ごとに200万円にとどまることになる（上記(ii)）。
　したがって、Aが600万円を弁済した場合には、BとCにそれぞれ200万円ずつを求償することができることになる。

> （注）　民法第465条第1項は、民法上の保証人について、自己の負担部分を超えて弁済したときに求償することができることとしている。この趣旨は、自己の負担部分の範囲では、主たる債務者に対する求償だけで満足すべきとするのが共同保証の趣旨に適するからと解されている。そして、このことは、電子記録保証人にも当てはまると考えることができる。

(2)　特別求償権に係る債務を主たる債務とする電子記録保証の場合（第2項）

　本項は、特別求償権に係る債務を主たる債務とする電子記録保証人が出えんをした場合に生じる特別求償権についての規定である。
　当該特別求償権を行使することができる相手方およびその金額は、第1項と同様である。

(3)　他の電子記録保証に係る債務を主たる債務とする電子記録保証の場合（第3項）

　第3項は、主たる債務者が電子記録保証人である場合（すなわち、電子記録保証債務を主たる債務として電子記録保証がされている場合）の特別求償権の相手方および金額についての規定である。
　この場合には、いったん、主たる債務者である電子記録保証人に求償した上で、さらに、主たる債務者がその主たる債務者に求償をするという方策を採ることも考えられる。
　もっとも、そのような法制を採用するのは求償の連続を招いて迂遠であるし、電子記録保証の独立性から、主たる債務者である電子記録保証人が債務を負担しない場合もあり、その場合には一次的な主たる債務者（すなわち他の電子記録保証人）の主たる債務者（例えば発生記録における債務者）に対して特別求償権の行使を認める必要がある。
　本項は、このような電子記録保証人に対しても、以上から、その主たる債務者である電子記録保証人が出えんをしたとするならば特別求償権を行使することができる者に対して、特別求償権を行使することができることとしている。

194　第2章　電子記録債権の発生、譲渡等　第6節　電子記録保証

補説　特別求償権の事例による説明

　以下の事例を前提に、特別求償権の相手方およびその内容について、具体的に解説する。

1　時系列

① Aを債務者、Bを債権者とする1000万円の電子記録債権の発生記録（1月1日）
② 甲および乙を電子記録保証人とする保証記録（1月1日）
③ BがCに電子記録債権を譲渡（2月1日）
④ ③の譲渡の際、BがAの債務を主たる債務として電子記録保証（2月1日）
⑤ CがDに電子記録債権を譲渡（3月1日）
⑥ ⑤の譲渡の際、CがAの債務を主たる債務として電子記録保証（3月1日）
⑦ Cの電子記録保証債務を主たる債務として丙が電子記録保証（4月1日）
⑧ DがEに電子記録債権を譲渡（5月1日）
⑨ C、B、甲、乙または丙が電子記録債権をAに代わってEに弁済（6月1日）

　なお、上記③および④、⑤および⑥は、それぞれ、手形における裏書譲渡と同様のことを行っていることになる。

2　関係図

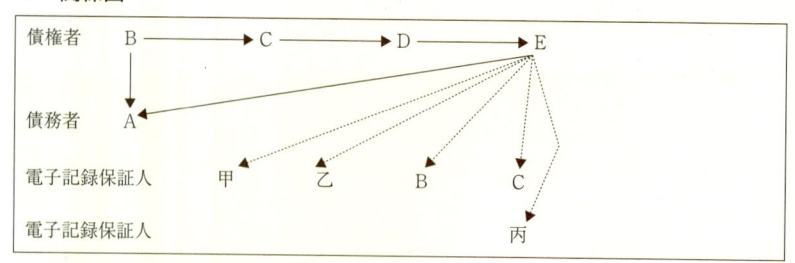

```
債権者　　　　　B ──────→ C ──────→ D ──────→ E
                │                                    ┊ ┊ ┊ ┊
債務者　　　　　A ←─────────────────────────────────┘ ┊ ┊ ┊
                                                       ┊ ┊ ┊
電子記録保証人　　　　　　甲　　　乙　　　B　　　C
                          ↑       ↑       ↑       ↑
                                                  │
電子記録保証人　　　　　　　　　　　　　　　　　　丙
```

3　特別求償権の整理

(1)　Cが1000万円を支払った場合

　この場合にCが取得する特別求償権は、下記のとおりである。

① Aに対しては1000万円（第35条第1項第1号）
② 他の電子記録保証人である甲、乙およびBに対して1000万円（同条第1項第2号）

①は当然である。

②について、この事例では、甲、乙、BおよびCがいずれもAの債務を主たる債務とする電子記録保証人である。そして、甲、乙およびBは、Cが電子記録保証人となる前に、Cを債権者として電子記録保証をしていた（Cは、電子記録保証をする前に、甲、乙およびBに対して、電子記録保証債務の履行請求権を有していた）ことから、Cは、第35条第1項第2号により、1000万円全額（遅延損害金および費用を含む）の支払を求めることができる。

これは、Cは、自らが電子記録保証人となる前に、甲、乙およびBに対する電子記録保証債務の履行請求権を取得していたのであるから、これらの者から全額を回収することができると期待するのが通常であると考えられることによる。

(2) **Bが1000万円を支払った場合**

この場合にBが取得する特別求償権は、下記のとおりである。

①Aに対しては1000万円（第35条第1項第1号）
②他の電子記録保証人である甲および乙に対して1000万円（同条第1項第2号）
③他の電子記録保証人であるCに対しては請求できない（同条第1項第3号カッコ書）

①は当然である。

②については(1)と同様である。

③については、Cは、電子記録保証人となる前に、Bの電子記録保証に係る債権者であったところ、Cは、自らが支払えば、第35条第1項第2号の規定によりBから全額を回収できるにもかかわらず、たまたまBが支払えばBから求償を受けてしまうというのは相当でない。そこで、Bは、Cに対しては特別求償権を取得しないこととしている。

(3) **甲が1000万円を支払った場合**

この場合に甲が取得する特別求償権は、下記のとおりである。

①Aに対しては1000万円（第35条第1項第1号）
②他の電子記録保証人である乙に対して500万円（同条第1項第3号）
③他の電子記録保証人であるBおよびCに対しては請求できない（同条第1項第3号カッコ書）

①は当然である。

③でBおよびCに対して請求ができないのは、(2)の場合にBがCに対して請求できないのと同じ理由である。

一方②について、乙は、電子記録保証人となる前に甲の電子記録保証に係る債権者となったことはなく（第35条第1項第3号カッコ書参照）、また、甲が電子記録保証人となる前に甲を債権者として電子記録保証をしたこともない（同

条第1項第2号参照）。

　したがって、乙は、甲との関係では、同条第1項第3号に掲げる者に該当するから、甲は、乙に対し、甲の負担部分を超えて支払った額のうち乙の負担部分の額を求償することができる（同項ただし書）。

　そして、負担部分は、特段の合意がない限り等分であるから、甲は、乙に対して、500万円の範囲で特別求償権を行使できる。

(4)　乙が1000万円を支払った場合

この場合に乙が取得する特別求償権は、下記のとおりである。

①Aに対しては1000万円（第35条第1項第1号）
②他の電子記録保証人である甲に対して500万円（同条第1項第3号）
③他の電子記録保証人であるBおよびCに対しては請求できない（同条第1項第3号カッコ書）

①②③とも、理由は上記(3)と同じである。

(5)　丙が1000万円を支払った場合

この場合に丙が取得する特別求償権は、下記のとおりである。

①主たる債務者Cに対しては1000万円（第35条第3項において準用する同条第1項第1号）
②主たる債務者Cの主たる債務者であるAに対しては1000万円（同条第3項において準用する同条第1項第1号）
③Cの他の電子記録保証人である甲、乙およびBに対して1000万円（同条第3項において準用する同条第1項第2号）

　丙は、自らの主たる債務者Cに対してはもちろん（上記①）、Cが支払をしたとすればCが取得する特別求償権をも取得することになる（第3項で、第1項を準用するに際し、「次に掲げる者」とあるのを、「次に掲げる者及びその出えんを主たる債務者として記録されている電子記録保証人がしたとするならば、次に掲げる者に該当することとなるもの」と読み替えているため）。

補説 混同と特別求償権の関係

補説「特別求償権の事例による説明」の事例を利用して、混同と特別求償権の関係についても整理すると、下記のとおりである。

1 時系列
　① Aを債務者、Bを債権者とする1000万円の電子記録債権の発生記録（1月1日）
　② 甲および乙を電子記録保証人とする保証記録（1月1日）
　③ BがCに電子記録債権を譲渡（2月1日）
　④ ③の譲渡の際、BがAの債務を主たる債務として電子記録保証（2月1日）
　⑤ CがDに電子記録債権を譲渡（3月1日）
　⑥ ⑤の譲渡の際、CがAの債務を主たる債務として電子記録保証（3月1日）
　⑦ Cの電子記録保証債務を主たる債務として丙が電子記録保証（4月1日）
　⑧ DがEに電子記録債権を譲渡（5月1日）
　⑨ EがA、B、C、甲、乙または丙に電子記録債権を譲渡（6月1日）
（上記①から⑧については、補説「特別求償権の事例による説明」と同じである）

2 関係図

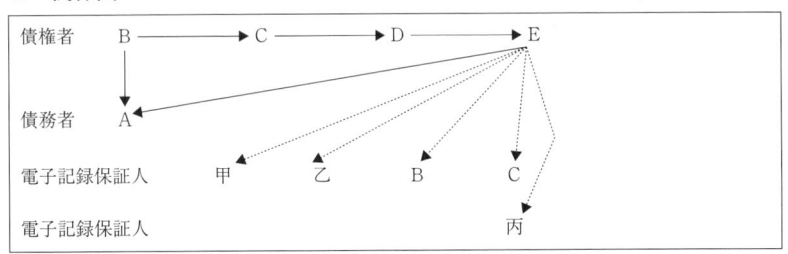

債権者	B → C → D → E
債務者	A
電子記録保証人	甲　乙　B　C
電子記録保証人	丙

3 混同と特別求償権の整理
　(1) 取得者がAである場合
　ア 求償権
　Aは主たる債務者であるから、弁済をしたとしても、電子記録保証人であるB、C、甲、乙または丙に対して求償権を取得することはない。
　イ 求償債務
　逆に、Aが主たる債務者である以上、電子記録保証人であるB、C、甲、乙

または丙が弁済をしたとすれば、Aは当該弁済に基づき発生する特別求償権の債務者となる。

　ウ　混同

　以上を踏まえると、Aがいずれかの電子記録保証人に対して当該電子記録債権を行使できるとすれば、当該電子記録保証人が、Aに弁済をした後、Aに特別求償権を行使する（上記**イ**）ことになり、決済の無駄な循環が生じる。

　したがって、Aは、電子記録債権を取得しても、その電子記録債権をB、C、甲、乙または丙に対して行使することはできない（第22条第2項第1号）。

(2)　**取得者がBである場合**

　ア　求償権

　Bは弁済をしたとすれば、主たる債務者Aならびに電子記録保証人甲および乙に対して特別求償権を取得する（補説「特別求償権の事例による説明」の3(2)①②）。

　イ　求償債務

　逆に、電子記録保証人であるCまたは丙が弁済をしたとすれば、Bは当該弁済に基づき発生する特別求償権の債務者となる（補説「特別求償権の事例による説明」の3(1)②および3(5)③）。

　ウ　混同

　以上を踏まえると、BがCまたは丙に対して当該電子記録債権を行使できるとすれば、Cまたは丙は、Bに弁済をした後、Bに特別求償権を行使する（上記**イ**）ことになり、決済の無駄な循環が生じる。

　したがって、Bは、電子記録債権を取得しても、その電子記録債権をCまたは丙に対して行使することはできない（第22条第2項第2号）。

(3)　**取得者がCである場合**

　ア　求償権

　Cは弁済をしたとすれば、主たる債務者Aならびに電子記録保証人甲、乙およびBに対して特別求償権を取得する（補説「特別求償権の事例による説明」の3(1)①②）。

　イ　求償債務

　逆に、電子記録保証人である丙が弁済をしたとすれば、Cは当該弁済に基づき発生する特別求償権の債務者となる（補説「特別求償権の事例による説明」の3(5)①）。

　ウ　混同

　以上を踏まえると、Cが丙に対して当該電子記録債権を行使できるとすれば、丙は、Cに弁済をした後、Cに特別求償権を行使する（上記**イ**）ことになり、決済の無駄な循環が生じる。

したがって、Cは、電子記録債権を取得しても、その電子記録債権を丙に対して行使することはできない（第22条第2項第2号）。

4　取得者が甲である場合
(1)　求償権
甲は弁済をしたとすれば、主たる債務者Aおよび電子記録保証人乙に対して特別求償権を取得する（補説「特別求償権の事例による説明」の3(3)①②）。
(2)　求償債務
逆に、電子記録保証人であるB、C、乙または丙が弁済をしたとすれば、甲は当該弁済に基づき発生する特別求償権の債務者となる（補説「特別求償権の事例による説明」の3(1)②、3(2)②、3(4)②および3(5)③）。
(3)　混同
以上を踏まえると、甲がB、C、乙または丙に対して当該電子記録債権を行使できるとすれば、B、C、乙または丙は、甲に弁済をした後、甲に特別求償権を行使する（上記(2)）ことになり、決済の無駄な循環が生じる。

したがって、甲は、電子記録債権を取得しても、その電子記録債権をB、C、乙または丙に対して行使することはできない（第22条第2項第2号）。

5　取得者が乙である場合
(1)　求償権
乙は弁済をしたとすれば、主たる債務者Aおよび電子記録保証人甲に対して特別求償権を取得する（補説「特別求償権の事例による説明」の3(4)①②）。
(2)　求償債務
逆に、電子記録保証人であるB、C、甲または丙が弁済をしたとすれば、乙は当該弁済に基づき発生する特別求償権の債務者となる（補説「特別求償権の事例による説明」の3(1)②、3(2)②、3(3)②および3(5)③）。
(3)　混同
以上を踏まえると、乙がB、C、甲または丙に対して当該電子記録債権を行使できるとすれば、B、C、甲または丙は、乙に弁済をした後、乙に特別求償権を行使する（上記(2)）ことになり、決済の無駄な循環が生じる。

したがって、乙は、電子記録債権を取得しても、その電子記録債権をB、C、甲または丙に対して行使することはできない（第22条第2項第2号）。

6　取得者が丙である場合
(1)　求償権
丙は弁済をしたとすれば、主たる債務者Cならびにcが特別求償権を行使で

きるＡ、電子記録保証人甲、乙およびＢに対して特別求償権を取得する（補説「特別求償権の事例による説明」の３(5)①②③）。
(2) 求償債務
　一方、他の電子記録保証人が弁済をしたとしても、丙が当該弁済に基づき発生する特別求償権の債務者となることはない。
(3) 混同
　以上を踏まえると、丙が他の電子記録保証人に対して当該電子記録債権を行使できるとしても、他の電子記録保証人から特別求償権を行使されることはない（上記(2)）以上、決済の無駄な循環が生じない。
　したがって、丙は、電子記録債権を取得した場合には、すべての他の電子記録保証人に行使することができる。

第7節　質権

> **（電子記録債権の質入れ）**
> **第36条**　電子記録債権を目的とする質権の設定は、質権設定記録をしなければ、その効力を生じない。
> 2　民法第三百六十二条第二項の規定は、前項の質権については、適用しない。
> 3　民法第二百九十六条から第三百条まで、第三百四条、第三百四十二条、第三百四十三条、第三百四十六条、第三百四十八条、第三百四十九条、第三百五十一条、第三百七十三条、第三百七十四条、第三百七十八条、第三百九十条、第三百九十一条、第三百九十八条の二から第三百九十八条の十まで、第三百九十八条の十九、第三百九十八条の二十（第一項第三号を除く。）及び第三百九十八条の二十二の規定は、第一項の質権について準用する。

1　趣旨

本条は、電子記録債権を目的とする質権の発生の要件およびその内容・効力を定めるものである。

2　電子記録債権を目的とする担保権の設定

電子記録債権は、金銭債権の取引の安全を確保することによって事業者の資金調達の円滑化等を図るために新たに創設するものであるから、電子記録債権を活用して資金調達を行うための手法として、これを担保に供することができることとしている。

その方法としては、電子記録債権に質権を設定する方法と、電子記録債権を担保の目的で譲渡する譲渡担保による方法とがある。

電子記録債権を目的とする質権を設定するためには、質権設定記録をしなければならない（本条第1項）。

一方、譲渡担保による場合には、譲渡記録（第17条）をしなければならない。この譲渡担保の目的で行う譲渡記録の記録事項は、通常の譲渡目的で行う譲渡記録と同様であり、被担保債権の債務者や額等は記録されない。また、譲渡担保の目的での譲渡記録であっても、通常の譲渡目的での譲渡記録と同様に、善意取得や人的抗弁の切断の効果が認められる（第19条、第20条）。

なお、いずれの方法によった場合であっても、質権者および譲渡担保権者は、担保の設定を受けた電子記録債権を直接に取り立てて、取り立てた金銭を被担保債権の弁済として充当することができる（質権につき民法第366条）。

3　第1項

　第1項は、電子記録債権の質入れは、質権設定記録をすることが効力要件となることを規定するものである。

　質権の設定は、電子記録債権の処分の一種であることから、譲渡と同様、電子記録を効力要件とするのが相当であり、また、動産や不動産を目的とする質権の設定については引渡しが効力要件とされていること（民法第344条）や、振替社債・振替株式を目的とする質権の設定も質権者の口座の質権欄への増額記録をすることを効力要件としていること（社債株式等振替法第74条、第141条等）とも整合的であることによる。

4　第2項

　第2項および第3項は、電子記録債権を目的とする質権について、準用される民法の規定を明らかにするものである。

　まず、電子記録債権も債権であるから、これを目的とする質権には、特段の規定がない限り、民法の債権質に関する規定が適用される。

　ところで、債権質について、民法では、質権の総則、動産質および不動産質の規定を準用することとしている（民法第362条第2項）。しかし、実際に債権質についてどの規定が準用されるかは、その文言上はもちろん、解釈上も必ずしも明確ではない。

　そのため、上記の民法の規定をそのまま電子記録債権を目的とする質権にも適用することとした場合には、質権の内容が不明確となる結果、どの範囲で電子記録を整備すべきかも不明確になる。

　そこで、本条第2項では、いったん同項の適用を除外し、本条第3項で、個別に必要な規定を準用することとしている。

　なお、債権質についての民法第362条以下の規定のうち、証書の存在を前提とする同法第363条、指名債権についての規定である同法第364条、指図債権の規定である同法第365条、債権の目的物が金銭でない場合の規定である同法第366条第4項の規定は、いずれも電子記録債権については適用の余地がない。

　その結果、債権質についての民法の規定の中で電子記録債権に適用されるのは、債権一般に適用がある第362条第1項および第366条第1項から第3項の規定のみということになる。

5 第3項
(1) 趣旨
本項は、第2項でいったん適用から除外した民法の質権に関する規定のうち、電子記録債権を目的とする質権に適用すべきと考えられるものについて、改めて準用する旨を明らかにすることで、電子記録債権を目的とする質権の内容を明確にするための規定である。

(2) 準用の理由
ア 民法第342条（質権の内容）、第343条（質権の目的）

すべての質権に共通するものであることから、準用することとしている。

イ 民法第346条（被担保債権の範囲）

債権質全般に準用される規定であり、電子記録債権を目的とする質権にもこれを準用することとしている。

なお、被担保債権の範囲については、法制審議会電子債権法部会において、抵当権についての民法第375条を準用し、利息・損害金について最後の2年分に限るべきか、それとも同法第346条を準用してこれを限定しないこととすべきかが議論された。その結果、メザニンファイナンス等への活用等の質権の設定を柔軟に行うためには2年分に限定しない方が相当であること、債権質は、不動産担保とは異なり、それほど長期間担保を設定するということは考えにくく、また、利率等を記録することにより、優先される範囲について一定の予測は立つこと等を理由に、利息・損害金について最後の2年分に限定しないこととされた。

ウ 民法第348条（転質）

転質については、実務上、これを活用するニーズがあると指摘されていることから、準用することとしている。

エ 民法第296条から第300条まで、第304条、第349条、第351条（流質の禁止、物上保証人の求償権）

これらについては、一般の債権質と電子記録債権を目的とする質権とで区別する理由はないことから、準用することとしている。

なお、民法第296条から第300条までおよび第304条は、民法第350条で質権に準用されているが、準用の準用（いわゆる孫準用）となるのを避けるために、直接、本条において準用することとしている。

オ 民法第373条（抵当権の順位）

電子記録債権質は質権設定記録を効力要件とするものであるから、電子記録債権の順位は質権設定記録の前後によるのが相当であると考えられるので、準用することとしている。

カ　民法第374条（順位の変更）

　順位の変更は、メザニンファイナンスへの活用等を考えると、これを認めるニーズがあると指摘されていることから、準用することとしている。なお、電子記録債権については、転質（上記**ウ**）および順位の変更は認められるが、質権またはその順位の譲渡または放棄（民法第376条第1項参照）は認められていない。この理由については、第39条の解説を参照されたい。

　また、質権の順位を認めること（複数の質権者がそれぞれについて1個ずつの質権を有すること）と、質権の準共有を認めること（複数の質権者が全体で1個の質権を共有すること）は、矛盾するものではなく、本法においてもどちらも認められる(注)。

　　(注)　この点を指摘するものとして、髙橋康文＝始関正光「電子記録債権法について」金融727号32頁〔始関正光〕。

キ　民法第378条（代価弁済）

　質権の目的となった電子記録債権を取得した者が、その代価を質権者に弁済した場合の権利義務関係については、抵当不動産の第三取得者の場合と区別する理由はないことから、準用することとしている。

ク　民法第390条（第三取得者による買受け）、第391条（費用償還請求）

　いずれも抵当不動産の第三取得者に関する規定であるが、質権が設定された電子記録債権についての譲渡を認める以上、その第三取得者について、抵当不動産の第三取得者と区別する理由はないことから、準用することとしている。

ケ　民法第398条の2から第398条の10まで

　これらの規定は根抵当権の基本的な内容・効力を定めるものであり、電子記録債権を目的とする根質権の内容を定めるものとして、準用することとしている。

コ　民法第398条の19、第398条の20（元本確定事由）

　元本確定事由については、民法第398条の20第1項第3号の確定事由を除き、根抵当権と区別する理由はないことから、根抵当権の確定の規定を準用することとしている。

　なお、同条第398条の20第1項第3号の確定事由については、債権質については、強制執行により売却されても質権は消除されず、買受人に引き受けられること（債権執行には、執行法第59条に相当する規定は設けられていないこと）から、元本を確定させる必要はない。そこで、同号は、準用しないこととしている。

サ　民法第398条の22（消滅請求）

　電子記録債権を目的とする根質権について、不動産を目的とする根抵当権と区別する理由はないことから、準用することとしている。

(3) 準用されない規定

上記(2)に対して、民法の規定のうち準用されないこととされたのは、以下のような規定である。

ア 質権関係

民法第344条、第345条および第347条は、いずれも物の存在を前提とするものであるから、物が存在しない電子記録債権には準用しないこととしている。

また、民法第350条を準用しないことについては、上記(2)エのとおりである。

このほか、動産質（民法第352条から第355条まで）および不動産質の規定（民法第356条から第361条まで）は、いずれも動産質および不動産質に固有の規定であるため、準用しないこととしている。

イ 根抵当権関係

民法第398条の11から第398条の13まで、第398条の14第2項および第398条の15は根抵当権の処分等についての規定であるが、これらについては実務上のニーズに乏しく、これらに対応するために電子債権記録機関が備えるべきシステムを複雑にしてまで導入する必要はないと考えられることから、これらの規定は準用しないこととしている。

同法第398条の14第1項の本文については、このような規定を準用しなくても当然にこのように解されるものと考えられ、同項ただし書については、実務上のニーズに乏しく、これに対応するために電子債権記録機関が備えるべきシステムを複雑にしてまで導入する必要はないと考えられることから、準用しないこととしている。

同法第398条の16から第398条の18までは共同根抵当についての規定であるが、共同担保目録の作成の負担を電子債権記録機関に課してまで共同根質を認める必要性に乏しいことから、準用しないこととしている（なお、この点については、補説「同一の被担保債権についての複数の電子記録債権への質権設定」の解説も参照されたい）。

同法第398条の21は極度額の減額請求についての規定であるが、電子記録債権を目的とする質権の被担保債権の範囲については、上記(2)イで述べたとおり、利息等につき最後の2年分に限定していないことから、2年分の利息等に減額請求をすることを認める同条の規定は、準用しないこととしている。

補説 同一の被担保債権についての複数の電子記録債権への質権設定

1 質権設定の可否
　1つの債権を担保するために複数の担保目的物に質権を設定することは、民法上、許容されている。そして、電子記録債権を目的とする質権についても、これを禁止する明文の規定はなく、また、その性質に照らして、これを禁止すべき理由はないことから、同一の債権を担保するために複数の電子記録債権に質権を設定することは可能である。

2 質権設定の方法
　本法においては、1つの債権を担保するために複数の電子記録債権に質権を設定する場合について、設定のための特別の手続（電子記録等）や、特別の効力を定める規定は設けておらず、また、共同抵当に関する規定（民法第392条、第393条参照）も準用していないので、質権の設定手続やその効力については、一の電子記録債権に質権を設定した場合と異なる点はない。
　したがって、共同抵当のように共同担保目録（不動産登記規則第166条以下参照）を作成することは要しないほか、同時配当の場合の価額の割合に応じた配当額の割付（民法第392条第1項）は必要なく、異時配当の場合の後順位質権者の代位（同法第392条第2項）も生じない。

3 共同担保目録について
　電子記録債権を目的とする質権については、共同抵当に関する民法第392条や、共同根抵当に関する同法第398条の16および第398条の17の規定を準用していない（第36条第3項参照）ので、共同担保目録が作成されることはない。
　これらの規定を準用しなかった理由は、次のとおりである。
　① 　法制審議会等における議論において、共同質および異時配当の場合の代位を認めるニーズは乏しく、電子債権記録機関に共同担保目録の作成の負担を課してまでこれを導入する必要はないとの意見が大勢だった。
　② 　債権質においては、質権者に直接の取立権が認められていること（民法第366条第1項）もあって、金銭債権を目的とする質権で競売が行われることはまれであり、また、質入れされた個々の債権の弁済期は異なっているのが通常であって、不動産のように「同時に」配当されるということ自体が例外的ともいうことができる。したがって、複数の債権に質権を設定する当事者の意思としては、先に弁済期が到来する債権から、被担保債権額に充つるまで順番に取り立てていくということが通常であり、他方で、後順位質権者としても、そのことを覚悟しているということができる。

③ 被担保債権の弁済期が到来する前に担保目的債権の弁済期が到来した場合には、担保となる債権の入替えが行われることも想定される。ところが、後順位担保権者による代位が生じるとすると、後順位担保権者との関係で、その同意を得ずにされた他の債権（当該後順位担保権者が質権の設定を受けていない債権）についての担保権の放棄の効果が問題になるおそれがあり、これを回避しようとすれば、いちいち後順位担保権者の同意を得ることが必要になって煩雑にすぎる。
④ 民法に根抵当権の規定を設ける際に、附従性を否定した根抵当権について同一の債権を担保するという概念を当てはめにくく、法律関係の簡明化を図るために民法第392条の適用を全面的に排除すべきとの意見が出されていたにもかかわらず共同根抵当が認められたのは、土地とその地上建物のような社会経済上は一の財産と評価される不動産に共同根抵当権を設定する場合が少なくないことに基づくとされている。ところが、債権については、複数の債権が社会経済上は一の財産と評価されるような場合は想定し難く、共同担保目録を作成してまで共同根質を認める必要性は乏しいと考えられる。

4 電子記録債権の一部への質権設定

なお、上記1で述べた複数の電子記録債権への質権設定とは逆に、1つの電子記録債権の一部について質権を設定することも可能であるが、その場合には、質権を設定しようとする部分について分割（第43条第1項）を行った上で、質権設定記録をする必要がある。

分割を行うことが必要なのは、1つの電子記録債権の一部についてのみ質権を設定することは、電子記録債権の一部を譲渡する場合と同様、電子記録債権の一部の処分に該当すること等による（電子記録債権の一部譲渡をするには分割を行わなければならないこととした理由については、第8節総説の解説を参照されたい）。

補説 **根抵当権者が取得した電子記録債権と根抵当権の関係**

1 根抵当権の被担保債権の範囲[注1]

　根抵当権の被担保債権となるのは一定の範囲に属する不特定の債権であるところ（民法第398条の2第1項）、当該債権は、原則として、根抵当権者と債務者との間の特定の継続的取引に基づく債権その他根抵当権者と債務者との一定の種類の取引によって生ずるものに限定されるが（同条第2項）、手形・小切手債権は、それ自体が被担保債権としての適格を有する（同条第3項）。

　そのため、例えば銀行が根抵当権者となる場合には、直接の融資先（銀行取引約定書が締結されているのが通常である）に対する指名債権や手形債権は、銀行取引に基づくものとして、同条第1項に基づき根抵当権により担保される。これに対して、銀行が債務者との間の取引によらないで取得した手形債権（いわゆる回り手形）であっても、同条第3項に基づいて根抵当権の被担保債権とすることができる。

　このように手形・小切手債権が根抵当権の被担保債権に含まれることとなったのは、その流通性、取引の実情等を考慮し、特に根抵当権設定者と根抵当権者との合意によってこれを被担保債権とすることとしたので、これを尊重して、認めることにしたものと説明されている[注2]。また、手形債権は、原因関係上の債権とは別個の無因の債権であるため、根抵当権者と債務者との間の一定の取引によって生ずるものと判断することが困難であることから、独立した類型として認める実益がある。

　　（注1）　本補説は、全体として佐藤哲治「電子記録債権の法的位置づけ」NBL918号32頁以下に依拠している。
　　（注2）　貞家克己＝清水湛『新根抵当法』（金融財政事情研究会、1973年）52頁。

2 電子記録債権と根抵当権

　まず、根抵当権者と債務者との間の取引によって生じた電子記録債権は、当然のことながら民法第398条の2第2項により被担保債権とすることができる[注]。

　これに対して、根抵当権者が、根抵当権者と債務者との間の取引によらないで、回り手形と同様の態様で取得した電子記録債権はどうか。

　まず、電子記録債権は、電子記録債権法によって創設された債権であり、手形債権とは異なるから、手形債権を規定した民法第398条の2第3項が直接適用されるわけではない。

　とはいえ、手形債権と電子記録債権は、前記序「従前の制度との異同」で詳述したように、その権利の内容が相当程度似通っている。そのため、手形債権

と同様、根抵当権設定者と根抵当権者との間で電子記録債権を被担保債権に含むとの合意があれば、これを認める必要性が十分に認められる。

　したがって、根抵当権は物権であり、物権法定主義（民法第175条）を踏まえても、電子記録債権については、手形債権と同様、登記上の手当てがされるのであれば、手形上の請求権の類推適用（民法第398条の2第3項および民法第398条の3第2項）を認め、被担保債権に含まれると解することは十分可能である。

　なお、本書で既に触れてきたように、本法は、発生記録において広範な任意的記録事項を認め、善意取得や人的抗弁の切断を認めないような発生記録も可能としているように（第16条第2項第8号・第10号）、さまざまな類型の電子記録債権が認められることになるから、すべての電子記録債権について、根抵当権の被担保債権に含まれると類推適用すべきか、手形債権と実質的に同内容のものに限って類推を認めるべきかが問題となる。

　しかし、民法第398条の2第3項も、「手形上」「の請求権」をすべからく被担保債権と認める文言となっており、手形に表章されている請求権はすべて担保されるものと考えられ、人的抗弁の切断や善意取得の適用されない指図禁止手形（手形法第11条第2項）に基づく請求権も除外していないのであるから、善意取得や人的抗弁の切断が認められないような電子記録債権も含めることが適当である。また、「手形債権と実質的に同内容の電子記録債権」の外延を明確に決するのは困難であるから、根抵当権をめぐる権利関係の明確性の確保のためにも、登記上の手当てがされるのであれば、すべての電子記録債権について、手形債権の規定の類推適用を認めるべきものと考えられる。

　　（注）　既存の継続的な売買契約に基づく売掛債権について電子記録債権を発生させるような場合であれば、取引に基づき電子記録債権が生じたと容易に評価ができる場合が多いと考えられるが、例えば銀行であれば、手形貸付と同様、債務者が電子記録債権の発生記録を行うのに対して貸付けを行うような場合には、当該電子記録債権についても債務者銀行取引約定書のような継続的な契約が適用されることを明確化しておく必要があろう。

3　登記上の手当て

　以上のような整理のもと、近時、根抵当権の被担保債権の範囲に関して「根抵当権の被担保債権の範囲について」（平成24年4月27日付法務省民二第1106号法務省民事局民事第二課長通知）と題する登記先例が発出された。

　この第1106号通知は、「被担保債権の範囲を『銀行取引　手形債権　小切手債権　電子記録債権』とする根抵当権の設定の登記の申請は、受理をすることができると考えますが、いささか疑義がありますので、照会します。」という照会に対して、法務省民事局民事第二課長が「受理をして差し支えないものと

考えます。」と回答した通知(平成24年4月27日付法務省民二第1105号法務省民事局民事第二課長通知)について、全国の法務局長に対して周知する趣旨のものである。

したがって、この第1106号通知により、電子記録債権を被担保債権の範囲に含めた形で根抵当権の設定の登記を行うことができる旨が確認されたことになる。

（質権設定記録の記録事項）
第37条　質権設定記録（根質権の質権設定記録を除く。次項において同じ。）においては、次に掲げる事項を記録しなければならない。
　一　質権を設定する旨
　二　質権者の氏名又は名称及び住所
　三　被担保債権の債務者の氏名又は名称及び住所、被担保債権の額（一定の金額を目的としない債権については、その価額。以下同じ。）その他被担保債権を特定するために必要な事項
　四　一の債権記録における質権設定記録及び転質の電子記録がされた順序を示す番号（以下「質権番号」という。）
　五　電子記録の年月日
2　質権設定記録においては、次に掲げる事項を記録することができる。
　一　被担保債権につき利息、遅延損害金又は違約金についての定めがあるときは、その定め
　二　被担保債権に付した条件があるときは、その条件
　三　前条第三項において準用する民法第三百四十六条ただし書の別段の定めをするときは、その定め
　四　質権の実行に関し、その方法、条件その他の事項について定めをするときは、その定め
　五　発生記録において電子記録債権に係る債務の支払を債権者口座に対する払込みによってする旨の定めが記録されている場合において、質権設定記録に当たり質権者が質権者の預金又は貯金の口座に対する払込みによって支払を受けようとするときは、当該口座（発生記録において払込みをする預金又は貯金の口座の変更に関する定めが記録されているときは、これと抵触しないものに限る。）
　六　質権設定者と質権者（質権設定記録後に当該質権についての質権者として記録された者を含む。次号において同じ。）との間の通知の方法についての定めをするときは、その定め
　七　質権設定者と質権者との間の紛争の解決の方法についての定めをするときは、その定め
　八　前各号に掲げるもののほか、政令で定める事項
3　根質権の質権設定記録においては、次に掲げる事項を記録しなければならない。
　一　根質権を設定する旨
　二　根質権者の氏名又は名称及び住所

212　第2章　電子記録債権の発生、譲渡等　第7節　質権

　　三　担保すべき債権の債務者の氏名又は名称及び住所
　　四　担保すべき債権の範囲及び極度額
　　五　質権番号
　　六　電子記録の年月日
4　根質権の質権設定記録においては、次に掲げる事項を記録することができる。
　　一　担保すべき元本の確定すべき期日の定めをするときは、その定め
　　二　根質権の実行に関し、その方法、条件その他の事項について定めをするときは、その定め
　　三　発生記録において電子記録債権に係る債務の支払を債権者口座に対する払込みによってする旨の定めが記録されている場合において、根質権の質権設定記録に当たり根質権者が根質権者の預金又は貯金の口座に対する払込みによって支払を受けようとするときは、当該口座（発生記録において払込みをする預金又は貯金の口座の変更に関する定めが記録されているときは、これと抵触しないものに限る。）
　　四　根質権設定者と根質権者（根質権の質権設定記録後に当該根質権についての根質権者として記録された者を含む。次号において同じ。）との間の通知の方法についての定めをするときは、その定め
　　五　根質権設定者と根質権者との間の紛争の解決の方法についての定めをするときは、その定め
　　六　前各号に掲げるもののほか、政令で定める事項
5　電子債権記録機関は、発生記録において第十六条第二項第十二号又は第十五号に掲げる事項（質権設定記録に係る部分に限る。）が記録されているときは、その記録の内容に抵触する質権設定記録をしてはならない。

1　趣旨

　本条は、質権設定記録について定めるものであり、不動産登記法第83条第1項、第88条および第95条を参考にしたものである。
　このうち本条第1項は、根質権ではない質権の質権設定記録における必要的な記録事項について定めた規定である。
　記録事項のうち、同項各号に掲げる事項は、電子記録債権（通常の電子記録債権、電子記録保証の履行請求権、特別求償権を問わない）を目的とする質権の設定に当たって必要不可欠な情報であるため、必要的な記録事項としている。
　これに対して、本条第2項各号に掲げる事項は、電子記録債権を目的とする質権にとって必要不可欠な情報ではないが、当事者が記録事項とすることに合

意して電子債権記録機関により記録がされれば、質権の内容を形成する事項（任意的な記録事項）として整理されているものである。第2項各号が、いずれも「……定めをするときは、その定め」等とされているのは、これらの事項が任意的な記録事項であることを文理上も明らかにするためである。

同様に、本条第3項は、根質権の質権設定記録における必要的な記録事項について、第4項は、根質権の質権設定記録における任意的な記録事項について定めた規定である。

2 第1項

本項は、根質権ではない質権の質権設定記録の記録事項を定めるものである。

(1) 質権を設定する旨（第1号）

質権設定記録がどのような効果を表す電子記録であるのかを明確にするために、まず、質権を設定する旨を記録事項としている。

これによって、債権記録に含まれる多種多様な電子記録の中でも、当該電子記録が質権設定のための電子記録であることを明確にすることができるとともに、質権設定記録の請求をすること自体の中に電子記録債権に質権を設定する旨の意思表示が含まれることになる。

(2) 質権者（第2号）

「質権者の氏名又は名称及び住所」は、質権者となる者を特定するために必要な事項である。発生記録において債権者が、譲渡記録において譲受人が、それぞれ必要的記録事項とされているのと同様（第16条第1項3号、第18条第1項第3号）、質権設定記録においては質権者の存在が必要不可欠であることから、その氏名または名称および住所を記録事項としたものである。

(3) 被担保債権（第3号）

「被担保債権の債務者の氏名又は名称及び住所、被担保債権の額（一定の金額を目的としない債権については、その価額。以下同じ）その他被担保債権を特定するために必要な事項」は、被担保債権の特定のために必要な事項である。

電子記録債権を目的とする質権であっても、被担保債権は電子記録債権でないことが当然にあり得るところであるが、質権は担保物権である以上、被担保債権が明確でなければならないので、必要的な記録事項とされている。

「一定の金額を目的としない債権については、その価額」を記録事項とするのは、被担保債権は金銭債権に限らないことから、金銭債権でない場合には、その価額を電子記録することにより、後順位担保権者に残担保価値を明らかにするためのものであり、不動産登記法第83条第1項第1号を参考にしたものである。

「その他被担保債権を特定するために必要な事項」を記録事項とするのは、被担保債権に対しても支払等記録を行うことから（第24条の解説参照）、その債権を債権記録上特定しておくことが必要であること、不動産登記法では、登記原因として被担保債権の発生原因が記録されることとの平仄に基づくものである。

(4) 質権番号（第4号）

第4号は、ある債権記録において、質権設定記録および転質の電子記録がされた順序を示す番号（以下「質権番号」という）を、必要的な記録事項とするものである。

質権は、1つの電子記録債権に対して複数設定されることがあり得るところ、その順位は、質権設定記録がされた順序によることとしている（第36条第3項で準用する民法第373条参照）。また、転質の順位も同様である（第40条第4項）。

そこで、電子記録上、電子記録がされた順序を明らかにして、質権の設定や処分の先後の確定に資するようにするために、電子記録の順序を示す番号を記録することとしている。

なお、これは「質権設定記録及び転質の電子記録がされた順序」を示す番号であって、「質権の順位」を示す番号ではない。

例えば、第1順位の質権（質権番号1番）と第2順位の質権（質権番号2番）が設定された後、第1順位の質権が消滅した場合には、第2順位の質権は第1順位に上昇するが、質権番号は2番のまま変更はない。これは、質権の順位は質権設定記録の前後によって定まる（第36条第3項で準用する民法第373条）ので、質権設定記録の順序を記録すれば足りること、先順位の質権が消滅すれば質権の順位は当然に上昇することになるが、そのたびに変更記録をするのは煩雑であり、かつ、先順位の質権設定記録を削除する旨の変更記録や支払等記録がされていれば、順位が上がったことは債権記録上明確であって、その順位を変更する必要性も乏しいことによるものである。

本号は、当事者の請求によらずに記録される記録事項である。

(5) 電子記録の年月日（第5号）

質権設定記録が電子記録債権を目的とする質権の効力要件である以上、質権の発生日は電子記録日ということになるから、電子記録の年月日は、当該質権をめぐる法律関係にとって重要な情報となる。

そこで、第5号で電子記録の年月日を記録事項としている。

本号も、当事者の請求によらずに記録される記録事項である。

3　第2項

本項は、質権設定記録における任意的記録事項を定めた規定である。他の電

子記録と同様に、質権設定者と質権者の間で実務上よく締結される約定を任意的記録事項としている。

　なお、譲渡記録は、譲渡人と譲受人の間で行われるもので、債務者が介在しないため、電子記録債権の内容を構成するような事項は、譲渡記録の任意的記録事項とすることができない（第18条第2項の解説参照）。

　質権設定記録も、質権設定者（債権者）と質権者の間で行われる以上、これと同様である。もっとも、質権設定記録では、電子記録債権以外に被担保債権に関する情報も記録することが予定されており、被担保債権については、質権設定者が債務者、質権者が債権者であることが多いため[注]、被担保債権に関しては、その内容を構成するような事項も記録事項の中に含まれている。

　　（注）　もっとも、物上保証のように、質権設定者が被担保債権の債務者でない場合もあり得る。

(1)　被担保債権についての利息、遅延損害金または違約金に関する定め（第1号）

　第1号は、利息等も質権設定記録により生ずる質権の被担保債権になるものであるから（第36条第3項で準用する民法第346条）、この定めがあるときは、これを記録事項とすることによって、後順位質権者に優先弁済を受けることができる範囲を明らかにしようとするものであり、不動産登記法第95条第1項第2号及び第3号を参考にしたものである。

(2)　被担保債権に付した条件（第2号）

　第2号は、質権が被担保債権に対する附従性を有するものであることからすれば、被担保債権の条件成就により、質権も影響を受けるため、被担保債権に条件が付されている場合にはこれを記録事項とすることが望ましいことを受けたものであり、不動産登記法第95条第1項第4号を参考にしたものである。

(3)　被担保債権の範囲（第3号）

　第3号で、「民法第346条ただし書の別段の定めをするときは、その定め」を記録事項としているのは、後順位質権の設定や質権設定後の電子記録債権の売却をしやすくするために、被担保債権の範囲について別段の定め（例えば、不動産抵当権のように、担保される利息、遅延損害金の範囲を最後の2年分に限定することなど）をするときに、これを明らかにするために記録事項とするものであり、不動産登記法第95条第1項第5号を参考にしたものである。

　なお、「定めがある」ではなく「定めをする」としているのは、質権設定記録が質権設定の効力要件であって、質権設定記録の請求がされることによって初めて本号の定めがされることになることに基づいている。

(4)　質権の実行の方法等（第4号）

　第4号で、「質権の実行に関し、その方法、条件その他の事項について定めをするときは、その定め」を記録事項としているのは、実務上、流質契約等の

質権の実行の方法や、質権の実行の条件について合意されることも多いことから、これを記録事項とするものである。

(5) 質権者の支払口座（第5号）

発生記録（発生記録の変更記録も含まれる。第18条第2項第1号）において、債務の支払を債権者の預金または貯金の口座に対する払込みによってする旨の定めが記録されている場合（第16条第2項第1号または第2号。実際には、大半の場合でこのような電子記録がされるものと思われる）において、当該電子記録債権を目的とする質権が設定されるときは、質権者は取立権を有し（民法第366条第1項）、債務者が質権者に電子記録債権の支払を行うことになることから、質権者が取立権を行使した場合に債務者が支払うべき質権者の預貯金口座を記録事項とするものである。

これによって、債務者は、質権者が取立権を行使した場合には、質権設定記録に記録された質権者の口座に払込みを行うべきことになる。

ただし、発生記録において債務の支払を債権者の預金または貯金の口座に対する払込みによってする旨の定めが記録されている場合であっても、その定めの内容が、発生記録以後に譲渡や質権の設定がされたとしても債権者の預金または貯金の口座を変更しないという趣旨のものである場合には、質権設定記録に伴って、取立権行使後の払込先の口座を質権者の口座に変更することはできないから、変更後の口座を電子記録することは認められない。

そこで、「（発生記録において払込みをする預金又は貯金の口座の変更に関する定めが記録されているときは、これと抵触しないものに限る。）」として、その旨を明確にしている。

例えばシンジケート・ローンを電子記録債権化したような場合には、債権者団の代表であるエージェントが全債権者分の債権の支払をまとめて受領することが予定されているところ、このような場合にはエージェントの口座に対する払込みによってする旨の定めが発生記録にされることが想定されるから、質権設定記録がされても口座の変更についての電子記録をすることは許されないことになる。

(6) 質権設定者と質権者との間の通知の方法についての定め（第6号）

発生記録において、債権者と債務者との間に通知の方法についての定めがされるのと同様に、質権設定記録においても、質権設定者と質権者との間で通知の方法についての定め（例えばファックスや電子メールでの通知の可否や、ファックスで通知した場合には後日書面を郵送すること等）が定められることがあることから、これを記録事項とするものである。

なお、「質権設定記録後に当該質権についての質権者として記録された者を含む。」とするのは、質権設定者（Aとする）からすれば、このような定めが直

接の相手方である質権者（Bとする）のみならず、その後に当該質権を取得した者または転質権者（Cとする）との間にも適用されることとする方が望ましいことから、このような定めの電子記録を認めることによって、質権設定記録における質権者Bから当該質権を取得したCと質権設定者Aとの間においても、このような定めが適用されることを可能とするものである。

(7) 質権設定者と質権者との間の紛争の解決の方法についての定め（第7号）

発生記録において、債権者と債務者との間の紛争の解決の方法についての定めがされるのと同様に、質権設定記録においても、質権設定者と質権者との間で紛争の解決の方法についての定め（典型的なものとしては、管轄裁判所の合意や、裁判によらず仲裁手続で紛争を解決する合意、更に具体的に仲裁人を指定した仲裁合意等）が定められることが多いことから、記録事項とするものである。

この点、質権設定者（Aとする）からすれば、このような定めが直接の質権者（Bとする）のみならず、その後に当該質権を取得した者または転質権者（Cとする）との間にも適用されることとする方が望ましいと考えられる。

そこで、本号は、このような定めの電子記録を認めることによって、質権設定記録における質権者Bから質権を取得した者または転質権者Cと質権設定者Aとの間においても、このような定めが適用されることを可能とするものである。

(8) 政令で定める事項（第8号）

以上のほか、本号では、将来のIT技術や契約実務の発展等に備えて、政令で記録事項を増やす余地を残しているが、現時点では該当する政令が設けられていない。

(9) 補足

質権設定記録においては、いったん設定された質権の移転や転質について、善意取得等の規定の適用はないことから（この理由については第38条の解説を参照されたい）、個人事業者である旨を記録事項とする必要はない。

そこで、質権設定記録においては、譲渡記録のように、個人事業者である旨を記録事項とはしていない。

4　第3項

第3項は、根質権の質権設定記録の必要的な記録事項を定めるもので、不動産登記法第83条第1項および第88条第2項を参考にしたものである。

(1) 根質権を設定する旨（第1号）および根質権者の氏名等（第2号）

これらを記録事項とする趣旨は、第1項第1号・第2号と同じである。

(2) 担保すべき債権の債務者の氏名または名称および住所（第3号）

本号は、根質権の担保すべき債権の債務者の特定のために必要な事項である。

第1項の質権設定記録は被担保債権が特定しているので、被担保債権の特定のために必要な事項が記録事項であるが、根質権の場合には被担保債権が特定していないので、債務者の特定のために必要な事項が記録事項となる。

(3) 担保すべき債権の範囲および極度額（第4号）

本号は、根質権によって担保される債権の範囲およびその極度額を特定するために必要な事項である。

これを記録事項とするのは、電子記録債権については、電子記録制度が設けられ、債権記録に質権の内容が記録されることから、担保すべき債権の範囲および極度額について何らの公示手段を持たない指名債権を目的とする質権とは異なり、これらを記録することによって担保すべき債権の範囲および極度額を第三者に明らかにすることが可能であり、電子記録債権の担保価値を十分に利用することができるようにするには、これらの事項を記録事項として、後順位質権の設定や質権設定後の電子記録債権の売却等を行いやすくするのが相当であると考えられるためである。

そして、これが必要的記録事項とされることから、包括根質は認められないことになる。

(4) 質権番号（第5号）および電子記録の年月日（第6号）

これらを記録事項とする趣旨は、第1項第4号および第5号と同じである。

5 第4項

本項は、根質権の質権設定記録の任意的な記録事項を定めるものである。

(1) 元本確定期日（第1号）

担保すべき元本の確定すべき期日の定めは、根質権について元本確定期日の定めをすることが認められていること（第36条第3項で準用する民法第398条の6）から、これを記録事項とするものである。

(2) 根質権の実行の方法等（第2号）、根質権者の支払口座（第3号）、根質権設定者と根質権者との間の通知の方法についての定め（第4号）および根質権設定者と根質権者との間の紛争の解決の方法についての定め（第5号）

これらを記録事項とする趣旨は、第2項第4号から第7号までと同じである。

(3) 政令で定める事項（第6号）

以上のほか、本号では、将来のIT技術や契約実務の発展等に備えて、政令で記録事項を増やす余地を残しているが、現時点では該当する政令が設けられていない。

(4) 補足

根質権設定記録においては、いったん設定された根質権の移転や転根質につ

いて、善意取得等の規定の適用はないことから（この理由については第38条の解説を参照されたい）、個人事業者である旨を記録事項とする必要はない。

そこで、根質権設定記録においては、譲渡記録のように、個人事業者である旨を記録事項とはしていない。

6　第5項

　電子記録債権は、債権の流通性を高めるために新たに創設される制度であることから、原則として債権の信用性を補完する保証記録が自由にできることとされているが、発生記録における債権者と債務者の間の約定によって質権設定を禁止または制限することや（第16条第2項第12号）、電子債権記録機関の業務規程の定めによって質権設定を禁止もしくは制限することまたは質権設定記録の記録事項を制限すること（第7条第2項）は認められている。

　したがって、発生記録（変更記録も含まれる。第18条第2項第1号）において、債権者と債務者の間の約定による質権設定の禁止もしくは制限の定め（第16条第2項第12号）または電子債権記録機関の業務規程の定めによる質権設定の禁止もしくは制限の定めまたは質権設定記録の記録事項の制限の定め（同項第15号）が記録されている場合には、当該定めの効果として、当該定めに抵触する質権設定記録はすることができないことになる。

　本項は、この旨を明らかにするため、電子債権記録機関が、上記の定めの内容に抵触する質権設定記録をしてはならないものとしているものである。

　電子債権記録機関が質権設定記録をしないという取扱いをする場合には、当該電子債権記録機関の記録する電子記録債権に担保権を設定するには、譲渡担保による方法のみが認められることになる。

　なお、万一、誤って当該禁止等に抵触する質権設定記録がされたときは、その質権設定記録は無効になると解される。

（善意取得及び抗弁の切断）
第38条　第十九条及び第二十条の規定は、質権設定記録について準用する。この場合において、第十九条第一項中「譲受人」とあるのは「質権者」と、「当該電子記録債権」とあるのは「その質権」と、同条第二項第二号中「譲受人」とあるのは「質権者」と、同項第三号中「された譲渡記録」とあるのは「された質権設定記録」と、第二十条第一項中「債権者に当該電子記録債権を譲渡した」とあるのは「質権者にその質権を設定した」と、「当該債権者に」とあるのは「当該質権者に」と、同項ただし書中「当該債権者が」とあるのは「当該質権者が」と、「当該電子記録債権を取得した」

とあるのは「当該質権を取得した」と、同条第二項第二号中「債権者」とあり、及び「譲受人」とあるのは「質権者」と読み替えるものとする。

[読替後の規定]
（善意取得）
第19条　質権設定記録の請求により電子記録債権の質権者として記録された者は、その質権を取得する。ただし、その者に悪意又は重大な過失があるときは、この限りでない。
2　前項の規定は、次に掲げる場合には、適用しない。
　一　第十六条第二項第八号に掲げる記録事項が記録されている場合
　二　前項に規定する者が、支払期日以後にされた質権設定記録の請求により電子記録債権（分割払の方法により支払うものにあっては、到来した支払期日に係る部分に限る。）の質権者として記録されたものである場合
　三　個人（個人事業者である旨の記録がされている者を除く。）である電子記録債権の譲渡人がした譲渡記録の請求の意思表示が効力を有しない場合において、前項に規定する者が当該譲渡記録後にされた質権設定記録の請求により記録されたものであるとき。

（抗弁の切断）
第20条　発生記録における債務者又は電子記録保証人（以下「電子記録債務者」という。）は、電子記録債権の質権者にその質権を設定した者に対する人的関係に基づく抗弁をもって当該質権者に対抗することができない。ただし、当該質権者が、当該電子記録債務者を害することを知って当該質権を取得したときは、この限りでない。
2　前項の規定は、次に掲げる場合には、適用しない。
　一　第十六条第二項第十号又は第三十二条第二項第六号に掲げる記録事項が記録されている場合
　二　前項の質権者が、支払期日以後にされた質権設定記録の請求により電子記録債権（分割払の方法により支払うものにあっては、到来した支払期日に係る部分に限る。）の質権者として記録されたものである場合
　三　前項の電子記録債務者が個人（個人事業者である旨の記録がされている者を除く。）である場合

1 趣旨

本条は、質権の設定も、譲渡同様、電子記録債権の処分であることから、質権者は固有の経済的利益を有する者であるため、質権の設定について取引の安全を図る必要があるので、質権設定記録にも善意取得および抗弁の切断の効力を認めるものであるとともに、必要な読替を規定するものである。

なお、動産質の設定にも善意取得が認められており（民法第192条）、また、手形の質入裏書にも善意取得や抗弁の切断が認められている。

2 いったん設定された質権の移転や転質についての善意取得

なお、いったん設定された質権の移転や転質については、善意取得や人的抗弁の規定の適用はない（転質について、第40条参照）。

これは、例えば転質の場合、質権設定記録についての転質権者の信頼は原質権の存在の範囲で保護されるにすぎないところ、原質権の被担保債権の存在については善意取得で保護されるものではないため、結局、被担保債権の存在に対する信頼を別途保護する規定が必要となるとも考えられること等の問題があり、どのような場合に、どのような根拠規定に基づき、善意の第三者が保護されるのか等について、明文の規定により解決を図るのは困難であると考えられたことによるものである。

したがって、善意取得の規定を転質の記録について準用していないからといって、解釈により善意の転質権者を保護することまで否定するものではなく、例えば、虚偽表示についての民法第94条第2項の適用または類推適用によって善意の転質権者が保護されることはあり得る。

補説 質権に関する民法の準用規定の読替表

読替後	読替前
（質権の不可分性） 第296条　質権者は、債権の全部の弁済を受けるまでは、質権の目的である電子記録債権の全部についてその権利を行使することができる。	（留置権の不可分性） 第296条　留置権者は、債権の全部の弁済を受けるまでは、留置物の全部についてその権利を行使することができる。
（質権者による果実の収取） 第297条　質権者は、質権の目的である電子記録債権から生ずる果実を収取し、他の債権者に先立って、これを自己の債権の弁済に充当することができる。 2　前項の果実は、まず債権の利息に充当し、なお残余があるときは元本に充当しなければならない。	（留置権者による果実の収取） 第297条　留置権者は、留置物から生ずる果実を収取し、他の債権者に先立って、これを自己の債権の弁済に充当することができる。 2　前項の果実は、まず債権の利息に充当し、なお残余があるときは元本に充当しなければならない。
（質権者による質権の目的である電子記録債権の保管等） 第298条　質権者は、善良な管理者の注意をもって、質権の目的である電子記録債権を準占有しなければならない。 2　質権者は、債務者の承諾を得なければ、質権の目的である電子記録債権を担保に供することができない。ただし、その電子記録債権の保存に必要な使用をすることは、この限りでない。 3　質権者が前二項の規定に違反したときは、債務者は、質権の消滅を請求することができる。	（留置権者による留置物の保管等） 第298条　留置権者は、善良な管理者の注意をもって、留置物を占有しなければならない。 2　留置権者は、債務者の承諾を得なければ、留置物を使用し、賃貸し、又は担保に供することができない。ただし、その物の保存に必要な使用をすることは、この限りでない。 3　留置権者が前二項の規定に違反したときは、債務者は、留置権の消滅を請求することができる。
（質権者による費用の償還請求） 第299条　質権者は、質権の目的である	（留置権者による費用の償還請求） 第299条　留置権者は、留置物につい

補説　質権に関する民法の準用規定の読替表　223

る電子記録債権について必要費を支出したときは、当該電子記録債権の債権者にその償還をさせることができる。 2　質権者は、質権の目的である電子記録債権について有益費を支出したときは、これによる価格の増加が現存する場合に限り、所有者の選択に従い、その支出した金額又は増価額を償還させることができる。ただし、裁判所は、当該電子記録債権の債権者の請求により、その償還について相当の期限を許与することができる。 （質権の行使と債権の消滅時効） 第300条　質権の行使は、債権の消滅時効の進行を妨げない。 （物上代位） 第304条　質権は、その目的である電子記録債権の売却、滅失又は損傷によって債務者が受けるべき金銭その他の物に対しても、行使することができる。ただし、質権者は、その払渡し又は引渡しの前に差押えをしなければならない。 2　債務者が質権の目的である電子記録債権につき設定した物権の対価についても、前項と同様とする。 （質権の内容） 第342条　質権者は、その債権の担保として債務者又は第三者から質権の設定を受けた電子記録債権について他の債権者に先立って自己の債権の弁済を受ける権利を有する。 （質権の目的）	て必要費を支出したときは、所有者にその償還をさせることができる。 2　留置権者は、留置物について有益費を支出したときは、これによる価格の増加が現存する場合に限り、所有者の選択に従い、その支出した金額又は増価額を償還させることができる。ただし、裁判所は、所有者の請求により、その償還について相当の期限を許与することができる。 （留置権の行使と債権の消滅時効） 第300条　留置権の行使は、債権の消滅時効の進行を妨げない。 （物上代位） 第304条　先取特権は、その目的物の売却、賃貸、滅失又は損傷によって債務者が受けるべき金銭その他の物に対しても、行使することができる。ただし、先取特権者は、その払渡し又は引渡しの前に差押えをしなければならない。 2　債務者が先取特権の目的物につき設定した物権の対価についても、前項と同様とする。 （質権の内容） 第342条　質権者は、その債権の担保として債務者又は第三者から受け取った物を占有し、かつ、その物について他の債権者に先立って自己の債権の弁済を受ける権利を有する。 （質権の目的）

| 第343条　質権は、譲り渡すことができない電子記録債権をその目的とすることができない。 | 第343条　質権は、譲り渡すことができない物をその目的とすることができない。 |

（質権の被担保債権の範囲）／（質権の被担保債権の範囲）

| 第346条　質権は、元本、利息、違約金、質権の実行の費用、質物の保存の費用及び債務の不履行によって生じた損害の賠償を担保する。ただし、設定行為に別段の定めがあるときは、この限りでない。 | 第346条　質権は、元本、利息、違約金、質権の実行の費用、質物の保存の費用及び債務の不履行又は質物の隠れた瑕疵によって生じた損害の賠償を担保する。ただし、設定行為に別段の定めがあるときは、この限りでない。 |

（転質）／（転質）

| 第348条　質権者は、その権利の存続期間内において、自己の責任で、質権の目的である電子記録債権について、転質をすることができる。この場合において、転質をしたことによって生じた損失については、不可抗力によるものであっても、その責任を負う。 | 第348条　質権者は、その権利の存続期間内において、自己の責任で、質物について、転質をすることができる。この場合において、転質をしたことによって生じた損失については、不可抗力によるものであっても、その責任を負う。 |

（契約による質物の処分の禁止）／（契約による質物の処分の禁止）

| 第349条　質権設定者は、設定行為又は債務の弁済期前の契約において、質権者に弁済として質権の目的である電子記録債権を取得させ、その他法律に定める方法によらないで質権の目的である電子記録債権を処分させることを約することができない。 | 第349条　質権設定者は、設定行為又は債務の弁済期前の契約において、質権者に弁済として質物の所有権を取得させ、その他法律に定める方法によらないで質物を処分させることを約することができない。 |

（物上保証人の求償権）／（物上保証人の求償権）

| 第351条　他人の債務を担保するため質権を設定した者は、その債務を弁済し、又は質権の実行によって質権の目的である電子記録債権を失ったときは、保証債務に関する規定に従い、債務者に対して求償権を有する。 | 第351条　他人の債務を担保するため質権を設定した者は、その債務を弁済し、又は質権の実行によって質物の所有権を失ったときは、保証債務に関する規定に従い、債務者に対して求償権を有する。 |

（質権の順位） 第373条　同一の電子記録債権について数個の質権が設定されたときは、その質権の順位は、電子記録の前後による。 （質権の順位の変更） 第374条　質権の順位は、各質権者の合意によって変更することができる。ただし、利害関係を有する者があるときは、その承諾を得なければならない。 2　前項の規定による順位の変更は、その電子記録をしなければ、その効力を生じない。 （代価弁済） 第378条　質権の目的である電子記録債権を買い受けた第三者が、質権者の請求に応じてその質権者にその代価を弁済したときは、質権は、その第三者のために消滅する。 （質権の目的である電子記録債権の第三取得者による買受け） 第390条　質権の目的である電子記録債権の第三取得者は、その競売において買受人となることができる。 （質権の目的である電子記録債権の第三取得者による費用の償還請求） 第391条　質権の目的である電子記録債権の第三取得者は、質権の目的である電子記録債権について必要費又は有益費を支出したときは、第百九十六条の区別に従い、質権の目的である電子記録債権の代価から、他の債権者より先にその償還を受けることができる。	（抵当権の順位） 第373条　同一の不動産について数個の抵当権が設定されたときは、その抵当権の順位は、登記の前後による。 （抵当権の順位の変更） 第374条　抵当権の順位は、各抵当権者の合意によって変更することができる。ただし、利害関係を有する者があるときは、その承諾を得なければならない。 2　前項の規定による順位の変更は、その登記をしなければ、その効力を生じない。 （代価弁済） 第378条　抵当不動産について所有権又は地上権を買い受けた第三者が、抵当権者の請求に応じてその抵当権者にその代価を弁済したときは、抵当権は、その第三者のために消滅する。 （抵当不動産の第三取得者による買受け） 第390条　抵当不動産の第三取得者は、その競売において買受人となることができる。 （抵当不動産の第三取得者による費用の償還請求） 第391条　抵当不動産の第三取得者は、抵当不動産について必要費又は有益費を支出したときは、第百九十六条の区別に従い、抵当不動産の代価から、他の債権者より先にその償還を受けることができる。

（根質権）	（根抵当権）
第398条の2　質権は、設定行為で定めるところにより、一定の範囲に属する不特定の債権を極度額の限度において担保するためにも設定することができる。	第398条の2　抵当権は、設定行為で定めるところにより、一定の範囲に属する不特定の債権を極度額の限度において担保するためにも設定することができる。
2　前項の規定による質権（以下「根質権」という。）の担保すべき不特定の債権の範囲は、債務者との特定の継続的取引契約によって生ずるものその他債務者との一定の種類の取引によって生ずるものに限定して、定めなければならない。	2　前項の規定による抵当権（以下「根抵当権」という。）の担保すべき不特定の債権の範囲は、債務者との特定の継続的取引契約によって生ずるものその他債務者との一定の種類の取引によって生ずるものに限定して、定めなければならない。
3　特定の原因に基づいて債務者との間に継続して生ずる債権又は手形上若しくは小切手上の請求権は、前項の規定にかかわらず、根質権の担保すべき債権とすることができる。	3　特定の原因に基づいて債務者との間に継続して生ずる債権又は手形上若しくは小切手上の請求権は、前項の規定にかかわらず、根抵当権の担保すべき債権とすることができる。(注)
（根質権の被担保債権の範囲）	（根抵当権の被担保債権の範囲）
第398条の3　根質権者は、確定した元本並びに利息その他の定期金及び債務の不履行によって生じた損害の賠償の全部について、極度額を限度として、その根質権を行使することができる。	第398条の3　根抵当権者は、確定した元本並びに利息その他の定期金及び債務の不履行によって生じた損害の賠償の全部について、極度額を限度として、その根抵当権を行使することができる。
2　債務者との取引によらないで取得する手形上又は小切手上の請求権を根質権の担保すべき債権とした場合において、次に掲げる事由があったときは、その前に取得したものについてのみ、その根質権を行使することができる。ただし、その後に取得したものであっても、その事由を知	2　債務者との取引によらないで取得する手形上又は小切手上の請求権を根抵当権の担保すべき債権とした場合において、次に掲げる事由があったときは、その前に取得したものについてのみ、その根抵当権を行使することができる。ただし、その後に取得したものであっても、その事由

補説　質権に関する民法の準用規定の読替表　227

| らないで取得したものについては、これを行使することを妨げない。
一　債務者の支払の停止
二　債務者についての破産手続開始、再生手続開始、更生手続開始又は特別清算開始の申立て
三　質権の目的である電子記録債権に対する競売の申立て又は滞納処分による差押え
（根質権の被担保債権の範囲及び債務者の変更）
第398条の4　元本の確定前においては、根質権の担保すべき債権の範囲の変更をすることができる。債務者の変更についても、同様とする。
2　前項の変更をするには、後順位の質権者その他の第三者の承諾を得ることを要しない。
3　第一項の変更について元本の確定前に電子記録をしなかったときは、その変更をしなかったものとみなす。
（根質権の極度額の変更）
第398条の5　根質権の極度額の変更は、利害関係を有する者の承諾を得なければ、することができない。
（根質権の元本確定期日の定め）
第398条の6　根質権の担保すべき元本については、その確定すべき期日を定め又は変更することができる。
2　第三百九十八条の四第二項の規定は、前項の場合について準用する。
3　第一項の期日は、これを定め又は変更した日から五年以内でなければ | を知らないで取得したものについては、これを行使することを妨げない。
一　債務者の支払の停止
二　債務者についての破産手続開始、再生手続開始、更生手続開始又は特別清算開始の申立て
三　抵当不動産に対する競売の申立て又は滞納処分による差押え
（根抵当権の被担保債権の範囲及び債務者の変更）
第398条の4　元本の確定前においては、根抵当権の担保すべき債権の範囲の変更をすることができる。債務者の変更についても、同様とする。
2　前項の変更をするには、後順位の抵当権者その他の第三者の承諾を得ることを要しない。
3　第一項の変更について元本の確定前に登記をしなかったときは、その変更をしなかったものとみなす。
（根抵当権の極度額の変更）
第398条の5　根抵当権の極度額の変更は、利害関係を有する者の承諾を得なければ、することができない。
（根抵当権の元本確定期日の定め）
第398条の6　根抵当権の担保すべき元本については、その確定すべき期日を定め又は変更することができる。
2　第三百九十八条の四第二項の規定は、前項の場合について準用する。
3　第一項の期日は、これを定め又は変更した日から五年以内でなければ |

ならない。 4　第一項の期日の変更についてその変更前の期日より前に電子記録をしなかったときは、担保すべき元本は、その変更前の期日に確定する。 （根質権の被担保債権の譲渡等） 第398条の7　元本の確定前に根質権者から債権を取得した者は、その債権について根質権を行使することができない。元本の確定前に債務者のために又は債務者に代わって弁済をした者も、同様とする。 2　元本の確定前に債務の引受けがあったときは、根質権者は、引受人の債務について、その根質権を行使することができない。 3　元本の確定前に債権者又は債務者の交替による更改があったときは、その当事者は、第五百十八条の規定にかかわらず、根質権を更改後の債務に移すことができない。 （根質権者又は債務者の相続） 第398条の8　元本の確定前に根質権者について相続が開始したときは、根質権は、相続開始の時に存する債権のほか、相続人と根質権設定者との合意により定めた相続人が相続の開始後に取得する債権を担保する。 2　元本の確定前にその債務者について相続が開始したときは、根質権は、相続開始の時に存する債務のほか、根質権者と根質権設定者との合意により定めた相続人が相続の開始後に負担する債務を担保する。	ならない。 4　第一項の期日の変更についてその変更前の期日より前に登記をしなかったときは、担保すべき元本は、その変更前の期日に確定する。 （根抵当権の被担保債権の譲渡等） 第398条の7　元本の確定前に根抵当権者から債権を取得した者は、その債権について根抵当権を行使することができない。元本の確定前に債務者のために又は債務者に代わって弁済をした者も、同様とする。 2　元本の確定前に債務の引受けがあったときは、根抵当権者は、引受人の債務について、その根抵当権を行使することができない。 3　元本の確定前に債権者又は債務者の交替による更改があったときは、その当事者は、第五百十八条の規定にかかわらず、根抵当権を更改後の債務に移すことができない。 （根抵当権者又は債務者の相続） 第398条の8　元本の確定前に根抵当権者について相続が開始したときは、根抵当権は、相続開始の時に存する債権のほか、相続人と根抵当権設定者との合意により定めた相続人が相続の開始後に取得する債権を担保する。 2　元本の確定前にその債務者について相続が開始したときは、根抵当権は、相続開始の時に存する債務のほか、根抵当権者と根抵当権設定者との合意により定めた相続人が相続の開始後に負担する債務を担保する。

3　第三百九十八条の四第二項の規定は、前二項の合意をする場合について準用する。 4　第一項及び第二項の合意について相続の開始後六箇月以内に電子記録をしないときは、担保すべき元本は、相続開始の時に確定したものとみなす。 　（根質権者又は債務者の合併） 第398条の9　元本の確定前に根質権者について合併があったときは、根質権は、合併の時に存する債権のほか、合併後存続する法人又は合併によって設立された法人が合併後に取得する債権を担保する。 2　元本の確定前にその債務者について合併があったときは、根質権は、合併の時に存する債務のほか、合併後存続する法人又は合併によって設立された法人が合併後に負担する債務を担保する。 3　前二項の場合には、根質権設定者は、担保すべき元本の確定を請求することができる。ただし、前項の場合において、その債務者が根質権設定者であるときは、この限りでない。 4　前項の規定による請求があったときは、担保すべき元本は、合併の時に確定したものとみなす。 5　第三項の規定による請求は、根質権設定者が合併のあったことを知った日から二週間を経過したときは、することができない。合併の日から一箇月を経過したときも、同様とす	3　第三百九十八条の四第二項の規定は、前二項の合意をする場合について準用する。 4　第一項及び第二項の合意について相続の開始後六箇月以内に登記をしないときは、担保すべき元本は、相続開始の時に確定したものとみなす。 　（根抵当権者又は債務者の合併） 第398条の9　元本の確定前に根抵当権者について合併があったときは、根抵当権は、合併の時に存する債権のほか、合併後存続する法人又は合併によって設立された法人が合併後に取得する債権を担保する。 2　元本の確定前にその債務者について合併があったときは、根抵当権は、合併の時に存する債務のほか、合併後存続する法人又は合併によって設立された法人が合併後に負担する債務を担保する。 3　前二項の場合には、根抵当権設定者は、担保すべき元本の確定を請求することができる。ただし、前項の場合において、その債務者が根抵当権設定者であるときは、この限りでない。 4　前項の規定による請求があったときは、担保すべき元本は、合併の時に確定したものとみなす。 5　第三項の規定による請求は、根抵当権設定者が合併のあったことを知った日から二週間を経過したときは、することができない。合併の日から一箇月を経過したときも、同様

る。 （根質権者又は債務者の会社分割） 第398条の10　元本の確定前に根質権者を分割をする会社とする分割があったときは、根質権は、分割の時に存する債権のほか、分割をした会社及び分割により設立された会社又は当該分割をした会社がその事業に関して有する権利義務の全部又は一部を当該会社から承継した会社が分割後に取得する債権を担保する。 2　元本の確定前にその債務者を分割をする会社とする分割があったときは、根質権は、分割の時に存する債務のほか、分割をした会社及び分割により設立された会社又は当該分割をした会社がその事業に関して有する権利義務の全部又は一部を当該会社から承継した会社が分割後に負担する債務を担保する。 3　前条第三項から第五項までの規定は、前二項の場合について準用する。 （根質権の元本の確定請求） 第398条の19　根質権設定者は、根質権の設定の時から三年を経過したときは、担保すべき元本の確定を請求することができる。この場合において、担保すべき元本は、その請求の時から二週間を経過することによって確定する。 2　根質権者は、いつでも、担保すべき元本の確定を請求することができる。この場合において、担保すべき元本は、その請求の時に確定する。	とする。 （根抵当権者又は債務者の会社分割） 第398条の10　元本の確定前に根抵当権者を分割をする会社とする分割があったときは、根抵当権は、分割の時に存する債権のほか、分割をした会社及び分割により設立された会社又は当該分割をした会社がその事業に関して有する権利義務の全部又は一部を当該会社から承継した会社が分割後に取得する債権を担保する。 2　元本の確定前にその債務者を分割をする会社とする分割があったときは、根抵当権は、分割の時に存する債務のほか、分割をした会社及び分割により設立された会社又は当該分割をした会社がその事業に関して有する権利義務の全部又は一部を当該会社から承継した会社が分割後に負担する債務を担保する。 3　前条第三項から第五項までの規定は、前二項の場合について準用する。 （根抵当権の元本の確定請求） 第398条の19　根抵当権設定者は、根抵当権の設定の時から三年を経過したときは、担保すべき元本の確定を請求することができる。この場合において、担保すべき元本は、その請求の時から二週間を経過することによって確定する。 2　根抵当権者は、いつでも、担保すべき元本の確定を請求することができる。この場合において、担保すべき元本は、その請求の時に確定する。

3　前二項の規定は、担保すべき元本の確定すべき期日の定めがあるときは、適用しない。 （根質権の元本の確定事由） 第398条の20　次に掲げる場合には、根質権の担保すべき元本は、確定する。 　一　根質権者が根質権の目的である電子記録債権について競売又は質権第一条第三項において準用する第三百四条の規定による差押えを申し立てたとき。ただし、競売手続又は差押えがあったときに限る。 　二　根質権者が根質権の目的である電子記録債権に対して滞納処分による差押えをしたとき。 　三　（略‥準用せず） 　四　債務者又は根質権設定者が破産手続開始の決定を受けたとき。 2　前項第四号の破産手続開始の決定の効力が消滅したときは、担保すべき元本は、確定しなかったものとみなす。ただし、元本が確定したものとしてその根質権又はこれを目的とする権利を取得した者があるときは、この限りでない。 （根質権の消滅請求） 第398条の22　元本の確定後において現に存する債務の額が根質権の極度額を超えるときは、他人の債務を担保するためその根質権を設定した者又は根質権の目的である電子記録債	3　前二項の規定は、担保すべき元本の確定すべき期日の定めがあるときは、適用しない。 （根抵当権の元本の確定事由） 第398条の20　次に掲げる場合には、根抵当権の担保すべき元本は、確定する。 　一　根抵当権者が抵当不動産について競売若しくは担保不動産収益執行又は第三百七十二条において準用する第三百四条の規定による差押えを申し立てたとき。ただし、競売手続若しくは担保不動産収益執行手続の開始又は差押えがあったときに限る。 　二　根抵当権者が抵当不動産に対して滞納処分による差押えをしたとき。 　三　（略‥準用せず） 　四　債務者又は根抵当権設定者が破産手続開始の決定を受けたとき。 2　前項第三号の競売手続の開始若しくは差押え又は同項第四号の破産手続開始の決定の効力が消滅したときは、担保すべき元本は、確定しなかったものとみなす。ただし、元本が確定したものとしてその根抵当権又はこれを目的とする権利を取得した者があるときは、この限りでない。 （根抵当権の消滅請求） 第398条の22　元本の確定後において現に存する債務の額が根抵当権の極度額を超えるときは、他人の債務を担保するためその根抵当権を設定した者又は抵当不動産について所有

権を取得した第三者は、その極度額に相当する金額を払い渡し又は供託して、その<u>根質権</u>の消滅請求をすることができる。この場合において、その払渡し又は供託は、弁済の効力を有する。	<u>権、地上権、永小作権若しくは第三者に対抗することができる賃借権</u>を取得した第三者は、その極度額に相当する金額を払い渡し又は供託して、その<u>根抵当権</u>の消滅請求をすることができる。この場合において、その払渡し又は供託は、弁済の効力を有する。
2 ［空振り］	2 第三百九十八条の十六の登記がされている根抵当権は、一個の不動産について前項の消滅請求があったときは、消滅する。
3 第三百八十条及び第三百八十一条の規定は、第一項の消滅請求について準用する。	3 第三百八十条及び第三百八十一条の規定は、第一項の消滅請求について準用する。

（注）　補説「根抵当権者が取得した電子記録債権と根抵当権の関係」も参照。

> **（質権の順位の変更の電子記録）**
> **第39条** 第三十六条第三項において準用する民法第三百七十四条第一項の規定による質権の順位の変更の電子記録においては、次に掲げる事項を記録しなければならない。
> 　一　質権の順位を変更する旨
> 　二　順位を変更する質権の質権番号
> 　三　変更後の質権の順位
> 　四　電子記録の年月日
> 2　前項の電子記録の請求は、順位を変更する質権の電子記録名義人の全員がしなければならない。この場合においては、第五条第二項及び第三項の規定を準用する。

1　趣旨

本条は、電子記録債権を目的とする質権の順位の変更について定めるものである。

2　第1項

(1)　質権の順位の変更を独自の電子記録により取り扱う理由

第36条第3項において準用する民法第374条の規定により、電子記録債権を目的とする質権については、質権の順位を変更することができ、質権の順位の変更は、電子記録が効力要件となる。

そして、順位の変更のための電子記録は、抵当権の順位の変更の場合の不動産登記（不動産登記法第89条第1項）と同様に、順位変更の電子記録によって行うこととしている。

順位の変更の電子記録という独立の電子記録類型によることとし、変更記録によらないこととしているのは、質権設定記録の記録事項には、質権の順位を示す事項は電子記録されておらず、変更すべき対象が存在しないことことによる。すなわち、質権設定記録における必要的な記録事項である質権番号は、電子記録がされた順序という事実を示す番号であり、質権の順位を示すものではないから（例えば、第1順位の質権である質権番号1番の質権を削除する旨の変更記録がされた場合、第2順位の質権であった質権番号2番の質権の順位は第1順位となるが、質権番号は2番のままである。この点については、第37条第1項第4号の解説を参照されたい）、質権の順位の変更は、質権設定記録とは別の電子記録で取り扱う必要がある。

(2) 記録事項

第1項各号は、質権の順位の変更の電子記録の記録事項を定めるものである。これらはいずれも必要的な記録事項である。

ア　質権の順位を変更する旨（第1号）

質権の順位の変更の電子記録がどのような効果を表す電子記録であるのかを明確にするために、まず、質権の順位を変更する旨を記録事項としている。

これによって、債権記録に含まれる多種多様な電子記録の中でも、当該電子記録が質権の順位を変更するための電子記録であることを明確にすることができるとともに、当該電子記録の請求をすること自体の中に、質権の順位を変更する旨の意思表示が含まれることになる。

イ　順位を変更する質権の質権番号（第2号）

まず、質権の順位を変更するということは、前提として、質権設定記録が複数存在するということであるから、そのうち、どの質権番号の質権設定記録についての順位を変更するのかを特定させる必要がある。

そこで、順位を変更する質権の質権番号を記録事項としている。

ウ　変更後の質権の順位（第3号）

質権の順位の変更の電子記録が、既に設定された質権の順位を変更するという性質を持つものである以上、変更後の質権の順位が記録事項となるのは当然である。

なお、質権の順位の変更の電子記録の場合には、変更記録のように、それまで記録されていた記録事項を単に削除するといった変更記録はないので、「変更後の内容」（第27条第3号）という文言とはしていない。

エ　電子記録の年月日（第4号）

質権の順位の変更の電子記録が質権の順位の変更の効力要件である以上、順位の変更日は電子記録日ということになるから、電子記録の年月日は、当該質権をめぐる法律関係にとって重要な情報となる。

そこで、第4号で電子記録の年月日を記録事項としている。

本号は、当事者の請求によらずに記録される記録事項である。

オ　補足

なお、質権の順位の変更は、上記の記録事項以外に記録すべき事項は想定できないことから、他の電子記録とは異なり、記録事項を政令に委任していない。

3　第2項

(1) 前段

第2項前段は、質権の順位の変更の電子記録の請求権者を定めるものであり、順位を変更する電子記録名義人の全員がしなければならないとするものであ

る。
　質権の順位の変更は、電子記録権利者、電子記録義務者が必ずしも明確ではない（第1順位、第2順位および第3順位の質権の順位を、第3順位、第2順位および第1順位と変更する場合における第2順位の質権者のように、ある当事者との関係では電子記録権利者となり、ある当事者との関係では電子記録義務者となることがある）。
　そのため、本法の原則のとおり、請求権者を「電子記録権利者及び電子記録義務者」の双方（第5条第1項）とすると、どの範囲の者が電子記録の請求をしなければならないかが必ずしも明確でないという結果を招くおそれがある。
　そのため、本項前段のような規定を設けている（不動産登記法第89条第1項参照）。
　(2)　後段
　後段は、質権の順位の変更の電子記録の請求について、確定判決による電子記録の規定や、電子記録の請求を全員が共同してしない場合の電子記録の請求の効力発生時についての規定を準用するものである。

4　設定した質権の処分

　本法においては、質権の処分として、本条の規定による質権の順位の変更および次条の規定による転質のみを認めることとして、質権またはその順位の譲渡または放棄を認めていない（条文上も、第36条第3項において、民法第348条および第374条は準用しているが、同法第376条は準用していない）。
　これは、本法の検討過程において、転質および質権の順位の変更については、これを活用する実務上のニーズがあるが、質権またはその順位の譲渡または放棄については、これらを活用するニーズに乏しく、これらに対応する電子債権記録機関のシステムを作らなければならなくなるコストの問題も考慮すれば、これらを認める必要はないとの意見が大勢であったためである。

（転質）
第40条　第三十六条第三項において準用する民法第三百四十八条の規定による転質は、転質の電子記録をしなければ、その効力を生じない。
2　第三十七条第一項から第四項までの規定は、転質の電子記録について準用する。
3　転質の電子記録においては、転質の目的である質権の質権番号をも記録しなければならない。
4　質権者が二以上の者のために転質をしたときは、その転質の順位は、転

質の電子記録の前後による。

1　趣旨
本条は、転質（質権者が、質として受け取ったものを、さらに質入れすることをいう）について規定するものである。質権者は、自己の責任で、質権の設定を受けた電子記録債権について、転質をすることができる（第36条第3項において準用する民法第348条）。

2　第1項
第1項は、転質は転質の電子記録をすることが効力要件となることを規定するものである。これは、質権の設定を含む電子記録債権の処分一般について、電子記録を効力要件とするのと平仄を合わせるものであり、また、転質も質権の設定の一種であることによる。転質の電子記録は、質権者（電子記録義務者）と転質権者（電子記録権利者）の双方の請求に基づいて（第5条第1項）、電子債権記録機関が遅滞なく行う（第7条第1項）。

3　第2項および第3項
第2項および第3項は、転質の電子記録の記録事項について、質権設定記録の記録事項を準用するとともに、転質固有の記録事項を定めるものである。

まず、転質（転根質を含む）も質権の設定の一種であることから、基本的な記録事項は、質権設定記録および根質権設定記録と同一となることから、本条第2項で、質権設定記録の記録事項の規定を準用している（不動産登記でも、転質や転抵当に質権設定の登記や抵当権設定登記の規定を準用している（不動産登記法第90条、第95条第2項））。

これに加えて、どの質権が転質の対象となっているかを明らかにするために、転質の対象となる質権を特定するために必要な事項を電子記録する必要があることから、第3項で、当該質権の質権番号を記録事項とすることとしている。

4　第4項
本項は、1つの質権が複数の者に対して転質に供されることがあり得ることから、その場合の転質の順位は、転質の電子記録の前後によることを明らかにする規定である。

なお、抵当権の処分（転抵当または抵当権もしくはその順位の譲渡もしくは放棄）についても、同様の規定が置かれている（民法第376条第2項参照）。

5 転質の記録の制限

　第7条第2項および第16条第2項第12号は、電子債権記録機関および発生記録の当事者は質権設定記録の禁止または制限をすることができることとしているが、質権の順位の変更の電子記録や転質の電子記録の禁止または制限をすることは認めておらず、ほかにこれらの電子記録の禁止または制限を認める規定も置かれていない。

　したがって、電子債権記録機関や質権設定記録の当事者が、これらの電子記録の禁止または制限をすることはできないものと解される。

（被担保債権の譲渡に伴う質権等の移転による変更記録の特則）
第41条　被担保債権の一部について譲渡がされた場合における質権又は転質の移転による変更記録においては、第二十七条各号に掲げる事項のほか、当該譲渡の目的である被担保債権の額をも記録しなければならない。
2　根質権の担保すべき債権の譲渡がされた場合における根質権の移転による変更記録の請求は、当該譲渡が当該根質権の担保すべき元本の確定後にされたものであり、かつ、当該確定の電子記録がされている場合でなければ、することができない。

1　趣旨

　本条は、質権の被担保債権の一部が譲渡されたことによって質権が随伴して移転した場合の変更記録に関する特則であり、不動産登記法第84条を参考にしたものである。

2　第1項

(1)　趣旨

　第1項は、被担保債権の一部が譲渡された場合の変更記録の記録事項を定めるものである。

　質権の被担保債権について譲渡がされたときは、質権は、担保物権としての随伴性により当然に被担保債権の譲受人へと移転する。

　これは、法律上当然の移転であり、電子記録を効力要件とするものではないから、変更記録によって記録をすべきであり、具体的には、質権の移転を原因とする質権者名の変更記録を行う必要がある。

　そして、被担保債権の全部が譲渡された場合には、質権の全部が譲受人に移転することとなる以上、債権記録においても、単純に質権者名の変更を行えば足りることから、これを債権記録に反映するためには、被担保債権の譲渡に伴

う質権または転質権の移転を原因とする質権者または転質権者の氏名等の変更記録（第27条）を行えば足りるから、記録事項の特則を設ける必要はない。なお、当然のことながら、被担保債権の移転に伴って質権または根質権は「当然に」移転するのであるから、変更記録をすることは、この移転の効力要件ではない。

これに対して、被担保債権の一部が譲渡された場合には、質権は、譲渡人と譲受人によって、債権額に比例する割合の持分で準共有となる。

そのため、債権記録においても、債権の一部譲渡を受けた者の氏名等を追加するほか、譲渡された債権額を新たに記録して、質権者が準共有する質権の持分についても明らかにしておく必要がある。

そして、以上の理は、転質の被担保債権の一部の譲渡によって転質が準共有されるに至った場合にも、同様に当てはまる。

(2) 規定の内容

以上から、本条では、質権の被担保債権の一部譲渡による変更記録については、譲渡された債権額をも記録事項となることを規定するものである（不動産登記法第84条と同趣旨）。

もとより、質権の被担保債権の一部譲渡による変更記録に当たっては、上記の譲渡された債権額のみならず、新たに質権を準共有するに至った者の氏名または名称および住所を質権者として記録すべきことは、いうまでもない。

(3) 法定代位

なお、不動産登記法第84条は、被担保債権の一部譲渡の場合のほか、被担保債権の一部につき法定代位が生じた場合についても規定している。しかし、電子記録債権の場合には、法定代位が生じたことは支払等記録によって明らかにすることとしており（第24条第5号）、その際、支払等の額も記録されることになる以上（同条第2号）、支払等記録によって法定代位については十分に公示することが可能である。

そのため、本項では、法定代位に関する規定は設けていない。

3 第2項

第2項は、根質権の担保すべき債権が譲渡された場合について行われる、根質権の移転の変更記録の取扱いに関する規定である。

(1) 要件①——元本の確定

根質権は、担保すべき債権が元本確定前に譲渡されてもこれに随伴して移転せず（第36条第3項で準用する民法第398条の7第1項）、元本確定後に被担保債権が譲渡されて初めて、被担保債権に随伴して移転することになる。

そこで、このような実体法上の取扱いに合わせれば、元本確定後でなければ、根質権の担保すべき債権が譲渡されたとしても、根質権者を変更する変更記録

を行ってはならないことになるので、本項では、まずその旨を明らかにしている。

(2) 要件②——元本の確定の電子記録

根質権の移転の変更記録について、上記(1)のような要件を定めたとしても、根質権の元本が確定したかどうかは電子債権記録機関にとって明らかではないため、根質権者を変更する変更記録の請求があったとしても、電子債権記録機関としては、元本が確定したか否かが不明である以上、当該請求に基づいて変更記録を行ってよいかどうかを判断することができない。

そこで、本項で、当該変更記録の請求は、元本確定の電子記録がされた後でなければ、することができないこととしている。

なお、不動産登記実務でも、同様の取扱いがされている（昭和46年12月27日付法務省民三第960号法務省民事局第三課長依命通知）。

（根質権の担保すべき元本の確定の電子記録）

第42条 根質権の担保すべき元本（以下この条において単に「元本」という。）の確定の電子記録においては、次に掲げる事項を記録しなければならない。

一 元本が確定した旨
二 元本が確定した根質権の質権番号
三 元本の確定の年月日
四 電子記録の年月日

2 第三十六条第三項において準用する民法第三百九十八条の十九第二項又は第三百九十八条の二十第一項第四号の規定により元本が確定した場合の電子記録は、当該根質権の電子記録名義人だけで請求することができる。ただし、同号の規定により元本が確定した場合における請求は、当該根質権又はこれを目的とする権利の取得の電子記録の請求と併せてしなければならない。

---

1 趣旨

根質権の元本が確定することによって、根質権の被担保債権が特定の債権に確定することになるから、元本が確定したことを電子記録上明らかにする必要がある。そこで、本条は、根質権の元本が確定した場合の電子記録について定めるものである。

なお、本条の電子記録がされた後でなければ、根質権の担保すべき債権の譲渡がされたとしても、根質権の移転による変更記録の請求を行うことはできな

い（第41条第2項）。

2　第1項

第1項は、元本の確定の電子記録の記録事項を定めるものである。

(1)　元本が確定した旨（第1号）

元本の確定の電子記録がどのような効果を表す電子記録であるのかを明確にするために、まず、元本が確定した旨を記録事項としている。

(2)　元本が確定した根質権の質権番号（第2号）

ある債権記録において、複数の根質権が設定されることがあり得る以上、元本の確定の電子記録を行う前提として、そのうち、どの質権番号の根質権設定記録についての元本が確定したのかを特定させる必要がある。

そこで、元本が確定した根質権の質権番号を記録事項としている。

(3)　元本の確定の年月日（第3号）

本号は、元本がいつ確定したかを明らかにするものである。質権の設定や質権の順位の変更とは異なり、元本の確定は元本の確定の電子記録を効力発生要件とするものではないものの、後順位質権者等にとっては、元本がいつ確定したかが重大な関心事であることから、これを記録事項としている。

(4)　電子記録の年月日（第4号）

本号は、元本の確定の電子記録がされた日を電子記録するものである。前号で述べたとおり、質権の設定や質権の順位の変更とは異なり、元本の確定は元本の確定の電子記録を効力発生要件とするものではない（元本の確定の電子記録において元本の確定した日を公示するのは、第3号の記録事項である）。

しかし、その場合であっても、電子記録の年月日が当事者にとって重要な証拠的機能を有することは確かであるから、電子記録の年月日を記録事項としている。

本号は、当事者の請求によらずに記録される記録事項である。

(5)　補足

元本の確定の電子記録は、元本が確定したことを明らかにするためのものであって、上記の記録事項以外に電子記録すべき事項は想定できないことから、他の電子記録とは異なり、記録事項を政令に委任していない。

3　第2項

第2項は、根質権の電子記録名義人だけで元本の確定の電子記録の請求をすることができる場合を定めるものである。

(1)　本文

まず、元本確定の電子記録も、原則として電子記録権利者である根質権の設

定者と電子記録義務者である根質権者の電子記録名義人の双方の請求を要するが（第5条第1項）、第36条第3項で準用する民法第398条の19第2項または第398条の20第1項第4号の規定により元本が確定した場合には、根質権の電子記録名義人が単独で請求することができることとしている（不動産登記法第93条参照）。

これは、債権者の請求による元本の確定（第36条第3項で準用する民法第398条の19第2項）や、債務者または根抵当権設定者の破産手続開始の決定による確定（第36条第3項で準用する同法第398条の20第1項第4号）については、元本が確定したことを客観的資料によって確認することが可能であることから、元本の確定の電子記録の請求を単独でできるとしても正確性を損なうことはないことによる。

(2) ただし書

なお、本項本文の規定により、債務者または根質権設定者の破産手続開始の決定による確定がされたとしても、当該破産手続開始の決定の効力が消滅したときは、民法第398条の20第2項の規定により、その効果が生じなかったこととされる可能性があるため、破産手続開始の決定の効力が不確定な状態で元本の確定の電子記録を認めるべきでないものと思われる。

もっとも、同法第398条の20第1項第4号の規定による元本の確定がされる場合でも、同法第398条の20第2項ただし書[注1]の規定の適用がある場合には、元本の確定の効力が覆ることがなくなることになる。

とすれば、本法においても、このように元本の確定の効力が覆ることがなくなった場合に限って、根質権者による単独の電子記録の請求を認めることが望ましい。また、実際上、根質権者が単独で元本確定の電子記録を請求する必要があるのは、被担保債権を譲渡して、これに随伴して根質権を移転させる場合と考えられる。

そこで、本項ただし書では、民法第398条の20第1項第4号の規定による元本の確定を理由として根質権者が単独で元本の確定の電子記録の請求をする場合には、当該根質権またはこれを目的とする権利の取得の電子記録の請求と併せて電子記録の請求をしなければならないこととしている（不動産登記法第93条ただし書[注2]参照）。

(注1) 民法第398条の20第2項ただし書は、破産手続開始の決定の効力が消滅したとしても、元本が確定したものとして根抵当権を取得した者（被担保債権を譲り受けることによって根抵当権を取得した者や、被担保債権を弁済して代位した保証人等が典型である）や、根抵当権を目的とする権利を取得した者（転抵当権者が典型である）があるときは、元本の確定の効力は覆らないとする。

(注2) 清水響編著『Q&A不動産登記法』（商事法務、2007年）278頁参照。

4 補足

以上を踏まえて元本の確定の電子記録の請求権者を整理すると、以下のとおりである。

① 原則：電子記録権利者である根質権の設定者と電子記録義務者である根質権の電子記録名義人の双方の請求を要する（第5条第1項）。

② 例外：次に掲げる場合には、根質権の電子記録名義人が単独で請求することができる。

  (i) 根質権者の請求により元本が確定した場合
  (ii) 債務者または根質権設定者の破産手続開始の決定による確定がされた場合。ただし、この場合には、当該根質権またはこれを目的とする権利の取得の電子記録の請求と併せて電子記録の請求をしなければならない。

第8節　分割

総説

1　分割の制度を設けた趣旨
 (1)　一部譲渡のニーズ
　電子記録債権制度は、事業者の資金調達の円滑化等を図る観点から創設されるものであるが、資金調達の円滑化のためには、一の電子記録債権の一部についての譲渡も認めることが有益である。
　また、手形については、券面があるため、1枚の手形に表章された権利の一部を譲渡することが性質上不可能であるが、電子記録債権は、手形と異なり電子的なデータをもって構成される債権であることからすれば、手形のように一部譲渡が困難な性質を有するわけではない以上、このような譲渡の方法を認めることに対する期待は大きいと考えることができる。
 (2)　一部譲渡を表章する記録のあり方
　この点、一部譲渡の方法として、論理的には、譲渡記録の特則として一部譲渡のための電子記録を認め、当該電子記録の中で電子記録債権を分割する効果を認めれば足りるとすることも考えられる。
　しかし、電子記録債権の一部を譲渡する場合には、全部を譲渡する場合と違って、譲渡後に当該電子記録債権を表章する別の債権記録が必要であることになるが、譲渡記録の中では、新たに債権記録を作り出すことは想定されていない。また、譲渡等を行う場合における債権記録の記録の内容が非常に多岐に渉っているようなときは、これら多岐に渉る事項が一部譲渡後には譲渡元の債権記録と譲渡先の債権記録の2つに書き分けられることになるため、その処理が非常に複雑になることになる。この観点からは、譲渡記録や質権設定記録の中でこのような処理についての規定を置くよりも、分割記録という1つの独立した類型の電子記録を認める方が、規定上も実際の記録上も、明確性に資する。
　また、電子記録債権の一部の譲渡の例としては、一の債権記録に複数の電子記録債権が記録されている場合における、特定の債権者または債務者についての分離も考えられるが、このような場合には、譲渡される電子記録債権自体はその全部が譲渡されることとなるので、「一部譲渡」という概念には収まらない。例えば、電子記録保証人により電子記録債権の一部弁済が行われた場合には、1つの債権記録に原債権と特別求償権の2つが記録されることになるが、このうち特別求償権のみについて譲渡や質権設定をしようとするときは、特別

求償権自体はその全部について譲渡や質権設定をすることになるので、これを「一部譲渡」と形容することは、必ずしも適切でない。

これに対して、債務者からすれば、譲渡を伴わずに債権が分割されたとしても、債務の総額には変更はないから、特段の不利益はないと思われるし、分割によって支払をすべき債権者の数が増加することを防ぎたい場合には、分割記録を制限する旨の定めを発生記録の任意的記録事項として電子記録しておけば足りる（第16条第2項第12号）。

さらに、電子債権記録機関からしても、一部譲渡の記録を認めると、一部譲渡記録の際には一部譲渡の元となる電子記録債権について譲渡記録を、また、一部譲渡される電子記録債権について一部譲渡に伴う新たな電子記録を行うことになるが、分割記録の制度を認めても、特段作業が増加することにはならない（逆に、譲渡記録の特則としての一部譲渡記録というフォーマットを作る必要がなくなり、譲渡記録はすべて全部譲渡の電子記録として処理すれば足りることになる）ほか、分割記録についても一部譲渡記録と同様に、業務規程で分割記録を制限することを認めることによって、生じ得るシステム負担を未然に防ぐこともできる（第7条第2項、第16条第2項第15号）。

そこで、譲渡記録とは別個に、分割をする電子記録債権が記録されている債権記録（原債権記録）の記録事項の一部を新たに作成する債権記録（分割債権記録）に記録する制度としての電子記録債権の分割の制度を設け（第43条第1項および第2項）、この分割の制度を利用することによって、一の債権記録に記録されている電子記録債権の一部の譲渡をすることを可能としている。

(3) 分割に係る記録の概要

ア　分割の特徴

電子記録債権の分割は、一の電子記録債権を分割しようとするときや、一の債権記録に複数の電子記録債権が記録されている場合において当該債権記録に記録された電子記録債権の分離をしようとするときに行われるが、いずれの場合でも、分割の対象となった部分（一の電子記録債権から分割された部分または一の債権記録から分離された部分）について、もとの債権記録とは異なる新たな債権記録をする必要が生じる。

そこで、電子記録債権の分割は、次のような手続で行われる。

① まず、分割をする際には、分割の対象となった部分を記録するための債権記録として、新たな債権記録（分割債権記録）を作成する（第2条第4項）。
② 次に、新たに作成した分割債権記録と、分割をする電子記録債権が分割以前に記録されていた債権記録（原債権記録）の両方に分割記録を行う（第43条第2項）。

なお、発生記録や譲渡記録等と異なり、分割記録については分割債権記

録と原債権記録の両方に記録をしなければならないこととしているのは、分割債権記録については、当該分割債権記録が、通常の債権記録のように発生記録を原因として作成されたのではなく、分割記録を原因として作成されたことを示す必要があり、また、原債権記録についても、当該原債権記録から分割されて作成された債権記録（すなわち分割債権記録）が存在することを示す必要があるので、両方に記録をしなければ分割記録としての機能を果たすことができないためである。

③　その上で、原債権記録に記録されている事項の一部（すなわち分割の対象となった部分）を、原債権記録から削除して、分割債権記録に記録することとしている（第45条第1項）。

以上の手続により、分割の対象となった部分については、分割の後、原債権記録ではなく分割債権記録において記録されていくことになる。

イ　具体例

債権者A、債務者B、債権額1000万円の電子記録債権のうち、400万円を分割しようとする場合を例に挙げて、以上の手続を説明すると次のとおりである。

①　まず、電子債権記録機関が、分割債権記録を作成する。

②　次に、分割債権記録および原債権記録に分割記録を行う。これにより、分割債権記録には、原債権記録から分割をした旨、原債権記録および分割債権記録の記録番号、Bが400万円を支払う旨、債権者(A)の氏名および住所ならびに分割記録の年月日が記録される。また、原債権記録には、分割をした旨、分割債権記録の記録番号および分割記録の年月日が記録される。

③　最後に、分割債権記録には、分割の対象となった400万円分の電子記録債権についての原債権記録中の現に効力を有する電子記録（例えば、原債権記録に支払方法についての定めや期限の利益の喪失についての定めが記録されていた場合には、それらの定めの記録）を転写するとともに、原債権記録には、分割後は当該原債権記録に600万円の電子記録債権が記録されていることが明らかになるようにするため、いったんもとの「Bが1000万円を支払う」旨の記録を削除し、改めて、「Bが600万円を支払う」旨の記録をする。

2　併合の記録の要否

なお、分割記録を認める以上は、逆に電子記録債権の併合のための電子記録も認めるべきではないかが問題となる。この点、併合電子記録は、既存の複数の電子記録債権を1つにまとめるもので、債権記録の番号を新たに創出するも

のではないから、分割記録を認めた理由が併合の場合には当てはまらない。
　すなわち、他の電子記録債権を承継する電子記録債権（併合後存続する債権記録の番号を付された債権記録により管理されている電子記録債権）について、債権額の増額や任意的記録事項の追加等の電子記録を行い、それ以外の電子記録債権（併合後存続しない債権記録の番号を付されたもの）についてすべての電子記録の記録事項を削除する旨の電子記録を行えば併合の効果を実現することができるところ、これらの電子記録はいずれも変更記録によって行うことが可能である。
　以上からすれば、併合電子記録という類型を、変更記録と別個に認める必要はないものと考えられる。

3　本節の位置について

　第2章の中で分割についての規定をどの節に置くかについては、分割は、厳密にいえば債権記録の分割であって、必ずしも個別の電子記録債権を分割するものではない（例えば、1つの債権記録に原債権と特別求償権の2つが記録されている場合に、このうち特別求償権のみを譲渡するために分割するときは、個別の電子記録債権の分割は行われない）ことから、一の電子記録債権についての規定である第2節から第7節までの規定の後に置くことが適切であると考えられるため、第8節に債権記録の分割を規律する諸規定が設けられている。
　もっとも、呼称としては、分割が用いられるのは多くが債権の一部譲渡の場合であろうと考えられるため、明快さの観点から、「電子記録債権の分割」という呼称を用いている。

（分割記録）
第43条　電子記録債権は、分割（債権者又は債務者として記録されている者が二人以上ある場合において、特定の債権者又は債務者について分離をすることを含む。）をすることができる。
2　電子記録債権の分割は、次条から第四十七条までの規定により、分割をする電子記録債権が記録されている債権記録（以下「原債権記録」という。）及び新たに作成する債権記録（以下「分割債権記録」という。）に分割記録をすると同時に原債権記録に記録されている事項の一部を分割債権記録に記録することによって行う。
3　分割記録の請求は、分割債権記録に債権者として記録される者だけですることができる。

1 趣旨

本条は、電子記録債権の分割という制度の用途について述べたものである。

分割記録という電子記録の類型を設ける趣旨は、一の電子記録債権の一部を譲渡・質権設定すること（例えば1000万円の電子記録債権のうち100万円を譲渡しようとする場合）や、一の債権記録に記録されている二以上の電子記録債権のうち一部の電子記録債権について譲渡・質権設定すること（例えば一の債権記録に発生記録により発生した電子記録債権と特別求償権の両方が表章されており、このうち後者だけを譲渡しようとする場合）にある。

とすれば、一の電子記録債権の一部を分割して譲渡・質権設定することや、一の債権記録に記録されている二以上の電子記録債権のうち一部の電子記録債権について譲渡・質権設定することを、譲渡記録や質権設定記録のみによって処理することは認められず、これらの行為を行うには必ずあらかじめ債権記録の分割を経た上で譲渡記録・質権設定記録を行うべきことになる。

そして、その場合の分割は、譲渡・質権設定をしようとする電子記録債権だけが記録された債権記録を作出するものでなければならない。例えば1000万円の電子記録債権のうち100万円を譲渡しようとするのであれば、100万円部分だけが記録された債権記録を分割記録により作出しなければならない。

本条は、以上のように、分割記録という電子記録の類型を設ける趣旨を明確にするとともに、分割記録を行う目的となる行為をするには分割記録を経由しなければならないことをも明らかにした規定である。

なお、電子記録債権のうち保証記録によって生じたもの（電子記録保証人に対する保証債務の履行請求権）は、その性質上、通常の電子記録債権や特別求償権に随伴して移転するもので、別個独立して譲渡・質権設定の対象となることはない。その場合でも、主たる債権に伴って移転する以上は、分割に伴って電子記録保証履行請求権が分割されることもあるから、結局のところ、本条の対象には、すべての種類の電子記録債権が含まれることになる。

2 第1項

本項は、上記のような分割の必要性を受けて、電子記録債権が分割できることを明示する規定である。

また、例えば1000万円の電子記録債権の債権者Aが死亡し、相続を原因とする変更記録がされて、相続人BおよびCが500万円ずつを有する可分債権の記録がされた場合を考えると、この場合において、BやCが自己の債権のうちの一部を他人に譲渡しようと考えたときは、分割の制度を利用することになるが、例えばBが、自己の相続した500万円の全額を第三者に譲渡したいと考えることがあり得、この場合のBにも分割の制度の利用を認める必要がある。本項

カッコ書にいう「債権者又は債務者として記録されている者が二人以上ある場合において、特定の債権者又は債務者について分離をすること」とは、この例のように、原債権記録にBとCの電子記録債権が記録されている場合において、Bの電子記録債権の全額を分割債権記録に記録し、Cの電子記録債権だけが原債権記録に残るような場合を念頭に置いたものである。

この特定の債権者または債務者の分離の場合には、分割後はBの電子記録債権の一部ではなく全額が分割債権記録に記録されることになるが、このような処理も電子記録債権の「分割」に含まれるのか、文言上は必ずしも明らかではないので、疑義が生じないようにするため、このような分離も電子記録債権の分割に含まれることを明確にしている。

3 第2項

本項は、電子記録債権の分割の具体的な方法を定めたものである。具体的には、分割の制度は、「債権記録（原債権記録と定義している。第43条第2項）に記録されている電子記録債権の一部を、新たに作成する他の債権記録（分割債権記録と定義している。同項）に記録する制度」として設計されている。

そして、その方法としては、原債権記録と分割債権記録の両方に分割記録を行い、分割が行われたことを公示するものとしている。

このように、分割に当たって、原債権記録と分割債権記録の両方に分割記録を行うことは必須であるが、それにとどまらず、①分割が行われたことによって、原債権記録に記録された事項の一部を分割債権記録に転写する必要があるほか、②原債権記録には分割後の残債権のみが記録されることから、原債権記録に分割前にされた各種の電子記録について、分割後の残債権の内容と合致するように、必要な修正を施さなければならない。

そこで、本法では、分割記録について定めると同時に（第44条）、上記①の事項を処理するための「分割記録に伴う分割債権記録への記録」（第45条）および上記②の事項を処理するための「分割記録に伴う原債権記録への記録」（第46条）という概念をそれぞれ設けており、これら3種類の記録によって、分割の前後を問わず債権記録の内容が電子記録債権の実際の内容を正確に反映したものとなることを担保している。

これら3種類の記録の具体的な記録事項については、第44条から第46条までの解説を参照されたい。

4 第3項

本項は、債権記録の分割の効果は、一の債権記録（原債権記録）に記録されていた電子記録債権が原債権記録と分割債権記録の2つの債権記録で記録され

ることとなるだけであり、債務者が負担する債務の総体には何らの変更が生じないので、債権者の単独による請求を認めても債務者に特段の不利益が生じないことから、分割記録は分割債権記録に債権者として記録される者だけで請求することができる旨を明らかにした規定である。

　また、分割記録が無数にされるような場合には、支払をすべき債権者の数が増加することになり、支払手数料等の関係で債務者の負担が増加することもあり得るが、債務者がそのような点を懸念するのであれば、発生記録の段階で、譲渡記録や分割記録を禁止または制限する旨の定めを記録することが可能であり（第16条第2項第12号）、その場合には分割記録が行われないこととなる（第44条第3項）から、その意味でも分割記録の請求に債務者を介在させる必要はないと考えられる。

　なお、分割債権記録に債権者として記録される者「だけで」として、「単独で」としていないのは、例えば、債権者ＡＢの不可分債権が原債権記録に記録されているような場合には、分割債権記録にも当該電子記録債権の一部が不可分性を維持したままで記録されることになるが、その場合には分割債権記録に債権者として記録される者（ＡおよびＢ）がそれぞれ単独で分割記録を請求できるのではなく、ＡおよびＢの2人が請求をしなければならないことを明確にするためである。

（分割記録の記録事項）
第44条　分割記録においては、分割債権記録に次に掲げる事項を記録しなければならない。
　一　原債権記録から分割をした旨
　二　原債権記録及び分割債権記録の記録番号
　三　発生記録における債務者であって分割債権記録に記録されるものが一定の金額を支払う旨
　四　債権者の氏名又は名称及び住所
　五　電子記録の年月日
2　分割記録においては、原債権記録に次に掲げる事項を記録しなければならない。
　一　分割をした旨
　二　分割債権記録の記録番号
　三　電子記録の年月日
3　電子債権記録機関は、発生記録において第十六条第二項第十二号又は第十五号に掲げる事項（分割記録に係る部分に限る。）が記録されていると

きは、その記録の内容に抵触する分割記録をしてはならない。

1 本条から第46条までの規定の関係

　本条は、分割債権記録および原債権記録への分割記録の記録事項について、次条は、分割記録に伴って分割債権記録に記録すべき事項について、第46条は、分割記録に伴って原債権記録に記録すべき事項について、それぞれ規定したものである（分割に係る記録の概要については、本節の総説参照）。

　電子記録債権の分割は、原債権記録に記録されている電子記録債権の一部を分割債権記録に記録するものであるから、分割をするに当たっては、①分割がされたこと自体を示す事項を記録するほかに、②分割債権記録に記録される電子記録債権についての記録事項を、原債権記録から分割債権記録に転写する必要があり、また、③原債権記録に記録されていた事項のうち、分割に際して修正を加えるべき事項については、転写をせずに修正した事項を新たに記録する必要が生じる（例えば、分割に係る電子記録債権の債権額は、分割された額を分割債権記録に、残額を原債権記録に記録する必要が生じる）。

　この点、これら①から③をすべて分割記録で記録することとすれば、原債権記録の譲渡記録等も分割債権記録では分割記録に記録され、その位置づけ（当該記録事項を分割記録の記録事項と考えるべきか発生記録や譲渡記録の記録事項と考えるべきか）が不明確になるという問題がある。

　また、分割前に原債権記録に記録されていた事項（上記②および③）は、既に発生した法律効果の記録であって、分割によって新たに発生した効果を記録しているものではないから、必ずしも分割記録それ自体の記録事項として整理する必要はなく、分割記録に伴って記録する必要が生じる事項と整理すれば足りる。

　そこで、このような問題に対処するため、分割が、原債権記録に記録されている電子記録債権の一部を分割債権記録に記録するものであることに照らして、債権記録の分割をした以上は必ず現れる情報（すなわち、分割がされたこと自体を示す事項である上記①。具体的には、分割をした旨、分割債権記録の記録番号、債権額、債権者の情報等）のみを分割記録の記録事項（本条）とし、原債権記録に記録されていたそれら以外の情報は、分割記録に伴って分割債権記録や原債権記録に行う記録（次条第1項各号および第46条第1項各号）という概念によって整理することとしたものである。

　これによって、例えば、原債権記録中にされていた譲渡記録は、分割債権記録においても、そのまま転写されて譲渡記録として記録されることとなり、電子記録の種類分けが混在してしまうおそれがなくなる。

2 第1項

第1項は、上記1の整理を踏まえて、分割記録において分割債権記録に記録すべき記録事項を明らかにしたものである。

なお、分割記録は、他の電子記録と異なり、分割債権記録と原債権記録という2つの債権記録に行わなければならないことから、そのどちらに記録すべき記録事項であるかを明確にしている。

(1) 原債権記録から分割をした旨（第1号）

第1号に掲げる事項を記録事項とするのは、他の電子記録と同様、その電子記録が何を示す電子記録なのかを明確にして（ちょうど譲渡記録でいえば譲渡をした旨を記録するのと同様、分割記録でいえば分割をした旨を記録する必要がある）、その電子記録の趣旨を明らかにするためである。

(2) 原債権記録および分割債権記録の記録番号（第2号）

第2号で原債権記録の記録番号を記録事項とするのは、分割債権記録がどの原債権記録から分割したものであるかを明確にして、分割記録がされた経緯を明らかにし、履歴の検索を可能にするためである。

また、同号で分割債権記録の記録番号をも記録事項とするのは、分割債権記録は分割記録の際に新たに作成されるものであることから、発生記録で記録番号が記録事項とされていること（第16条第1項第7号）と同様に、分割債権記録の記録番号を付す必要があるためである。

なお、発生記録においては記録番号が記録事項の末尾に掲げられているが（第16条第1項第7号）、本号は、分割記録の記録事項の中でも比較的最初に近いところに位置づけられている。

これは、発生記録の場合には、発生記録によって電子記録債権が新たに発生することになるから、そのために債権記録が作成されることに伴い、当該債権記録に番号を付すことが必要になるのに対して、分割記録の場合には、債権記録の分割が先に行われ、まず新たに分割債権記録が作られてから、そこに原債権記録に記録されていた電子記録債権の一部を記録するという順序で分割が行われるため、分割債権記録における記録番号は、時系列的にみても、記録事項として、債権の具体的内容（例えば債権額等）の記録に係る記録事項よりも前に配置することが適切と考えられたためである。

(3) 債権額（第3号）

第3号に掲げる事項を記録事項とするのは、原債権記録に記録されていた債権額のうちいくらの債権を分割記録によって分割債権記録に記録するのかを明確にするためである。債権の額が債権の内容として最も基本的なものであることはいうまでもないところであり、発生記録において債権額が記録事項とされている（第16条第1項第1号）のと同様に、分割債権記録における分割記録に

ついても債権額を記録事項としているものである。
　また、単純に「債務者が」とはせずに「発生記録における債務者であって分割債権記録に記録されるもの」という表現を用いているのは、電子記録債権の分割には、債務者が複数である場合の可分債務について特定の債務者を分離する場合も含まれるところ（第43条第1項参照）、債務者が分離される形で分割が行われた場合には、発生記録（変更記録を含む。第18条第2項第1号参照）における債務者であっても、分割債権記録に記録されない者が出てくる可能性があるから、そのような者は分割債権記録における債務者とはならないことを明確にする必要があることを考慮に入れたものである。
　(4)　債権者（第4号）
　第4号に掲げる事項を記録事項とするのは、原債権記録に記録されていた債権者のうちどの債権者についての債権を分割記録によって分割債権記録に記録するのかを明確にするためである。
　特に、分割がされる結果として、原債権記録における債権者の一部が分割債権記録に記録されることがあり、債権者名を分割記録の記録事項としないと、分割債権記録に表章された電子記録債権の債権者が誰なのかの判別に時間がかかることになる可能性があるので、本号を設けて誰の債権が表章されているのかを明確にしている。
　(5)　電子記録の年月日（第5号）
　債権記録が発生記録または分割記録の際に作成されるものである（第2条第4項）以上、既存の債権記録の内容を2つに分ける債権記録の分割は、分割記録をしない限り行うことができない。
　したがって、分割記録の年月日は分割の効力が発生した日として重要な意義を有するため、記録事項としている。
　(6)　任意的記録事項
　分割記録については、発生記録や譲渡記録等とは異なり、必要的記録事項以外の任意的記録事項は認められていない。これは、分割記録が一の債権記録に記録されていた電子記録債権を単純に2つの債権記録に分けて記録することを目的とするものであって、発生記録や譲渡記録のように、当事者が様々な法律効果の発生を企図して任意的記録事項を選択することができる電子記録ではないことによるものである。

3　第2項

　本項は、分割記録において原債権記録に記録すべき記録事項を挙げたものである。前述のとおり、分割の態様を問わず、債権記録の分割をする際には必ず必要となる事項のみを記録事項としている。

(1) 分割をした旨（第１号）

　第１号に掲げる事項を記録事項とするのは、前項第１号と同様、その電子記録が何を示す電子記録なのか（譲渡記録でいえば譲渡をした旨、分割記録でいえば分割をした旨）を明確にして、その電子記録の趣旨を明らかにするためである。

(2) 分割債権記録の記録番号（第２号）

　第２号に掲げる事項を記録事項としたのは、当該原債権記録を原債権記録として分割が行われた結果、何番の債権記録が分割債権記録として分割されていったかを記録上明確にし、原債権記録から分割債権記録を辿っていくことが可能なようにしておく必要があるためである。

　特に分割の効力が後日になって争われたような場合（例えば分割記録の請求が不適法であったとして債権者が分割の無効を主張したような場合）には、当該分割によって債権記録が別れた先である分割債権記録の態様についても把握できるようにしておく必要が高いため、原債権記録と分割債権記録の紐付けが切れてしまうことのないよう、原債権記録の分割記録においても分割債権記録の記録番号を記録事項としている。

(3) 電子記録の年月日（第３号）

　債権記録が発生記録または分割記録の際に作成されるものである（第２条第４項）以上、既存の債権記録の内容を２つに分ける債権記録の分割は、分割記録をしない限り行うことができない。

　したがって、分割記録の年月日は分割の効力が発生した日として重要な意義を有するため、記録事項としている。

(4) 任意的記録事項

　分割債権記録について２(6)で述べたのと同様の理由で、原債権記録についても、任意的記録事項は認められていない。

4　第３項

　電子記録債権は原則として自由に分割をすることができるが、分割によって債権者の数が増えて債務者の事務処理の負担が増すことを避けるために、発生記録における債権者と債務者の間の約定によって分割を禁止または制限することや、電子債権記録機関のシステム構築コストを営業上合理的な範囲にとどめるために、電子債権記録機関の業務規程の定めによって分割を禁止または制限すること（第７条第２項）は認められている。

　したがって、債権者と債務者の間の約定による分割の禁止もしくは制限の定め（第16条第２項第12号）または電子債権記録機関の業務規程の定めによる分割の禁止もしくは制限の定め（同項第15号）が記録されている場合には、当該定めの効果として、当該定めに抵触する分割記録（例えば分割記録が禁止されて

いるのに分割記録をすることや、分割記録が5回までとされていて既に5回の分割記録がされている場合に、さらに分割記録をすること等）は、することができないことになる。

　本項は、この旨を明らかにするため、電子債権記録機関が、上記の定めの内容に抵触する分割記録をしてはならないものとするものであり、譲渡記録についての第18条第4項等と同趣旨の規定である。

（分割記録に伴う分割債権記録への記録）
第45条　電子債権記録機関は、分割記録と同時に、分割債権記録に次に掲げる事項を記録しなければならない。
　一　分割債権記録に記録される電子記録債権についての原債権記録中の現に効力を有する電子記録において記録されている事項（次に掲げるものを除く。）
　　イ　債務者が一定の金額を支払う旨
　　ロ　当該電子記録債権が分割払の方法により債務を支払うものである場合における各支払期日及び当該支払期日ごとに支払うべき金額
　　ハ　譲渡記録、保証記録、質権設定記録又は分割記録をすることができる回数（以下「記録可能回数」という。）が記録されている場合におけるその記録可能回数
　　ニ　原債権記録の記録番号
　　ホ　原債権記録に分割記録がされている場合における当該分割記録において記録されている事項（イに掲げるものを除く。）
　二　分割債権記録に記録される電子記録債権が原債権記録において分割払の方法により債務を支払うものとして記録されている場合には、当該電子記録債権の支払期日（原債権記録に支払期日として記録されているものに限る。）
　三　前号に規定する場合において、分割債権記録に記録される電子記録債権が分割払の方法により債務を支払うものであるときは、当該電子記録債権の各支払期日ごとに支払うべき金額（原債権記録に記録されている対応する各支払期日ごとに支払うべき金額の範囲内のものに限る。）
　四　原債権記録に記録可能回数が記録されている場合には、当該記録可能回数（分割記録の記録可能回数にあっては、当該記録可能回数から一を控除した残りの記録可能回数）のうち、分割債権記録における記録可能回数
2　電子債権記録機関は、分割債権記録に前項第一号に掲げる事項を記録し

> たときは当該事項を原債権記録から転写した旨及びその年月日を、同項第
> 二号から第四号までに掲げる事項を記録したときはその記録の年月日を当
> 該分割債権記録に記録しなければならない。

1 趣旨

　本条は、前条についての解説で述べたとおり、分割記録がされた場合に、分割記録に伴って分割債権記録に記録すべき事項について規定したものである。
　本条第１項柱書において「分割記録と同時に」と規定することにより、本条に基づく記録が、分割記録に伴って、かつ、分割記録と同時に行われることを明確にしている。
　本条全体を概説すると以下のとおりである。
① 　まず、債権記録の分割を行うに当たっては、原債権記録に記録されていた電子記録債権の一部についての情報を分割債権記録に記録する必要があるところ、分割債権記録に記録される電子記録債権の分割時点での内容は原債権記録に記録されているのであるから、分割に際しては、それらの内容を、原則として、分割債権記録に転写（新規の記録ではなく転写）する必要がある（第１項第１号柱書）。
② 　しかし、分割払の電子記録債権における分割払の定めや譲渡記録等をすることができる回数等、分割に際して改めて記録する必要がある事項は、転写の対象とせず（同号イからホまで）、分割記録に伴って新規に記録をすることになる（同項第２号から第４号まで）。

2 第１項
(1) 第１号

　上記のとおり、分割債権記録には、原則として、分割債権記録に記録される電子記録債権について現に効力を有する電子記録の記録事項を転写する必要がある。
　そこで、第１号では、分割債権記録について原債権記録に記録されていた現に効力を有する電子記録の記録事項のうち、分割に伴って記録をしなおす必要がある事項（具体的には、同号イからホまでに掲げる事項）以外のものを分割債権記録に転写するものとしている。
　なお、分割債権記録に記録される電子記録債権についての原債権記録中の現に効力を有する電子記録のみを転写の対象としているのは、現に効力を有しない電子記録を転写の対象としても意味がなく、かえって分割債権記録の内容を徒に複雑で分かりにくいものにさせるおそれがあるためである。現に効力を有

しない電子記録とは、例えば、電子記録債権が順次譲渡された場合において、現在の権利者でない者が譲受人として記録されている譲渡記録が典型例である。

ア　債権額（第1号イ）

第1号イからホまでは、第1号柱書にもかかわらず、分割債権記録には転写されない事項である。

まず、第1号イは、分割によって原債権記録には少なくとも1円の電子記録債権が残存することが必要であることからすれば、分割記録前に原債権記録に記録されていた債権額についての情報は、分割の態様を問わず、分割によって分割債権記録と原債権記録に分かれて記録されることになる。

このように、原債権記録に記録されている事項のうち債権額については、分割に際して必ずその内容が変更する（分割記録前の原債権記録に記録されていた債権額を、分割債権記録と原債権記録とに割り振る必要が生じる）ことになるから、転写の対象としていないものである。

なお、このように債権額が転写の対象とならない以上、分割債権記録においては債権額を新規に書き下ろす必要があるところ、債権額は電子記録債権のような金銭債権に関しては、その内容として不可避的に必要であることから、本条の規定による分割記録に伴う記録ではなく、分割記録それ自体の記録事項とされている（前条第1項第3号）。

イ　分割払の約定がある場合における支払期日（第1号ロ）

一括払の電子記録債権であれば、どのように分割しても支払期日は変わらないので、単純に、分割債権記録に、原債権記録中の発生記録に記録されている支払期日を転写すれば足りる（本号柱書）。

一方、分割払の電子記録債権については、分割債権記録に原債権記録中の各支払期日を転写するだけでは足りず、各支払期日に支払うべき金額を新たに記録する必要がある上、分割の内容によっては、そもそも原債権記録中の各支払期日の中には、分割債権記録に記録される債権の支払期日にはならないものが存在することもあり得る。

例えば、100万円を10回に分けて支払う総額1000万円の電子記録債権のうちの400万円が分割債権記録に記録される場合を考えると、分割の態様として、①10回払いのうち最初の4回分を分割して分割債権記録に記録することもあれば、②各支払期日における支払額の100万円を40万円と60万円に分け、40万円を10回に分けて支払う債権として分割債権記録に記録するという方法で分割することもあり得る（当然ながらその他の分割がされる可能性もある）。

しかし、分割債権記録の作成に際して、原債権記録に記録されていた各支払期日および各支払期日に支払う金額に関する情報をそのまま分割債権記録に転

写してしまうと、上記のうちどのような態様の分割を行ったかが不明になってしまう。

　したがって、分割債権記録に記録される電子記録債権が、原債権記録において分割払の方法により債務を支払うものとして記録されている場合には、分割記録前の原債権記録における記録を、分割債権記録と原債権記録とに割り振る必要が生じるから、原債権記録に記録されている事項のうち、各支払期日および各支払期日に支払う金額を転写してはならない。

　なお、このように各支払期日および各支払期日に支払う金額が転写の対象とならない以上、分割債権記録においては各支払期日を新規に記録する必要があるので、本項第2号および第3号により、分割債権記録に記録される電子記録債権の支払期日および各支払期日に支払う金額を新規に記録するものとしている。

　ウ　記録可能回数（第1号ハ）

　電子記録債権については、当事者の特約によって、または電子債権記録機関による業務規程の定めによって（第7条第2項）、譲渡記録、保証記録、質権設定記録または分割記録について、回数その他の制限をすることができ、当該制限が発生記録に記録（第16条第2項第12号または第15号）されれば、この制限が当該発生記録により発生する電子記録債権の内容となる。

　この点、例えば原債権記録において、譲渡記録等の制限の一内容として、譲渡記録等をすることができる回数（本号において「記録可能回数」と定義している）を5回までとする旨の定めが記録されていた場合を考えてみる。この場合に、分割に際して、その回数を単純に分割債権記録に転写してしまうと、もともと5回しか譲渡できなかった債権が、分割記録をすることによって、分割債権記録で5回、原債権記録で5回の、合計10回譲渡できる債権に変容してしまうことになる。

　しかし、これでは記録可能回数の定めをした当事者の意思が没却されるばかりか、「債権の内容を変えずに債権記録を分割するだけである」という分割の概念に反する結果となってしまう。

　そこで、当事者の意思からすれば、原債権記録における記録可能回数を原債権記録と分割債権記録とに割り振るべきであると考えられるため、このような原債権記録に記録された記録可能回数の定めについては、分割に際して原債権記録と分割債権記録とで割り振る必要が生じるから、分割記録に伴う記録をするに当たっても、転写の対象としてはならないことになる。

　なお、このように記録可能回数が転写の対象とならない以上、分割債権記録においては記録可能回数を新規に書き下ろす必要があるので、本項第4号で新規に記録するものしている。

エ　原債権記録の記録番号（第1号ニ）

　第1号ニは、原債権記録の記録番号が既に前条第1項第2号により分割記録の記録事項として分割債権記録に記録されることから、重複を避けるために転写の対象としないものである。

オ　その他の分割債権記録の記録事項（第1号ホ）

　第1号ホは、分割記録の時点で、原債権記録において、既に分割記録がされている場合（いわば過去の分割記録がある場合）に、そうした過去の分割記録において記録されている事項を転写の対象としない旨を定めているものである。

　この点、分割記録の時点で原債権記録に分割記録がされている場合としては、①前条第1項各号に掲げる事項を記録した分割記録がある場合と、②前条第2項各号に掲げる事項を記録した分割記録がある場合の2つの場合があり得るので、以下で分けて検討する。

①　原債権記録に過去に行われた分割についての前条第1項各号に掲げる事項を記録した分割記録（①において「旧分割記録」という）がある場合

　　例えば、原債権記録となるのが、かつて記録番号1番の債権記録から分割して発生した記録番号1－1番の債権記録である場合である。

　　この場合には、1－1番の債権記録に記録されている旧分割記録（第44条第1項の規定により記録された事項）を新たな分割記録（①において「新分割記録」という）により作成される記録番号1－1－1番の分割債権記録に転写してしまうと、当該分割債権記録に、旧分割記録中の「記録番号1番から分割した旨」という記録事項（これは、第1号ホの規定がなければ、本項第1号柱書に基づき転写されるものである）と、新分割記録中の「債権記録1－1番から分割した旨」という記録事項（これは、前条第1項第1号の規定により、分割記録の記録事項として記録されるものである）が並立して記録されることとなり、1－1－1番の債権記録がどの債権記録から分割されたのか不明確になってしまう。

②　原債権記録に、過去に行われた分割についての前条第2項各号に掲げる事項を記録した分割記録（②において「旧分割記録」という）がある場合

　　例えば、かつてそこから1－1番の債権記録が分割されていった記録番号1番の債権記録が再び原債権記録となる場合がこのケースである。

　　この場合において、1番の債権記録に記録されている旧分割記録（第44条第2項の規定により記録された事項）を新たな分割記録（②において「新分割記録」という）により作成される記録番号1－2番の分割債権記録にまで転写してしまうと、旧分割記録中の「債権記録1－1番の債権記録を分割した旨」が転写されてしまうことにより、あたかも新分割記録により作成された記録番号1－2番の債権記録から、旧分割記録によって1－1番

の債権記録が分割されていったかのような外観を呈する債権記録となってしまう。

　以上のように、原債権記録に記録された過去の分割記録に記録された事項は、分割記録に当たって転写をすると分割債権記録の内容が不明確なものとなってしまうおそれがある。そこで、第1号ホにおいて、これらを転写の対象から除いている（なお、分割記録に記録されている事項のうち債権額については第1号イと重複するので、重複を避けるために「イに掲げるものを除く。」というカッコ書を設けている）。

(2)　第2号

　上記(1)イで第1号ロについて述べたとおり、分割債権記録に記録される電子記録債権が、原債権記録において分割払の方法により債務を支払うものとして記録されている場合には、原債権記録に記録されている事項のうち、各支払期日および各支払期日に支払う金額については転写の対象とせず、分割債権記録において支払期日を新規に書き下ろす（分割記録前の原債権記録における記録を、分割債権記録と原債権記録とに割り振る）必要がある。

　そこで、第2号で、分割債権記録に記録される電子記録債権についての支払期日を新規に記録するものしている。

　なお、この場合の支払期日は、分割債権記録に記録される電子記録債権が原債権記録に記録されていた電子記録債権の一部である以上、原債権記録に支払期日として記録されている日のうちのいずれかでなければならない。このことは当然ではあるが、分割記録前の原債権記録における記録を、分割債権記録と原債権記録とに割り振るという本号の性質を明確にするため、カッコ書でその旨を明示している。

(3)　第3号

　分割債権記録に記録される電子記録債権が、原債権記録において分割払の方法により債務を支払うものとして記録されている場合には、分割債権記録において支払期日を新規に記録することになるが（前号参照）、この新規に記録した支払期日も複数となるとき（すなわち、分割債権記録に記録される電子記録債権も分割払の方法により債務を支払うものとなるとき）は、当該各支払期日に支払うべき金額をも記録事項とする必要がある。

　そこで、第3号で、分割債権記録に記録される電子記録債権が、分割払の方法により債務を支払うものであるときは、当該電子記録債権の各支払期日ごとに支払う金額をも新規に記録するものとしている。

　なお、この場合の各支払期日ごとに支払う金額は、分割債権記録に記録される電子記録債権が原債権記録に記録されていた電子記録債権の一部である以上、原債権記録に記録されている、対応する各支払期日ごとに支払う金額の範

囲内でなければならない（例えば、100万円ずつ10回払いの電子記録債権のうち最初の5回分についての500万円を分割債権記録に記録する場合には、100万円ずつ5回払の電子記録債権として記録しなければならない）から、カッコ書でその旨を確認的に規定している。

(4) 第4号

上記(1)ウで第1号ハについて述べたとおり、原債権記録に分割記録等の回数制限の定めがされていた場合には、分割によって当該回数を分割債権記録と原債権記録とに割り振る必要が生じる。

このうち分割債権記録に記録すべき回数は、当然のことながら、原債権記録に記録されていた記録可能回数の範囲内でなければならないから、本号で、原債権記録に記録されていた回数のうち、分割債権記録に割り振られる記録可能回数を記録するものとしている。ただし、当該記録可能回数が分割記録についてのものであった場合には、今回の分割によって既に当該記録可能回数が1回費消されるから、原債権記録に記録されていた記録可能回数から1を控除した残りの記録可能回数の範囲内でなければならないので、カッコ書でその旨も明確にしている。

(5) 任意的記録事項

分割記録について前条第1項および第2項で述べたのと同様、分割記録に伴う記録についても、分割記録が一の債権記録に記録されていた電子記録債権を単純に2つの債権記録に分けて記録することを目的とするもので、記録されている電子記録債権の内容を変更するものではないことから、任意的記録事項は設けられていない。

3　第2項

前項に基づいて分割債権記録に分割記録に伴う記録をした場合には、分割債権記録の中に、前項第1号柱書に基づいて原債権記録から転写した事項と、前項第2号から第4号までに基づいて新たに記録した事項とが混在していることになる。

この転写した事項と新たに記録した事項については、前者は分割に際して何ら変更がなかった事項であり、後者は分割に際して変更があった事項であるから、その性質を異にしており、分割債権記録の債権記録上も両事項の違いを明確に区別できる状態にする方が、当該分割債権記録を閲覧等する者にとっても当該分割債権記録の内容が明確になって望ましい。

そこで、本項は、転写した事項について転写した旨およびその年月日を、また、新たに記録した事項についてはその記録の年月日を、それぞれ当該分割債権記録に記録することとして、両事項が記録上も明確に区別されるようになる

ことを担保するものである。

> **（分割記録に伴う原債権記録への記録）**
> **第46条** 電子債権記録機関は、分割記録と同時に、原債権記録に次に掲げる事項を記録しなければならない。
> 一 分割債権記録に記録される電子記録債権について原債権記録に記録されている事項のうち、前条第一項第一号イからハまでに掲げる事項の記録を削除する旨
> 二 発生記録における債務者が分割記録の直前に原債権記録に記録されていた第十六条第一項第一号（当該原債権記録が他の分割における分割債権記録である場合にあっては、第四十四条第一項第三号）に規定する一定の金額から分割債権記録に記録される第四十四条第一項第三号に規定する一定の金額を控除して得た金額を支払う旨
> 三 分割債権記録に記録される電子記録債権が原債権記録において分割払の方法により債務を支払うものとして記録されている場合には、分割記録の後も原債権記録に引き続き記録されることとなる支払期日
> 四 前号に規定する場合において、分割記録の後も原債権記録に引き続き記録されることとなる電子記録債権が分割払の方法により債務を支払うものであるときは、当該電子記録債権の各支払期日ごとに支払うべき金額
> 五 原債権記録に記録可能回数が記録されている場合には、当該記録可能回数（分割記録の記録可能回数にあっては、当該記録可能回数から一を控除した残りの記録可能回数）から分割債権記録における記録可能回数を控除した残りの記録可能回数
> 2 電子債権記録機関は、原債権記録に前項各号に掲げる事項を記録したときは、その記録の年月日を当該原債権記録に記録しなければならない。

1 趣旨

本条は、第44条についての解説で述べたとおり、分割記録がされた場合に、分割記録に伴って原債権記録に記録すべき事項について規定したものである。

「分割記録と同時に」と規定することにより、本条に基づく記録が分割記録を根拠として分割記録に伴って行われることを明確にしている。

本条全体を概説すると以下のとおりである。

① 原債権記録については、分割債権記録と異なり、新たな電子記録債権が当該原債権記録に記録されるわけではないので、原則として、分割前の記

録を維持すればよいことになり、新たに記録すべき事項はない。
② しかし、分割債権記録において、分割に際して改めて記録をした事項（電子記録債権の債権額や、分割払の電子記録債権を分割の対象とした場合における分割払の定め等）については、分割前の原債権記録の記録の内容を、分割後は原債権記録と分割債権記録とに割り振ったものであるから、分割後に引き続き原債権記録に記録される電子記録債権の内容にも影響が及び、原債権記録には、分割前に記録されていた事項から分割債権記録に記録された事項に係る部分を控除した残りの部分が表章されるべきことになるので、分割債権記録において改めて記録をしたことに伴って、原債権記録でも分割に際して改めて記録し直す必要があることになる。

したがって、これらの事項については、いったんこれらの事項についての記録を原債権記録から削除し（本条第1項第1号）、再度当該事項についての記録を新規に行うこととしている（同項第2号から第5号まで）。

2 第1項

(1) 第1号

まず第1号で、原債権記録に記録された事項のうち、分割債権記録においては分割に際して新たに記録をすることとされているもの（前条第1項第1号イからハまでに掲げる事項。それぞれ、前条第1項第2号から第4号までの規定に基づいて、新たに記録がされることになる）については、分割記録前の原債権記録における記録を、分割債権記録と原債権記録とに割り振る必要が生じる事項であるから、原債権記録についても記録をしなおす必要がある。

そこで、本号において、これらの事項についての記録をいったん削除する旨を規定している。

(2) 第2号

原債権記録に分割記録の直前に記録されていた債権額は、分割に際して分割債権記録と原債権記録に割り振られる事項であるから、まず前号で削除の対象となり、それを受けて本号で新たな記録を行うことになる。

この点、分割が行われると、原債権記録に記録されていた電子記録債権の一部が分割債権記録に記録されることになるという分割の性質上、分割債権記録に記録される電子記録債権は、分割記録の直前は原債権記録に記録されていたのであるから、当該電子記録債権のうち分割後に分割記録に記録される部分の債権額と、分割後も引き続き原債権記録に記録されることとなる部分の債権額の合計額は、当然に、分割記録の直前に原債権記録に記録されていた債権額と等しくなる（例えば分割記録の直前に原債権記録に1億円として記録されていた電子記録債権について、分割後の分割債権記録には2000万円が記録されているのであれ

ば、分割後の原債権記録には、当然ながら8000万円が記録されることになる)。

　そこで、本号では、原債権記録に新たに記録される金額が、分割記録の直前に原債権記録に記録されていた債権額から、分割に伴って分割債権記録に記録された債権額(具体的には第44条第1項第3号に規定する金額)を控除した残額であることを明示している。

　一方で、控除される対象となる「分割記録の直前に原債権記録に記録されていた債権額」については、通常は発生記録(変更記録がある場合にはそれを含む)に記録されている(第16条第1項第1号)が、原債権記録自体が以前に分割記録によって作成された分割債権記録である場合には、原債権記録に記録されている金額は、分割記録(第44条第1項第3号)に記録されていることになる。そこで、本号でもその旨を明確にして、どの記録に含まれている債権額から、分割記録に伴って原債権記録に記録すべき金額を割り出す必要があるのかを明確にしている。

　(3)　第3号

　分割払の電子記録債権について分割を行った場合に、債権額についてのみ上記(2)に従って新規に記録をし、各支払期日については分割前の記録を維持すると、各支払期日に支払うべき金額の総額と債権の総額が一致しなくなってしまう。

　また、前条第1項第1号ロおよび第2号において述べたとおり、分割の内容によっては、そもそも原債権記録中の各支払期日のうち分割後も原債権記録に引き続き記録される電子記録債権の支払期日にはならないものが生じることがあるため、原債権記録において分割払の方法により債務を支払うものとして記録されていた電子記録債権が分割される場合には、原債権記録に記録されていた各支払期日および各支払期日ごとに支払う金額についての記録を、分割債権記録と原債権記録とに割り振ることになる。

　そこで、まず第1号で各支払期日および各支払期日ごとに支払う金額を削除し、これを受けて本号で、前条第1項第2号と同様に、分割記録の後も原債権記録に引き続き記録されることとなる支払期日を改めて記録するものしている。

　(4)　第4号

　分割債権記録に記録される電子記録債権が、原債権記録において分割払の方法により債務を支払うものとして記録されている場合には、原債権記録において支払期日を改めて記録することになるが(前号参照)、この改めて記録した支払期日も複数となるとき(すなわち、原債権記録に引き続き記録される電子記録債権も分割払の方法により債務を支払うものとなるとき)は、当該各支払期日に支払うべき金額をも記録事項とする必要がある。

そこで、本号で、分割記録の後も引き続き原債権記録に記録されることとなる電子記録債権が分割払の方法により債務を支払うものであるときは、前条第1項第3号と同様に、当該電子記録債権の各支払期日ごとに支払う金額をも改めて記録するものしている。

(5) **第5号**

前条第1項第1号ハおよび第4号において述べたとおり、分割を行う場合において、原債権記録に記録可能回数が記録されているときは、当該記録可能回数を記録した当事者の意思からすれば、原債権記録における記録可能回数を原債権記録と分割債権記録とに割り振るべきであると考えられるから、原債権記録に分割記録等の回数制限の定めがされていた場合には、分割によって当該回数を分割債権記録と原債権記録とに割り振る必要が生じる。

そこで、まず第1号で原債権記録における記録可能回数をいったん削除し、これを受けて本号で、原債権記録に引き続き記録される電子記録債権についての記録可能回数を新規に書き下ろすこととしている。

なお、原債権記録に記録すべき回数は、当然のことながら、分割記録の直前に原債権記録に記録されていた記録可能回数から、前条第1項第4号により分割債権記録に記録された記録可能回数を控除した残りの回数となるから、本号でもその旨を明確に規定している。

ただし、記録可能回数が分割記録についてのものであった場合には、当該記録可能回数は、今回の分割によって既に1回費消されるから、分割記録の直前に原債権記録に記録されていた記録可能回数から、前条第1項第4号により分割債権記録に記録された記録可能回数を控除した上で、さらにその残りの回数から、さらに1を控除した残りの回数を記録すべきことになる。

(6) **任意的記録事項**

分割債権記録について前条で述べたのと同様、原債権記録に行う分割記録に伴う記録についても、分割記録が一の債権記録に記録されていた電子記録債権を単純に2つの債権記録に分けて記録することを目的とするもので、記録されている電子記録債権の内容を変更するものではないことから、任意的記録事項は設けられていない。

3 第2項

前項各号に基づいて原債権記録に分割記録に伴う記録をした場合には、原債権記録には、当該原債権記録に記録され続けている事項、削除した事項（前項第1号）および新たに記録した事項（前項第2号から第5号まで）とが混在していることになる。

これらの事項については、当該原債権記録に記録され続けている事項は分割

に際して何ら変更がなかった事項であり、それ以外の事項は分割に際して変更があった事項であるから、その性質を異にしており、原債権記録の債権記録上もこれらの事項の違いを明確に区別できる状態にする方が、当該原債権記録の閲覧等をする者にとっても当該原債権記録の内容が明確になって望ましい。

　そこで、本項は、分割記録に伴って削除した事項および新たに記録した事項について、その記録の年月日を記録することとして、両事項が記録上も明確に区別されるようになることを担保するものである。

（主務省令への委任）
第47条　第四十三条第三項及び前三条の規定にかかわらず、次に掲げる場合における分割記録の請求、分割記録の記録事項並びに分割記録に伴う分割債権記録及び原債権記録への記録について必要な事項は、これらの規定の例に準じて主務省令で定める。
　一　原債権記録に債権者ごとの債権の金額又は債務者ごとの債務の金額が記録されている場合
　二　原債権記録に第三十二条第二項第一号に掲げる事項が記録された保証記録がされている場合
　三　原債権記録に特別求償権が記録されている場合
　四　前三号に掲げるもののほか、主務省令で定める場合

1　趣旨

　電子記録債権の分割は、①分割記録の請求、②分割債権記録および原債権記録に対する分割記録、③分割記録に伴う分割債権記録への記録ならびに④分割記録に伴う原債権記録への記録により行われるので、これらの原則的な形態について、本法第43条から第46条までにおいて規定しているところである。

　しかし、原債権記録に本条各号に掲げるような複雑な内容が記録されている場合には、分割記録についての定めも複雑になるので、その処理については、第43条から第46条までの規定にかかわらず、主務省令で定めることとしている。

　もっとも、そのように分割記録に伴う処理が複雑化する場合でも、分割後に原債権記録に記録される事項が、分割の直前に記録されていた事項から分割債権記録に記録される事項を控除した残りの事項になる点は同じであり、

　①　電子記録債権について、本質として分割（債権者または債務者が複数記録されている場合における特定の債権者または債務者の分離を含む）が可能であること（第43条第１項）、

② 電子記録債権の分割が原債権記録および分割債権記録に分割記録をするのと同時に原債権記録に記録されている事項の一部を分割債権記録に記録することによって行うこと（同条第2項）

については、原債権記録の内容が複雑であったとしても異なるところはない。

そこで、本条でも、第43条第1項および第2項については本条の対象とせずに、それ以外の条項（第43条第3項および第44条から第46条まで）についてのみ、本条の対象とすることを明示している。

2 本条の適用対象

本条によって第43条第3項および第44条から第46条までの規定（以下、この節において「原則ルール」という）が適用されないこととなるのは、以下のような記録が原債権記録において行われている場合である。

(1) 原債権記録に可分債権または可分債務が記録されている場合（第1号）

例えば、原債権記録に債権者を2人とする可分債権が記録されている場合において、特定の債権者の有する電子記録債権の全部について分離をするときは、分割後は分割債権記録と原債権記録とで異なる債権者が記録されることとなるので、分割に当たって、原債権記録における記録事項のうち債権者の氏名または名称および住所を、分割債権記録と原債権記録に割り振るとともに、原債権記録に残る債権者は1人になるので、当該原債権記録の「債権者ごとの金額」の記録を削除する必要が生じる。

また、この場合に、原債権記録に記録可能回数が記録されていたときは、その回数を原債権記録と分割債権記録とに割り振らなければならないが、これを分割債権記録に記録される債権者だけが単独で決められるとすると、原債権記録に残る電子記録債権の債権者が不測の不利益を被ることになるおそれがある。

そこで、このような場合には、分割記録の請求について、原債権記録に残る債権者の承諾を要求する等の手当てをする必要がある。

例えばＡＢが100万円ずつを有する可分債権が原債権記録に記録されている場合には、

① Ａの100万円を分割債権記録に記録する態様の分割（この場合、分割債権記録にはＡのみ、原債権記録にはＢのみが記録され、分割債権記録には債権者ごとの金額は記録されない）もあれば、
② Ａの50万円とＢの50万円を分割債権記録に記録する態様の分割（この場合、分割債権記録および原債権記録の両方にＡとＢが記録され、かつ、債権者ごとの金額も両方に記録することが必要となる）

もあるように、原則ルールと比べて、その処理は複雑になる。

このほか、原債権記録に可分債権または可分債務が記録されている場合には、特定の債権者について分離をするのではなく、可分の関係を維持したまま、分割債権記録と原債権記録の両方に可分債権を記録するときや、特定の債権者について分離を行うものの、分離に係る債権者についての債権の一部のみを分割債権記録に記録する結果、原債権記録には引き続き可分債権が記録されるときなど、様々な分割の態様が考えられるが、これらの態様ごとに異なる処理をすることが必要になるので、関連する記録事項が多岐に渉る複雑な処理が必要となる。

そこで、可分債権または可分債務の分割については、主務省令で規定することとしている。

(2) **原債権記録に第32条第2項第1号に掲げる事項が記録された保証記録がされている場合（第2号）**

原債権記録に第32条第2項第1号に掲げる事項（電子記録保証の範囲）が記録された保証記録がされている場合には、原債権記録に、当該電子記録保証の被保証債権である部分とそうでない部分が混在していることになるほか、場合によっては、当該電子記録保証に係る電子記録保証人やその他の者による特別求償権が発生している場合もある。

そのため、こうした記録がされている場合のうち、下記の①、②または③に該当するようなときは、原債権記録に記録された保証の範囲を分割記録に伴って記録し直す必要が生じ、逆に一定の場合には記録し直す必要がないなど、原則ルールと比べて、その処理が複雑になる。

① 当該保証記録による電子記録保証の被保証債権が分割されるとき
② 当該保証記録による電子記録保証に基づく特別求償権が分割されるとき
③ 当該保証記録に基づく電子記録保証人の共同電子記録保証人が有する特別求償権が分割されるとき

このように、第32条第2項第1号に掲げる事項が記録された電子記録保証の被保証債権が分割されるときは、その分割のやり方によって、原債権記録に記録された保証の範囲を分割に伴って記録し直す必要が生じたり、原債権記録の記録を維持すれば足りたりするなど、分割に際しての処理が複雑になる。

そこで、一部保証の定めがある場合の分割については、主務省令で規定することとしている。

(3) **原債権記録に特別求償権が記録されている場合（第3号）**

原債権記録に特別求償権が記録されている場合において、当該特別求償権の全部または一部を分割債権記録に記録するときは、特別求償権の債権額は、発生記録の記録事項ではなく当該特別求償権の発生に係る支払等記録の記録事項である「支払等をした金額」欄に記録されているので、当該支払等の金額を、

分割記録に際して、分割債権記録と原債権記録とに割り振る記録を行う必要が生じる。

　また、電子記録債権について電子記録保証人が一部弁済をしたような場合には、原債権記録中に原債権の一部と特別求償権が混在していることになるが、この場合に原債権記録に記録可能回数が記録されていたとすると、当該記録可能回数を原債権の債権者と特別求償権の債権者とで合意した上で分割債権記録と原債権記録に割り振る必要がある。したがって、この場合の分割記録の請求は、原債権記録に引き続き記録される電子記録債権の債権者の承諾を得て行う必要がある。

　このように、原債権記録に特別求償権が記録されている場合には、記録の方法や請求権者の整理について、原則ルールよりも詳細な事項を定める必要があるので、主務省令において、発生している特別求償権の内容や分割の態様に応じた処理の方法について規定することとしている。

(4) 主務省令で定める場合（第4号）

　本法自体では電子記録の内容が完全には定められず、政省令で定められるもの（例えば処分の制限に関する電子記録等）については、政省令で定められるこれらの電子記録の内容によっては、やはり分割記録に際して特殊な処理を行わなければならない事態が生ずることもあり得る。

　そこで、このように政省令によって特殊な処理が必要となった場合でも、それに応じた分割についての規定を整備できるようにしておく必要があることから、本号が設けられている。

3　主務省令への委任をすべき理由（本条柱書）

　上記のように、原債権記録に一定の複雑な内容が記録されている場合には、分割記録に伴う処理が複雑化することになる。

　もっとも、第43条第1項および第2項は本条の対象とされていないように、そのような複雑な記録に基づく処理が必要となる場合であっても、原債権記録に記録される事項が、分割記録の直前に記録されていた事項から、分割債権記録に記録される事項を控除した残りの事項になることに変わりはない。

　その意味で、本条各号に掲げる場合というのは、結局は債権記録を分割するのに伴って必要となる技術的・細目的な割り振りの処理の方法を定める必要がある場合を意味するにすぎない。

　したがって、このような技術的・細目的な処理のための事項については、法律で網羅的に規定を置く必要はなく、主務省令で規定を整備することが相当であると考えられるので、本条を設けたものである。

規則
(分割記録の請求)
第3条　原債権記録に債権者ごとの債権の金額が記録されている場合における分割記録の請求は、次の各号に掲げる場合の区分に応じ、当該各号に定める者だけですることができる。
一　原債権記録に記録可能回数が記録されている場合　原債権記録に記録されている電子記録名義人の全員
二　原債権記録において一部保証記録に基づく電子記録保証の対象である電子記録債権を分割債権記録に記録する場合　原債権記録に記録されている電子記録名義人のうち、当該一部保証記録に基づく電子記録保証を受けるものの全員
三　前二号に掲げる場合以外の場合　分割債権記録に債権者として記録される者

1　趣旨

　本条は、法第47条第1号前段の委任を受けて、原債権記録に可分債権(債権者ごとの債権の金額が記録されている電子記録債権)が記録されている場合における、分割記録の請求について、法第43条第3項の特則を定めるものである。

2　内容

　まず、本法は、分割債権記録に債権者として記録される者だけで分割記録の請求をすることができることとしている(法第43条第3項)。これは、分割記録は、電子記録債権を単に分割するという効果を有するだけで、債務者が負担する債務の総体に基本的な変更を生じさせるものではないとの趣旨に基づくものである。

　そして、本条の適用対象となるような複雑な内容の電子記録債権を分割する場合においても、その趣旨が基本的に妥当するため、本条でも、原則として、分割債権記録に債権者として記録される者だけで分割記録の請求をすることができることとしつつ(本条第3号)、例外として、以下の場合については、原債権記録に記録されている電子記録債権の特殊性を踏まえて、下記のような規律を設けている。

　① 記録可能回数が記録されている可分債権の分割(本条第1号)

　分割前の原債権記録に記録可能回数が記録されている場合には、分割に際して、当該記録可能回数を分割債権記録と原債権記録とに振り分ける必要があり(法第45条第1項第4号、法第46条第1項第5号)、具体的な振り分け方については、

分割記録の請求者が請求情報において特定することとなる（令別表の12の項へ、規則第21条第1号ロ・ハ）。

そのため、記録可能回数が記録されている可分債権を分割する場合には、分割債権記録に分離する債権者だけで分割記録の請求をすることができるとすると、当該債権者だけで記録可能回数の振り分け方を決めることが可能となり、分割後も引き続き原債権記録に記録されることとなる債権者等が不利益を被るおそれがある。例えば、AとBを債権者とする電子記録債権のうちのAの分だけを分割債権記録に分離する場合において、分割前の原債権記録中の譲渡記録の記録可能回数が10回と記録されているときは、当該記録可能回数の全部を分割債権記録に記録してしまうと、原債権記録に残される記録可能回数は０回となってしまい、以後、Bは、原債権記録に残った自己の電子記録債権を譲渡することができなくなってしまう。

そこで、そのような事態が生じることのないよう、記録可能回数が記録されている可分債権の分割の場合には、分割前の原債権記録に記録されている電子記録名義人の全員が分割記録の請求をしなければならないこととしている。

② 一部保証記録がされている可分債権の分割（本条第2号）

分割前の原債権記録に一部保証記録がされている場合には、分割に際して、当該「保証の範囲」を原債権記録と分割債権記録とに振り分ける必要があり（詳細は規則第13条の解説を参照されたい。）、具体的な振り分け方については、分割記録の請求者が請求情報において特定することとなる（令別表の12の項へ、規則第21条第3号ロ・ハ）。

そのため、一部保証記録がされている可分債権を分割する場合には、分割債権記録に分離する債権者だけで分割記録の請求をすることができるとすると、当該債権者だけで「保証の範囲」の振り分け方を決めることが可能となり、分割後も引き続き原債権記録に記録されることとなる債権者（当該一部保証記録により保証をされていた者）が不利益を被るおそれがある。例えば、AとBを債権者とする電子記録債権（債権額100万円）のうちのAの分だけを分割債権記録に分離する場合において、分割前の原債権記録に「保証の範囲」を50万円とする旨の一部保証記録がされていたときには、当該「保証の範囲」の全部を分割債権記録に記録してしまうと、原債権記録に残される「保証の範囲」は０円となってしまい、以後、Bは、原債権記録に残った自己の電子記録債権について当該一部保証記録に基づく電子記録保証を受けることができなくなってしまう。

そこで、そのような場合には、分割前の原債権記録に記録されている電子記録名義人のうち、当該一部保証記録により保証されていた者の全員が分割記録の請求をしなければならないこととしている。

なお、本号が適用される場合には、原債権記録に一部保証記録がされていることが前提となるから、一部保証記録がされている場合の規律（規則第11条）も重畳適用されることになるが、可分債権を分割する場合には、本号の規律にも従う必要がある。

> 規則
> （分割記録の記録事項）
> 第4条　原債権記録に債権者ごとの債権の金額が記録されている場合における分割記録においては、分割債権記録に次に掲げる事項を記録しなければならない。
> 　一　原債権記録から分割をした旨
> 　二　原債権記録及び分割債権記録の記録番号
> 　三　発生記録における債務者であって分割債権記録に記録されるものが一定の金額を支払う旨
> 　四　分割債権記録に記録される電子記録債権の債権者の氏名又は名称及び住所
> 　五　電子記録の年月日
> 2　原債権記録に債権者ごとの債権の金額が記録されている場合における分割記録においては、原債権記録に次に掲げる事項を記録しなければならない。
> 　一　分割をした旨
> 　二　分割債権記録の記録番号
> 　三　電子記録の年月日
> 3　法第四十四条第三項の規定は、原債権記録に債権者ごとの債権の金額が記録されている場合について準用する。

1　趣旨

本条は、法第47条第1号前段の委任を受けて、原債権記録に可分債権（債権者ごとの債権の金額が記録されている電子記録債権）が記録されている場合における、分割記録の記録事項について、法第44条の特則を定めるものである。

2　内容

(1)　分割債権記録における記録事項

本法は、分割記録の記録事項として、①原債権記録から分割をした旨、②原債権記録と分割債権記録の記録番号、③発生記録における債務者であって分割

債権記録に記録される者が一定の金額を支払う旨、④債権者の氏名等、⑤電子記録の年月日を分割債権記録に記録すべきこととしている（法第44条第1項）。

本条が対象とする複雑な内容の電子記録債権を分割する場合についても、原債権記録に記録される事項の一部を新たに作成する分割債権記録に記録するという基本的な考え方は変更がないので、本条でも、基本的に法第44条第1項と同様の記録事項を定めている。

もっとも、分割記録の記録事項のうち、上記④について、本条の適用対象である可分債権が原債権記録に記録されている場合には、分割前の原債権記録に複数の債権者が記録されているため、そのうちのどの債権者が分割債権記録に分離されるのかを特定しておく必要がある。そこで、分割債権記録における分割記録の記録事項のうち、④に相当する事項については、「分割債権記録に記録される電子記録債権の債権者の氏名」等を記録すべきこととして、明確性を期している（本条第1項第4号）。

(2) 原債権記録における記録事項

原債権記録における分割記録の記録事項は、法の定める記録事項（法第44条第2項）と全く同様であり、①分割をした旨、②分割債権記録の記録番号、③電子記録の年月日を記録すべきこととされている（本条第2項）。

(3) 分割記録の制限

発生記録において、分割記録についての制限が記録されている場合（法第16条第2項第12号・第15号）には、当該記録の内容に抵触する分割記録をすることができないこととする法第44条第3項の規定の趣旨は、本条が対象とする複雑な内容の電子記録債権を分割する場合についても異なるところはない。

そこで、本条第3項で、法第44条第3項を準用することとしている。

規則

（分割記録に伴う分割債権記録への記録）

第5条　電子債権記録機関は、原債権記録に債権者ごとの債権の金額が記録されている場合において分割記録をするときは、分割記録と同時に、分割債権記録に次に掲げる事項を記録しなければならない。

一　原債権記録中の発生記録において記録されている事項（次に掲げるものを除く。）

　イ　債務者が一定の金額を支払う旨

　ロ　当該電子記録債権が分割払の方法により債務を支払うものである場合における各支払期日及び当該支払期日ごとに支払うべき金額

　ハ　債権者の氏名又は名称及び住所

ニ　債権者ごとの債権の金額
　　　ホ　記録可能回数が記録されている場合におけるその記録可能回数
　　　ヘ　原債権記録の記録番号
　　二　前号に掲げるもののほか、分割債権記録に記録される電子記録債権についての原債権記録中の現に効力を有する電子記録（分割記録を除く。）において記録されている事項
　　三　分割債権記録に記録される電子記録債権が原債権記録において分割払の方法により債務を支払うものとして記録されている場合には、当該電子記録債権の支払期日（原債権記録に支払期日として記録されているものに限る。）
　　四　前号に規定する場合において、分割債権記録に記録される電子記録債権が分割払の方法により債務を支払うものであるときは、当該電子記録債権の各支払期日ごとに支払うべき金額（原債権記録に記録されている対応する各支払期日ごとに支払うべき金額の範囲内のものに限る。）
　　五　分割債権記録に記録される電子記録債権の債権者の氏名又は名称及び住所
　　六　前号の債権者が二人以上ある場合には、債権者ごとの債権の金額
　　七　原債権記録に記録可能回数が記録されている場合には、当該記録可能回数（分割記録の記録可能回数にあっては、当該記録可能回数から一を控除した残りの記録可能回数）のうち、分割債権記録における記録可能回数
　2　電子債権記録機関は、分割債権記録に前項第一号及び第二号に掲げる事項を記録したときは当該事項を原債権記録から転写した旨及びその年月日を、同項第三号から第七号までに掲げる事項を記録したときはその記録の年月日を当該分割債権記録に記録しなければならない。

1　趣旨

　本条は、法第47条第1号前段の委任を受けて、原債権記録に可分債権（債権者ごとの債権の金額が記録されている電子記録債権）が記録されている場合における、分割記録に伴う分割債権記録への記録について、法第45条の特則を定めるものである。
　本法は、電子記録債権を分割する場合には、分割記録とは別に、これに伴う分割債権記録への記録として、①原債権記録中の現に効力を有する記録事項の転写（法第45条第1項第1号）、②分割払の定め（同項第2号・第3号）や③記録可能回数（同項4号）についての新規記録をするとともに、④当該転写の年月

日等を分割債権記録に記録すべきこととしている（同条第2項）。
　これは、原債権記録中の記録事項を分割記録の記録事項として分割債権記録に記録してしまうと、原債権記録中の発生記録や譲渡記録等の各電子記録の位置づけが分割債権記録において不明確になってしまい、その後の分割や記録事項の開示（法第87条）の際に支障が生ずるおそれがあることなどの趣旨に基づくものである。
　複雑な内容の電子記録債権を分割する場合においても、その趣旨が妥当するため、本条では、法の定める原則的な処理方法を踏まえつつ、本条の適用対象となる電子記録債権の特殊性に応じた規律を定めている。

2　第1項
(1)　原債権記録からの転写事項（第1項第1号・第2号）
　原債権記録中の以下の電子記録に記録されている事項については、原則として、分割債権記録に転写すべきこととされている。
　まず、原債権記録中の発生記録については、原則として転写をしつつ、債権額、分割払のスケジュール、記録可能回数、原債権記録の記録番号は転写しないこととしているのは、法第45条第1項第1号イからニまでと同じである（本条第1項第1号イ、ロ、ホおよびヘ）。
　その上で、可分債権が記録されている場合には、債権者の情報と、債権者ごとの債権の金額についても、分割債権記録と原債権記録とで振り分けを行う必要があるため、原債権記録の発生記録の記録事項のうち、これらの事項についても、転写事項から除外することとしている（本条第1項第1号ハおよびニ）。
　次に、発生記録以外の記録については、分割記録を除くすべての現に効力を有する電子記録が転写の対象となる（本条第1項第2号）。この点は、法第45条第1項第1号ホと同様である。

(2)　新規に記録する事項（第1項第3号から第7号まで）
　一方、新規に記録する事項として、分割債権記録に記録される電子記録債権についての分割払のスケジュール（本条第1項第3号・第4号）と記録可能回数（第7号）を新規に記録すべきことは、法第45条第2号から第4号までと同様である。
　これに加えて、可分債権を分割する場合には、分割前の原債権記録に複数の債権者が記録されているため、分割債権記録に分離する債権者の氏名等を新規に記録し直し（第1項第5号）、当該債権者が複数いるときには、当該債権者ごとの債権の金額についても新規に記録し直すべきこととしている（第1項第6号）。

3　第2項

本条第2項は、分割債権記録における転写事項と新規に記録する事項とを明確に区別できるようにすることを求めるものであり、法第45条第2項と同趣旨の規定である。

規則
（分割記録に伴う原債権記録への記録）
第6条　電子債権記録機関は、原債権記録に債権者ごとの債権の金額が記録されている場合において分割記録をするときは、分割記録と同時に、原債権記録に次に掲げる事項を記録しなければならない。
一　分割債権記録に記録される電子記録債権について原債権記録に記録されている事項のうち、前条第一項第一号イからホまでに掲げる事項の記録を削除する旨
二　発生記録における債務者が原債権金額から分割債権記録に記録される第四条第一項第三号に規定する一定の金額を控除して得た金額を支払う旨
三　分割債権記録に記録される電子記録債権が原債権記録において分割払の方法により債務を支払うものとして記録されている場合には、分割記録の後も原債権記録に引き続き記録されることとなる支払期日
四　前号に規定する場合において、分割記録の後も原債権記録に引き続き記録されることとなる電子記録債権が分割払の方法により債務を支払うものであるときは、当該電子記録債権の各支払期日ごとに支払うべき金額
五　分割記録の後も原債権記録に引き続き記録されることとなる電子記録債権の債権者の氏名又は名称及び住所
六　前号の債権者が二人以上ある場合には、債権者ごとの債権の金額
七　原債権記録に記録可能回数が記録されている場合には、当該記録可能回数（分割記録の記録可能回数にあっては、当該記録可能回数から一を控除した残りの記録可能回数）から分割債権記録における記録可能回数を控除した残りの記録可能回数
2　電子債権記録機関は、原債権記録に前項各号に掲げる事項を記録したときは、その記録の年月日を当該原債権記録に記録しなければならない。

1　趣旨

本条は、法第47条第1号前段の委任を受けて、原債権記録に可分債権（債権

者ごとの債権の金額が記録されている電子記録債権）が記録されている場合における、分割記録に伴う原債権記録への記録について、法第46条の特則を定めるものである。

　電子記録債権を分割する場合には、分割記録とは別に、これに伴う原債権記録への記録についてもする必要があるが（法第46条）、本条は、本条の対象となる内容の電子記録債権を分割する場合について、法の定める原則的な処理方法を踏まえつつ、当該電子記録債権の特殊性に応じた規律を定めている。

2　原債権記録から削除すべき事項（第1項第1号）

　まず、分割後の原債権記録について、基本的には分割前の内容を維持すれば足りるが、分割をする電子記録債権の債権額や分割記録に伴う分割債権記録への新規記録事項については、分割後の原債権記録に記録される電子記録債権の内容にも影響し得るものであることから、これらの事項については、当該分割の内容に応じて新規に記録し直す必要があるため、原債権記録からいったん削除すべきこととされている。

　このコンセプト自体は本条も法第46条も全く同じであり、本条第1項第1号において、削除すべき事項のうち、発生記録における債権額（第5条第1項第1号イ）、分割払のスケジュール（同号ロ）および記録可能回数（同号ホ）を削除する旨が定められている点は、それぞれ、法第46条第1項第1号において、法第45条第1項第1号イからハまでを削除する旨が定められているのと同じである。

　次に、可分債権を分割する場合には、分割前の原債権記録に複数の債権者が記録されているため、分割債権記録に分離する債権者の氏名等を新規に記録し直し（第5条第1項5号）、当該債権者が複数いるときには、当該債権者ごとの債権の金額についても新規に記録し直すべきこととされている（同項第6号）ように、分割前の原債権記録における債権者の情報と債権額とを分割後は原債権記録と分割債権記録とに振り分ける必要がある。

　そこで、分割前の原債権記録に記録されていた事項のうち、債権者の氏名等（第5条第1項第1号ハ）および債権者ごとの債権の金額（同号ニ）についても、削除する旨が定められている（本条第1項第1号）。

3　新規に記録する事項（第1項第2号から第7号まで）

　一方、新規に記録する事項として、原債権記録に引き続き記録されることになる電子記録債権についての債権額（本条第1項第2号）、分割払のスケジュール（本条第1項第3号・第4号）と記録可能回数（第7号）を新規に記録すべきことは、法第46条第1項第2号から第5号までと同様である。なお、原債権記

録に分割記録の直前に記録されていた債権額を、規則では「原債権金額」と定義している（規則第1条第2号）。

これに加えて、可分債権を分割する場合には、上記のとおり、分割前の原債権記録における債権者の情報と債権額とを分割後は原債権記録と分割債権記録とに振り分ける必要があるから、原債権記録に引き続き記録されることとなる電子記録債権の債権者の氏名等を新規に記録し直し（本条第1項第5号）、当該債権者が複数いるときには、当該債権者ごとの債権の金額についても新規に記録し直すべきこととされている（同条第1項第6号）。

4　第2項

本条第2項は、原債権記録における削除した事項と新規に記録する事項とを明確に区別できるようにすることを求めるものであり、法第46条第2項と同趣旨の規定である。

> **規則**
> **（分割記録の請求）**
> **第7条**　原債権記録に債務者ごとの債務の金額が記録されている場合における分割記録の請求は、分割債権記録に債権者として記録される者だけですることができる。

本条は、法第47条第1号後段の委任を受けて、原債権記録に可分債務（債務者ごとの債務の金額が記録されている電子記録債権）が記録されている場合における、分割記録の請求について、法第43条第3項の特則を定めるものである。

もっとも、可分債権が記録されている場合（規則第3条）と異なり、可分債務が記録されている場合には、一部の債権者が、記録可能回数が恣意的に分割債権記録に記録されてしまうこととなるような分割記録の請求を行ってしまう危険性があるといった事態は生じない。

そこで、本条は、可分債務が記録されている場合における分割記録の請求については、法第43条第3項の原則どおり、分割債権記録に債権者として記録される者だけですることができるものとしている。

> **規則**
> **（分割記録の記録事項）**
> **第8条**　原債権記録に債務者ごとの債務の金額が記録されている場合におけ

る分割記録においては、分割債権記録に次に掲げる事項を記録しなければならない。
　一　原債権記録から分割をした旨
　二　原債権記録及び分割債権記録の記録番号
　三　発生記録における債務者であって分割債権記録に記録されるものが一定の金額を支払う旨
　四　債権者の氏名又は名称及び住所
　五　電子記録の年月日
2　原債権記録に債務者ごとの債務の金額が記録されている場合における分割記録においては、原債権記録に第四条第二項各号に掲げる事項を記録しなければならない。
3　法第四十四条第三項の規定は、原債権記録に債務者ごとの債務の金額が記録されている場合について準用する。

1　趣旨

　本条は、法第47条第1号後段の委任を受けて、原債権記録に可分債務（債務者ごとの債務の金額が記録されている電子記録債権）が記録されている場合における、分割記録の記録事項について、法第44条の特則を定めるものである。

2　内容

(1)　分割債権記録における記録事項

　本法は、分割記録の記録事項として、①原債権記録から分割をした旨、②原債権記録と分割債権記録の記録番号、③発生記録における債務者であって分割債権記録に記録される者が一定の金額を支払う旨、④債権者の氏名等、⑤電子記録の年月日を分割債権記録に記録すべきこととしている（法第44条第1項）。

　そして、本条が対象とする複雑な内容の電子記録債権を分割する場合についても、分割債権記録に記録される電子記録債権を表章するために分割債権記録が作られるという基本的な考え方は変更がないので、本条でも、基本的に法第44条第1項と同様の記録事項を定めている。

　そのため、結果的に、本条第1項は、分割債権記録における分割記録の記録事項として、法第44条第1項各号と全く同様の事項を掲げている。

(2)　原債権記録における記録事項

　原債権記録における分割記録の記録事項は、法の定める記録事項（法第44条第2項）と全く同様であり、①分割をした旨、②分割債権記録の記録番号、③電子記録の年月日を記録すべきこととされている（本条第2項）。

(3) 分割記録の制限

発生記録において、分割記録についての制限が記録されている場合（法第16条第2項第12号・第15号）には、当該記録の内容に抵触する分割記録をすることができないこととする法第44条第3項の規定の趣旨は、本条が対象とする複雑な内容の電子記録債権を分割する場合についても異なるところはない。

そこで、本条第3項で、法第44条第3項を準用することとしている。

規則
（分割記録に伴う分割債権記録への記録）
第9条 電子債権記録機関は、原債権記録に債務者ごとの債務の金額が記録されている場合において分割記録をするときは、分割記録と同時に、分割債権記録に次に掲げる事項を記録しなければならない。
　一　原債権記録中の発生記録において記録されている事項（次に掲げるものを除く。）
　　イ　第五条第一項第一号イ、ロ、ホ及びヘに掲げる事項
　　ロ　債務者の氏名又は名称及び住所
　　ハ　債務者ごとの債務の金額
　二　前号に掲げるもののほか、分割債権記録に記録される電子記録債権についての原債権記録中の現に効力を有する電子記録（分割記録を除く。）において記録されている事項
　三　第五条第一項第三号、第四号及び第七号に掲げる事項
　四　分割債権記録に記録される電子記録債権の債務者の氏名又は名称及び住所
　五　前号の債務者が二人以上ある場合には、債務者ごとの債務の金額
2　電子債権記録機関は、分割債権記録に前項第一号及び第二号に掲げる事項を記録したときは当該事項を原債権記録から転写した旨及びその年月日を、同項第三号から第五号までに掲げる事項を記録したときはその記録の年月日を当該分割債権記録に記録しなければならない。

1　趣旨

本条は、法第47条第1号後段の委任を受けて、原債権記録に可分債務（債務者ごとの債務の金額が記録されている電子記録債権）が記録されている場合における、分割記録に伴う分割債権記録への記録について、法第45条の特則を定めるものである。

本法は、電子記録債権を分割する場合には、分割記録とは別に、これに伴う

分割債権記録への記録として、①原債権記録中の現に効力を有する記録事項の転写（法第45条第１項第１号）、②分割払の定め（同項第２号・第３号）や③記録可能回数（同項第４号）についての新規記録をするとともに、④当該転写の年月日等を分割債権記録に記録すべきこととしている（同条第２項）。

これは、原債権記録中の記録事項を分割記録の記録事項として分割債権記録に記録してしまうと、原債権記録中の発生記録や譲渡記録等の各電子記録の位置づけが分割債権記録において不明確になってしまい、その後の分割や記録事項の開示（法第87条）の際に支障が生ずるおそれがあることなどの趣旨に基づくものである。

複雑な内容の電子記録債権を分割する場合においても、その趣旨が妥当するため、本条では、法の定める原則的な処理方法を踏まえつつ、当該電子記録債権の特殊性に応じた規律を定めている。

2　第１項

(1)　原債権記録からの転写事項（第１項第１号・第２号）

原債権記録中の以下の電子記録に記録されている事項については、原則として、分割債権記録に転写すべきこととされている。

まず、原債権記録中の発生記録については、原則として転写をしつつ、債権額、分割払のスケジュール、記録可能回数、原債権記録の記録番号は転写しないこととしているのは、法第45条第１項第１号イからニまでと同じである（本条第１項第１号イ）。

その上で、可分債務が記録されている場合には、債務者の情報と、債務者ごとの債務の金額についても、分割債権記録と原債権記録とで振り分けを行う必要があるため、原債権記録の発生記録の記録事項のうち、これらの事項についても、転写事項から除外することとしている（本条第１項第１号ロおよびハ）。

次に、発生記録以外の記録については、分割記録を除くすべての現に効力を有する電子記録が転写の対象となる（本条第１項第２号）。この点は、法第45条第１項第１号ホと同様である。

(2)　新規に記録する事項（第１項第３号から第５号まで）

一方、新規に記録する事項として、分割債権記録に記録される電子記録債権についての分割払のスケジュールと記録可能回数を新規に記録すべきものとしている点（本条第１項第３号）は、法第45条第１項第２号から第４号までと同様である。

これに加えて、可分債務を分割する場合には、分割前の原債権記録に複数の債務者が記録されているため、分割債権記録に分離する債務者の氏名等を新規に記録し直し（本条第１項第４号）、当該債務者が複数いるときには、当該債務

者ごとの債務の金額についても新規に記録し直すべきこととされている（同条第1項第5号）。

3　第2項

　本条第2項は、分割債権記録における転写事項と新規に記録する事項とを明確に区別できるようにすることを求めるものであり、法第45条第2項と同趣旨の規定である。

規則
（分割記録に伴う原債権記録への記録）
第10条　電子債権記録機関は、原債権記録に債務者ごとの債務の金額が記録されている場合において分割記録をするときは、分割記録と同時に、原債権記録に次に掲げる事項を記録しなければならない。
　一　分割債権記録に記録される電子記録債権について原債権記録に記録されている事項のうち、前条第一項第一号イからハまでに掲げる事項（原債権記録の記録番号を除く。）の記録を削除する旨
　二　債務者が原債権金額から分割債権記録に記録される第八条第一項第三号に規定する一定の金額を控除して得た金額を支払う旨
　三　第六条第一項第三号、第四号及び第七号に掲げる事項
　四　分割記録の後も原債権記録に引き続き記録されることとなる電子記録債権の債務者の氏名又は名称及び住所
　五　前号の債務者が二人以上ある場合には、債務者ごとの債務の金額
2　電子債権記録機関は、原債権記録に前項各号に掲げる事項を記録したときは、その記録の年月日を当該原債権記録に記録しなければならない。

1　趣旨

　本条は、法第47条第1号後段の委任を受けて、原債権記録に可分債務（債務者ごとの債務の金額が記録されている電子記録債権）が記録されている場合における、分割記録に伴う原債権記録への記録について、法第46条の特則を定めるものである。

　電子記録債権を分割する場合には、分割記録とは別に、これに伴う原債権記録への記録についてもする必要があるが（法第46条）、本条は、本条の対象となる内容の電子記録債権を分割する場合について、法の定める原則的な処理方法を踏まえつつ、当該電子記録債権の特殊性に応じた規律を定めている。

2 原債権記録から削除すべき事項（第1項第1号）

　まず、分割後の原債権記録について、基本的には分割前の内容を維持すれば足りるが、分割をする電子記録債権の債権額や分割記録に伴う分割債権記録への新規記録事項については、分割後の原債権記録に記録される電子記録債権の内容にも影響し得るものであることから、これらの事項については、当該分割の内容に応じて新規に記録し直す必要があるため、原債権記録からいったん削除すべきこととされている。

　このコンセプト自体は本条も法第46条と全く同じであり、本条第1項第1号において、削除すべき事項のうち、発生記録における債権額、分割払のスケジュールおよび記録可能回数を削除する旨が定められている点（本条第1項第1号により削除するものとされる第9条第1項第1号イに掲げる事項（ただし、原債権記録の記録番号を除く））は、それぞれ、法第46条第1項第1号において、法第45条第1項第1号イからハまでを削除する旨が定められているのと同じである。

　次に、可分債務を分割する場合には、分割前の原債権記録に複数の債務者が記録されているため、分割債権記録に分離する債務者の氏名等を新規に記録し直し（第9条第1項第4号）、当該債務者が複数いるときには、当該債務者ごとの債務の金額についても新規に記録し直すべきこととされている（同項第5号）ように、分割前の原債権記録における債務者の情報と債務額とを分割後は原債権記録と分割債権記録とに振り分ける必要がある。

　そこで、分割前の原債権記録に記録されていた事項のうち、債務者の氏名等（第9条第1項第1号ロ）および債務者ごとの債権の金額（同号ハ）についても、削除する旨が定められている（本条第1項第1号）。

3 新規に記録する事項（第1項第2号から第5号まで）

　一方、①原債権記録に引き続き記録されることになる電子記録債権についての債権額（本条第1項第2号）のほか、②当該電子記録債権が分割払の方法により支払うものとされる場合の分割払のスケジュール（第6条第1項第3号および第4号）および③記録可能回数（同項第7号）を新規に記録すべきこと（本条第1項第3号）は、法第46条第1項第2号から第5号までと同様である。

　これに加えて、可分債務を分割する場合には、上記のとおり、分割前の原債権記録における債務者の情報と債務額とを分割後は原債権記録と分割債権記録とに振り分ける必要があるから、原債権記録に引き続き記録されることとなる電子記録債権の債務者の氏名等を新規に記録し直し（本条第1項第4号）、当該債務者が複数いるときには、当該債権者ごとの債権の金額についても新規に記録し直すべきこととされている（第5号）。

4 第2項

本条第2項は、原債権記録における削除した事項と新規に記録する事項とを明確に区別できるようにすることを求めるものであり、法第46条第2項と同趣旨の規定である。

> 規則
> （分割記録の請求）
> 第11条　原債権記録に一部保証記録がされている場合における分割記録の請求は、分割債権記録に債権者として記録される者だけですることができる。

本条は、法第47条第2号の委任を受けて、原債権記録に一部保証記録（任意的記録事項として「保証の範囲を限定する旨の定め」（法第32条第2項第1号）が記録された保証記録。例えば、債権額の一部のみを保証する旨の定めが記録された保証記録や、債権者の保証契約違反による保証債務の免責に関する定めが記録された保証記録等が考えられる）が記録されている場合における分割記録の請求について、法第43条第3項の特則を定めるものである。

もっとも、一部保証記録がされている場合であっても、可分債権が記録されている場合（規則第3条）のように、一部の債権者が、記録可能回数が恣意的に分割債権記録に記録されてしまうこととなるような、分割記録の請求を行ってしまう危険性があるといった事態は生じない。

そこで、本条は、一部保証記録が記録されている場合における分割記録の請求については、法第43条第3項の原則どおり、分割債権記録に債権者として記録される者だけですることができるものとしている。

> 規則
> （分割記録の記録事項）
> 第12条　原債権記録に一部保証記録がされている場合における分割記録においては、分割債権記録に次に掲げる事項を記録しなければならない。
> 　一　原債権記録から分割をした旨
> 　二　原債権記録及び分割債権記録の記録番号
> 　三　発生記録における債務者であって分割債権記録に記録されるものが一定の金額を支払う旨
> 　四　債権者の氏名又は名称及び住所

五　電子記録の年月日
2　原債権記録に一部保証記録がされている場合における分割記録においては、原債権記録に第四条第二項各号に掲げる事項を記録しなければならない。
3　法第四十四条第三項の規定は、原債権記録に一部保証記録がされている場合について準用する。

1　趣旨

　本条は、法第47条第2号の委任を受けて、原債権記録に一部保証記録が記録されている場合における分割記録の記録事項について、法第44条の特則を定めるものである。

2　内容

(1)　分割債権記録における記録事項

　本法は、分割記録の記録事項として、①原債権記録から分割をした旨、②原債権記録と分割債権記録の記録番号、③発生記録における債務者であって分割債権記録に記録される者が一定の金額を支払う旨、④債権者の氏名等、⑤電子記録の年月日を分割債権記録に記録すべきこととしている（法第44条第1項）。
　そして、一部保証記録がされている場合であっても、処理が複雑になるのは、保証記録に関する記録事項のみであり、分割の基本的な事項を定める記録である分割記録の記録事項には、特段の影響はない。
　そのため、結果的に、本条第1項は、分割債権記録における分割記録の記録事項として、法第44条第1項各号と全く同様の事項を掲げている。

(2)　原債権記録における記録事項

　原債権記録における分割記録の記録事項は、法の定める記録事項（法第44条第2項）と全く同様であり、①分割をした旨、②分割債権記録の記録番号、③電子記録の年月日を記録すべきこととされている（本条第2項）。

(3)　分割記録の制限

　発生記録において、分割記録についての制限が記録されている場合（法第16条第2項第12号・第15号）には、当該記録の内容に抵触する分割記録をすることができないこととする法第44条第3項の規定の趣旨は、本条が対象とする複雑な内容の電子記録債権を分割する場合についても異なるところはない。
　そこで、本条第3項で、法第44条第3項を準用することとしている。

> **規則**
> **（分割記録に伴う分割債権記録への記録）**
> **第13条** 電子債権記録機関は、原債権記録に一部保証記録がされている場合において分割記録をするときは、分割記録と同時に、分割債権記録に次に掲げる事項を記録しなければならない。
> 一 原債権記録中の発生記録において記録されている事項（次に掲げるものを除く。）
> 　イ 債務者が一定の金額を支払う旨
> 　ロ 当該電子記録債権が分割払の方法により債務を支払うものである場合における各支払期日及び当該支払期日ごとに支払うべき金額
> 　ハ 記録可能回数が記録されている場合におけるその記録可能回数
> 　ニ 原債権記録の記録番号
> 二 分割債権記録に記録される電子記録債権が一部保証記録に基づく電子記録保証の対象であるときは、当該一部保証記録において記録されている事項（保証の範囲を限定する旨の定めを除く。）
> 三 前二号に掲げるもののほか、分割債権記録に記録される電子記録債権についての原債権記録中の現に効力を有する電子記録（分割記録を除く。）において記録されている事項
> 四 第五条第一項第三号、第四号及び第七号に掲げる事項
> 五 分割債権記録に記録される電子記録債権が一部保証記録に基づく電子記録保証の対象であるときは、当該電子記録債権についての当該電子記録保証による保証の範囲を限定する旨の定め
> 2 電子債権記録機関は、分割債権記録に前項第一号から第三号までに掲げる事項を記録したときは当該事項を原債権記録から転写した旨及びその年月日を、同項第四号及び第五号に掲げる事項を記録したときはその記録の年月日を当該分割債権記録に記録しなければならない。

1　趣旨

　本条は、法第47条第2号の委任を受けて、原債権記録に一部保証記録が記録されている場合における、分割記録に伴う分割債権記録への記録について、法第45条の特則を定めるものである。

　本法は、電子記録債権を分割する場合には、分割記録とは別に、これに伴う分割債権記録への記録として、①原債権記録中の現に効力を有する記録事項の転写（法第45条第1項第1号）、②分割払の定め（同項第2号・第3号）や③記録可能回数（同項第4号）についての新規記録をするとともに、④当該転写の年

月日等を分割債権記録に記録すべきこととしている（同条第2項）。
　これは、原債権記録中の記録事項を分割記録の記録事項として分割債権記録に記録してしまうと、原債権記録中の発生記録や譲渡記録等の各電子記録の位置づけが分割債権記録において不明確になってしまい、その後の分割や記録事項の開示（法第87条）の際に支障が生ずるおそれがあることなどの趣旨に基づくものである。
　複雑な内容の電子記録債権を分割する場合においても、その趣旨が妥当するため、本条では、法の定める原則的な処理方法を踏まえつつ、当該電子記録債権の特殊性に応じた規律を定めている。

2　第1項
(1)　原債権記録からの転写事項（第1項第1号から第3号まで）
　原債権記録中の以下の電子記録に記録されている事項については、原則として、分割債権記録に転写すべきこととされている。
　まず、原債権記録中の発生記録については、原則として転写をしつつ、債権額、分割払のスケジュール、記録可能回数、原債権記録の記録番号は転写しないこととしているのは、法第45条第1項第1号イからニまでと同じである（本条第1項第1号イからニ）。
　その上で、原債権記録に一部保証記録がされている場合において、一部保証記録によって保証されている電子記録債権を分割するときは、「保証の範囲を限定する旨」の定めを除き、転写事項とされている（本条第1項第2号）。
　これは、このような電子記録債権を分割する場合には、保証の範囲について分割債権記録と原債権記録とで振り分けを行う必要があるため、原債権記録の保証記録の記録事項のうち、当該事項については、転写事項から除外する必要があるためである。
　次に、発生記録および保証記録以外の記録については、分割記録を除くすべての現に効力を有する電子記録が転写の対象となる（本条第1項第3号）。この点は、法第45条第1項第1号ホと同様である。
(2)　新規に記録する事項（第1項第4号・第5号）
　一方、新規に記録する事項として、分割債権記録に記録される電子記録債権についての分割払のスケジュールと記録可能回数を新規に記録すべきものとしている点（本条第1項第4号）は、法第45条第2号から第4号までと同様である。
　これに加えて、原債権記録に一部保証記録がされている場合において、一部保証記録によって保証されている電子記録債権を分割するときは、当該一部保証記録中の「保証の範囲を限定する旨」の定め（法第32条第2項第1号）についてまで分割債権記録に転写してしまうと、「保証の範囲」が実質的に広がって

しまい、当該一部保証記録により電子記録保証をした電子記録保証人が不利益を被ることとなる。

そこで、そのような分割をする際には、当該「保証の範囲」を原債権記録と分割債権記録とに振り分ける必要があるため、新規に記録し直すべきこととされている。(本条第1項第5号)。

3 第2項

本条第2項は、分割債権記録における転写事項と新規に記録する事項とを明確に区別できるようにすることを求めるものであり、法第45条第2項と同趣旨の規定である。

規則
(分割記録に伴う原債権記録への記録)
第14条 電子債権記録機関は、原債権記録に一部保証記録がされている場合において分割記録をするときは、分割記録と同時に、原債権記録に次に掲げる事項を記録しなければならない。
一 分割債権記録に記録される電子記録債権について原債権記録に記録されている事項のうち、前条第一項第一号イからハまでに掲げる事項及び保証の範囲を限定する旨の定め(同項第五号の電子記録保証に係る一部保証記録において記録されているものに限る。)の記録を削除する旨
二 発生記録における債務者が原債権金額から分割債権記録に記録される第十二条第一項第三号に規定する一定の金額を控除して得た金額を支払う旨
三 第六条第一項第三号、第四号及び第七号に掲げる事項
四 分割記録の後も原債権記録に引き続き記録されることとなる電子記録債権についての電子記録保証による保証の範囲を、原債権記録に記録された当該電子記録保証についての保証の範囲から前条第一項第五号の規定により分割債権記録に記録された保証の範囲を控除して得た範囲に限定する旨の定め
2 電子債権記録機関は、原債権記録に前項各号に掲げる事項を記録したときは、その記録の年月日を当該原債権記録に記録しなければならない。

---

1 趣旨

本条は、法第47条第2号の委任を受けて、原債権記録に一部保証記録が記録されている場合における、分割記録に伴う原債権記録への記録について、法第

46条の特則を定めるものである。

　電子記録債権を分割する場合には、分割記録とは別に、これに伴う原債権記録への記録についてもする必要があるが（法第46条）、本条は、本条の対象となる内容の電子記録債権を分割する場合について、法の定める原則的な処理方法を踏まえつつ、当該電子記録債権の特殊性に応じた規律を定めている。

2　原債権記録から削除すべき事項（第１項第１号）

　まず、分割後の原債権記録について、基本的には分割前の内容を維持すれば足りるが、分割をする電子記録債権の債権額や分割記録に伴う分割債権記録への新規記録事項については、分割後の原債権記録に記録される電子記録債権の内容にも影響し得るものであることから、これらの事項については、当該分割の内容に応じて新規に記録し直す必要があるため、原債権記録からいったん削除すべきこととされている。

　このコンセプト自体は本条も法第46条も全く同じであり、本条第１項第１号において、削除すべき事項のうち、発生記録における債権額、分割払のスケジュールおよび記録可能回数を削除する旨が定められている点（本条第１項第１号により削除するものとされる規則第13条第１項第１号イからハまでに掲げる事項）については、それぞれ、法第46条第１項第１号において、法第45条第１項第１号イからハまでを削除する旨が定められているのと同じである。

　次に、原債権記録に一部保証記録がされている場合において、一部保証記録によって保証されている電子記録債権を分割するときは、一部保証記録中の「保証の範囲を限定する旨」の定めについては、分割に際して、当該「保証の範囲」を原債権記録と分割債権記録とに振り分ける必要がある。

　そこで、分割前の原債権記録に記録されていた事項のうち、保証の範囲を限定する旨の定めについても、削除する旨が定められている（本条第１項第１号）。なお、債権記録によっては、一部保証記録が複数併存している場合もあり得るところ、本号による削除の対象となるのは、原債権記録と分割債権記録とに振り分ける必要がある一部保証記録に限られることから、「同項第五号の電子記録保証に係る一部保証記録において記録されているものに限る。」として、被保証債権が分割の対象となっている一部保証記録のみが本号の対象となるものであることを明示している。

3　新規に記録する事項（第１項第２号から第４号まで）

　一方、①原債権記録に引き続き記録されることになる電子記録債権についての債権額（本条第１項第２号）のほか、②分割払のスケジュール（第６条第１項第３号および第４号）および③記録可能回数（同項第７号）を新規に記録すべき

こと（本条第1項第3号）は、法第46条第1項第2号から第5号までと同様である。
　これに加えて、原債権記録に一部保証記録がされている場合において、一部保証記録によって保証されている電子記録債権を分割するときは、上記のとおり、一部保証記録中の「保証の範囲を限定する旨」の定めを、分割に際して原債権記録と分割債権記録とに振り分ける必要があるから、分割記録の後も原債権記録に引き続き記録されることとなる電子記録債権についての電子記録保証による保証の範囲を、原債権記録に記録された当該電子記録保証についての保証の範囲（分割直前の保証の範囲）から、第13条第1項第5号の規定により分割債権記録に記録された保証の範囲（分割後の分割債権記録における保証の範囲）を控除して得た範囲に限定する旨の定めについても新規に記録し直すべきこととされている（本項第4号）。

4　第2項

　本条第2項は、原債権記録における削除した事項と新規に記録する事項とを明確に区別できるようにすることを求めるものであり、法第46条第2項と同趣旨の規定である。

規則
（分割記録の請求）
第15条　原債権記録に特別求償権が記録されている場合における分割記録の請求は、次の各号に掲げる場合の区分に応じ、当該各号に定める者だけですることができる。
　一　原債権記録に記録可能回数が記録されている場合　原債権記録に記録されている電子記録名義人の全員
　二　前号に掲げる場合以外の場合　分割債権記録に債権者として記録される者

1　趣旨

　本条は、法第47条第3号の委任を受けて、原債権記録に特別求償権が記録されている場合における、分割記録の請求について、法第43条第3項の特則を定めるものである。

2　内容

　まず、本法は、分割債権記録に債権者として記録される者だけで分割記録の

請求をすることができることとしている（法43条第3項）。これは、分割記録は、電子記録債権を単に分割するという効果を有するだけで、債務者が負担する債務の総体に基本的な変更を生じさせるものではないとの趣旨に基づくものである。

そして、本条の適用対象となるような複雑な内容の電子記録債権を分割する場合においても、その趣旨が基本的に妥当するため、本条でも、原則として、分割債権記録に債権者として記録される者だけで分割記録の請求をすることができることとしつつ（本条第2号）、例外として、本条第1号に掲げる場合については、原債権記録に記録されている電子記録名義人の全員による請求が必要であると規定している。

3　例外的な取扱いがされる場合

本条第1号は、原債権記録に記録可能回数が記録されている場合には、原債権記録に記録されている電子記録名義人の全員による請求が必要であるとしている。

分割前の原債権記録に特別求償権が記録されている場合には、当該原債権記録に複数の電子記録名義人が記録されている可能性がある。例えば、電子記録保証人が主たる債務の一部について出えんをしたにすぎないときには、支払等記録により当該電子記録保証人が取得する特別求償権も当該出えんを前提とした限度内のものにすぎないため、原債権記録には特別求償権者である電子記録名義人と未履行部分についての電子記録名義人が記録されていることになり、記録可能回数の振り分けについて、可分債権を分割する場合と類似の状況が生じ得る。

このような場合において、分割前の原債権記録に記録可能回数が記録されているときは、分割に際して、当該記録可能回数を分割債権記録と原債権記録とに振り分ける必要があり（法第45条第1項第4号、法第46条第1項第5号）、具体的な振り分け方については、分割記録の請求者が請求情報において特定することとなる（令別表の12の項へ、規則第21条第4号ロ・第5号ロ）。

そのため、分割債権記録に分離する債権者だけで分割記録の請求をすることができるとすると、当該債権者だけで記録可能回数の振り分け方を決めることが可能となり、分割後も引き続き原債権記録に記録されることとなる債権者等が不利益を被るおそれがある。

そこで、そのような事態が生じることのないよう、分割前の原債権記録に特別求償権が記録されている場合において、記録可能回数が記録されているときは、分割前の原債権記録に記録されている電子記録名義人の全員が分割記録の請求をしなければならないこととしている。

> **規則**
> **(分割記録の記録事項)**
> **第16条** 原債権記録に特別求償権が記録されている場合における分割記録においては、分割債権記録に次に掲げる事項を記録しなければならない。
> 一　原債権記録から分割をした旨
> 二　原債権記録及び分割債権記録の記録番号
> 三　発生記録における債務者であって分割債権記録に記録されるものが一定の金額を支払う旨
> 四　分割債権記録に記録される電子記録債権の債権者の氏名又は名称及び住所
> 五　電子記録の年月日
> 2　原債権記録に特別求償権が記録されている場合における分割記録においては、原債権記録に第四条第二項各号に掲げる事項を記録しなければならない。
> 3　法第四十四条第三項の規定は、原債権記録に特別求償権が記録されている場合について準用する。

1　趣旨

本条は、法第47条第3号の委任を受けて、原債権記録に特別求償権が記録されている場合における分割記録の記録事項について、法第44条の特則を定めるものである。

2　内容

(1)　分割債権記録における記録事項

本法は、分割記録の記録事項として、①原債権記録から分割をした旨、②原債権記録と分割債権記録の記録番号、③発生記録における債務者であって分割債権記録に記録される者が一定の金額を支払う旨、④債権者の氏名等、⑤電子記録の年月日を分割債権記録に記録すべきこととしている（法第44条第1項）。

そして、本条が対象とする複雑な内容の電子記録債権を分割する場合についても、分割債権記録に記録される電子記録債権を表章するために分割債権記録が作られるという基本的な考え方は変更がないので、本条でも、基本的に法第44条第1項と同様の記録事項を定めている。

もっとも、分割記録の記録事項のうち、上記④について、本条の適用対象である特別求償権が原債権記録に記録されている場合には、分割前の原債権記録に複数の債権者が記録されているため、そのうちのどの債権者が分割債権記録

に分離されるのかを特定しておく必要がある。そこで、分割債権記録における分割記録の記録事項のうち、④に相当する事項については、「分割債権記録に記録される電子記録債権の債権者の氏名」等を記録すべきこととして、明確性を期している（本条第1項第4号）。

その結果、例えば、特別求償権を分割する場合には、当該特別求償権者が「分割債権記録に記録される電子記録債権の債権者」となる。

(2) 原債権記録における記録事項

原債権記録における分割記録の記録事項は、法の定める記録事項（法第44条第2項）と全く同様であり、①分割をした旨、②分割債権記録の記録番号、③電子記録の年月日を記録すべきこととされている（本条第2項）。

(3) 分割記録の制限

発生記録において、分割記録についての制限が記録されている場合（法第16条第2項第12号・第15号）には、当該記録の内容に抵触する分割記録をすることができないこととする法第44条第3項の規定の趣旨は、本条が対象とする複雑な内容の電子記録債権を分割する場合についても異なるところはない。

そこで、本条第3項で、法第44条第3項を準用することとしている。

規則
（分割記録に伴う分割債権記録への記録）
第17条　電子債権記録機関は、原債権記録に特別求償権が記録されている場合において分割記録（分割債権記録に特別求償権を記録するためのものに限る。）をするときは、分割記録と同時に、分割債権記録に次に掲げる事項を記録しなければならない。
一　原債権記録中の発生記録において記録されている事項（次に掲げるものを除く。）
　イ　第五条第一項第一号イ、ホ及びヘに掲げる事項
　ロ　分割債権記録に記録される特別求償権の発生の原因である電子記録保証による保証の対象である電子記録債権が分割払の方法により債務を支払うものである場合における各支払期日及び当該支払期日ごとに支払うべき金額
二　原債権記録中の譲渡記録のうち次に掲げるものにおいて記録されている事項
　イ　分割債権記録に記録される特別求償権の発生の原因である支払等を受けた者を譲受人とする譲渡記録
　ロ　分割債権記録に記録される特別求償権の債権者を譲受人とする譲渡

記録であって当該特別求償権についての特別求償権発生記録がされる前にされたもの（当該特別求償権について法第三十五条第一項第二号に掲げる者があるときに限る。）
三　分割債権記録に記録される特別求償権についての原債権記録中の特別求償権発生記録において記録されている事項（支払等金額を除く。）
四　原債権記録中の保証記録のうち次に掲げるものにおいて記録されている事項（当該保証記録が一部保証記録である場合における保証の範囲を限定する旨の定めを除く。）
　　イ　分割債権記録に記録される特別求償権の発生の原因である電子記録保証についての保証記録
　　ロ　分割債権記録に記録される特別求償権についての法第三十五条第一項第二号又は第三号に掲げる者を電子記録保証人とする保証記録
五　原債権記録中の質権設定記録（転質の電子記録を含む。）のうち分割債権記録に記録される特別求償権の発生の原因である支払等を受けた者を質権者とするものにおいて記録されている事項
六　前各号に掲げるもののほか、分割債権記録に記録される特別求償権についての原債権記録中の現に効力を有する電子記録（分割記録を除く。）において記録されている事項
七　第五条第一項第七号に掲げる事項
八　分割債権記録に記録される特別求償権の発生の原因である支払等についての支払等金額のうち、分割債権記録に記録されるもの
九　第四号イに掲げる保証記録が一部保証記録である場合には、当該一部保証記録に基づく電子記録保証による保証の範囲を分割債権記録に記録される特別求償権の範囲に限定する旨の定め
十　第四号ロに掲げる保証記録が一部保証記録である場合には、当該一部保証記録に基づく電子記録保証による保証の範囲の額を零とする旨の定め
2　電子債権記録機関は、分割債権記録に前項第一号から第六号までに掲げる事項を記録したときは当該事項を原債権記録から転写した旨及びその年月日を、同項第七号から第十号までに掲げる事項を記録したときはその記録の年月日を当該分割債権記録に記録しなければならない。
3　第一項の場合における第五条第一項第五号の規定の適用については、同号中「分割債権記録に記録される電子記録債権の債務者」とあるのは、「原債権記録中の発生記録に記録されていた債務者のうち、その有する電子記録債権が分割債権記録に記録される特別求償権の発生の原因である電子記

録保証による保証の対象であるもの」とする。
　4　第一項の場合における第九条第一項第四号の規定の適用については、同号中「分割債権記録に記録される電子記録債権の債務者」とあるのは、「原債権記録中の発生記録に記録されていた債務者のうち、その債務に係る電子記録債権が分割債権記録に記録される特別求償権の発生の原因である電子記録保証による保証の対象であるもの」とする。

1　趣旨

　本条は、法第47条第3号の委任を受けて、原債権記録に特別求償権が記録されている場合のうち、特別求償権を分割債権記録に記録するときにおける、分割記録に伴う分割債権記録への記録について、法第45条の特則を定めるものである。これに対して、特別求償権以外の電子記録債権を分割債権記録に記録する場合については、次条で規律することとしている。

　本法は、電子記録債権を分割する場合には、分割記録とは別に、これに伴う分割債権記録への記録として、①原債権記録中の現に効力を有する記録事項の転写（法第45条第1項第1号）、②分割払の定め（同項第2号・第3号）や③記録可能回数（同項第4号）についての新規記録をするとともに、④当該転写の年月日等を分割債権記録に記録すべきこととしている（同条第2項）。

　これは、原債権記録中の記録事項を分割記録の記録事項として分割債権記録に記録してしまうと、原債権記録中の発生記録や譲渡記録等の各電子記録の位置づけが分割債権記録において不明確になってしまい、その後の分割や記録事項の開示（法第87条）の際に支障が生ずるおそれがあることなどの趣旨に基づくものである。

　複雑な内容の電子記録債権を分割する場合においても、その趣旨が妥当するため、本条では、法の定める原則的な処理方法を踏まえつつ、当該電子記録債権の特殊性に応じた規律を定めている。

2　第1項

(1)　原債権記録からの転写事項（第1項第1号から第6号まで）

　原債権記録中に記録されている事項のうちに、以下の事項を、分割債権記録に転写すべきこととされている。

①　発生記録

　まず、原債権記録中の発生記録については、原則として転写をしつつ、債権額（規則第5条第1項第1号イ）、記録可能回数（同号ホ）、原債権記録の記録番号（同号ヘ）は転写しないこととしているのは、法第45条第1項第1号イ、ハ

およびニと同じである（本条第１項第１号イ）。

　これに加えて、本条第１項第１号ロは、特別求償権の発生原因である電子記録保証の被保証債権について分割払のスケジュールが記録されている場合について、当該分割払のスケジュールを転写の対象としていない。転写の対象としないという結論は法第45条第１項第１号ロと同じであるが、趣旨は異なっており、具体的には、当該特別求償権の発生原因である保証記録によって保証されていた電子記録債権（原債権）が分割払のものであるとしても、特別求償権自体の支払とは関係がない（特別求償権は、電子記録保証人が出えんをすることおよび支払等記録がされることにより発生し、発生して直ちに履行すべきものとなるから、別途支払期日という概念を有するものではない）ことから、電子記録保証人が出えんをした部分の分割払の定めについては、分割債権記録に転写する必要がないためである。

②　譲渡記録

　次に、電子記録保証人は、出えんをしてその旨の支払等記録がされることによって特別求償権を取得するとともに（法第35条第１項）、当該出えんを受けた者から原債権である電子記録債権を代位取得することになる。そこで、当該出えんを受けた者が譲渡記録の譲受人であった場合には、当該譲受人から原債権を代位取得していることを明らかにするため、当該譲渡記録が転写事項とされている（本項第２号イ）。

　また、特別求償権者が、当該特別求償権の発生原因である電子記録保証をする前に原債権である電子記録債権の債権者であった場合（例えば、手形の裏書人のように、債務者の支払を担保するため電子記録債権を譲渡するとともに電子記録保証をした場合）には、その当時における他の電子記録保証人に対しても、主たる債務者に対する求償額と同額の求償をすることのできる立場にあること（法第35条第１項第２号。手形における遡及・被遡及の関係）を明らかにしておく必要がある。そこで、そのような場合には、当該特別求償権者が原債権を譲り受けたときの譲渡記録が転写事項とされている（本項第２号ロ）。

③　支払等記録

　分割をする特別求償権の発生原因である支払等記録（特別求償権発生記録。規則第１条第３号）についても、「支払等をした金額」（支払等金額と定義されている。規則第１条第４号）を除き、転写事項とされている（本項第３号）。

④　保証記録

　分割をする特別求償権の発生原因である電子記録保証についての保証記録（本項４号イ）や、当該特別求償権の行使先となる他の電子記録保証人の保証記録（同号ロ）についても、「保証の範囲を限定する旨」の定めを除き、転写事項とされている（本項第４号）。

イが転写されるのは、分割の対象となる特別求償権を特定するためであり、また、ロが転写されるのは、当該分割債権記録に表章される特別求償権の行使を受ける者の範囲を明らかにするためである。これに対して、「保証の範囲を限定する旨」が転写されないのは、一部保証の記録がされている場合には、一部保証の範囲によっては、分割の後で、当該一部保証の定めについて、分割債権記録と原債権記録とで振り分ける必要が生じる可能性があるからである。

⑤　質権設定記録

分割をする特別求償権の発生原因である出えんを受けた者が質権者であった場合には、当該質権の発生原因である質権設定記録や転質の電子記録についても、転写事項とされている（本項第5号）。

⑥　現に効力を有する他の電子記録（分割記録を除く）

この点は、法第45条第1項第1号ホと同様である。

(2)　新規に記録する事項（第1項第7号から第10号まで）

①　記録可能回数

一方、新規に記録する事項として、分割債権記録に記録される特別求償権についての記録可能回数（第7号）を新規に記録すべきことは、法第45条第1項第4号と同様である。

②　分割払のスケジュール

これに対して、特別求償権を分割する場合には、分割払の定めは新規記録事項とされていないが、これは、当該特別求償権の発生原因である電子記録保証の被保証債権について分割払のスケジュールが原債権記録に記録されていた場合であったとしても、分割債権記録に当該分割払のスケジュールを記録し直す意味はなく、むしろ特別求償権について分割払の定めがあるかのような外観を作出して不適切でもあるため、分割払のスケジュールは新規の記録事項に含めていない。なお、当該出えんをした日以後の遅延損害金の額（法第35条第1項柱書）については、原債権記録から転写される支払等記録（本条第1項第3号）中の「支払等があった日」（法第24条第3号）を基に算出可能である。

③　支払金額

次に、特別求償権を分割する場合には、当該特別求償権の発生原因である支払等記録中の支払等金額（法第24条第2号、規則第1条第4号）を原債権記録と分割債権記録とに振り分ける必要があるため、新規に記録し直すべきこととしている（第8号）。

④　一部保証記録

さらに、特別求償権者自身が一部保証記録による電子記録保証をしていた場合には、当該一部保証記録に記録されている「保証の範囲」の一部についてだけ出えんがされたにすぎない可能性もあるため、未履行部分に相当する「保証

の範囲」ついては原債権記録に引き続き記録しておく必要がある。そこで、そのような場合には、分割債権記録に記録する「保証の範囲」を当該分割債権記録に記録される特別求償権の範囲に限定する旨の定めを新規に記録し直すべきこととしている（第9号）。

　また、上記のように、他の保証記録（第4号ロ）を分割債権記録に転写するのは、分割をする特別求償権の行使先を明らかにするためであるから、当該他の保証記録が一部保証記録である場合には、当該他の一部保証記録に記録されている「保証の範囲」については、引き続き原債権記録に記録しておく必要がある。そこで、そのような場合には、分割債権記録に記録する他の一部保証記録の「保証の範囲」の額を零とする旨の定めを新規に記録し直すべきこととしている（第10号）。なお、分割債権記録に記録される特別求償権者は、当該分割債権記録に至る分割記録がされる前に原債権記録に記録されている事項についても開示請求権を有しているため（法第87条第1項第1号）、分割債権記録に記録されない「保証の範囲」についても把握することが可能である。

3　第2項

　本条第2項は、分割債権記録における転写事項と新規に記録する事項とを明確に区別できるようにすることを求めるものであり、法第45条第2項と同趣旨の規定である。

4　第3項

　特別求償権を分割する場合において、当該特別求償権の原債権（当該特別求償権の発生原因である保証記録に係る電子記録保証の被保証債権）が可分債権であるときには、特別求償権の分割についての規律（本条第1項）のほか、可分債権の分割についての規律（規則第5条第1項）も重畳適用される。

　そのような場合には、分割前の原債権記録中の発生記録に記録されている債権者のうち、分割債権記録に分離される原債権者の氏名等を新規に記録し直し、当該原債権者が複数いるときには当該原債権者ごとの原債権の金額についても新規に記録し直すべきこととされている（本条第3項による規則第5条第1項第5号の適用読替）。

5　第4項

　また、第3項と同様に、特別求償権を分割する場合において、当該特別求償権の原債権が可分債務であるときは、分割前の原債権記録中の発生記録に記録されている債務者のうち、分割債権記録に分離される原債権の債務者の氏名等を新規に記録し直し、当該原債権の債務者が複数いるときには当該債務者ごと

の債務の金額についても新規に記録し直すべきこととされている（本条第4項による第9条第1項第4号の適用読替）。

> **規則**
> **第18条** 電子債権記録機関は、原債権記録に特別求償権が記録されている場合において分割記録（分割債権記録に特別求償権を記録するためのものを除く。）をするときは、分割記録と同時に、分割債権記録に次に掲げる事項を記録しなければならない。
> 　一　分割債権記録に記録される電子記録債権についての原債権記録中の現に効力を有する電子記録において記録されている事項（次に掲げるものを除く。）
> 　　イ　第五条第一項第一号イ、ロ、ホ及びへに掲げる事項
> 　　ロ　原債権記録に分割記録がされている場合における当該分割記録において記録されている事項（イに掲げるものを除く。）
> 　二　第五条第一項第三号、第四号及び第七号に掲げる事項
> 2　電子債権記録機関は、分割債権記録に前項第一号に掲げる事項を記録したときは当該事項を原債権記録から転写した旨及びその年月日を、同項第二号に掲げる事項を記録したときはその記録の年月日を当該分割債権記録に記録しなければならない。

1　趣旨

本条は、法第47条第3号の委任を受けて、原債権記録に特別求償権が記録されている場合のうち、特別求償権以外の電子記録債権を分割債権記録に記録するときにおける、分割記録に伴う分割債権記録への記録について、法第45条の特則を定めるものである。

本条の適用対象となるケースとしては、例えば、電子記録保証人が主たる債務の一部についてだけ出えんをし、その旨の支払等記録がされたことにより特別求償権が発生したが、未履行部分についての電子記録債権の債権者が当該電子記録債権を分割しようとする場合等が考えられる。

2　第1項

(1)　原債権記録からの転写事項（第1項第1号）

本条が適用対象とするのは、原債権記録に特別求償権が記録されてはいるものの、分割の対象となるのは通常の電子記録債権である場合であるから、原債権記録からの転写事項は、法第45条第1項第1号と同様である。

(2) 新規に記録する事項（第１項第２号）

(1)と同様に、新規に記録する事項についても、法第45条第１項第２号から第４号までと同様である。

3　第２項

本条第２項は、分割債権記録における転写事項と新規に記録する事項とを明確に区別できるようにすることを求めるものであり、法第45条第２項と同趣旨の規定である。

規則
（分割記録に伴う原債権記録への記録）
第19条　電子債権記録機関は、原債権記録に特別求償権が記録されている場合において分割記録（分割債権記録に特別求償権を記録するためのものに限る。）をするときは、分割記録と同時に、原債権記録に次に掲げる事項を記録しなければならない。

一　分割債権記録に記録される特別求償権について原債権記録に記録されている事項のうち、次に掲げる事項の記録を削除する旨
　　イ　第五条第一項第一号イ及びホに掲げる事項
　　ロ　当該特別求償権についての特別求償権発生記録において記録されている支払等金額
　　ハ　保証の範囲を限定する旨の定め（第十七条第一項第四号イに掲げる保証記録が一部保証記録である場合における当該一部保証記録に記録されているものに限る。）

二　発生記録における債務者が原債権金額から分割債権記録に記録される第十六条第一項第三号に規定する一定の金額（当該特別求償権についての特別求償権発生記録において消滅した元本の額が記録されている場合には、当該原債権記録に第十七条第一項に規定する分割記録がされているときを除き、同項第八号の規定により分割債権記録に記録される支払等金額のうち消滅した元本の額）を控除して得た金額を支払う旨

三　第六条第一項第七号に掲げる事項

四　分割債権記録に記録される特別求償権の発生の原因である支払等についての原債権記録中の支払等金額（分割記録の直前に記録されていたものに限る。）から第十七条第一項第八号の規定により分割債権記録に記録される支払等金額を控除して得た金額

五　第十七条第一項第四号イに掲げる保証記録が一部保証記録である場合

には、分割記録の後も原債権記録に引き続き記録されることとなる電子記録債権についての当該一部保証記録に基づく電子記録保証による保証の範囲を、原債権記録に記録された当該電子記録保証についての保証の範囲から同項第九号の規定により分割債権記録に記録された保証の範囲を控除して得た範囲に限定する旨の定め
2　電子債権記録機関は、原債権記録に前項各号に掲げる事項を記録したときは、その記録の年月日を当該原債権記録に記録しなければならない。

1　趣旨

　本条は、法第47条第3号の委任を受けて、原債権記録に特別求償権が記録されている場合のうち、特別求償権を分割債権記録に記録するときにおける、分割記録に伴う原債権記録への記録について、法第46条の特則を定めるものである。

　電子記録債権を分割する場合には、分割記録とは別に、これに伴う原債権記録への記録についてもする必要があるが（法第46条）、本条は、本条の対象となる内容の電子記録債権を分割する場合について、法の定める原則的な処理方法を踏まえつつ、当該電子記録債権の特殊性に応じた規律を定めている。

2　原債権記録から削除すべき事項（第1項第1号）

　まず、分割後の原債権記録について、基本的には分割前の内容を維持すれば足りるが、分割をする電子記録債権の債権額や分割記録に伴う分割債権記録への新規記録事項については、分割後の原債権記録に記録される電子記録債権の内容にも影響し得るものであることから、これらの事項については、当該分割の内容に応じて新規に記録し直す必要があるため、原債権記録からいったん削除すべきこととされている。

　① 発生記録

　このコンセプト自体は本条も法第46条も全く同じであり、本条第1項第1号イにおいて、削除すべき事項のうち、発生記録における債権額（規則第5条第1項第1号イ）および記録可能回数（同号ホ）を削除する旨が定められている点は、それぞれ、法第46条第1項第1号において、法第45条第1項第1号イおよびハを削除する旨が定められているのと同じである。

　② 支払等記録

　次に、特別求償権が分割の対象となる以上、当該特別求償権の発生原因である支払等記録（特別求償権発生記録）中の支払等金額は、分割後は分割債権記録と原債権記録とで振り分ける必要があるので、これを削除すべきものとして

いる（本条第1項第1号ロ）。

　③　一部保証記録

　当該特別求償権の発生原因である保証記録が一部保証記録であるときは、当該一部保証記録中の「保証の範囲を限定する旨」の定めを削除すべきものとしている（同号ハ）。

　これは、一部保証の記録がされている場合には、一部保証の範囲によっては、分割の後で、当該一部保証の定めについて、分割債権記録と原債権記録とで振り分ける必要が生じる可能性があるからである。

　これに対し、他の一部保証記録中の「保証の範囲を限定する旨」の定めについては、削除の対象にならないから、分割前の原債権記録に記録されていた「保証の範囲」が引き続き原債権記録に記録されることになる。

3　新規に記録する事項（第1項第2号から第5号まで）

　一方、新規に記録する事項として、原債権記録に引き続き記録されることになる電子記録債権についての記録可能回数（規則第6条第1項第7号）を新規に記録すべきこと（本条第1項第3号）は、法第46条第1項第5号と同様である。

　これに加えて、特別求償権を分割することから、本条では、下記の事項を新規に記録すべきものとしている。

　①　分割後の原債権記録に記録される原債権の債権額（第1項第2号）

　分割債権記録に記録される支払等金額（規則第17条第1項第8号参照）のうち元本充当額に相当する部分の原債権については、分割債権記録に記録される特別求償権とともに当該分割債権記録に記録されていることになる。

　そこで、特別求償権を分割する場合には、原則として、分割記録の直前に原債権記録に記録されていた原債権の債権額（原債権金額）から、上記の元本充当額を控除した残額について、新規に記録し直すべきこととされている。

　これにより、特別求償権が分割して原債権記録から抜けていった残額が原債権記録に引き続き記録されていることを明確にしている。

　②　支払等金額（第1項第4号）

　特別求償権を分割する場合には、当該特別求償権の発生原因である支払等記録中の支払等金額から分割債権記録に記録される支払等金額（規則第17条第1項第8号）を控除した残額について、新規に記録し直すべきこととされている。

　これにより、特別求償権の一部が分割された場合には、残りの特別求償権が引き続き原債権記録に記録されることが明らかになる。

　③　一部保証の定め（第1項第5号）

　特別求償権者自身が一部保証記録による電子記録保証をしていた場合には、当該一部保証記録中の「保証の範囲を限定する旨」の定めについて、分割前の

原債権記録に記録されていた「保証の範囲」から、分割債権記録に記録される「保証の範囲」（規則第17条第１項第９号）を控除した範囲に限定する旨の定めとして、新規に記録し直すべきこととされている。

これにより、引き続き原債権記録に記録されている電子記録債権のうちどの部分について一部保証の定めが及ぶのかが明確になる。

4　第２項

本条第２項は、原債権記録における削除した事項と新規に記録する事項とを明確に区別できるようにすることを求めるものであり、法第46条第２項と同趣旨の規定である。

規則

第20条　電子債権記録機関は、原債権記録に特別求償権が記録されている場合において分割記録（分割債権記録に特別求償権を記録するためのものを除く。）をするときは、分割記録と同時に、原債権記録に次に掲げる事項を記録しなければならない。
　一　分割債権記録に記録される電子記録債権について原債権記録に記録されている事項のうち、第十八条第一項第一号イに掲げる事項（原債権記録の記録番号を除く。）の記録を削除する旨
　二　発生記録における債務者が原債権金額から分割債権記録に記録される第十六条第一項第三号に規定する一定の金額を控除して得た金額を支払う旨
　三　第六条第一項第三号、第四号及び第七号に掲げる事項
２　電子債権記録機関は、原債権記録に前項各号に掲げる事項を記録したときは、その記録の年月日を当該原債権記録に記録しなければならない。

1　趣旨

本条は、法第47条第３号の委任を受けて、原債権記録に特別求償権が記録されている場合のうち、特別求償権以外の電子記録債権を分割債権記録に記録するときにおける、分割記録に伴う原債権記録への記録について、法第46条の特則を定めるものである。

本条の適用対象となるケースとしては、例えば、電子記録保証人が主たる債務の一部についてだけ出えんをし、その旨の支払等記録がされたことにより特別求償権が発生したが、未履行部分についての電子記録債権の債権者が当該電子記録債権を分割しようとする場合等が考えられる。

2 第1項

(1) 原債権記録から削除すべき事項（第1項第1号）

本条が適用対象とするのは、原債権記録に特別求償権が記録されてはいるものの、分割の対象となるのは通常の電子記録債権である場合であるから、原債権記録から削除すべき事項は、法第46条第1項第1号と同様である。

(2) 新規に記録する事項（第1項第2号および第3号）

(1)と同様に、新規に記録する事項についても、法第46条第1項第2号から第5号までと同様である。

3 第2項

本条第2項は、原債権記録における削除した事項と新規に記録する事項とを明確に区別できるようにすることを求めるものであり、法第46条第2項と同趣旨の規定である。

規則

第21条 電子記録債権法施行令（平成二十年政令第三百二十五号）別表の十二の項へに規定する主務省令で定める事項は、次の各号に掲げる場合の区分に応じ、当該各号に定める事項とする。
　一　原債権記録に債権者ごとの債権の金額が記録されている場合　次に掲げる事項
　　イ　第四条第一項第三号及び第四号に掲げる事項
　　ロ　第五条第一項第三号から第七号までに掲げる事項
　　ハ　第六条第一項第三号から第六号までに掲げる事項
　二　原債権記録に債務者ごとの債務の金額が記録されている場合　次に掲げる事項
　　イ　第八条第一項第三号に掲げる事項
　　ロ　第九条第一項第三号から第五号までに掲げる事項
　　ハ　第十条第一項第三号から第五号までに掲げる事項（第六条第一項第七号に掲げる事項を除く。）
　三　原債権記録に一部保証記録がされている場合　次に掲げる事項
　　イ　第十二条第一項第三号に掲げる事項
　　ロ　第十三条第一項第四号及び第五号に掲げる事項
　　ハ　第十四条第一項第三号及び第四号に掲げる事項（第六条第一項第七号に掲げる事項を除く。）
　四　原債権記録に特別求償権が記録されている場合（分割債権記録に特別

求償権を記録するために分割記録の請求をする場合に限る。）　次に掲げる事項
　　　イ　第十六条第一項第三号及び第四号に掲げる事項
　　　ロ　第十七条第一項第七号から第九号までに掲げる事項
　　　ハ　第十九条第一項第五号に掲げる事項
　　五　原債権記録に特別求償権が記録されている場合（分割債権記録に特別求償権を記録するために分割記録の請求をする場合を除く。）　次に掲げる事項
　　　イ　前号イに掲げる事項
　　　ロ　第十八条第一項第二号に掲げる事項
　　　ハ　前条第一項第三号に掲げる事項（第六条第一項第七号に掲げる事項を除く。）

1　趣旨

　本条は、法第6条の委任を受けた令別表の12の項への委任を受けて、法第47条各号に掲げる場合についての分割記録の請求に必要な情報について、令別表の12の項イからホまでの特則を定めるものである。

2　内容

　本条は、法第47条各号に掲げる場合についての分割記録の請求に必要な情報について定めるものであるが、その基本的な考え方は、令別表の12の項と同じであり、
　　①　原債権記録の記録番号（令別表の12の項イ参照）
　　②　電子記録債権の分割をする旨（令別表の12の項ロ参照）
　　③　分割に伴う各電子記録（すなわち分割記録、分割記録に伴う分割債権記録への記録および分割記録に伴う原債権記録への記録）の記録事項（令別表の12の項ハからホまで参照）
が請求情報となるが、③のうち、電子債権記録機関が職権で記録すべき事項（例えば、電子記録の年月日等）については、請求情報に含まれていない。
　その意味で、本条は、法第47条各号に掲げる場合には、記録事項が複雑となることから、令別表の12の項の記載を、その複雑化した記録事項に合うように調整したものにすぎない。

第9節　雑則

> **（信託の電子記録）**
> **第48条**　電子記録債権又はこれを目的とする質権（以下この項において「電子記録債権等」という。）については、信託の電子記録をしなければ、電子記録債権等が信託財産に属することを第三者に対抗することができない。
> 2　この法律に定めるもののほか、信託の電子記録に関し必要な事項は、政令で定める。

1　趣旨

本条は、電子記録債権を信託財産とする信託を設定した場合には、信託の電子記録が対抗要件となることを規定するとともに（第1項）、信託の電子記録については、政令で定めることとするものである（第2項）。

2　第1項

信託法第14条は、登記または登録をしなければ権利の得喪および変更を第三者に対抗することができない財産については、信託の登記または登録をしなければ、当該財産が信託財産に属することを第三者に対抗することができないこととしている。

しかし、同条は、登記または登録すべき財産については、信託の登記・登録をすることが、信託財産に属することの対抗要件である旨規定しているものの、金銭債権一般については、信託の対抗要件制度は設けられておらず、動産・債権譲渡特例法上の債権譲渡登記についても、登記は信託の対抗要件とはされていない。

このように、電子記録債権は、同条に規定する「登記又は登録をしなければ権利の得喪及び変更を第三者に対抗することができない財産」には該当しないものの、債権記録に権利内容が記録され、発生や譲渡につき電子記録をすることが効力要件とされるものであるから、信託財産に属する旨の電子記録をして、信託財産に属することを明らかにすることは可能である。

そして、信託財産に属する場合には、受託者個人の債権者は信託財産には強制執行することはできず（信託法第23条）、また、受託者が破産した場合にも、破産財団には含まれないことを主張することができること（信託法第25条第1

項）からすれば、信託財産に属するかどうかについては、電子記録を行い、債権記録上もこれを明らかにする必要がある。

以上から、本項において、電子記録債権についても、信託の電子記録をすることが信託財産に属することの対抗要件となることとしている。

3　第2項

信託の電子記録に関し必要な事項は、政令で定めることとしている。

これは、不動産登記以外の登記・登録制度（特許登録等の知的財産権に関する電子記録、鉱業登録、漁業登録、社債登録(注)等）と同様に、電子記録債権についての信託の電子記録も、これらの他の登記・登録制度における信託の登録のあり方との平仄を考慮しながら規定を設ける必要があることに基づく。

なお、社債等の振替制度においても、譲渡のための振替手続については法律で規定しながら、信託の記録の手続は、政令事項としている（社債株式等振替法第75条）。

> （注）　社債等登録法（昭和17年法律第11号）によるもの。なお、同法は証券決済制度等の改革による証券市場の整備のための関係法律の整備等に関する法律（平成14年法律第65号）第3条の規定により廃止されている。

政令
（信託の電子記録の記録事項）
第2条　信託の電子記録においては、次に掲げる事項を記録しなければならない。
　一　信託財産に属する旨
　二　信託財産に属する電子記録債権等（法第四十八条第一項に規定する電子記録債権等をいう。以下この章において同じ。）を特定するために必要な事項
　三　電子記録の年月日

1　趣旨

本条は、信託の電子記録の記録事項を定めた規定である。

信託の電子記録の記録事項は、社債株式等振替法を参考として、不動産についての信託の登記の登記事項（不動産登記法第97条第1項）と比べて簡素化している。

これは、①信託の電子記録は、電子記録債権が不動産を典型例とする信託法第14条の「財産」に該当しないことを前提として、公示の観点から、信託財産

に属することの対抗要件として規定されたものであること、②社債株式等振替法第68条第3項第5号等が信託財産の公示の方法として、信託財産に属することのみを公示する方式を採用しているのは、流通性の高い社債等については大量処理の要請があるためであり、電子記録債権においてもこのような大量処理の要請がある場合があること、③多くの事項を記録事項とすることは、永続的に存在する不動産と比較して短期間しか存続しない電子記録債権の実務において煩雑であり、民間機関である電子債権記録機関のシステム負担の側面から対応することも困難となることによるものである。

2 信託財産に属する旨（第1号）

第1号は、第2号で特定される電子記録債権等が信託財産に属することを明示するものである。

3 信託財産に属する電子記録債権等を特定するために必要な事項（第2号）

第2号は、信託財産に属する電子記録債権等を特定するために必要な情報である。これは、一の債権記録に、複数の電子記録債権またはこれを目的とする質権が記録されていることがあることから、どの権利が信託財産に属するものかを特定する必要があることによる。

なお、信託財産に属する財産の対象を「電子記録債権等」として、電子記録債権だけでなく、これを目的とする質権をも想定しているのは、信託法が担保権の設定による信託をも明示的に許容しているためである（信託法第3条参照）。

4 電子記録の年月日（第3号）

第3号は、信託の電子記録が信託財産に属することの対抗要件となるため（法第48条第1項）、電子記録の年月日は信託財産に属することとなった電子記録債権をめぐる法律関係にとって重要な情報となることから、電子記録の日付を明らかにするために記録事項とするものである。

政令
（信託の電子記録の請求）
第3条　信託の電子記録は、受託者だけで請求することができる。
2　受託者は、次の各号に掲げる場合には、当該各号に定める電子記録の請求と同時に、信託の電子記録の請求をしなければならない。
　一　電子記録債権（保証記録に係るもの及び特別求償権を除く。）の発生又は電子記録債権の譲渡により電子記録債権が信託財産に属すること

なる場合　発生記録又は譲渡記録
二　法第二十八条に規定する求償権の譲渡に伴う電子記録債権の移転により当該電子記録債権が信託財産に属することとなった場合　同条の変更記録
三　電子記録債権を目的とする質権（転質の場合を含む。）の設定により当該質権が信託財産に属することとなる場合　質権設定記録（転質の電子記録を含む。）
四　電子記録債権を目的とする質権（転質の場合を含む。）の被担保債権の譲渡に伴う当該質権の移転により当該質権が信託財産に属することとなった場合　質権又は転質の移転による変更記録
3　受益者又は委託者は、受託者に代わって信託の電子記録の請求をすることができる。

1　趣旨

本条は、信託の電子記録につき、その請求者および請求方法を定めた規定である。

2　第1項

信託の電子記録は、受託者だけで請求することができることを定めるものであり、不動産登記法第98条第2項を参考にしたものである。

電子記録の請求は、原則として電子記録権利者と電子記録義務者の双方がしなければならない（法第5条第1項）。

しかし、信託の電子記録が信託財産であることを公示するものにすぎない上、信託の電子記録によって不利益を受ける者は受託者である（受託者は、当該電子記録債権を自己の固有財産としてではなく、信託財産として保有するにすぎないという旨を公示することになるという不利益を受ける）から、電子記録義務者である受託者の請求があれば、あえて電子記録権利者の請求まで求めることは不要であると考えられること等によるものである。

なお、受託者が2人以上いる信託の場合には、受託者の全員が電子記録の請求をすることが必要となる。もっとも、信託事務の処理については、原則として受託者の過半数をもって決定し（信託法第80条第1項）、各受託者は当該決定に基づいて信託事務を執行することができるため（同条第3項・第5項）、受託者間で当該決定がされていれば、各受託者が当該決定に基づいて単独で信託の電子記録の請求をすることが可能であると考えられる。

3　第2項

　電子記録債権等の発生・譲渡により信託財産に属することとなる場合には、当該発生・譲渡に係る電子記録の請求と、信託の電子記録の請求とを同時にすべきことを、受託者の義務として規定したものである。

　上記のように同時請求とした趣旨は、不動産登記法第98条第1項と同様、電子記録の正確性を担保するためである。

　本項が同時請求を受託者の義務として規定したのは、①例えば、特別求償権の発生要件である支払等記録は、原則として受託者が請求するものではなく、同時請求を義務付けることができないから、すべての電子記録に信託の電子記録との同時請求を要求することができないこと、②電子記録の場合には、その原因が記録事項とされていないため、例えば、信託契約を原因関係とする譲渡記録の請求がされても、電子債権記録機関において信託の電子記録の請求と同時にすべき場合であることを把握できず、電子債権記録機関によるチェックを期待できないことを考慮したものである。

(1)　第1号

　電子記録債権が発生または譲渡により信託財産に属することとなる場合には、発生記録または譲渡記録の請求との同時請求をすべきこととしたものである。

　本号において、発生の対象となる「電子記録債権」から保証記録に係るものおよび特別求償権を除いているのは、①保証記録に係る電子記録債権は、保証の一種であって随伴性を有しており、主たる債務から切り離して独立に信託し、または譲渡することはできないこと、②特別求償権は、支払等記録をその発生要件とするため（法第35条第1項）、その支払等記録の請求と信託の電子記録の請求との同時請求を要求することは困難であることによるものである。

　これに対して、譲渡については、通常の電子記録債権と特別求償権の両方が対象となる（保証記録に係るものはその性質上随伴性を有することから独自に信託記録が問題となることはない）。

(2)　第2号

　求償権の譲渡に伴い電子記録債権が移転して信託財産に属することとなった場合（法第28条参照）には、第28条の変更記録の請求との同時請求をすべきこととしたものである。なお、ここでいう「求償権」とは、特別求償権（法第35条）のことではなく、電子記録債権の債務者を主たる債務者として民事保証をしていた者が代位弁済により取得する求償権（民法第459条、第462条）のことを指す。

(3)　第3号

　電子記録を目的とする質権（転質）がその設定（転質）により信託財産に属することとなる場合には、受託者は、質権設定記録（転質の電子記録）の請求との同時請求をすべきこととしたものである。

(4) 第4号

電子記録債権を目的とする質権（転質）が被担保債権の譲渡に伴う当該質権の移転により信託財産に属することとなった場合（法第41条第1項参照）には、受託者は、質権または転質の移転による変更記録の請求と同時請求をすべきこととしたものである。

(5) 補足

なお、電子記録債権を自己信託（信託法第3条第3号参照）した場合には、当該電子記録債権の債権者に変更がないため、単に信託の電子記録のみがされることとなる。

4 第3項

受託者には信託の電子記録の単独請求が認められているが（本条第1項）、受託者がこれをしない場合には、当該電子記録債権等が信託財産に属することを第三者に対抗することができず、受益者や委託者が不利益を被るおそれがある。そこで、これらの者は、受託者に代位して信託の電子記録の請求をすることができることを定めたものであり、不動産登記法第99条を参考にしたものである。

なお、民法第423条の代位のほかにこのような規定を設けた趣旨は、委託者は、受託者に対する債権者といえるかどうかは疑義があること、受益者についても、受益者が受託者に対する債権者といえるかどうかは、受益権の法的性質をどのように考えるかとも関連して問題であること、また、受託者の責任財産の保全という意味での通常の債権者代位権の場面とは異なっていることに基づく。

政令
（受託者の変更による変更記録等）
第4条 受託者の任務が死亡、後見開始若しくは保佐開始の審判、破産手続開始の決定、法人の合併以外の理由による解散又は裁判所若しくは主務官庁（その権限の委任を受けた国に所属する行政庁及びその権限に属する事務を処理する都道府県の執行機関を含む。）の解任命令により終了し、新たに受託者が選任されたときは、信託財産に属する電子記録債権等についてする受託者の変更による変更記録は、法第二十九条第一項の規定にかかわらず、新たに選任された当該受託者だけで請求することができる。
2 受託者が二人以上ある場合において、その一部の受託者の任務が前項に規定する事由により終了したときは、信託財産に属する電子記録債権等についてする当該受託者の任務の終了による変更記録は、法第二十九条第一項の規定にかかわらず、他の受託者だけで請求することができる。

第48条（信託の電子記録）　311

1　趣旨

　変更記録の請求は、原則として利害関係者の全員がしなければならないこととされている（法第29条第1項）。

　しかし、受託者の任務終了が生じたことを債権記録上も反映させるための変更記録(注)については、必ずしも利害関係者の全員に変更記録の請求をさせることが適切でない場合がある。

　本条は、このような観点から、受託者の任務の終了に伴う変更記録手続の特則を定めた規定であり、不動産登記法第100条を参考にしたものである。

> （注）　信託財産に属する電子記録債権等は、受託者の変更により旧受託者から新受託者に承継されたものとみなされ（信託法第75条第1項・第2項）、また、一部の受託者の任務終了により当然に他の受託者に承継されるが（同法第86条第4項）、このことを債権記録に反映させるためには、電子記録名義人についての変更記録（例えば譲渡記録の譲受人を旧受託者から新受託者の名義に変更する旨の変更記録）をする必要がある。

2　第1項

　受託者の任務終了事由（信託法第56条第1項）のうち、①受託者の死亡（民法第882条）、②受託者の後見開始の審判（同法第7条、第838条）、③受託者の保佐開始の審判（同法第11条、第876条）、④破産手続開始の決定（破産法第30条・第15条）、⑤法人の合併以外の理由による解散（会社法第471条等）、⑥裁判所や主務官庁の解任命令（信託法第58条第4項、公益信託ニ関スル法律第8条）については、いずれも従前の受託者に変更記録の請求をさせることが不可能または困難であり、他方、それらの任務終了事由を公的な証拠で立証できる。

　そこで、この場合の変更記録については、新受託者だけで請求することを認めたものである。

　他方、受託者の辞任（信託法第56条第1項第5号）や信託行為において定めた事由（同項第7号）により受託者の任務が終了した場合には、当該変更記録につき利害関係を有する旧受託者の請求も必要となる。

3　第2項

　共同受託者の一部の任務が第1項所定の事由により終了した場合の変更記録について、第1項と同様の理由で、他の受託者だけで請求することを認めたものである。

　例えば、これまで信託財産に属する電子記録債権の債権者または質権者としてA、B、Cと記録されていたのを、債権者または質権者A、Bに変更する必要がある場合、信託財産に属する電子記録債権の債権者または質権者として記録されている当該受託者Cの氏名を削除する旨の変更記録をする必要がある。

そして、この場合の変更記録は、第1項と同様の趣旨により、他の受託者（前記の例だと、AおよびB）のみで請求することができるとするものである。

なお、不動産登記法第100条第2項は、「そのうち少なくとも一人の受託者の任務が」と規定しているが、これによると、例えば、受託者が2人の場合に2人とも同条第1項の事由により任務を終了したときも含まれるものと解する余地があるため、特許登録令その他の登録令と同様、「その一部の受託者の任務が」としている。

政令
（信託財産に属しないこととなる場合等の電子記録）
第5条 信託の電子記録を削除する旨の変更記録は、法第二十九条第一項の規定にかかわらず、受託者（信託財産に属する電子記録債権等が固有財産に属することにより当該電子記録債権等が信託財産に属しないこととなった場合にあっては、受託者及び受益者）だけで請求することができる。
2 信託管理人がある場合における前項の規定の適用については、同項中「受益者」とあるのは、「信託管理人」とする。
3 受託者は、次の各号に掲げる場合には、当該各号に定める電子記録の請求と同時に、信託の電子記録を削除する旨の変更記録の請求をしなければならない。
　一　信託財産に属する電子記録債権の譲渡により当該電子記録債権が信託財産に属しないこととなる場合　譲渡記録
　二　法第二十八条に規定する求償権の譲渡に伴う信託財産に属する電子記録債権の移転により当該電子記録債権が信託財産に属しないこととなった場合　同条の変更記録
　三　信託財産に属する電子記録債権に係る債務についての支払等（法第二十四条第一号に規定する支払等をいう。第五号において同じ。）により当該電子記録債権が信託財産に属しないこととなった場合において当該支払等についての支払等記録（法第六十三条第二項又は第六十五条の規定によるものを除く。）がされるとき　当該支払等記録
　四　電子記録債権を目的とする質権（転質の場合を含む。次号において同じ。）で信託財産に属するものの被担保債権の譲渡に伴う当該質権の移転により当該質権が信託財産に属しないこととなった場合　質権又は転質の移転による変更記録
　五　電子記録債権を目的とする質権で信託財産に属するものの被担保債権に係る債務についての支払等により当該質権が信託財産に属しないこと

> となった場合において当該支払等についての支払等記録がされるとき当該支払等記録

1 趣旨

本条は、信託財産に属する電子記録債権等が信託財産に属しないことになる場合等における信託の電子記録を削除する旨の変更記録につき、その請求者および請求方法を定めた規定である。

2 第1項

変更記録の請求は、本来は利害関係人の全員がしなければならない（法第29条第1項）。

もっとも、信託の電子記録は信託財産であることを対外的に明らかにするものにすぎず、効力要件ではない上、例えば、信託財産に属する電子記録債権がその譲渡により信託財産に属しないこととなる場合には譲渡記録の請求との同時請求を義務付けることで（本条第3項第1号参照）、電子記録の真正を担保し、受益者や委託者の利益を図ることもできる。

本項は、このような観点から、信託の電子記録を削除する旨の変更記録は、原則として受託者だけですることができるとしたものであり、不動産登記法第104条第2項と同趣旨である。

もっとも、信託財産に属する電子記録債権等が受託者の固有財産に属して信託財産に属しないこととなった場合には、受託者だけで信託の電子記録を削除する旨の変更記録の請求をすることができることとすると、受託者が電子記録権利者であることから、その権限の濫用により電子記録の真正を担保できないおそれがあるため、そのような場合には、受託者だけでなく受益者も請求権者とされている（社債株式等振替法施行令第11条第1項第3号と同旨）。

3 第2項

第1項につき、信託管理人がある場合には、受益者が現に存しないことから（信託法第123条第1項・第4項参照）、「受益者」を「信託管理人」に読み替えるものである（不動産登記法第104条の2第2項参照）。

4 第3項

以下の場合には、電子記録の正確性を担保する観点から、信託財産に属する電子記録債権等がその移転・消滅により信託財産に属しないこととなる場合の電子記録の請求と上記変更記録の請求とを同時にすべきことを、受託者の義務

として定めたものであり、不動産登記法第104条第1項と同趣旨である。

(1) 第1号

　電子記録債権（特別求償権を含む）が譲渡により信託財産に属しないこととなる場合には、譲渡記録の請求との同時請求としたものである。

(2) 第2号

　求償権の譲渡に伴い電子記録債権が移転して信託財産に属しないこととなる場合には、法第28条の変更記録の請求との同時請求としたものである。なお、ここでいう「求償権」とは、特別求償権（法第35条）のことではなく、電子記録債権の債務者を主たる債務者として民事保証をしていた者が代位弁済により取得する求償権（民法第459条、第462条）のことを指す。

(3) 第3号

　電子記録債権が支払等（法第24条第1号参照）により信託財産に属しないこととなった場合においては、支払等記録がされるときに限り、当該支払等記録の請求との同時請求としたものである。

　支払等記録から法第63条第2項または法第65条の規定によるものを除いているのは、これらの記録が電子債権記録機関によって請求によらずに行われるためである。

(4) 第4号

　電子記録債権を目的とする質権（転質）が被担保債権の譲渡に伴う当該質権の移転により信託財産に属しないこととなった場合には、質権または転質の移転による変更記録の請求との同時請求としたものである。

(5) 第5号

　電子記録債権を目的とする質権（転質）が被担保債権の支払等（法第24条第1号参照）により信託財産に属しないこととなった場合には、支払等記録がされるときに限り、当該支払等記録の請求との同時請求としたものである。

（電子記録債権に関する強制執行等）

第49条　電子債権記録機関は、電子記録債権に関する強制執行、滞納処分その他の処分の制限がされた場合において、これらの処分の制限に係る書類の送達を受けたときは、遅滞なく、強制執行等の電子記録をしなければならない。

2　強制執行等の電子記録に関し必要な事項は、政令で定める。

3　電子記録債権に関する強制執行、仮差押え及び仮処分、競売並びに没収保全の手続に関し必要な事項は、最高裁判所規則で定める。

第49条（電子記録債権に関する強制執行等）　315

1　趣旨

　本条は、第1項で、強制執行等に係る書類の送達を受けた電子債権記録機関の電子記録義務を、第2項で強制執行等の電子記録に関し必要な事項は政令で定めることを、第3項で強制執行等の手続のうち裁判所が行うものである、強制執行、仮差押えおよび仮処分、競売ならびに没収保全の手続に関し必要な事項は、最高裁判所規則で定めることを規定している(注)。

> (注)　電子記録債権に関する強制執行や仮差押え等の手続については、民事執行規則及び民事保全規則の一部を改正する規則(平成20年最高裁判所規則第15号。同年12月1日施行)によって、所要の規律が設けられた。当該規則の内容については、岩井一真＝武智舞子「電子記録債権法の施行に伴う民事執行規則及び民事保全規則の一部改正の概要（電子記録債権に関する強制執行等の手続の概要)」金法1874号4頁以下参照。

2　第1項

　電子記録債権に対する差押え等がされた場合には、執行債務者である電子記録名義人は、自己が保有する電子記録債権について処分をすることができなくなることから、差押え等がされた旨を債権記録に記録して、差押え等がされていることを記録上明らかにしておく必要がある。

　そこで、電子債権記録機関は、強制執行等に係る書類の送達を受けたときは、遅滞なく、その旨の電子記録をしなければならないこととしている。このように、強制執行等の電子記録は、当事者の請求に基づくものではなく、処分の制限に係る書類の送達を受けた電子債権記録機関が職権で行うこととしているので、第49条第1項は、法第4条第1項に規定する法令の「別段の定め」に該当することになる。

　この「書類の送達」がされる例としては、滞納処分において、第三債務者および電子債権記録機関に対する債権差押通知書が送達される場合（国税徴収法第62条の2）等がある（裁判所が行う強制執行の手続については、第3項で最高裁判所規則に委ねられている）。

　なお、電子記録債権は、支払等記録を消滅の効力要件としていないこともあり、支払等記録がされていたとしても、当該電子記録債権が消滅していないことはあり得る。そのため、執行債務者である電子記録名義人が有する電子記録債権について、債権者が、支払等記録がされていても消滅していないと主張して強制執行を申し立てることはあり得る。

　そのような場合に、裁判所によって当該電子記録債権に対する差押え等が認められ、電子債権記録機関が当該差押えに係る書類の送達を受けたときについても、本項の適用を免れるわけではないから、当該電子債権記録機関は、遅滞なく、差押えの電子記録をしなければならない。

3　第2項

　第2項は、強制執行等の電子記録に関し必要な事項は、政令で定めることとしている。

　これは、電子債権記録機関が差押え等がされたことの電子記録を行うに当たって記録すべき記録事項は、いかなる内容の処分制限が規定されることになるのかに応じて定まることになるところ、強制執行等の主要部分を占める裁判所による差押え等の手続については最高裁判所規則に委ねられており、最高裁判所規則の内容を前提に法律で規定を設けることはできないことから、電子記録に関し必要な事項は政令に委任することとしたものである。

4　第3項

　電子記録債権に関する差押え等については、電子債権記録機関が保有する記録原簿に記録された債権であるという電子記録債権の特性に応じて、債権執行に関する手続の特則を定める必要があるが、このような問題が起きる財産権については最高裁判所規則に委任するという社債株式等振替法第280条等のこれまでの先例に従い、差押え等の手続について必要な事項は、最高裁判所規則に委任することとしている(注)。

　なお、法第49条第3項は、文言上、社債株式等振替法第280条等とは異なり、強制執行等の「手続」に関して、最高裁判所規則に委任することとしている。これは、強制執行等の電子記録に関し必要な事項については政令に委任し（法第49条第2項）、最高裁判所規則に委任するのは、強制執行等の手続に関する事項であることを明らかにする趣旨である。

　　（注）　本条で述べたもののほか、電子記録債権に関する執行手続については、東京地方裁判所民事執行センター「電子記録債権に関する執行手続」金法1946号74頁以下および東京地方裁判所民事執行センター実務研究会編『民事執行の実務〔第3版〕債権執行編（下）』（きんざい、2012年）283頁以下参照。

政令
（強制執行等の電子記録の記録事項）
第6条　強制執行等の電子記録においては、次に掲げる事項を記録しなければならない。
　一　強制執行等（強制執行、滞納処分その他の処分の制限をいう。以下この条及び次条において同じ。）の内容
　二　強制執行等の原因
　三　強制執行等に係る電子記録債権等を特定するために必要な事項

四　強制執行等をした債権者があるときは、債権者の氏名又は名称及び住所
　五　電子記録の年月日

1　趣旨

　本条は、強制執行等の電子記録の記録事項について定めた規定である。
　電子債権記録機関は、強制執行等について官庁または公署の嘱託があったときは、遅滞なく、当該嘱託に係る電子記録をしなければならず（法第4条、法第7条第1項）、強制執行等に係る書類の送達を受けたときは、遅滞なく、強制執行等の電子記録をしなければならない（法第49条第1項）。
　そこで、本条は、官庁・公署の嘱託または強制執行等に係る書類の送達を受けた電子債権記録機関が記録すべき「強制執行等の電子記録」の記録事項を明らかにするものである。

2　「強制執行等」

　「強制執行等」とは、「強制執行、滞納処分その他の処分の制限」であり（法第49条第1項参照）、「処分の制限」とは、電子記録名義人の有する処分権能を剥奪することをいう。

3　第1号

　「強制執行等の内容」とは、強制執行等の種類・内容を明らかにする事項であり、例えば、強制執行における差押えである旨、一部差押えである場合のその旨、処分禁止の仮処分における禁止事項等がこれに該当する。このほか、個人について破産手続開始の決定がされ、その破産財団に電子記録債権が帰属する場合には、破産手続開始の決定の電子記録の嘱託がされることになるが（破産法第262条、第258条）、この場合にも強制執行等の電子記録をすることになる。
　電子債権記録機関は、基本的には、送達された差押命令等の内容に従って記録すれば足りる。なお、電子記録債権の一部が差し押さえられた場合には、当該差押えの効力が生じた後も、差し押さえられていない部分についての電子記録は許されているため（執行規則第150条の10第5項第4号・第5号、同条第6項第4号・第5号）、強制執行等の電子記録においても、差し押さえられた部分を明らかにしておく必要がある。

4　第2号

　「強制執行等の原因」とは、強制執行等の原因となる裁判等を明らかにする

事項であり、例えば、強制執行の場合には「平成○年○月○日○地方裁判所○支部差押命令」などと記載すれば足りる。

5　第3号

「強制執行等に係る電子記録債権等を特定するために必要な事項」とは、強制執行等に係る電子記録債権等を特定するために必要な情報である。これは、一の債権記録に、複数の電子記録債権が記録されていることがあることから、どの権利について強制執行等がされているのかを特定する必要があることによるものである。

6　第4号

「強制執行等をした債権者」とは、その者のために強制執行等がされている者であり、例えば、強制執行における申立債権者（執行規則第21条第1号参照）、担保権実行の申立人である債権者（執行規則第170条第1項第1号参照）、保全命令の申立人である債権者（民事保全法第43条第2項参照）である。

なお、「強制執行等をした債権者があるときは」としているのは、例えば、包括執行の1つである破産手続開始決定（破産法第30条）では記録すべき債権者が存在しないことから、債権者の氏名等を記録させる必要がないという趣旨である。

7　第5号

電子記録の年月日は、当事者にとって重要な証拠的機能を有することから、電子記録の日付を記録事項としたものである。

政令
（強制執行等の電子記録の削除）
第7条　電子債権記録機関は、強制執行等の電子記録がされた後、差押債権者が第三債務者から支払を受けた場合、強制執行による差押命令の申立てが取り下げられた場合、滞納処分による差押えが解除された場合その他当該強制執行等の電子記録に係る強制執行等の手続が終了した場合において、その旨の書類の送達を受けたときは、遅滞なく、当該強制執行等の電子記録を削除する旨の変更記録をしなければならない。

1　趣旨

本条は、強制執行等の手続が終了した場合における強制執行等の電子記録の

削除方法を定めた規定である。
　強制執行等の電子記録は、電子記録債権の取引の安全を確保する観点から、強制執行等がされていることを債権記録上明らかにしておくものであるから、強制執行等の手続が終了した場合には、これを存置する必要はない。
　そこで、強制執行等の電子記録がされた後に強制執行等の手続が終了した場合においては、その旨の書類の送達を受けた電子債権記録機関が当該強制執行等の電子記録を削除する旨の変更記録を請求によらずに行うこととしたものである。

2　「強制執行等の手続が終了した場合」

　「強制執行等の手続が終了した場合」は、強制執行等が目的を達成した場合はもちろん、強制執行等が目的を達成する前に効力を失った場合も含み、具体的には以下の事由から構成される。

(1)　差押債権者が第三債務者から支払を受けた場合

　差押債権者が取立権の行使により第三債務者から支払を受けた場合（執行規則第150条の15第1項による執行法第155条第1項・第2項の準用）において、支払等記録の届出[注1]や取立届[注2]により、差押債権者の債権や執行費用の総額に相当する金銭の支払があったことが判明したときは、裁判所書記官が、当該支払があった旨を電子債権記録機関に通知することとされており（執行規則第150条の11第3項、第180条の3第3項）、当該通知の書類を受領した電子債権記録機関は、削除の変更記録をする必要がある。

>　（注1）　差押債権者が第三債務者から支払を受け、その旨の支払等記録をしたときは（執行規則第150条の10第6項第1号）、電子債権記録機関は、直ちに、その旨を執行裁判所に届け出なければならないこととされている（同規則第150条の11第1項・第2項）。
>
>　（注2）　差押債権者が第三債務者から支払を受けたときは、その支払を受けた限度で差押債権者の債権と執行費用が弁済されたものとみなされ、差押債権者は、直ちに取立届を執行裁判所に提出しなければならないこととされている（執行規則第150条の15第1項による執行法第155条第2項・第3項、同規則第137条の準用、同規則第180条の3第3項）。

(2)　強制執行による差押命令の申立てが取り下げられた場合

　電子記録債権執行の申立てが取り下げられたときは、裁判所書記官が、差押命令の送達を受けた債務者や第三債務者、電子債権記録機関に対して、その旨を通知することとされており（執行規則第14条。同規則第150条の15第1項による準用読替後の第136条第1項）、当該通知の書類を受領した電子債権記録機関は、削除の変更記録をする必要がある。

(3) 滞納処分による差押えが解除された場合

滞納処分による差押えが解除された場合には（国税徴収法第79条）、徴収職員からその旨が電子債権記録機関に通知されることから（同法第80条）、当該通知の書類を受領した電子債権記録機関は、削除の変更記録をする必要がある。

(4) その他当該強制執行等の電子記録に係る強制執行等の手続が終了した場合

上記(1)から(3)以外の場合であっても、当該強制執行等の電子記録に係る強制執行等の手続が終了した場合において、その旨の書類の送達を受けた電子債権記録機関は、削除の変更記録をする必要がある。具体的には、以下の場合(注)が考えられる。

（注）このほか、徴収職員が差し押えた電子記録債権の取立て（国税徴収法第67条）をしたことにより、徴収職員から支払等記録の嘱託がされた場合等が考えられる。

ア 第三債務者が差押えや仮差押えに係る電子記録債権の全額に相当する金銭を供託した場合(注)

第三債務者は、権利供託（執行規則第150条の12第1項）や義務供託（同条第2項）をした場合には、事情届を執行裁判所に提出する必要があり（同条第3項）、供託があったことを証する文書が執行裁判所に提出されたときは、裁判所書記官が、当該供託をしたことによる支払等記録の嘱託をすることとされている（同条第4項。同規則第180条の3第3項、保全規則第42条の2第2項）。当該嘱託を受けた電子債権記録機関は、当該支払等記録をするとともに、削除の変更記録もする必要がある。

（注）本文で述べた点のほか、電子記録債権の供託事務の取扱いについては、平成21年5月13日付法務省民商第1160号法務省民事行政部長、地方法務局長あて民事局長通達（登記研究739号128頁以下）参照。

イ 電子記録債権についての転付命令や譲渡命令が確定した場合

電子記録債権についての転付命令（執行規則第150条の15第1項による執行法第159条第1項の準用）や譲渡命令（同規則第150条の14第1項1号）が確定した場合には、裁判所書記官が、当該電子記録債権の債権者の変更を内容とする変更記録を嘱託することとされている（同規則第150条の14第5項、第150条の15第1項、第180条の3第3項）。当該嘱託を受けた電子債権記録機関は、当該変更記録をするとともに、削除の変更記録もする必要がある。

ウ 電子記録債権についての売却命令により執行官等が当該電子記録債権を売却し、その代金の支払を受けた場合

電子記録債権についての売却命令（執行規則第150条の14第1項第2号）が確定した場合には、売却を命ぜられた執行官等は、手続費用と差押債権者の債権に優先する債権額との合計額以上の価額で当該電子記録債権を売却し（同条第7項による準用読替後の第141条第2項）、その代金の支払を受けたときは、当該電

子記録債権の債権者の変更を内容とする変更記録を嘱託することとされている（同規則第150条の14第6項、第180条の3第3項）。当該嘱託を受けた電子債権記録機関は、当該変更記録をするとともに、削除の変更記録もする必要がある。

　エ　電子記録債権に関する担保権の実行、仮差押えまたは仮処分の申立てが取り下げられた場合

　このような場合には、裁判所書記官が、当該取下げがあった旨を電子債権記録機関に通知することとされており（執行規則第180条の3第3項による第150条の15第1項（第136条第1項）の準用。保全規則第42条の2第2項による準用読替後の執行規則第136条第1項。保全規則第45条の2）、当該通知を受けた電子債権記録機関は、削除の変更記録をする必要がある。

　オ　強制執行や仮差押え等の手続が取り消された場合

　差押命令等の送達に際しては、第三債務者や電子債権記録機関に対する陳述催告が行われ（執行規則第150条の15第1項による準用読替後の執行法第147条・同規則第135条。同規則第180条の3第3項。保全規則第42条の2第2項、第45条の2）、その回答その他の資料により債務者が当該電子記録債権を有する者でないこと(注)が明らかになったときは、執行裁判所等は、強制執行等の手続を取り消さなければならないこととされている（執行規則第150条の15第1項による準用読替後の第147条第2項。同規則第180条の3第3項。保全規則第42条の2第2項、第45条の2）。この場合には、裁判所書記官が、差押命令の送達を受けた第三債務者や電子債権記録機関に対し、その旨を通知することとされており（同規則第150条の15第1項による準用読替後の第136条第3項）、当該通知を受けた電子債権記録機関は、削除の変更記録をする必要がある。

　　　（注）　例えば、第三債務者や電子記録保証人が差押命令の送達を受ける前に支払等をしていた場合には、債務者（差押えに係る電子記録債権の債権者）は当該電子記録債権を有しないこととなる。

3　「その旨の書類」

　「その旨の書類」とは、強制執行等の手続が終了した旨の書類であり、当該書面上強制執行等の手続が終了したことが明らかにされていれば足り、例えば、強制執行による差押命令がされた後に転付命令が確定した場合における差押債権者を債権者に変更する旨の変更記録の嘱託書も、これに該当する。

4　「その旨の書類の送達を受けたとき」

　電子債権記録機関が「その旨の書類の送達」を受けるかどうかは、各強制執行等の手続規定の定めるところによることになる。

> **政令**
> **(仮処分に後れる電子記録の削除)**
> **第8条** 電子記録債権等についての電子記録の請求をする権利を保全するための処分禁止の仮処分に係る強制執行等の電子記録がされた後、当該仮処分の債権者が当該仮処分の債務者を電子記録義務者とする当該電子記録の請求をする場合においては、当該仮処分の後にされた電子記録を削除する旨の変更記録は、当該債権者が単独で請求することができる。

1 趣旨

本条は、電子記録債権等についての処分禁止の仮処分の効力を踏まえ、当該仮処分に後れる電子記録の削除手続を定めたものであり、不動産登記法第111条を参考にしたものである。

電子記録債権等についての電子記録の請求をする権利を保全するための処分禁止の仮処分は、電子債権記録機関に対し電子記録の禁止を命じることになる。

そこで、当該仮処分後に仮処分の目的物についてされた電子記録は、当該仮処分の債権者との関係において無効であり、いわば譲渡記録の回数制限等と抵触する電子記録(法第18条第4項、第16条第2項第12号・第15号参照)と同様であることから、当該仮処分の債権者は、当該仮処分に係る電子記録債権等についての電子記録の請求をすることを条件として、当該仮処分の後にされた電子記録を削除する旨の変更記録を請求することができることとしたものである。

変更記録の請求は、原則として利害関係者の全員がしなければならないこととされており(法第29条第1項)、本条はその特則を定めたものである。

2 「電子記録債権等についての電子記録の請求をする権利を保全するための処分禁止の仮処分」

「電子記録債権等についての電子記録の請求をする権利を保全するための処分禁止の仮処分」とは、例えば、AのBに対する電子記録債権につき、A・X間で当該電子記録債権を譲渡する旨の合意がされていたにもかかわらず、Aが譲渡記録の請求をしない場合において、XがAに対する譲渡記録の請求をする権利を保全するため、AのBに対する電子記録債権についてされた処分禁止の仮処分がこれに該当する。

3 「当該仮処分の債権者が当該仮処分の債務者を電子記録義務者とする当該電子記録の請求をする場合」

　仮処分の後にされた電子記録が無効となるのは、当該仮処分との関係においてである。

　そのため、当該仮処分の後にされた第三者の権利に関する電子記録を削除することができるのは、保全された権利と電子記録の請求をする権利との間に同一性があることが必要であるが、電子記録の手続上、電子債権記録機関において、実質的な権利の同一性を判断することは困難である。

　そこで、形式的に、当該仮処分の債権者が当該仮処分の債務者を電子記録義務者として当該電子記録の請求をする場合には、仮処分の効力を実現する場合として取り扱うことにし、当該電子記録と同時に請求することを条件に、単独で当該仮処分の後にされた電子記録を削除する旨の変更記録の請求をすることができることにしたものである。

　なお、「当該債権者だけで」ではなく「当該債権者が単独で」としているのは、仮処分の債権者が複数存在した場合には、本条に基づく請求は（保存行為として）そのうちの１人の債権者であってもすることができることを明確にする趣旨である。これは、本法が、「だけで」という文言を、ある一定の属性を有する者の全員だけでという意味で用いており（法第29条第２項参照）、一方で「単独で」という文言を、（他に同一の属性を有する者がいたとしても）１人でという意味で用いている（同条第４項参照）ことにならい、本条の請求は後者の意味であることを明確にする趣旨である。

（政令への委任）
第50条　この法律に定めるもののほか、電子記録債権の電子記録の手続その他電子記録に関し必要な事項は、政令で定める。

　本条は、この法律に定めるもののほか、電子債権記録機関が行う電子記録の手続その他電子記録に関し必要な事項について、政令に委任するものである。

　本条の規定により電子記録について政令に委任されるのは、電子記録手続や電子記録の請求手続等の電子記録に関する事項について、法律に規定が設けられていない事項であり、これに基づき、現時点で政令第９条から第11条が設けられている。

　これらの規定の内容については、各条の説明を参照されたい。

第4章　雑則

> （債権記録等の保存）
> 第86条　電子債権記録機関は、次に掲げる期間のうちのいずれかが経過する日までの間、債権記録及び当該債権記録に記録された電子記録の請求に当たって電子債権記録機関に提供された情報が記載され、又は記録されている書面又は電磁的記録を保存しなければならない。
> 一　当該債権記録に記録されたすべての電子記録債権に係る債務の全額について支払等記録がされた日又は変更記録により当該債権記録中のすべての記録事項について削除する旨の記録がされた日から五年間
> 二　当該債権記録に記録された支払期日（分割払の方法により債務を支払う場合にあっては、最終の支払期日）又は最後の電子記録がされた日のいずれか遅い日から十年間

1　趣旨

本条は、債権記録等に関する電子債権記録機関の保存義務の期間を定めたものである。

2　保存義務の対象

(1)　債権記録

電子記録債権の内容は記録原簿の記録により定まるもの（第9条第1項）とされており、債権記録は、これに記録されている電子記録債権の権利内容や帰属等を証明する上で最も重要な手段であることから、これが保存義務の対象となるのは当然である。

(2)　債権記録に記録された電子記録の請求に当たって電子債権記録機関に提供された情報が記載され、または記録されている書面または電磁的記録

「電子記録の請求に当たって電子債権記録機関に提供された情報」の中には、記録事項として記録されない情報も含まれている。例えば、「請求者の氏名又は名称及び住所」（第6条）はもちろんのこと、自己が請求者本人であることを証明する情報、代理権や代表権などの電子記録の請求権限を有することを証明する情報等も含まれることになる。これらの情報は、記録事項ではないものの、当該電子記録の請求の有効性の疑義が生じた場合における判断材料などと

して重要な証拠になるものである。
　そこで、本条では、これをも保存義務の対象としている。
　なお、電子記録の請求に当たって電子債権記録機関に提供しなければならない情報については、これを記載した書面（例えば、電子記録の請求権者であることを証する書面）を電子債権記録機関に提出して行う場合もあれば、当該情報が記録された電磁的記録（例えば、電子記録の請求の電子メール）を電子債権記録機関に提供する行う場合もあるので、保存義務の対象としても、当該情報が「記載され」ている「書面」または「記録されている」「電磁的記録」としている。

3　保存義務の期間
(1)　「次に掲げる期間のうちのいずれかが経過する日までの間」
　債権記録等の保存期間は、債権記録上、当該債権記録に記録されているすべての権利義務関係が消滅したことになっているか、そうでないかによって、異なる。
　具体的には、本条柱書は「次に掲げる期間のうちのいずれかが経過する日までの間」における保存を義務付けたものであって、本条各号のどちらかの期間が経過すれば、電子債権記録機関は債権記録等を保存する必要はないことになる。
(2)　第1号について
　本号は、債権記録に記録されているすべての電子記録債権が本当に消滅しているのであれば、当該債権記録を保存しておく必要性はないはずであるが、「支払等記録」や「すべての記録事項について削除する旨の記録」がされたことによって債権記録上は当該電子記録債権に関するすべての権利義務関係が消滅している場合であっても、後日、当該支払等記録や変更記録の有効性が問題となることもありうることを考慮し、電子記録債権の消滅時効期間（3年間。第23条）を上回る5年間の保存義務を定めたものである。
ア　前段
　「支払等記録」に関して「当該債権記録に記録されたすべての電子記録債権に係る債務の全額について」されることを要件としているのは、電子記録保証人が電子記録債権の一部弁済をして当該部分についての特別求償権を取得した場合には、当該債権記録には複数の電子記録債権が記録されることになり、これら「すべての電子記録債権」についての支払等記録がなされなければ、当該債権記録に記録されている権利義務関係の全体が消滅することにならないからである。

イ　後段

「変更記録」により「すべての記録事項について削除する旨の記録がされた」とは、1回の変更記録によってすべての記録事項を削除する旨の記録がされた場合のみならず、複数回にわたる変更記録の積み重ねにより、当該債権記録に記録されている「すべての記録事項について削除する旨の記録がされた」場合をも含む。

　(3)　第2号について

本条第1号に該当しない場合、例えば債権記録に記録された電子記録債権について支払等記録も変更記録もされないで放置されている場合であっても、電子記録は、原則として当事者の請求によって行うものである（第4条第1項）から、当事者が電子記録の請求をせずに放置している場合にまで、電子債権記録機関が永久に保存義務を免れないとするのは、電子債権記録機関に過度の負担を負わせることになる。

また、電子記録債権の消滅時効期間は3年間とされているので（第23条）、何らの電子記録もされずに同期間が経過している場合には、そもそも当該電子記録債権が時効により消滅している可能性もある。

他方、何らの電子記録がされていないとしても、当該電子記録債権に時効の中断や時効利益の放棄が生じている可能性も否定できない上、当該電子記録債権に係る権利義務関係について民事訴訟が係争中のため何らの支払等記録がされないままとなることもあり得るところである。

そこで、当該債権記録に記録された「支払期日」または「最後の電子記録がされた日」を起算日として、消滅時効期間3年の3倍を超える10年間の保存義務を定めたものである。

　ア　「支払期日」

当該債権記録に記録された「支払期日」を保存期間の起算日の1つとするものであり、「分割払の方法により債務を支払う」電子記録債権の場合には、「最終の支払期日」が起算日となる。

なお、分割払の方法により債務を支払う電子記録債権にあっては、発生記録において「期限の利益の喪失についての定め」が記録されている場合がありうるが、実際に「期限の利益の喪失」が生じているのか否かを電子債権記録機関が把握することは困難であるから、そのような定めが記録されている場合であっても、債権記録に記録されている「最終の支払期日」を基準として保存期間を判断することとしている。

　イ　「最後の電子記録がされた日」

いかなる種類・内容の「電子記録」であるかを問わず、およそ「最後の電子記録がされた日」のことである。

支払期日（分割払の方法により債務を支払う場合には最終の支払期日）よりも「遅い日」に何らかの「電子記録」がされている場合には、そのうちの「最後の電子記録がされた日」が保存期間の起算日となる。

これは、支払期日経過後に当該電子記録債権の一部について支払等記録がされたものの、その後、何らの支払等記録もされずに放置され続けた場合には、最後の電子記録がされた日よりも前である支払期日から保存期間を起算するのは相当でないからである。

（記録事項の開示）
第87条 次の各号に掲げる者及びその相続人その他の一般承継人並びにこれらの者の財産の管理及び処分をする権利を有する者は、電子債権記録機関に対し、その営業時間内は、いつでも、業務規程の定める費用を支払って、当該各号に定める事項（債務者口座を除く。）について、主務省令で定める方法により表示したものの閲覧又は当該事項の全部若しくは一部を証明した書面若しくは電磁的記録の提供の請求（以下この条において「開示請求」という。）をすることができる。
一　電子記録名義人　債権記録に記録されている事項（当該電子記録名義人が分割債権記録に記録されている者であるときは、当該分割債権記録に至るまでの各原債権記録中の当該分割債権記録に至る分割記録がされる前に記録された事項を含む。）のうち、譲渡記録等であって電子記録名義人以外の者が譲受人又は質権者として記録されているもの（次に掲げるものを除く。）において記録されている事項を除き、すべての事項
　　イ　第十八条第二項第三号若しくは第四号、第三十七条第二項第六号若しくは第七号又は同条第四項第四号若しくは第五号に掲げる事項が記録されている譲渡記録等
　　ロ　個人が譲渡人又は譲受人として記録されている譲渡記録
　　ハ　電子記録名義人が変更記録において記録されている場合における当該変更記録に係る譲渡記録等
二　電子記録債務者として記録されている者　債権記録に記録されている事項（当該電子記録債務者として記録されている者が分割債権記録に記録されている者であるときは、当該分割債権記録に至るまでの各原債権記録中の当該分割債権記録に至る分割記録がされる前に記録された事項を含む。）のうち、譲渡記録等であって電子記録名義人以外の者が譲受人又は質権者として記録されているものにおいて記録されている事項（次に掲げるものを除く。）を除き、すべての事項

イ　電子記録名義人が変更記録において記録されている場合における当該変更記録に係る譲渡記録等において記録されている事項
　　ロ　当該電子記録債務者として記録されている者が発生記録若しくは譲渡記録等において債権者、譲受人若しくは質権者として記録されている者又はこれらの者の相続人その他の一般承継人（以下この号において「債権者等」という。）に対して人的関係に基づく抗弁を有するときは、当該債権者等から電子記録名義人に至るまでの一連の譲渡記録等において譲受人又は質権者として記録されている者（電子記録名義人を除く。）の氏名又は名称及び住所
　三　債権記録に記録されている者であって、前二号に掲げる者以外のもの　債権記録に記録されている事項（この号に掲げる者が原債権記録に記録されている者であるときは、その後の分割債権記録に記録された事項を含む。）のうち、次に掲げる事項
　　イ　当該債権記録中の発生記録及び開示請求をする者（ロにおいて「開示請求者」という。）が電子記録の請求をした者となっている電子記録（当該電子記録の記録事項について変更記録がされているときは、当該変更記録を含む。）において記録されている事項
　　ロ　開示請求者を電子記録義務者とする譲渡記録等がされている場合において、当該電子記録が、代理権を有しない者が当該開示請求者の代理人としてした請求又は当該開示請求者になりすました者の請求によってされたものであるときは、当該開示請求者から電子記録名義人に至るまでの一連の譲渡記録等において譲受人又は質権者として記録されている者の氏名又は名称及び住所
2　電子債権記録機関は、前項に規定するもののほか、電子記録の請求をした者が請求に際しその開示について同意をしている記録事項については、主務省令で定めるところにより、その同意の範囲内で一定の者が開示請求をすることを認めることができる。

1　趣旨

　本条は、債権記録の開示の範囲・対象等について定めたものである。
　債権記録は、電子記録債権の内容のすべてが反映されている情報である以上、その情報にアクセスできる者は、基本的には当該電子記録債権の関係者に限られる。
　とはいえ、電子記録債権は多様なニーズを吸収すべく汎用性の高い制度設計となっているため、場合によっては、不特定多数の者が債権記録にアクセスす

ることができることが望ましいような用途で電子記録債権が用いられる可能性もある。

そこで、本条では、第1項で、法律上の権利として開示請求権を有している者について規定するとともに、第2項で、これを業務規程で拡張する場合について規定したものである。

なお、本条第1項からも明らかなとおり、本法は、開示の請求権者およびその開示を受けられる範囲について明確に規定しているから、電子債権記録機関が、本条第2項を根拠とする業務規程の定めがない限り、第1項に違反する態様で開示に応じること（例えば請求権者でない者の開示に応じることや、請求権者に認められる請求の範囲を超えて開示を認めること）は、当然のことながら、本条に違反したこととなる。逆に、開示請求の拒絶や虚偽の開示をした電子債権記録機関は、一定の場合、罰則の適用を受ける（第99条第4号）。

2 第1項

電子債権記録機関が開示義務を負うこととなる開示請求権者および当該開示の範囲・対象について定めたものである。

(1) 柱書本文

ア 開示請求権者

本項各号に掲げる者のほか、「その相続人その他の一般承継人」についても、各号に掲げる者の地位を承継取得している立場にあるので、開示請求権者とすることとした。

また、破産法における保全管理人（破産法第93条第1項本文）や破産管財人（同法第78条第1項）、民事再生法における保全管理人（民事再生法第81条第1項本文）や管財人（同法第66条）等についても、本人が行使することのできるのと同等の開示請求権を認める必要があるため、「これらの者の財産の管理及び処分をする権利を有する者」についても開示請求権を認めたものである。

以上に対して、債権記録に自己の氏名や名称が全く記録されていない者、例えば、電子記録債権をこれから譲り受けようとする者は、情報保護の観点から、原則として（例外については、本条第2項参照）、自ら直接に記録事項の開示を受けることはできない。したがって、電子記録債権を譲り受けようとする者は、必要に応じて、これを譲り渡そうとする電子記録名義人が電子債権記録機関から入手した債権記録の記録事項証明書の交付を受けること等によって、譲渡対象の電子記録債権の内容を確認することになるのが原則である。

イ 開示の時間および費用

本項の定める開示請求は、開示請求権者の法律上の権利として認めたものであるが、開示義務を負う電子債権記録機関は民間の企業であることからすると、

無制限の開示義務を負わせることは相当ではない。

　そこで、「その営業時間内」の開示請求に対応すれば足りることを明示した上、開示に要する経費等についても「業務規程の定める費用」として開示請求者に負担させることとしている。

　　ウ　開示の方法

　「主務省令で定める方法により表示したものの閲覧」とは、債権記録は磁気ディスクによって調製される記録原簿に記録されているものであるため、これを「閲覧」させるためには、磁気ディスクに記録された電磁的記録を可読の状態にして開示請求者に提供する必要があるので、その可読化の方法について主務省令に委任するものである。

　また、電子記録名義人が電子記録債権を第三者に譲渡しようとする場合において、譲受人になろうとする者に当該電子記録債権の内容や帰属等について明らかにする必要があるときや、民事訴訟における証拠として提出しようとする場合などにおいては、債権記録の「閲覧」だけでは不十分であるので、「当該事項の全部若しくは一部を証明した書面若しくは電磁的記録」（以下「記録事項証明書等」という）についての提供を請求できるものとした。

(2)　第1号

　　ア　開示請求権者

　「電子記録名義人」は、自己に帰属する権利についての債権記録の内容を自ら確認する正当な利益を有しているだけでなく、当該電子記録債権を第三者に譲渡したり、質権や転質を設定したりしようとする場合においては、譲受人または質権者もしくは転質権者になろうとする者に対して自己が電子記録名義人であることを証明するため、電子債権記録機関から記録事項証明書等の提供を受ける必要がある。

　そこで、本号は、電子記録名義人に対して、広く開示請求権を認めたものである。

　　イ　開示の範囲・対象

　　① 趣旨

　電子記録名義人は、自己に帰属する電子記録債権を行使または譲渡等する上でも、記録事項の内容を知る必要性が高いので、現在の権利義務関係にかかわる内容については広く開示が認められるべきである。

　他方、電子記録名義人には善意取得（第19条第1項）や人的抗弁の切断（第20条第1項）による保護が図られているので、現在の権利義務に影響することのない過去の譲渡履歴等についてまで把握する必要性は乏しく、一般的には、そのような事項についてまで開示を受ける正当な利益を有しているとは言い難い。

また、個々の事業者にとっては、電子記録債権の譲渡履歴等は自己の取引先に関する情報にほかならず、このような取引情報については他の事業者に対しては公にしたくないという営業上のニーズも強い。

そこで、過去の譲渡履歴等については、原則として（具体的には、善意取得の成否を判断する上で必要となるような場合等を除き）開示の対象から除外した上で、開示の必要性が具体的に認められる限度においてのみ、例外的に開示の対象とすることとしたものである。

② 「譲渡記録等であって電子記録名義人以外の者が譲受人又は質権者として記録されているもの（次に掲げるものを除く。）」（第1号柱書）

この部分は、過去の譲渡履歴等に該当する電子記録を指すものである。「譲渡記録等」とは、譲渡記録または質権設定記録もしくは転質の電子記録（これらの電子記録について変更記録がされているときは、当該変更記録を含む）をいう（第77条第5項第1号）。

すなわち、「電子記録名義人以外の者が譲受人又は質権者として記録されている」とは、(i)かつては電子記録債権の債権者であったが当該電子記録債権を譲渡したことにより現在は債権者ではない者、(ii)かつては電子記録債権の質権者であったが被担保債権の譲渡に伴って質権が第三者に移転したため現在は質権者ではない者（この(i)と(ii)はいずれも「電子記録名義人でない者」である）が存在し、かつ、これらの者が「譲受人又は質権者として記録されている」譲渡記録または質権等の電子記録（以下「過去の譲渡記録等」という）の内容は、原則として、現在の権利義務関係には影響しないので、開示の対象から除外したものである。

また、過去の譲渡記録等について変更記録がされている場合には、当該変更記録の内容は過去の譲渡記録等の内容と一体をなすものであるため、これについても原則として除外する趣旨で、譲渡記録等には、これらの電子記録について変更記録がされているときは、当該変更記録を含むものとされている（第77条第5項第1号）。

他方、前記①のとおり、過去の譲渡履歴等の中でも、開示の必要性が具体的に認められるものとして例外的に開示の対象とするものについては、本号イからハに限定列挙し、本号柱書の中で「（次に掲げるものを除く。）」として開示の対象に含ませることとした。

本号イからハまでを開示の対象にすべき必要性については、後述⑤から⑦までを参照されたい。

③ 「すべての事項」（第1号柱書）

電子記録名義人は、自己に帰属する電子記録債権を行使または譲渡等する上でも記録事項の内容を知る必要性が高く、現在の権利義務関係にかかわる内容

第87条（記録事項の開示） 333

については広く開示が認められるべきであるので、前記②の過去の譲渡記録等以外のすべての電子記録の内容については、広く開示の対象としたものである。

　もっとも、発生記録（その変更記録を含む）に含まれている債務者口座については、債務者のプライバシーや営業秘密の観点から、開示の範囲から除外されている（本条第1項柱書）。すなわち、口座間送金決済（第62条）についての支払等記録（第63条第2項）の実効性を確保するために、電子記録債権の支払方法として当事者が口座間送金決済によることを選択する場合においては、その旨を発生記録に記録するだけでなく、債務者口座と債権者口座についても発生記録に記録することになるところ（第16条第2項第1号）、債権者口座については、支払等のために債務者が把握しておく必要がある上、電子記録債権に限らず、支払先口座を公表していることは一般的に珍しくないので、記録事項の開示においても、開示の対象から除外していない。

　これに対し、債務者口座については、電子債権記録機関が口座間送金決済のための銀行等に対する情報提供（第63条第1項）の前提として把握していれば足りるものであって、それ以外の者が債務者口座を把握する必要はなく、むしろ必要性もないのに取引銀行に係わる口座を開示することは債務者の情報保護の観点から相当ではないため、開示請求の対象から一律に除外している。

　なお、譲渡記録がされている場合における発生記録における債権者も、「電子記録名義人以外の者」つまり過去の債権者にほかならないが、発生記録に記録されている事項は、現在の権利義務の内容に直接関わるものであるから、開示の対象としている。また、発生記録に変更記録がされている場合における当該変更記録の内容も、発生記録の内容と一体をなすものであるから、開示の対象となる。

④ 「(当該電子記録名義人が分割債権記録に記録されている者であるときは、当該分割債権記録……に至る分割記録がされる前に記録された事項を含む。)」(第1号柱書カッコ書)

　分割記録がされた場合、分割債権記録には「原債権記録中の現に効力を有する電子記録において記録されている事項」が基本的に転写されることとなるが、分割記録時には現に効力を有しない電子記録において記録されていた事項等については、分割債権記録には転写されないこととしている（第45条第1項第1号）。

　しかしながら、分割債権記録に転写されていない事項についても、「分割債権記録中の電子記録名義人」が開示を受けなければならない場合もある。

　(i) 例えば、1000万円の電子記録債権についてAとBがそれぞれ電子記録保証をしている場合において、Aが500万円を、Bが300万円を、それぞれ出えんし、その旨の各支払等記録がされて、AもBも特別求償権を取得したとする。

その後、Aの請求に基づき分割記録がされて分割債権記録にはAの特別求償権だけが記録され、さらに当該特別求償権についてAからCへの譲渡記録がされたとする。その場合には、電子記録名義人であるCが、他の電子記録保証人Bに対して求償し得る金額を算定するためには、原債権記録中のBの支払等記録の内容についても、開示を受ける必要がある。

(ii) また、発生記録における債権者MからNへの譲渡記録がされ、次いでNからOへの譲渡記録がされた後に分割記録がされた場合、MからNへの譲渡記録に記録されている事項は分割債権記録には転写されないが、その後、分割債権記録に記録されている電子記録債権についてOからPへの譲渡記録がされることがある。この場合、MからNへの譲渡記録において「通知の方法についての定め」(第18条第2項第3号)や「紛争の解決の方法についての定め」(同項第4号)が記録されていたときや、譲受人Nが「個人」であったときには、分割債権記録の電子記録名義人Pの権利にも影響してくる(第19条第2項第3号参照)ため、原債権記録中に記録されているMからNへの譲渡記録に記録された事項についても開示を受ける必要がある。

以上のような例があり得ることから、「分割記録がされる前に記録された」電子記録の内容についても、分割債権記録の電子記録名義人に対する開示の対象に含めたものである。

⑤ 第1号イ

過去の譲渡記録等において譲渡人・譲受人間における支払受領の事実や期限の利益の喪失に関する電子メールでの通知の可否等といった「通知の方法についての定め」(第18条第2項第3号、第37条第2項第6号、同条第4項第4号)や、管轄裁判所の合意等といった「紛争の解決の方法についての定め」(第18条第2項第4号、第37条第2項第7号、同条第4項第5号)が過去の譲渡記録や質権設定記録、転質の電子記録の任意的記録事項として記録されている場合には、これらの定めの効力は、その後の譲受人等である電子記録名義人にも及ぶことになる。

とすれば、これらの記録がされているものについては、電子記録名義人としては、当該譲渡記録等の内容を知る必要があるから、前記②の例外として、過去の譲渡記録等であっても開示の対象とする必要がある。

本号イは、このような理由から、過去の譲渡記録等についても一定の範囲で現在の電子記録名義人に対する開示の対象に含めたものである。

⑥ 第1号ロ

過去の譲渡記録において「個人」が介在する場合には、個人事業者である旨の記録(第16条第2項第9号、第18条第2項第2号)がされていないときはもより、当該記録がされているときであっても、当該個人が消費者であるときは、

当該個人に対する関係では善意取得の規定が適用されず（第19条第2項第3号、第16条第4項、第18条第3項）、当該個人がした電子記録の請求に意思表示の瑕疵等があったときにも第12条第1項の第三者保護規定が適用されない可能性がある（第12条第2項第2号、第16条第4項、第18条第3項）。

そのため、電子記録名義人は、自己の権利を行使する上でも、また、当該電子記録債権を他の者に譲渡しようとする場合においても、当該個人について個人事業者である旨の電子記録がされているかどうか、されている場合には、当該個人が真実は消費者でないかについて調査することが必要不可欠である。

そこで、「個人事業者である」旨の記録がされているか否かにかかわらず、およそ「個人」が譲渡人または譲受人として記録されている譲渡記録について、前記②の例外として開示の対象とすることとした。

なお、原則として「譲渡人」の氏名等は譲渡記録の記録事項ではないため、本号ロにより開示の対象となるのも、原則として、「譲受人」（第18条第1項第3号）として「個人」名が記録されている過去の譲渡記録ということになる。そこで、電子記録名義人としては、個人が「譲受人として記録されている」譲渡記録について、開示を受けられることとしている。

もっとも、電子記録債権の債権者に相続が生じた後に、その相続人（つまり個人）が変更記録を経ることなく中間省略的に譲渡記録をした場合には、例外的に「譲渡人の氏名及び住所」が記録されることになるので（同項第2号）、その場合においては「譲渡人」として「個人」名が記録された譲渡記録も開示の対象となる。

以上に対して、転質の電子記録には善意取得の規定を適用しないこととしていることとの関係上、電子記録名義人でない者が質権者として記録されている過去の質権等の電子記録については、当該質権の設定者が個人である場合であっても、これを電子記録名義人に開示する必要性がないので、開示の対象とはしていない。

⑦　第1号ハ

「電子記録名義人が変更記録において記録されている場合」とは、相続や合併を原因とする変更記録によって電子記録名義人が「譲受人」または「質権者」として記録された場合（例えば、譲渡記録における譲受人が死亡して変更記録によって譲受人が相続人に変更された場合）のことである。

かかる場合においては、変更記録には当該変更に係る記録事項のみが記録されているにすぎず、それ以外の記録事項については、直近の譲渡記録等の内容が現在の権利義務に関する記録にほかならないが、当該変更記録だけを開示しても意味はないので、その変更の対象となった譲渡記録等についても、当該変更記録の内容と一体をなすものとして開示を認める必要がある。

その場合の譲渡記録等において「譲受人又は質権者」として記録されている者は「電子記録名義人でない者」に該当してしまい、原則として本号柱書により開示の対象外とされているため、本号ハにより、「当該変更記録に係る譲渡記録又は質権等の電子記録」については、前記②の例外として、過去の譲渡記録等であっても開示の対象としたものである。

(3) 第2号

ア 開示請求権者

電子記録債務者は、自己がいかなる債務を誰に負担することになっているのかを確認する正当な利益がある上、自己の債務を履行するためには誰に帰属しているのかを知る必要があるので、開示の請求権者としている。

なお、単に「電子記録債務者」ではなく、開示請求権者として「電子記録債務者として記録されている者」としているのは、「電子記録債務者」が実質的な概念、つまり有効な電子記録の請求により電子記録債権に係る債務を負担している者として定義づけされているからである（第2条第8項）。

すなわち、なりすましや無権代理による電子記録の請求がされた場合などのように無効な電子記録の請求によって債権記録に「電子記録債務者として記録されている者」は、実体法上は当該債権記録に記録されている電子記録債権に係る債務を負担しないはずであるが、電子債権記録機関にはそのような者であるか否かの判断をすることはできないし、電子記録債務者として記録されている者である以上、債務を実質的に負担していなくとも、当該電子記録の削除等を請求する前提として開示を受ける必要がある。

そのため、電子記録債務者であることが債権記録に記録さえされていれば、開示請求権を有することとしたものである。

イ 開示の範囲・対象

① 趣旨

「電子記録債務者として記録されている者」は、前記アのとおり、現在の権利義務に関係する債権記録の内容については、開示を受ける正当な利益があり、その必要性もある。

しかしながら、電子記録債務者は、電子記録名義人に対して支払えば原則として免責されるのであるから（第21条）、過去の譲渡履歴等についてまで開示を受ける必要性は乏しい。

そこで、過去の譲渡履歴等については、原則として（具体的には、人的抗弁の切断の成否を判断する上で必要となるような場合等を除き）開示の対象外とした上で、開示を受ける必要性が実際に認められる範囲内で、例外的に開示の対象とすることとしたものである。

② 「譲渡記録等であって電子記録名義人以外の者が譲受人又は質権者とし

て記録されているもの」(第2号柱書)

電子記録名義人が開示請求者となる場合の第1号柱書と同様の趣旨である（前記(2)イ②参照）。

③　「すべての事項」（第2号柱書）

電子記録債務者として記録されている者は、自己が負担することとなっている現在の債務の内容を知る正当な利益がある上、支払免責を受けるためには、電子記録名義人が誰かを正確に把握する必要があるので、前記②の過去の譲渡記録等において記録されている事項「以外のすべての事項」については、広く開示の対象としたものである。

ただし、この場合であっても、債務者口座は除かれる。債務者については自己の口座であるから特段の開示の必要がないほか、電子記録保証人等が債務者口座を知ることができるとする必要性もないためである（本項柱書）。

④　「(当該電子記録債務者として記録されている者が分割債権記録に記録されている者であるときは、当該分割債権記録に至るまでの各原債権記録中の当該分割債権記録に至る分割記録がされる前に記録された事項を含む。)」（第2号柱書カッコ書）

電子記録名義人が開示請求者となる場合の第1号柱書カッコ書と同様の趣旨である（前記(2)イ④参照）。

例えば、可分債務である電子記録債権について数回にわたり譲渡記録等がされた後に債務者ごとの債務の金額に応じた分割記録がされたとする。この場合において、分割債権記録に記録されている電子記録債務者が、分割記録の前の債権者等に対する人的抗弁を電子記録名義人に主張しようとするときは、当該債権者等から電子記録名義人に至るまでの一連の譲渡記録等において誰が譲受人等として介在しているのかを把握する必要がある。しかし、分割債権記録には当該分割記録の時点で現に効力を有する電子記録において記録されている事項しか転写されないので、当該分割記録がされる前に原債権記録中に記録された譲受人等についても、開示を受ける必要がある。

このように、分割債権記録に記録されている電子記録名義人や電子記録債務者にとっては、原債権記録の内容について開示を受けることができなければ、分割がされる前の電子記録債権の譲渡や支払等の状況がどのようなものであったかを把握することができないから、第1号柱書カッコ書と同様、第2号柱書カッコ書において、分割債権記録に記録されている電子記録名義人や電子記録債務者には、原債権記録中の当該分割債権記録に至る分割記録がされる前に記録された事項についても開示の対象としている。

⑤　第2号イ

電子記録名義人が開示請求者となる場合の第1号ハと同様の趣旨である（前

記(2)イ⑦参照)。

⑥　第2号ロ

電子記録債務者が、発生記録における債権者や過去の譲渡記録等における譲受人等に対して人的抗弁を有していた場合、かかる抗弁を電子記録名義人にも対抗するためには、電子記録名義人だけでなく、人的抗弁の相手方である譲渡人等から電子記録名義人に至るまでのすべての譲渡記録等に介在している譲受人等の「害意」を主張立証する必要がある（第20条第1項ただし書）。

そのため、その前提として、当該譲渡履歴に介在する者が誰であるかを知ることができるようにするため、それらの者の「氏名又は名称及び住所」に限って、開示の対象としたものである。

「当該債権者等から電子記録名義人に至るまでの一連の譲渡記録等」とは、電子記録債務者が人的抗弁を有する者から電子記録名義人に至るまでのすべての譲渡記録等を指し、譲渡記録等の定義（第77条第5項第1号）から、譲渡記録または質権設定記録もしくは転質の電子記録について変更記録がされているときは、当該変更記録も含むこととなる。

なお、開示の対象となる「氏名又は名称及び住所」が「譲受人又は質権者として記録されている者」のものとされており、発生記録における債権者が含まれていないのは、発生記録の内容は、当該債権者も含めて、本号柱書の規定によって既に開示の対象となっているからである。

また、「譲渡人として記録されている者」が含まれていないのは、「譲渡人」が記録されるのは相続によって電子記録債権を承継した者が自己名義への変更記録を経ないで譲渡記録をする場合だけであり、相続という一般承継には人的抗弁の切断がないためである。さらに、電子記録名義人の「氏名又は名称及び住所」については、そもそも本号柱書の「を除き、すべての事項」に該当するものとして既に開示の対象とされているので、本号ロの開示の対象からは除外している。

(4)　第3号

ア　開示請求権者

「債権記録に記録されている者であって、前二号に掲げる者以外のもの」とは、電子記録名義人でも電子記録債務者でもない者、つまり過去の譲渡履歴に係る債権者や譲受人、被担保債権の譲渡に伴って質権を移転済みの質権者のほか、債務引受のため発生記録における債務者について変更記録がされた場合における旧債務者、保証記録における電子記録保証人について変更記録がされた場合における旧電子記録保証人のこと（以下「過去の債権者等」という）である。

これらの者については、当該債権記録に記録されている権利義務関係とはもはや関係のない立場にあるから、そもそも開示を認める必要はないようにも思

える。
　しかし、例えば、当該電子記録債権を譲渡したことにより資産が減少した事実を税務当局に説明するためには、当該譲渡記録についての開示を受ける必要がある。
　また、債務引受のために発生記録における債務者について変更記録がされた場合の旧債務者や、保証記録における電子記録保証人について変更記録がされた場合の旧電子記録保証人等も、もはや電子記録債権に係る債務関係から離脱しているはずであるが、例えば、自己の債務関係に関する取引金融機関への説明の一環として当該電子記録債権に係る債務を負担していないことを明らかにするために記録事項の開示を受ける必要が生じることもあり得る。
　そこで、これらの者が請求の当事者となっている電子記録において記録されている事項については、これを開示したとしても支障がないので、例外的に開示を認めることにしている。
　とはいえ、電子記録名義人や電子記録債務者の開示請求のように、原則的に開示が受けられるが例外的に開示を受けられない場合があるという規定ではなく、この場合には、そもそも例外的にしか開示に応ずべき場合がないものとして、前2号とは、原則と例外を逆転した形で規定している。
　イ　開示の範囲・対象
　①　「（この号に掲げる者が原債権記録に記録されている者であるときは、その後の分割債権記録に記録された事項を含む。）」（第3号柱書カッコ書）
　なりすましや無権代理による請求に基づいて譲渡記録等がされた後に分割記録がされた場合、分割債権記録に記録されている電子記録債権について、さらに譲渡記録等がされることがある。そのような場合、原権利者は、分割記録後の原債権記録上の電子記録名義人に対してだけでなく、分割債権記録上の電子記録名義人に対しても、自己の権利を主張して真正な電子記録の内容に回復させる必要がある。
　そのため、原権利者つまり開示請求者が「原債権記録に記録されている者であるとき」には、分割記録後の分割債権記録に記録されている事項についても、開示請求の対象に含めることにしている。
　②　第3号イ
　「開示請求をする者」が「電子記録の請求をした者となっている電子記録」とは、開示請求者が電子記録請求の当事者となっている電子記録のことである。
　その者自身が電子記録の請求をした分の電子記録内容については、その者本人に開示したとしても何ら支障がないはずである上、当該電子記録債権の債権者ではないこと、つまり、その意味で資産が減少したことを税務当局に説明し

たり、電子記録債権の債務者ではなくなったことを取引金融機関に説明したりする必要もあることから、開示の対象としたものである。

また、発生記録が開示されなければ、当該電子記録債権の内容を把握することができない上、そもそも過去の債権者等が電子記録名義人または電子記録債務者であった時にはいつでも当該発生記録についての開示を受けることができたのであるから、「当該債権記録中の発生記録」についても開示の対象としたものである。

発生記録の中の債務者口座が開示の対象に含まれないことは、当然である（本項柱書）。

③　第3号ロ

さらに、無権代理やなりすましといった不正な請求により譲渡記録等がされてしまったために、真実の権利者が、債権記録上は電子記録名義人としての立場を失っている場合も生じ得る。この場合、本来、当該譲渡記録等は無効なものであるから、原権利者としては、かかる事実を現在の電子記録名義人に対して主張立証し、自己が債権記録上の権利者であるという地位を回復する必要がある。その一方で、不真正な譲渡記録を前提としてさらなる譲渡記録等がされている場合には、譲受人等に善意取得（第19条第1項、第38条）が成立している可能性もある。

そこで、不真正な譲渡記録等がされている場合については、原権利者が、自己から電子記録名義人に至るまでに介在する譲渡記録等において、譲受人等に善意取得が成立していないかを調査できるようにするため、譲受人等の「氏名又は名称及び住所」も開示の対象とすることにしている（第3号ロ）。

3　第2項

本条第1項は、電子債権記録機関に対して当然に請求することのできる者や開示の範囲等について定めた規定であり、当事者にとっては法律上の権利であり、電子債権記録機関にとっては、同項の定めるところに従って記録事項の開示を行うことが法律上義務付けられることになる。

もっとも、電子記録債権の流動性を高めるためには、機関投資家や格付機関等の第三者にも開示を認めたりするなどの柔軟な対応が必要となる場合もあり得る一方、電子記録を請求した者が同意している以上は、広く開示を認めても、不測の不利益を生じさせるおそれもない。

とすれば、電子記録において記録された事項をより広く開示することについて、当該電子記録を請求した者自身があらかじめ同意している場合には、その同意の範囲内で、電子債権記録機関は、開示の範囲や開示請求権者を広げることが認められるべきである。

そこで、本条第2項は、民間企業である電子債権記録機関が様々なビジネス・ニーズに応じて、開示の請求者や範囲・対象について、あらかじめ業務規程で拡張して開示請求に柔軟に対応することを認めている。
　本項を利用することで、電子記録債権をシンジケート・ローンの流動化のために活用した場合における一定の機関投資家や格付機関等の関係者に対しても開示の請求を認めることが想定される。
　なお、この同意は、電子債権記録機関を利用して電子記録を受けるに当たって、電子債権記録機関と利用者との間で基本契約を事前に締結する際に、当該契約中に盛り込む形で行うことが可能である。

> **規則**
> **（債権記録に記録された事項を表示する方法）**
> **第43条**　法第八十七条第一項に規定する主務省令で定める方法は、債権記録に記録された事項を紙面又は映像面に表示する方法とする。

　本条は、法第87条第1項の委任に基づき、磁気ディスクによって調製される記録原簿に記録されている債権記録の閲覧の方法について、既存の同種の省令に倣って、当該電磁的記録に記録された内容を紙面に出力して表示する方法と映像面に表示する方法を定め、そのいずれかについて電子債権記録機関に選択の余地を認めるものである。
　すなわち、債権記録は、磁気ディスク等によって調製される記録原簿に記録される電子データであるから、これを「閲覧」させるためには、当該電子データを可読の状態にして開示請求権者に提供する必要があるから、本条で、記録原簿に記録されている当該電子データの内容を紙面に出力して表示する方式（いわゆるプリントアウトによる方式）と映像面に表示する方式（ディスプレイに表示させる方式）とを定めることを認めている。
　その上で、いずれの方式を採用するかについては、電子債権記録機関に選択の余地が認められる。これは、開示請求権者としては、開示の方法として、閲覧によることなく、記録事項の全部または一部を証明した書面または電磁的記録の提供を請求することもできる以上、閲覧の方式について電子債権記録機関に選択権を認めても、開示請求権者にとって支障が生じるおそれはないと考えられるためである。

> **規則**
> **(電子記録の請求をした者の同意による記録事項の開示)**
> **第44条** 電子債権記録機関は、法第八十七条第二項の規定により開示請求をすることを認めようとするときは、あらかじめ、電子記録の請求をする者に対し、開示請求をすることを認める者の範囲及び記録事項の内容を示し、書面又は電磁的方法による同意を得なければならない。

　前記のとおり、法第87条第2項は、電子記録債権が、手形代替型の利用にとどまらず、当事者のニーズに応じて様々な形態で利用されることが考えられるため、電子債権記録機関においても、様々なビジネス・ニーズに応じて、開示請求にも柔軟な対応が必要となることが予想されること(例えば、電子記録債権をシンジケート・ローンの流動化のために活用する場合においては、一定の機関投資家や格付機関に対しても、記録事項の開示を認めるべきであるとの指摘がされている)を踏まえつつ、他方において、債権記録には、電子記録債権に係る様々な取引情報が記録されることとなるので、過去の譲渡記録等が第三者に開示されることによって、当事者が不測の不利益を被るおそれも勘案し、両要請を考慮して、あらかじめ電子記録の請求者の同意があることを前提として、その同意の範囲内で開示請求者の範囲や開示対象を拡張することを認めて、電子債権記録機関による開示請求に対する柔軟な対応を許容している。

　本条は、このような法第87条第2項の委任に基づき、記録事項の任意的開示(法87条2項)に関して、電子債権記録機関は、あらかじめ電子記録の請求者に任意的開示の範囲等を示し、書面または電磁的方法により同意を得なければならないこととしたものである。

　このような同意を取得することにより、電子債権記録機関は、当該同意の範囲内で、一定の者からの開示請求に応じることができるようになる。

補説　開示の範囲に関する具体例

第87条第1項各号に基づく開示の範囲について、事例を用いて説明をする。

1　第87条第1項第1号に基づく開示の範囲

第87条第1項第1号に基づく開示については、下記のように整理できる。

(1)　事例1

ア　債権記録の内容
① 発生記録　債権者A、債務者X
② 譲渡記録　譲受人B
③ 変更記録　譲受人C
④ 譲渡記録　譲受人D

このような記録がされている債権記録について、Dが開示請求をしたとする。

イ　開示の範囲

まず、①の発生記録および④の譲渡記録は、第87条第1項第1号の「……を除き、すべての事項」（同号柱書）に該当するので、債務者口座を除き、開示の対象となる。

一方、②の譲渡記録および③の変更記録は、本文で説明した過去の譲渡記録等に該当するので、原則として開示の対象外である。

もっとも、②の譲渡記録に「Aと譲受人との間の紛争の解決の方法についての定め」等が記録されている場合には、第87条第1項第1号イに掲げる事項に該当するので、②の譲渡記録および③の変更記録も開示の対象となる。これらの記録がされていれば、現在の電子記録名義人であるDにも効果が及ぶことになるからである。

また、Bが「個人」である場合にも、同号ロに掲げる事項に該当するので、②の譲渡記録および③の変更記録も開示の対象となる。個人の譲渡人が消費者である場合においては、その者との関係では善意取得が認められないため、Dとしては当該譲渡について調査をする必要があることによる。

(2)　事例2

ア　債権記録の内容
① 発生記録　債権者A、債務者X
② 譲渡記録　譲受人B
③ 変更記録　譲受人C
④ 譲渡記録　譲受人D
⑤ 変更記録　譲受人E

このような記録がされている債権記録について、Eが開示請求をしたとする。

　イ　開示の範囲

　まず、①の発生記録および⑤の変更記録は、第87条第1項第1号の「……を除き、すべての事項」（同号柱書）に該当するので、債務者口座を除き、開示の対象となる。

　一方、②の譲渡記録および③の変更記録が開示の対象となるか否かは、上記事例1と同様である。

　一方、④の譲渡記録は、電子記録名義人以外の者であるDが譲受人として記録されているものではあるが、⑤の変更記録のもととなったCD間の譲渡記録と併せて初めてEの権利取得の事実が明らかとなるので、第87条第1項第1号ハに掲げる事項として、開示の対象となる。

2　第87条第1項第2号に基づく開示の範囲

　第87条第1項第2号に基づく開示については、下記のように整理できる。

（1）　債権記録の内容

①　発生記録　　債権者A、債務者X
②　譲渡記録　　譲受人B
③　変更記録　　譲受人C
④　譲渡記録　　譲受人D
⑤　変更記録　　譲受人E

　このような記録がされている債権記録について、Xが開示請求をしたとする。

（2）　開示の範囲

　まず、①の発生記録および⑤の変更記録は、第87条第1項第2号の「……を除き、すべての事項」（同号柱書）に該当するので、債務者口座を除き、開示の対象となる。

　④の譲渡記録は、電子記録名義人以外の者であるDが譲受人として記録されているものではあるが、⑤の変更記録のもととなったCD間の譲渡記録と併せて初めてEの権利取得の事実が明らかとなるので、第87条第1項第2号イに掲げる事項として、開示の対象となる。

　一方、②の譲渡記録および③の変更記録は、本文で説明した過去の譲渡記録等に該当するので、原則として開示の対象外である。

　もっとも、Xが、例えばAに対して人的抗弁を有するときは、第87条第1項第2号ロに掲げる事項に該当するので、BからDまでの氏名又は名称および住所が開示の対象となる。XがAに対する抗弁を電子記録名義人であるEに対抗

するためには、途中に介在したすべての者に害意があることを立証しなければならない関係で、Xには、BからDまでの氏名等を知る必要があるからである。

3 第87条第1項第3号に基づく開示の範囲

第87条第1項第3号に基づく開示については、下記のように整理できる。

(1) 債権記録の内容
① 発生記録　債権者A、債務者X
② 譲渡記録　譲受人B
③ 譲渡記録　譲受人C
④ 譲渡記録　譲受人D
⑤ 変更記録　譲受人E
⑥ 譲渡記録　譲受人F

このような記録がされている債権記録について、Cが開示請求をしたとする。

(2) 開示の範囲

まず、①の発生記録、③および④の譲渡記録ならびに⑤の変更記録は、いずれも第87条第1項第3号イに掲げる事項に該当するので、開示の対象となる。Cには、自らがいったん権利を取得し、その後にこれを失ったことを第三者（例えば、税務当局等）に説明する必要がある場合があるためである。

一方、②および⑥の譲渡記録は、第87条第1項第3号ロに該当しない限り、原則として開示の対象外である。Cには、自己に関係のない過去の譲渡記録等を知る必要性に乏しい一方、過去の譲渡記録等の当事者となった者には、自己が当該債権に関与していたことを知られたくないという事業上のニーズがあるためである。

もっとも、Cを電子記録義務者とする④の譲渡記録の請求が、無権代理またはなりすましによってされたものであるときは、Cには電子記録名義人としての地位を取り戻す必要性があるので、例外的に同号ロに掲げる事項として、DからFまでの氏名または名称および住所が開示の対象となる。

> **(電子記録の請求に当たって提供された情報の開示)**
> **第88条** 自己の氏名又は名称が電子記録の請求者として電子債権記録機関に提供された者は、電子債権記録機関に対し、その営業時間内は、いつでも、業務規程の定める費用を支払って、当該電子記録の請求に当たって電子債権記録機関に提供された情報について、次に掲げる請求をすることができる。当該電子記録の請求が適法であるかどうかについて利害関係を有する者も、正当な理由があるときは、当該利害関係がある部分に限り、同様とする。
> 一 当該情報が書面に記載されているときは、当該書面の閲覧の請求
> 二 前号の書面の謄本又は抄本の交付の請求
> 三 当該情報が電磁的記録に記録されているときは、当該電磁的記録に記録された事項を主務省令で定める方法により表示したものの閲覧の請求
> 四 前号の電磁的記録に記録された事項を電磁的方法（電子情報処理組織を使用する方法その他の情報通信の技術を利用する方法であって主務省令で定めるものをいう。）であって業務規程の定めるものにより提供することの請求又はその事項を記載した書面の交付の請求

1 趣旨

電子記録の請求に当たって当事者が電子債権記録機関に提供する請求情報の中には、記録事項として記録されるものだけでなく、「請求者の氏名又は名称及び住所その他の電子記録の請求に必要な情報として政令で定めるもの」も含まれている（第6条）。

これらの請求情報は、記録事項としては記録されないものの、当該電子記録の請求が適法になされたのかどうかを判断する上で極めて有益な情報であり、当該電子記録の請求の有効性が問題となった場合における重要な証拠ともなるものであるが、これらの情報の中には情報保護の観点から不必要に他人に開示されるべきでない情報も含まれている。

そこで、記録事項の開示（第87条）の規定とは別に、請求情報についても、一定の範囲内で開示を認めたものである。

2 開示の範囲

(1) 原則（柱書前段）

請求情報の中には本人確認のための資料など様々なものがあり、その中には、情報保護の観点からは他人に開示されるべきでない情報が多数含まれることになる。

したがって、原則として「自己の氏名又は名称が電子記録の請求者として電子債権記録機関に提供された者」、つまり自己が電子記録請求の当事者となっている者（例えば、譲渡記録であれば譲渡人と譲受人）を開示の請求権者とした。

そして、開示の範囲についても、「当該電子記録の請求に当たって電子債権記録機関に提供された情報」、つまり自己が電子記録請求の当事者となっている請求情報に限ることとしている。

(2) 例外

「当該電子記録の請求が適法であるかどうかについて利害関係を有する者」とは、例えば、発生記録における債務者として記録されている者が当該発生記録は権限のない者によって電子記録の請求がされたものであるなどと主張して支払を拒否している場合における電子記録名義人などである。

このような場合、問題となっている当該電子記録の請求をした者以外であっても、当該電子記録の請求の有効性を確認するため、他人がした電子記録の請求に関する請求情報についても開示を認める必要があるので、例外的に開示の請求権者とした上で、開示の範囲についても限定したものである。

(3) 開示の時間および費用

記録事項の開示に関する第87条第1項と同様の趣旨により、民間企業である電子債権記録機関に無制限の開示義務を負わせることは相当ではないため、「その営業時間内」の開示請求に対応すれば足りることを明示した上、開示に要する経費等についても「業務規程の定める費用」として開示請求者に負担させることとしたものである。

3 開示の方法

(1) 書面の閲覧または謄抄本の交付請求（第1号および第2号）

「当該情報が書面に記載されているとき」（第1号）とは、請求情報が書面に記載されて電子債権記録機関に提出されている場合をいい、そのような場合には、当該書面の「閲覧」（第1号）または「謄本又は抄本の交付」（第2号）を請求することができる。

(2) 電磁的記録の閲覧または電磁的方法による提供もしくは書面の交付請求（第3号および第4号）

ア 適用の対象

「当該情報が電磁的記録に記録されているとき」（第3号）とは、請求情報が電子データに記録された状態で電子債権記録機関に提供されている場合のことである。

イ 閲覧の対象

請求情報が電磁的記録に記録されている場合における「閲覧」の対象につい

て、「当該電磁的記録に記録された事項を主務省令で定める方法により表示したもの」としているのは（第3号）、当該情報を「閲覧」させるためには、磁気ディスクに記録された電磁的記録を文字に表示する必要があるので、その方法を主務省令で定めることとしたものである。

　ウ　提供の対象および方法（第4号）
　請求情報についての提供の請求対象として、「電磁的記録に記録された事項を電磁的方法」「により提供する」ものまたは当該「事項を記載した書面の交付」としている（第4号）のは、当該電磁的記録に記録された請求情報を電子データのままで提供させるか、または紙面に出力して交付させるかについては、開示請求者がそのニーズに応じて選択することができるようにしたものである。
　なお、前者について「電磁的方法」「であって業務規程の定めるもの」としているのは、電磁的記録に記録された内容を電子データの状態で提供するとしても、電子メールで送信するかフロッピーディスク等の磁気媒体を送付するかなどの提供の方法については、電子債権記録機関があらかじめ業務規程で定めることができるものとした趣旨である。

> 規則
> （電磁的記録に記録された事項を表示する方法）
> 第45条　法第八十八条第三号に規定する主務省令で定める方法は、同号の電磁的記録に記録された事項を紙面又は映像面に表示する方法とする。

　本条は、法第88条第3号の委任に基づき、請求情報が電子データに記録された状態で電子債権記録機関に提供されている場合における請求情報の閲覧の方法について、既存の同種の省令に倣って、当該電磁的記録に記録された内容を紙面に出力して表示する方法と映像面に表示する方法を定め、そのいずれかについて電子債権記録機関に選択の余地を認めるものであり、規則第43条と同趣旨の規定である。

> 規則
> （電磁的方法）
> 第46条　法第八十八条第四号に規定する電子情報処理組織を使用する方法その他の情報通信の技術を利用する方法であって主務省令で定めるものは、次に掲げる方法とする。
> 　一　電子情報処理組織を使用する方法のうちイ又はロに掲げるもの

第88条（電子記録の請求に当たって提供された情報の開示）

　　　イ　送信者の使用に係る電子計算機と受信者の使用に係る電子計算機とを接続する電気通信回線を通じて送信し、受信者の使用に係る電子計算機に備えられたファイルに記録する方法
　　　ロ　送信者の使用に係る電子計算機に備えられたファイルに記録された情報の内容を電気通信回線を通じて情報の提供を受ける者の閲覧に供し、当該情報の提供を受ける者の使用に係る電子計算機に備えられたファイルに当該情報を記録する方法
　　二　磁気ディスクその他これに準ずる方法により一定の情報を確実に記録しておくことができる物をもって調製するファイルに情報を記録したものを交付する方法
　2　前項各号に掲げる方法は、受信者がファイルへの記録を出力することにより書面を作成することができるものでなければならない。

　本条は、法第88条第4号の委任に基づき、請求情報を電磁的方法によって開示する場合には、電子メールの送受信（本条第1項第1号イ）やインターネットによる方法（同号ロ）、フロッピーディスク等を交付する方法（同項第2号）であって、受信者が印刷可能なもの（同条第2項）によって開示することとするものである。

●事項索引

◆ あ行

意思表示 …………… 31,73,120,122,124,158
一部譲渡 ………………………… 243
一部保証 …………… 179,267,270,283,296,301
一括決済方式 ………………………… 13
一般承継人 …………… 32,38,130,140,165,169
裏書 ………………………………… 176
裏書人 ……………………………… 176

◆ か行

害意 ………………………………… 123
開示 …………………………… 329,342,343
開示請求権者 …………………………… 330
会社分割 ………………………………… 157
可分債権 …………………………… 84,266,271
可分債務 …………………………… 84,266,277
為替手形 ………………………………… 10
元本の確定 …………………… 204,218,238,240
期限の利益の損失 ………………………… 88
求償権 …………………………………… 112
　　──の譲渡 …………………… 112,160,161
強制執行等 ……………………………… 315
　　──の電子記録 …………… 42,317,319
強迫 ……………………………………… 55
業務規程 …………………………… 46,83,95
極度額 ………………………………… 144,218
記録可能回数 ………………… 257,264,269
記録原簿 ………………………… 19,25,27
記録事項 ………………………………… 21
　　──の変更 ……………………… 154
記録事項証明書 ……………………… 330
記録番号 ………………………………… 84
契約上の地位の移転 …………………… 93
原因債権 ………………………………… 4
　　──の譲渡 ……………………… 6
原債権記録 … 43,248,258,261,272,275,278,281, 284,287,292,300,333,337,339
口座間送金決済 …………… 49,86,145,146

効力要件 … 78,110,126,158,174,202,233,236,240
個人事業者である旨の記録
　　…………………… 89,116,180,183,334
混同 …………………………… 129,133,197

◆ さ行

債権記録 ……………………… 20,328,341
　　──の保存 ……………………… 325
債権者口座 …………………………… 86,115
債権譲渡登記 ………………………… 305
債務者口座 …………………………… 86,333
詐欺 …………………………………… 55,73
錯誤 …………………………………… 55,73
質権
　　──の順位の変更の電子記録 … 41,233
　　──の順位の変更の電子記録の請求
　　……………………………………… 234
　　──の被担保債権 …… 134,143,213,215,237
質権設定記録 ………………………… 94,212
　　──の任意的記録事項 …………… 214
　　──の必要的記録事項 …………… 213
質権番号 …………………………… 214,234
支払期日 …………………… 83,120,256,327
支払等 ………………………………… 135
　　──があった日 ………………… 137
　　──をした者 …………………… 138
支払等記録 ………… 5,20,54,104,126,189,326
　　──の効果 ……………………… 133
　　──の請求 ……………………… 140
　　──の制限 ……………………… 47
　　──の任意的記録事項 …………… 134
　　──の必要的記録事項 …………… 135
支払免責 ………………………… 56,127
指名債権 ………………………………… 9
譲渡記録 ……………………………… 110
　　──の制限 ……………………… 47,92
　　──の任意的記録事項 …………… 115
　　──の必要的記録事項 …………… 114
譲渡記録等 …………………………… 332

譲渡禁止特約…………………………92
譲渡担保……………………………201
消費者………97,99,107,121,125,180,183,334
消滅時効……………………………132,327
嘱託……………………………………28,29
シンジケート・ローン…14,92,113,116,216
信託の電子記録………………………42,305
――の請求…………………………308
人的抗弁の切断…………56,90,123,185,221
心裡留保……………………………55,73
請求………………28,30,36,37,45,325,339,346
請求情報………………………37,346,348,349
善意取得……………………56,90,118,185,221
相殺…………………………89,135,136,138,186
双方請求………………………………33

◆ た行

手形……10,13,55,70,75,120,125,128,132,171,176
電子記録
――の回復……………………59,68
――の効力………………………52
――の順序………………………48
――の訂正……………57,62,63,67,155
――の年月日…85,115,139,160,179,214,234,240,252,253,307
不実の――………………………64
電子記録義務者………………………23
電子記録権利者………………………22
電子記録債権
――と根抵当権…………………208
通常の――……………………18
分割払の――……………83,87,256,263
電子記録債務者……61,123,129,140,146,336
電子記録保証……………24,174,190,193,194
――に基づく保証債務の履行請求権
………………………………18,183
――の独立性………………56,183
電子記録保証人………24,175,178,193,194
電子記録名義人……………………22,61,331
電子債権記録機関
……………18,69,95,97,118,147,182,219,237,253
――から委託を受けた者…………65

――の損害賠償責任…55,64,68,72,76,109
転質……………………………203,221,236
――の電子記録………………41,236
転写…………255,260,274,280,286,294,298
同期的管理…………………………86,152
同時履行の抗弁権……………………143
特別求償権……………131,188,194,197,267,289
特別求償権発生記録……………………300

◆ な行

なりすまし…………………………70
根質権…………………………………144
――の質権設定記録……………41,217
――の質権設定記録の任意的記録事項…………………………218
――の質権設定記録の必要的記録事項…………………………217
――の担保すべき元本の確定の電子記録…………………………41,239
――の担保すべき元本の確定の電子記録の請求……………………239,242
――を設定する転質の電子記録
………………………………43,236

◆ は行

ハッキング……………………53,58,67
発生記録………………78,115,118,119
――の任意的記録事項………85,97,100
――の必要的記録事項………82,96
不渡制度………………………………12
分割記録……………………43,94,246
――の請求……248,265,269,277,283,289
――の任意的記録事項………252,253
分割債権記録……43,248,254,271,273,278,279,284,286,291,294,298,333,337,339
併合の記録……………………………245
変更記録………………159,161,237,310,313
――の請求……………………163,171
――の制限………………………47
――の必要的記録事項………………159
法定代位………………………………134
保証記録……………………………94,174

──の任意的記録事項……………… 179
──の必要的記録事項…………… 177

◆ ま行

抹消……………………………………… 155
民事保証……………………… 24,174,309
民事保証人………… 24,138,141,161,175,309
無権代理……………………… 55,70,75,109

◆ ら行

利息…………………… 88,103,137,179,215

●判例索引

大判大正 7 年10月29日民録24輯2079頁	5
大判昭和 7 年 7 月 9 日民集11巻1604頁	70
大判昭和 8 年 9 月28日民集12巻2362頁	70
最判昭和23年10月14日民集 2 巻11号376頁	5
最判昭和33年 6 月 3 日民集12巻 9 号1287頁	6
最判昭和35年 1 月12日民集14巻 1 号 1 頁	122
最判昭和36年11月24日民集15巻10号2519頁	53
最判昭和36年12月12日民集15巻11号2756頁	71
最判昭和41年 7 月 1 日裁判集民84号 1 頁	72
最判昭和43年12月24日民集22巻13号3382頁	72
最判昭和44年 9 月12日裁判集民96号553頁	128
最判昭和45年 3 月31日民集第24巻 3 号182頁	185
最判昭和45年 4 月21日民集24巻 4 号283頁	111
最判昭和49年 6 月28日民集28巻 5 号655頁	72,76
最判昭和55年 9 月 5 日民集34巻 5 号667頁	76

○編著者紹介

萩本　修（はぎもと・おさむ）
法務省大臣官房審議官（民事局担当）
昭和61年　早稲田大学法学部卒業
昭和63年　判事補任官、東京地裁配属
　以降、法務省民事局付、甲府地家裁判事、東京高裁判事、
　法務省民事局参事官などを経て、平成24年1月より現職。

仁科秀隆（にしな・ひでたか）
弁護士（中村・角田・松本法律事務所）
平成13年　東京大学法学部卒業
平成14年　弁護士登録、アンダーソン・毛利法律事務所（当時）入所
　以降、日本銀行業務局、法務省民事局を経て、平成22年2月より現職。

逐条解説　電子記録債権法
――債権の発生・譲渡・消滅等

2014年6月15日　初版第1刷発行

編著者　　萩　本　　　修
　　　　　仁　科　秀　隆

発行者　　藤　本　眞　三

発行所　　株式会社 商 事 法 務
　　　　　〒103-0025　東京都中央区日本橋茅場町3-9-10
　　　　　TEL 03-5614-5643・FAX 03-3664-8844〔営業部〕
　　　　　TEL 03-5614-5649〔書籍出版部〕
　　　　　　　　　　http://www.shojihomu.co.jp/

落丁・乱丁本はお取り替えいたします。　　印刷/ヨシダ印刷㈱
© 2014 Osamu Hagimoto, Hidetaka Nishina　Printed in Japan
　　　　　　　Shojihomu Co., Ltd.
ISBN978-4-7857-2199-2
＊定価はカバーに表示してあります。